上海市高等学校本科教育高地建设项目资助

国际集装箱码头实务、法规与案例

● 杨志刚　王立坤　周　鑫　编著

人民交通出版社

内 容 提 要

本书比较详尽地以实务、法规及相关案例，对国际集装箱码头应有的实务运作、法律规范、风险管理作了深入浅出的叙述，主要内容有：港口与码头的经营管理；港口与码头的市场营销与客户服务；集装箱码头进出口的实务运作；集装箱的理箱、理货；集装箱码头的风险防范等。无论是从基础理论还是从实务运作、案例应用方面来说，本书是国内目前有关国际集装箱码头实务与法规方面较好的专著。

本书可用于国际货物运输、水运管理、物流管理、交通运输管理、对外贸易等专业的教材，也可供从事该行业的专业人员参考应用。

图书在版编目（CIP）数据

国际集装箱码头实务、法规与案例/杨志刚，王立坤，周鑫编著.
北京：人民交通出版社，2009.5
ISBN 978-7-114-07814-9

Ⅰ. 国… Ⅱ. ①杨…②王…③周… Ⅲ. 国际运输：集装箱运输－集装箱码头－管理 Ⅳ. U656.1

中国版本图书馆 CIP 数据核字（2009）第 028096 号

书　　名：国际集装箱码头实务、法规与案例
著 作 者：杨志刚　王立坤　周　鑫
责任编辑：黄兴娜
出版发行：人民交通出版社
地　　址：（100011）北京市朝阳区安定门外外馆斜街 3 号
网　　址：http://www.ccpress.com.cn
销售电话：（010）59757973，59757969
总 经 销：人民交通出版社发行部
经　　销：各地新华书店
印　　刷：北京市密东印刷有限公司
开　　本：720×960　1/16
印　　张：26
字　　数：404 千
版　　次：2009 年 5 月　第 1 版
印　　次：2011 年 5 月　第 2 次印刷
书　　号：ISBN 978-7-114-07814-9
印　　数：3001－6000 册
定　　价：44.00 元
（如有印刷、装订质量问题的图书由本社负责调换）

目 录 MULU

第一章　港口与码头概述

第一节　港口的组成

港口是保证水运系统正常工作的重要组成部分。在通常的含义下，港口一般是指商港。现代化商港是具有综合建筑物和各种设备的综合运输枢纽。它保证船舶的平稳停泊，快捷和方便地将货物进行装卸和疏运；保证货物的储存、准备和补给；供应到港船舶的燃料及航程中的必需品，以及进行船舶的维修工作。

现代港口，无论是海港或河港，首先是一个很大的运输枢纽，是陆路和水路交通的连接点，并成为总的综合运输系统的中间转运站。每一个港口，虽都具有其不同的特点，但作为一个港口，尤其是一个现代化的港口，除应具有良好的自然地理条件外，还必须具备良好的设施。港口设施是船舶进出和停靠以及港口进行生产业务的必备条件。

港口设施是指港口内为港口生产和经营而建造和设置的人工构造物和有关设备。按我国目前的有关规定，港口设施分为港口基础性设施和港口经营性设施。港口设施分为基础性设施和经营性设施对港口建设和管理具有重要意义。

通常而言，各级地方政府的港口拨款，国家政策性贷款和国家批准发行的港口建设债券等都可用于港口的基础性设施建设；而港口经营性设施的建设和维护的资金要由企业自筹。

一、港口的基础性设施

1. 港口的水域设施

(1)港口航道：指为保证船舶安全、便利地进出港口和靠离码头，港内必须要有足够的水深和一定宽度的航道。它可以是天然的，也可以是经过人工开挖的。有的水道虽然经过局部工程措施处理，但水流的自然特性基本没有改变，仍然属于天然航道。

(2)锚地：指专供船舶停泊及进行水上装卸作业用的水域。按锚地的位置和功能可分为外港锚地和内港锚地。外港锚地供船舶候潮、待泊、联检及避风使用，也可用于装卸易燃易爆危险品停泊，有时也进行水上装卸作业。内港锚地供船舶待泊和水上装卸作业用，有的锚地还提供船队进行船舶编解组作业。锚地一般设置系船浮筒、趸船等设施，供船舶靠泊，也有直接采取锚泊的。

(3)港口防波堤：指港口水域外围用以防御海浪(也兼防漂沙)，以保持水面平稳以及船舶停泊和作业安全的水工建筑物。按平面布置，防波堤可由港池两侧岸向外伸出的双堤组成，或者是由从岸边一侧向外伸出的曲形单堤，或者是与岸线大致平行的离岸单堤，或者是曲形堤和离岸单堤共同组成。

(4)助航设施：指为了指示船舶进出和保证航行的安全，在航道和水域里所设置的灯塔、航标、导标、浮标和各种灯光设施。

2. 系船设施

(1)码头泊位：指在港口中设置的供船舶停靠、装卸货物、上下旅客、补给燃料淡水或进行其他专门业务的水上基础设施。码头前沿岸线通常为港口的生产岸钱，它是港口水域与岸域的交接线，一个泊位(即可供一艘船停泊的位置)长度根据所需停靠船舶的船型长度而定，并应留出两船之间的距离，以便系解缆绳。一个码头往往可以同时停泊几艘船，即有几个泊位。为了具体反映靠泊能力的大小，通常按靠泊船舶的最大吨级分类，如能靠50000吨级船舶的码头，称5万吨级泊位。供万吨级以上船舶停靠前泊位通常称为深水泊位。港口拥有的泊位数量，特别是深水泊位的数量，是衡量港口规模大小和测算港口通过能力的主要依据。

港口码头按用途可分为：客运码头、货运码头、军用码头、轮渡码头、工作船码头、修造船码头等。货运码头又可分为件杂货码头、散货码头、油码头、滚装码头、集装箱码头、多用途码头等。按装卸货物种类可分为专业化码头和综合性码头。专业化码头使用的机械设备专业性强、劳动生产率高，适用于装卸货种比较单一、运量大、货源稳定的港口。综合性码头可为多种货物的装卸服务。按平面布置可分为顺岸式码头、突堤式码头、墩式码头。按断面形式可分为直立式码头、斜坡式码头、半斜坡式码头、浮动式码头。按结构形式可分为重力式码头、板桩式码头、高桩板梁式码头等。

（2）浮码头（也称趸船）：指在港区内用引桥与岸连接，以供客货运输船舶停靠装卸和堆存货物的一种无动力装置的浮式靠船设施。趸船按其作用可分为货趸和平趸。货趸供内河客货轮靠泊，并储存货物，起着前方仓库作用；平趸一般无上层建筑，在趸船上设有装卸机械，供货驳系靠和装卸货物。常用趸船有钢制趸船和水泥趸船等。

（3）系船浮筒：指设在港湾或河道中，一般在港口锚地内，专供船舶不靠码头时系泊用的设备。浮筒体多用金属制成，用粗大钢链系住，链的下端系于沉埋在水底的锚碇物上。船舶系于浮筒上部中央所设的系船环上，比自行抛锚安全省事，且占用停泊面积较小，不妨碍其他船舶在港内的航行。

3．港口交通和配套设施

（1）港区道路：指供流动机械运行，并与城市道路和疏港道路相连接的港内通行道路。港内道路一般布置成环行，并尽可能减少与铁路线交叉或干扰装卸生产作业，以便运输车辆通行。如有必要，可在作业区域设置停车场，并设立必要的交通标记，以保证港内车辆行驶安全。

（2）港内铁路：指铺设在港区内部的铁路运输线，包括线路、机车、通信、信号以及其他与铁路运输有关的各种建筑物、设备等。港口铁路是许多港口集疏转运的主要方式。完善的港口铁路系统，一般设有港口车站、分区车站、码头和库场装卸线，以及将这些部分连成整体的港口铁路区间正线、联络线和连接线等。目前我国港区铁路存在着由港口管理或铁路局路网管理两种体制。一般说铁路专用线位于码头前沿和库场前后，多采用尽头式布置，设在平直道上，便于取送车辆，与道路系统相协调，可较好地满足装卸作业的要求。港区铁路布置要遵循以下原则：线路短捷、布置紧凑、线路的运输能力同港口各装卸环节相适应，并留有一定的发展余地。铁路专用线长度根据装卸作业量及码头、库场的条件而定，一般应分别等于泊位和库场的长度，若装卸作业量大，可设多条线路。

（3）港区供电：指为了满足港口的动力、照明和通信设备所需的电力而设置的供电设施，是港区的重要配套设施，一般分为港外供电和港内电力系统。港外供电电源除特殊情况外，一般取自当地地区电网10～35kV的输入电源。港内供电一般有降压变电站，以满足港区接受电源和变电、配电的需要。根据负荷分布和用电设备的情况，在码头和车间附近还可设若干分变电所，以便于进行动力和照明的供电。

二、港口的经营性设施

港口的经营性设施是指港口码头提供货物装卸、存储等生产经营及其有关服务的设施，主要分为装卸生产设施和货物仓储设施等。按国际国内惯例，这部分设施通常由港口经营者承担添置和经营。

1. 装卸设施

装卸设施主要是指港口为船舶、车辆装卸货物和港区内货物搬运所用的装卸、搬运机械。港口装卸机械的种类和数量根据港口所要装卸的货物种类、吞吐能力和装卸工艺确定。港口装卸机械设备是港口系统的重要组成部分，可分为起重机械、搬运机械、输送机械以及各类装卸专用机械等。

2. 港口库场

港口库场是港区仓库、货棚、堆场的统称，是货物在装船前和卸船后提供短期存放的港口设施。它是由仓库和堆场两部分构成。港口库场是货物的主要集散场所，在货物装卸转运过程中起储备、调剂、整理和缓冲的作用。仓库主要用于存放不宜日晒雨淋的货物和易于散失的贵重货物，它可分为前方仓库和后方仓库，前方仓库用于短期存放货物，以达到加快车船、货周转为目的；后方仓库可供货物较长时间储存，以服务于货主储存待时的目的。堆场主要用于存放不怕雨淋、日晒和气温变化影响的货物，如煤炭、矿石、沙石砖瓦等建筑材料。货棚是指仅有棚顶遮盖而四周无掩蔽的堆场，供临时堆放不宜日晒雨淋的货物。

三、港口总体布置的一般原则

港口是水陆联运的交通枢纽，大量不同种类的货物通过各种运输手段运到港口集散。为使各种运输工具和设施在港口高效和安全地运转，经济地完成运输任务，就必须把港口各种设施和建筑物进行合理的布置。港口总体布置是一项十分重要、涉及多种专业的综合性工作，总体布置不当，不仅会增加工程投资和装卸成本，而且会给港口管理和未来的发展造成许多困难，甚至会成为所在城市的包袱。

港口总体布置工作的主要内容是：确定港口各主要组成部分的规模，平面布置形式，码头尺度和泊位设计。这些工作是在货运量规划、船型车型的选择、装卸工艺设计及设备选型的基础上进行的，最后画出总平面布置图和写出设计说明书。一般地说，港口总体布置设计贯穿于从港址选择、作业区域划分到工程的初步设计的全过程。

港口总体布置的一般原则如下。

(1)统一规划、远近结合、合理布局和分期建设的原则。要正确处理港口与国民经济其他部门(工农业生产布局,水利、渔业等)和国防建设的关系,要与整个交通运输系统的布局和发展相协调,要充分发挥港口的社会效益和经济效益,同时要有利于尽快形成生产能力。

(2)总体设计应充分体现港口对船舶服务的功能。港口要有良好的水域条件,保证船舶进出港、锚泊、靠离码头及装卸作业的方便和安全。

(3)港口陆域的装卸、储存和疏运三大系统有机地结合起来进行合理布局。要保证货物安全转运,减少装卸环节,降低装卸成本;要加速船、车周转;各作业系统要配套,通过能力要相互适应和协调,不应存在薄弱环节。

(4)港口总体布置应与城市规划相协调,充分发挥港口对城市经济繁荣的促进作用;港口布置不应影响城市环境和交通布局,要合理地分配和使用岸线。

(5)节约工程投资和营运管理费用。要合理利用岸线和地形条件,做到深水深用,浅水浅用,要避免大量的土石方工程,选取施工方便、施工快的布置方案,同时也应选取投产后便于维护管理、管理费用低的方案。

四、港口作业区域的划分和布置

现代综合性港口对不同货种用不同的装卸工艺和专门设备进行装卸作业。这既能提高装卸效率,加速船、车周转,取得较好的经济效益;同时,又能提高装卸质量,方便管理,有利于港口安全生产和环境保护。港口通常是按专业货种划分作业区域。在进行港址选择的同时,就应考虑专业作业区域的布置问题。

港口作业区域的划分应按照货物的性质、流向、建港地区的地形、水文、气象等条件,来选择各作业区域的适当位置。一般应从以下几个方面来研究作业区域的划分和布置问题。

(1)根据不同货种及其吞吐量的大小,装卸特点及泊位分工等条件合理划分作业区域。这是划分作业区域的基本出发点。

(2)根据不同船型所需要的水深和不同货物所需要的陆域场地条件,建造前布置作业区域,以减少港池开挖、陆域挖填工程量等建设费用。例如停靠装载石油、散货的大型船舶的码头应设在深水区,而大宗散货、集装箱需要较大的堆场，应布置在陆域平坦、开阔的地区。

(3)作业区域的划分及布置要充分考虑港口生产安全和区域安全；易燃、易爆及其他危险品应单独设置作业区域，并应保证一定的距离。

(4)要解决好港区及城市的环境保护问题。有粉尘、气味和噪声污染的货物装卸作业区域不应与其他作业区域连片在一起，同时应与城市居民区保持一定距离；要考虑风向和水流方向的影响，尽可能将这类作业区域布置在下方、区城以外或边缘。

(5)作业区域的划分和布置应与城市的交通、工业布局、岸线使用相协调，客运站最好位于交通便利的地带。大宗过境中转货物的作业区域则应布置在城区外围，以避免货流穿过市区影响城市交通。

(6)作业区域的划分要注意各作业区域运量饱和程度和进、出口平衡的可能性，并应减少船舶在港内的调动和移泊作业。

(7)在满足上述要求的前提下，应使整个港区布置紧凑、相对集中、节约用地和方便管理。

第二节　港口生产领域的经营活动

港口的运输功能是指港口货物在港口的换装运输工具过程中提供的服务。港口的运输功能是港口最基本、最原始的功能，也是港口企业最基本的经营活动。任何企业只有从事了与港口服务有关的经营活动，才能确认其为港口企业。同时，在讨论港口企业生产领域经营活动的认识上，也必须突破现有港口企业管理体制、现有港口经营领域和有关法规规定来认识。

一、码头货物装卸业的经营活动

码头货物装卸业的经营活动是港口企业最根本的经营活动。港口企业的一切其他经营活动都是直接或间接地服务于码头货物装卸业和运输的。港口企业从事码头货物装卸业经营活动的最基本的任务就是在国家方针、政策和计划的指导下，面向国内外运输市场充分发挥本企业的优势，以最有利的条件迅速、安全、优质、价廉地将抵达港口货物运送出港，从而实现最佳的宏观经济效益和港口企业的最佳微观经济效益。

根据港口腹地国民经济发展情况和货物的流量、流向情况，编制港口企业运输发展规划，建设新泊位，也是港口企业在生产领域内重要的经营任务之一。

港口企业经营人从事的码头装卸业的经营活动,始于港口腹地运输市场的调查,而终于货物出港。由此构成一个不断周而复始的经营活动进程。在这一不断循环的经营活动进程中,港口企业必须密切关注腹地国民经济的发展状况和物流情况。

二、代理业的经营活动

目前,国内各港口的船、货代理业务情况不一。在某些港口,港口企业有权经营(主要是海港),而有些港口,企业都无权经营。但是不管目前现状如何,船、货代理业本身是直接服务于港口货物装卸中转运输的,并且是由于货物运输本身而派生的,究其本质来说,应属于港口企业生产经营范畴。

1. 国际货运代理业的经营

"货运代理"一词,国际上虽没有公认的、统一的定义,但一些权威机构和工具书以及一些"标准交易条件"中都有一定的解释。

联合国亚洲及太平洋经济社会委员会(亚太经社会)对此的解释是:货运代理代表其客户取得运输,而本人并不起承运人的作用。货运代理在不同的国家有着不同的名称,如:关税行代理人、清关代理人、关税经营、海运与发运代理人等。

国际货运代理协会联合会对"货运代理"的定义是:货运代理是根据客户的指示,并为客户的利益而提取货物运输的人,其本人并不是承运人,货运代理也可以依这些条件,从事与运送合同有关的活动,如:储货、报关、验收、收款等。

从传统上讲,货运代理通常是充当代理的角色。他们替发货人或货主安排货物的运输,代收代付运费、保险费、包装费、海关税等,然后收取代理费,所有的成本开支由客户承担。但近年来,货运代理有时已经充当了合同的当事人,并且以货运代理人的名义来安排属于发货人或委托人的货物运输,尤其当货运代理执行多式联运合同时,作为货运代理的"标准交易条件"就不再适应了,它的契约义务受它所签发的多式联运单证条款的制约。

国际货运代理人所从事的业务活动主要有:为发货人服务;为海关服务;为承运人服务;为航空公司服务;为班轮公司服务;提供拼箱服务;提供多式联运服务等。

2. 船舶代理业的经营

船舶代理是指船舶代理机构或代理人接受船舶所有人即船舶经营人、承租人或货主的委托,在授权范围内代表委托人办理与在港船舶有关的业务、提供有关的服务或进行与港船舶有关的其他法律行为的代理行为。而接受委托人的授权,代表委托人办理与在港船舶有关业务和服务的机构,则是船舶代理人。

船舶代理业务是一项综合性的业务,其范围相当广泛。按照《中国外轮代理公司业务章程》的规定,船舶代理业务范围包括下列各项业务:

(1)办理船舶进出港口和水域的申报手续,联系安排引航、泊位;

(2)办理进出口货物的申报手续,联系安排装卸、堆存、理货、公估、衡量、熏蒸、监装、监卸货物与货舱检验;

(3)组织货载、洽谈舱位;

(4)办理货物报关、接运、仓储、中转及投保;

(5)承接散装灌包和其他运输包装业务;

(6)经营多式联运,提供"门到门"运输服务;

(7)联系安排邮件、行李、展品及其他物品的装卸、代办报关、运送;

(8)代办货物查询、理赔、溢卸货物处理;

(9)洽办船舶检验、修理、熏舱、洗舱、扫舱以及资料、淡水、饮食、物料等的供应;

(10)办理集装箱的进出口申报手续,联系安排装卸、堆存、运输、拆箱、装箱、清洗、熏蒸、检疫;

(11)洽办集装箱的建造、修理、检验;

(12)办理集装箱的租赁、买卖、交接、转运、收箱、发箱、盘存、签发集装箱交接单证;

(13)代售国际海运客源,联系安排旅客上下船、参观游览;

(14)经办船舶租赁、买卖、交接工作,代签租船和买卖船公司;

(15)代洽提单及运输契约,代签船舶速遣滞期协议;

(16)代算运费,代收代付款项,办理船舶速遣费与滞期费的计算与结算;

(17)联系海上救助,洽办海事处理;

(18)代聘船员并代签合同,代办船员护照、领事签证、联系申请海员证书,安排船员就医、调换、遣返、参观游览;

(19)代购和转递船用备件、物料、海图等;

(20)提供业务咨询和信件服务;

(21)经营承办其他业务。

船舶代理一般分为长期代理和航次代理。在船舶代理经营中,应注意:根据代理人不为委托人垫付任何款项的原则,一旦代理关系建立,代理人应及时索汇备用金,并指定专人掌握备用金使用和及时结算备用金。

3.船舶供应和服务

对于港口来说,船舶供应和服务业的经营也是港口企业重要的经营活动之一。港口企业在船舶供应和服务的经营上主要有以下工作:

(1)为船舶提供供油、供水服务;

(2)为船舶提供物料补给服务;

(3)为船舶提供简易修理服务;

(4)为船舶提供交通服务;

(5)为船舶提供靠离码头泊位服务;

(6)为船舶(驳轮)提供港内拖带服务;

(7)为船舶提供通信服务;

(8)为船舶提供垃圾处理服务;

(9)为船舶提供生活、娱乐和服务设施;

(10)为船舶提供锚泊设施服务。

三、港口运输业的经营

港口运输业的经营,也是港口企业重要经营活动之一。港口运输业的经营也包括水路航运、公路运输和铁路运输等方面的经营活动。

水路航运业的经营是港口企业利用其特有的优势,进行兼营的首选项目。港口企业的水路航运经营活动包括港内运输和出港运输两方面内容。港内水上运输主要是进行大船至小船或者相反的过驳作业运输和为港内临水企业提供的短距离运输服务,而出港运输则是港口企业利用自己的富余运力所进行的长途运输经营活动。随着市场经济的确立和发展,港口企业综合经营水路航运,应是港口企业谋求生存发展的重要途径之一。

公路运输也是港口企业进行综合经营的优势项目。凡是与港口集拼与疏散有关的地方物资,均可能成为港口公路运输的对象。港口企业进行公路运输有双重意义:一是可以提高港口企业为货主服务的质量,促进货源增加;二是公路运输的本身可以提高企业的经营效益。例如在集装箱运输上，开展“门到门”运输并在腹地范围内设立集装箱转运站，是港口企业竞争的重要手段之一。

铁路运输是港口装卸货物重要的集拼途径，有条件的港口企业同时也可以经营铁路运输，如我国的秦皇岛港，其自备列车就参加了山西煤炭至该港的运输业务，既保证了该港的煤炭出口需要，也增加了企业的经济效益。随着现代企业制度的建立和铁路运输体制的改革，从事综合运输的港口企业不断涌现。

四、港口引航业的经营

港口引航除体现国家主权，确保船舶和港口设施安全作用外，其本质上是向航运企业提供一种服务，不管现行体制如何，港口引航是带有经营性质的。港口引航企业的引航职责主要有：

(1)执行有关引航工作的法律、法规、规章以及上级主管机关的命令；

(2)制订和实施引航计划，做好引航生产调度工作；

(3)制订和完善引航措施和制度，参与引航事故和事故隐患调查研究；

(4)制订和实施引航员的培训计划；

(5)负责计收引航费的工作。

第三节　港口与码头经营管理分类

一、港口经营分类

港口功能的实现完全是以各项港口经营的运作为基础的，港口经营的范围也就根据港口的功能来确定。

由于港口是一片特定的区域，从不同的角度观察港口，会发现港口在社会、经济生活中的各方面都发挥着一些作用。一方面，作为水路运输的枢纽，港口主要在交通运输中发挥作用，而港口在交通运输中的作用，使之成为经济运行中的重要环节，特别是一些重要的港口，成为各种经济关系的中心、现代物流的集散地。另一方面，由于港口地理位置的优越，大大提高了经济效率、降低了生产成本，港口附近加工工业不断壮大。港口附近加工工业的发展，要求提供高效、便捷的金融、贸易服务，于是相配套的金融、贸易服务也在港口附近设立。相应地,又有要求教育、科研、文化、生活、娱乐、医疗等方面的配套功能。

港口不仅在社会、经济运行过程中的许多方面或多或少地发挥着一些作用,同时港口的作用也不是一成不变的,随着社会、经济运行方式的复杂化和世界科学技术水平的不断提高,港口的功能也由少而变多,由简单而变复杂。因而全面、准确、及时地把握港口的功能,并不是一件十分简单的事情。《中华人民共和国港口法》(以下简称《港口法》)作为一项国家立法,并不是对港口功能进行全面研究和阐述的教科书或法规,鉴于我国港口大小不一,功能差异较大,从管理上各方面的分工和立法上稳定性上考虑,《港口法》只需对港口的基本功能予以确认就可以了。于是,《港口法》第三条对港口的定义中,只将港口的功能确认为:"船舶进出、停泊、靠泊,旅客上下,货物装卸、驳运、储存等"。相应地,港口经营的范围也就局限在实现港口上述功能的有关活动中。

尽管《港口法》对港口功能的确认局限在港口和水路交通运输中所发挥的作用,因而港口经营的范围相对狭窄和简单,但港口经营仍然是一系列种类多而复杂的活动。对这一系列活动进行适当的分类,有利于港口的正常运作,更是对港口经营进行法律调整所必需的。

既然港口经营的范围是根据港口的功能来确定的,对港口经营进行分类的最直接也是最有效的办法就是根据港口的各种功能,将实现港口某一方面功能的活动归为一类。《港口法》第三条将港口的功能认定为"船舶进出、停泊、靠泊,旅客上下,货物装卸、驳运、储存"三个方面,因此港口经营也就大致分为提供港口设施、为运送货物提供的服务、为旅客上下船舶提供的服务三类。

将港口经营划分为三类是从大的方面规范的,但实际上还存在着另外一种港口经营,即港口理货。理货业务的实质是由专门的理货人员在货物交接过程中对交接货物的数量和表面状况进行清点和检查,因此,理货业务和港口货物作业是密不可分的。但是,理货业务与其他的港口业务相比却有一个十分重要的区别,即其他港口业务与船舶靠泊、运送货物和旅客的关系较为直接,而理货业务则是间接的。无论是为船舶提供港口设施还是拖带、货物装卸、储存、驳运及为旅客候船和上下船舶提供的服务,其直接目的都是为了使船舶停靠、运送货物和旅客得以实现,而理货则是在上述港口业务进行过程中产生的一种需要,也就是理货业务存在的直接目的是保证港口业务得以顺利进行,而间接的为船舶停靠、运送货物。由于理货是为了保证其他港口业务顺利进行的另外一个层次上的服务,理货实际上不是一种独立的港口业务,是附着在港口业务上的一种特定服务。这一特点决定了理货与其他的港口业务有很大的区别。

二、码头的经营分类

1. 专用码头的概念

按照传统的说法,港口中有所谓公用码头和专用码头(货主码头、企业码头等)之分。原国家经委、原交通部于1984年1月9日发布的《企业专用码头建设和管理试行办法》([84]交海字17号文)第一条规定:"沿海、沿江、沿河的企业,具备通航条件的,应该充分利用水运。根据'谁建、谁管、谁受益'的原则,积极建设企业专用码头,以满足本企业运输的需要"。第二条规定:"企业专用码头专门从事本企业生产所需的原材料以及产品的装卸业务。在保证完成本企业运输装卸任务的基础上,可与港务管理部门协商,由港务管理部门统一安排,从事营业性装卸业务"。

专用码头大致可以分为两类:一是生产性企业建设的专用码头,主要包括电厂建设的煤炭、燃油和燃气接卸码头,炼油厂建设的原油接卸码头和成品油及液化石油气装船码头,钢厂建设的矿石、焦炭接卸码头和钢铁产品装船码头,以及其他各类加工企业(如:粮食、饲料、食用油、水泥厂等)建设的专用码头;二是商贸和储运企业建设的专用码头,主要包括销售成品油、液化气、液体化工产品的商贸企业自建的专用码头和粮食购销及储运企业建设的粮食专用码头。

根据以上情况可以归结出专用码头的两个主要特征。第一,投资渠道不同:专用码头是由专用单位投资,专用单位自己所有,而不是由港务局投资和所有的;第二,服务对象不同:专用码头主要用来满足专用单位自身需要,只有在能力富余的情况下,才同时向社会提供经营性服务,发挥公用码头的功能。

专用码头的作用主要表现在为本企业生产所需的原材料以及产品的装卸服务。在保证完成本企业运输装卸任务的基础上,也可以从事营业性装卸业务。专用码头的存在,一方面可以缓解在计划经济时代交通系统单一投资渠道的不足;另一方面也可以满足生产、工贸企业对码头的专业性要求。而且,在能力富余的情况下,通过从事营业性装卸业务,还在一定程度上缓解了公用码头紧张的状况。相对于公用码头,专用码头的特殊性主要表现为投资渠道不同和服务对象不同两个方面。从经营方面看,专用码头相对于公用码头来说,还具有服务对象单一、货源确定、码头效益可与主体项目效益综合核算等特点。

一般情况下,在港口总体规划中包含有关临港工业岸线及相应水陆区域的规划,但由于在港口总体规划阶段,无法确定临港工业的投资人和具体建设项目,以及相应的专用码头建设规模及平面布置方案,因此专用码头使用岸线及其水陆域界限的确定,只能在项目审批阶段进行。一些在港口总体规划范围以外建设的工业和储运项目及相应建设的专用码头,其岸线及水陆区域界限的确定,也只能在项目审批阶段进行。

在规划方面,政府通过规划对资源实行有效管理和合理利用,公用码头与专用码头,均应纳入统一的规划管理;在建设方面,其建设均应执行国家基本建设项目程序;在管理方面,均应服从港口行政管理机构的统一管理;在费收方面,均应执行国家法律和行政法规规定收取的行政性费用;在经营方面,专用码头在有能力的条件下,经港口管理部门同意也可以同时接受他人的委托,从事公用码头的装卸、储存业务。

2.《港口法》与专用码头

公用码头和专用码头的划分,在一定的历史条件下是必要的和合理的,主要是基于以下三方面原因:

(1)港口投资的多元化决定不能根据投资渠道的不同划分码头的性质。专用码头的一个主要特征是由专用单位自己所有的,而"由专用单位自己所有"能够成为一项基本特征是与计划经济体制下,港口的政企合一和企业所有权并不明确相联系的。

在政企合一体制下,港务局实际上就是一个大企业,一个港口基本上就是港务局一统天下。在这种情况下,如果在一个港口内还有另外的企业拥有自己的码头,自然就显得十分突出,在管理和经营上也会有所不同。而所谓"自己所有",并不是民法上所有权的概念,根据我国的国情,特别是在港口的生产经营还没有或是极少外国人投资的情况下,"自己所有"只是意味着该码头不是由港务局经管而是由另外的企业经管,也称自有码头。

《港口法》中的一项重要原则就是政企分开。根据《港口法》的规定,港口将由从事港口行政管理的港口管理机构和从事港口经营的港口经营人组成,港口内的经营性设施,都将成为各个港口企业的生产设施,由一个企业一统天下的局面已不是法律和行政管理所追求的天然格局,在认识上也不会再有港务局码头的"正统"和其他企业码头的"特殊"。

(2)港口经营人行为的性质与码头的性质之间没有必然联系。专用码头的另外一个主要特征就是该码头主要是用来满足专用单位自身需要,同时可以向社会提供经营性服务。专用码头从事经营性服务是有一发展过程的,最初的专用码头基本上是为本单位服务的,所以在保证完成本企业运输装卸任务的基础上,如果能力有余,可与港务管理部门协商,由港务管理部门统一安排,从事营业性装卸业务。随着运输的发展,公用码头不能满足运输的需要,国家开始鼓励专用码头从事经营性服务,以至在有关规定中,将专用码头的业务规定为“为本单位业务所需,对外不发生费用结算的非经营性业务;为本单位主体业务所需,对外发生费用结算的非经营性业务;为社会提供服务的社会经营性业务”三类,专用码头从事经营性服务已不是特殊情况,而是一种正常业务了。

码头作为一项生产设施,就其自身来讲,只有技术指标上的差异,无所谓公共和专用。码头的公共性和专用性是由于人们对码头的使用而产生的,因此,在这里起决定作用的不是码头本身而是人的行为。当人们使用码头为社会提供经营性服务时,该码头就是公共的,当人们使用码头为本单位服务时,该码头就是专用的。随着生产、运输的不断发展,特别是随着我国社会主义市场经济的确立和完善,纯粹的公用码头和专用码头基本上是不存在的,是违背经济规律的。

公用码头和专用码头的划分是以把港口的运作作为一个生产过程为基础的,而《港口法》则是把港口的运作作为一个市场进行规范为基础的。对港口市场的管理主要体现为对经营主体及其行为的规范方面,对经营设施的管理只涉及技术、安全和环保等方面内容。

《港口法》是对特定的社会关系进行调整的法律,其对社会关系进行的调整主要体现在对相应主体的行为的规范上。因此《港口法》第二条明确规定:“从事港口规划、建设、维护、经营、管理及其相关活动,适用本法。”从《港口法》的内容看,要么是对行为本身进行规范,要么是对与行为有密切关系的内容进行调整。码头作为港口的一项重要生产设施,无论在技术上还是在功能上都有许多分类。如在技术上有顺岸式、挖入式、突堤式、直立式等各种类型的码头;在功能上有集装箱码头、杂货码头、煤码头等各种功用的码头;在使用上有主要为装卸本单位原料、产品的码头,有主要为社会提供公共服务的码头等。

(3)专用码头的划分存在问题。目前专用码头管理存在的主要问题包括:由于多渠道的项目审批,一部分专用码头没有完全纳入港口的统一规划（主要指港口总体规划）的管理；从事经营的专用码头，在与公用码头的公平竞争方面，还缺乏规范统一的管理，包括经营价格政策，行政性收费的管理等；绝大多数专用的公用码头，由于体制和观念的原因，人们错误地也称它们为专用码头。这些码头除存在上述问题之外，还普遍存在低水平的重复建设的问题。这些问题导致码头利用率不高。

三、不同港口码头经营的区别

公用码头和专用码头的划分，实际上也是看到了同样是从事港口经营，但存在着性质上的差异，并试图通过码头的公共与专用的划分，将不同性质的港口经营加以区分，因为不同性质的港口经营在管理上和其活动本身方面会有很大不同。《港口法》没有采纳公用码头和专用码头的划分，不是因为没有看到这种区别和在立法上对这种区别加以调整的必要，只是因为公用码头和专用码头的划分不够准确和科学，达不到作此划分的根本目的。

在我国的法律、法规、规章中，关于经营性与非经营性的区分由来已久。就运输方面来讲，基本上是把交通部门管理的专业运输单位作为经营性的，而其他部门内部的运输力量就称为非经营性的。在我国实行部门管理的体制下，交通部门以外基本上不从事经营性运输。随着我国从部门管理向行业管理的转化，打破了交通部门对运输市场的垄断，方方面面都投资搞运输，从事经营性的运输活动，但仍有一些单位内部的运输力量，不对外提供运输服务，从事非经营性运输活动。

《港口法》其基本结论是认为应当将港口业务分为“港口经营性业务”和“港口非经营性业务”。所谓“港口经营性业务，是指以营利为目的订有港口业务合同并发生费用结算的港口经营”。这就是说，无论是为船舶、货物还是旅客提供的服务，只要其行为人的目的不是在船舶的停靠、货物的运输和旅客候船与上下船舶本身，而是仅仅希望通过提供这些服务获取利润，其行为就属经营性的港口业务。同时，经营性港口业务的判断标准主要有两条，第一是看行为人是否有营利的主观意识，第二是看是否签订港口业务合同和发生费用结算。

《港口法》没有区分公用码头和专用码头，就连在码头发生的不同行为也没有加以区分，而是将行为人一律称之为“港口经营人”。这样的规定可能出于三个方面的原因：第一，在实际中真正完全从事为自身服务港口业务的经营人是不多的，这些人不是港口市场的主流；第二，两种港口经营行为是客观存在的两种现象,但在法律上目前还没有找到很好的办法将其划分清楚。第三,《港口法》主要是对港口的规划、建设、经营、管理等方面进行原则规定的"大法"。而两种经营行为的区别主要表现在市场管理方面,与此相关的问题《港口法》都授权相关的法规、规章规定。

第四节　现代物流发展与港口经营的特点

一、港口的地位

按照现代综合物流的观点,港口在国际生产、贸易和运输系统中处于十分重要的战略地位,并且发挥着日益活跃的作用。这主要是由于港口的以下三个特点所决定的。

(1)港口是海洋运输的起点和终点。无论是集装箱货还是散货,远洋运输总是承担着其中最大的运量。当需要从事附加的工业、商业和技术活动时,选择在这样的集结点进行,往往能取得规模经济的收益。

(2)港口往往是生产要素的最佳结合点。如果两个大陆之间,或者两个相距甚远的国家之间在生产要素方面有着差异,那么,要把这些生产要素以最有利的方式结合,港口往往是最适合的选择。许多国家依赖于进口原材料的钢铁厂往往都建立在港口地区,其原因正在于此。在港口地区建设出口工业,利用钢铁作原材料生产汽车和机械,就可以节省大量成本,增强在国际市场上的竞争力。

(3)港口又是重要的信息中心。对于国际贸易来说,港口仍然是不同运输方式汇集的重要的节点。在港口地区有货主、货运代理行、船东、船舶代理行、商品批发部、零售部、包装公司、陆上运输公司、海关、商品检验机构及其他各种有关机构。因而,伴随着信息化进程的广泛应用,港口的信息中心地位便日益凸显。

二、港口发展物流的优势

1. 完善的设施构建了港口发展物流的巨大空间

物流是一个系统,是由运输、储存、包装、装卸、流通、加工、配送和信息诸环节构成,其目的就是把合适的产品,以合适的方式、价格,在合适的时间和地点提供给顾客,从而使得整个供应链的运输成本最小化。运输是物流系统中不可缺少的环节,也是挖掘企业"第三利润源泉"的核心。

就运输功能而言，港口是物流供应链中的重要环节，是运输的枢纽。传统意义上的港口定位，在现代经济条件下，已极大地束缚了港口的生存和发展。而物流的出现和发展，给了港口发展以想像的空间。港口一般都拥有良好基础设施（码头、仓库、堆场、后续用地等），与外部衔接的集疏运通道，以及从事货物装卸、堆存、保管和多式联运的经验；同时港口还拥有与许多运输企业、代理公司、加工企业、流通企业密切的业务关系。在此基础上构筑物流中心节点，将更有利于资源利用，具有投资省、起步快、易上规模的优点。因此，现代经济发展变化下的港口应定位在物流中心节点上，跨越水路、铁路、公路、以至航空等运输手段的界限，融中转性、仓储性、生产性、流通性和信息性为一体，构筑物流综合服务平台，拓展"增值服务"空间。如库存产品的归类、包装、贴标签、翻新、产品组配、分销配送；代办通关，结算手续；后勤服务和保障等。

2. 港口与客户可结为战略同盟

现代意义上的物流不仅仅是运输、仓储，也不是货代与单纯的速递，在物流领域扮演的是客户的战略同盟者的角色。在服务内容上，它为客户提供的不仅仅是一次性的运输或配送服务，而是一种具有长期契约性质的综合物流服务，最终职能是保证客户物流体系的高效运作和不断优化供应链管理。从这个角度来看，物流业与其说是一个专业物流公司，不如说是客户的一个专职的物流部门，只是这个物流部门更具有专业优势和管理经验。港口在不断拓展综合服务功能的同时，凭借信息中心的优势，与传统的运输业相比，其服务范围不仅仅限于装卸、运输、仓储业务，而是更能发挥客户物流体系的整体运作效率与效益优势，使供应链的管理不断优化，其服务内容还可深深地波及企业销售计划、库存计划、订货计划、生产计划等整个生产经营过程，远远超越了与客户一般意义上的买卖关系，而紧密地结合成一体，形成一种战略同盟。这既是自身稳定货源的需要，也是作为物流的服务宗旨。如一些与大宗货主有长期协作关系的港口，应积极提高企业的采购、销售和配送能力，争取能直接参与大宗货主的原材料采购或产成品销售工作。

从长远看，港口物流的服务领域还将进一步扩展，甚至成为客户销售体系的一部分，它的生存与发展必将与客户企业的命运紧密地联系在一起。在西方的物流理论中非常强调"相互依赖"关系，也就是说一个企业的迅速发展光靠自身的资源力量是远远不够的，必须寻找战略同盟，通过同盟的力量获得竞争的优势。在传统通道中，即使是大型企业，通过自身整合,完善自身功能,参与国际竞争,往往却不是很成功,反而分散了企业的资源,并将主业经营绩效侵蚀掉。今日企业经营趋势是专注核心产业,并将非核心业务或功能委托给专业公司管理,形成一虚拟整合企业体系,使主体企业能提供更好的产品,为顾客在竞争中取胜创造了条件。在虚拟整合趋势下,供应链体系得以成功发展,物流产业也获得了很大的支持,配合主体企业商流之需,不断升发出创新的增值服务项目,为市场、顾客提供更多、更好及更有价值的服务,使港口与客户形成了相立依赖的市场共生关系。

港口拓展综合物流服务,追求的不是短期的经济效益,而是以一种投资人的身份为客户服务,同时也是风险与利益的承担人。

【案例1】 深圳港口概况

在深圳,经过二十多年的发展,特别是十多年来得益于与香港的合作,深圳港口的整体实力得到了极大的提高。深圳港口的发展与深圳市经济发展基本同步,其对广东省沿海地区、珠江三角洲地区和京九沿线地区的辐射作用正在扩大。深圳港口作为全国沿海交通枢纽的作用已十分突出,因此,国家将深圳港定位为全国沿海主枢纽港,华南国际集装箱枢纽港。从20世纪90年代中期起,深圳市社会经济发展进入了第二次创业阶段,其根本目标是将深圳市建设成为现代化的物流中心、商贸中心、金融中心、信息中心、运输中心和高科技产业基地及旅游胜地。港口将是上述中心的枢纽。与中国沿海其他港口相比,深圳港口最大的优势是毗邻香港这个远东国际航运中心,近几年来,香港港航界纷纷与内地港口合作,北至大连、上海,南至海南,都有香港投资兴建的港口设施,但以深圳为最多。深圳作为与香港接壤的唯一城市,与香港共处于同一海域,自然条件好,经济实力也日趋雄厚,特别是双方的优势互补,已产生了巨大的推动力。香港的港航界人士都明确认识到,加强深港合作,是发展和提高两地港口能力的有效途径。

一、深圳港口的自然条件

深圳是唯一在陆地上与香港接壤的大陆城市,背靠我国外向型经济最活跃的珠江三角洲地区,东有大鹏湾,西临珠江口,具有发展水运的优良自然条件。

与香港相比,深圳和香港处于同一片海域,自然条件相仿,在国际航线上处于同一地理环境,具有与香港协同发展的客观条件。

二、深圳港口的发展模式

深圳港是在市场经济环境中依靠特殊政策发展起来的,其建设和经营有以下主要特点:

(1)主要港区都由以股份制形势组建的跨行业集团公司开发、经营,既经营港口,又经营房地产、工业、商业贸易、服务等多种行业。

(2)深圳市港务管理局代表政府行使管理职能,不参与企业的经营活动。

(3)各港区或港口企业根据自己掌握的信息和市场预测进行港口建设和经营的决策,企业注重自身的经济效益,相互间缺少有效的沟通和协调。

(4)各港区除了客货运输外,还经营海上基地供应、港口加工工业、保税仓储、贸易等多种业务。

这种以企业自筹资金、自找货源、自我发展的港口发展模式,决策快、建设快、经营灵活,有利于引进外资和港资参与港口建设与经营,在港口发展初期起了积极的作用;但存在各自为政、规模小、布局分散等问题,非营利性的港口公用设施及港口支持保障系统的建设薄弱。为加强港口规划、建设及安全监督等宏观调控及行业管理职能,深圳市政府成立了深圳市港务管理局。在全国率先实行政企分开的港口管理体制。

三、深圳港口的现状评价

目前深圳已形成了东部以盐田、下洞、沙鱼涌为主,西部以蛇口、赤湾、妈湾、东角头为主的港区布局。其中盐田、蛇口、赤湾、妈湾4个深水港区是港口的运输主力,此外尚有核电站码头、内河码头等。深圳港口发展主要有以下特点:

(1)利用政策优势,港口发展迅速,成功地建设了较大规模的深水港口。

(2)港口吞吐量迅速增长。

(3)集装箱运输发展迅速,在国际航运界已显露头角。

目前,深圳港从事集装箱运输的企业有近10家,主要有盐田国际集装箱码头有限公司、蛇口集装箱码头有限公司、凯丰集装箱码头有限公司、蛇口招商港务股份有限公司、赤湾港集装箱公司等。前3家为专业集装箱公司,全部是中外合资企业。毫无疑问,这3个专业码头已颇具规模,是深圳港集装箱运输的骨干企业。深圳港现已建成投产营运的专业集装箱泊位近20个,均为5万吨级,可靠泊第六代以上的集装箱船舶,年设计吞吐能力达千万TEU。

四、深圳港目前存在的问题

深圳港口在发展中取得了巨大的成就,但与它所处的主枢纽港的地位及在国际航运中应发挥的作用相比还存在着相当的差距。主要表现如下。

(1)政府对港口企业的宏观调控能力不足,缺乏一定有效的行业管理机制。深圳的港口是由各企业自建自营发展起来的,由于长期以来形成的运作惯性及当前港口管理法规的不健全,使政府对企业的指导及行业管理职能微弱,造成企业自行决策,各自发展的局面,导致盲目填海造地、争岸线、争陆域及违章施工等,港口的公共设施不完善,严重影响了港口的发展。

(2)面临国际航运船舶大型化、专业化的发展趋势,深圳港口深水泊位比例和专业化程度都较低;西部港区受香港马湾水道弯度大、水流急的限制,进出港区的船只必须强制引水且大船夜间不能通航;受滩槽影响,深水锚地不足,这些都影响了大船挂靠西部港口,难以适应当前国际海上运输的需要。

(3)深圳港口本身存在的问题制约了集装箱运输的发展,主要表现在以下两个方面:

①泊位吞吐能力不足,布局分散,难以实现集约化生产、开辟需要充足货源的远洋干线航班;

②口岸的通关体制、金融、保险等不适应集装箱运输的发展,缺乏竞争力;城市的可依托性与国际港口相比,还有很大差距。

回顾世界各国港口的发展历史,均走过了自由发展—自然淘汰—集约化发展—现代化港口的路程。深圳港口应充分利用邻近香港这个国际集装箱大港的有利条件,取长补短,更快地向国际先进水平迈进。

五、深圳的综合物流

深圳的港口目前只能提供货物的中转运输、仓储或货代等单项或分段服务,尚不能提供配送、加工、信息等物流服务功能;港口的深水泊位建设、装卸效率和管理手段与高速增长的货运吞吐量相比不相适应,还有待提高和改进。

深圳市政府已认识到发展综合物流对整个城市经济的重要性,并从战略的高度将物流业确定为深圳市的三大支柱产业之一,相应地,规划并开始动工建设八大物流园区,如龙华物流园区的华南国际集装箱多式联运中心,以港口为核心的物流运输平台和集疏运网络也在加紧规划和建设之中。

随着城市基础设施建设的高速发展,深圳港口有后来居上之势。与香港相比,在发展综合物流服务、建立高效的港口集疏运系统方面,深圳具有更优越的客观条件。

【案例2】 洋山港和宁波港港口自然条件对比

1. 洋山深水港地理条件

为了能够更好地处理洋山港对宁波港的各种影响,首先要了解两个港口的基本情况。充分利用自然资源是港口发展的基本条件,尤其是对于长三角地区的众多港口的发展而言,它们的天然条件是不可忽视的重要因素,地理环境和自然条件的不同会导致港口发展的方向大相径庭。这里先来了解一下洋山港和宁波港的地理和自然条件。

洋山深水港区位于杭州湾口、长江口外的浙江省嵊泗崎岖列岛,由大、小洋山等数十个岛屿组成,是中国首个在海岛上建设的港口。洋山深水港区距离上海南汇芦潮港 27.5km,南至宁波北仑港约 90km,向东经黄泽洋水道直通外海,距国际航线仅 45n mile,是距上海最近的深水良港。规划至 2012 年,可形成 10 多公里深水岸线,布置 30 多个泊位,年通过能力 1 500 万 TEU 以上。洋山深水港一期工程包括港区工程、东海大桥、芦潮港辅助配套工程 3 个部分。其中,港区工程建设 5 个 7 万 ~10 万吨级泊位,可停靠当今最新一代超巴拿马型集装箱船舶。码头岸线长1 600m,年吞吐能力 300 万 TEU 以上;东海大桥总长约 32.5km,按双向六车道高速公路标准设计;芦潮港辅助配套工程位于东海大桥登陆点附近,主要功能是为洋山深水港区提供配套服务。

2. 宁波港的地理位置及发展现状

宁波港地处我国大陆海岸线中部,南北和长江 T 形结构的交汇点上,地理位置适中，是中国内地著名的深水良港。宁波港自然条件得天独厚，内外辐射便捷，向外直接面向东亚及整个环太平洋地区。海上至香港、高雄、釜山、大阪、神户均在 1 000n mile 之内；向内不仅可连接沿海各港口，而且通过江海联运，可沟通长江、京杭大运河，直接覆盖整个华东地区及经济发达的长江流域，是中国沿海向美洲、大洋洲和南美洲等港口远洋运输辐射的理想集散地。宁波港水深流顺风浪小，进港航道水深在 18.2m 以上，25 万吨级以下船舶可以自由进出，25 万～30 万吨级超大型船舶可以候潮进港。

宁波港由北仑港区、镇海港区、宁波港区、大榭港区、穿山港区组成，是一个集内河港、河口港和海港于一体的多功能、综合性的现代化亿吨级深水大港。宁波港已拥有生产泊位 200 多个，包括万吨级以上大型泊位近 50 个，其中 5 万吨级以上至 25 万吨级的特大型深水泊位近 30 个，是中国内地大型和特大型深水泊位最多的港口。拥有全国最大的 5 万吨级液体化工泊位、全国最大的可接卸第五代、第六代集装箱船的集装箱专用泊位和全国最大的 20 万吨级（可停靠 30 万吨级船）矿石中转泊位和 25 万吨级的原油码头。

3. 自然条件的差异

洋山港所处的地理优势是宁波港所无法比拟的。因其与上海港连成一体，上海港位于长江的入海口，所有进出长江的船舶都要经过上海港所在的区域。而应国际大港的发展趋势，洋山港的建设计划中的一个部分就是将洋山港建设成为一个中转港，即所有长江中的出口货物都经过上海港停泊，然后转到洋山港运出。宁波港则在上海港南面，相对于进出长江的船舶来说，先进入上海港，再通过洋山港转运是更好的选择。

宁波港的优势则在于它的通航条件。宁波的地理环境优势及深水条件能在一些特别的日子帮助洋山，因为台风和一些其他的天气现象限制，洋山一年只有 300 天能进行装卸操作。而宁波港的天然条件保证它能在 350 天正常运营。对于一个吞吐量巨大的港口来说，减少 1 天的运营时间就等于减少了数千甚至数万的集装箱进出，减少了巨大的经济收入。在水深方面，宁波港的北仑港区水深条件在 17m 以上，而洋山港只有 15m。因此就自然水深而言，宁波港更占优势。

如果把港口比作人，那么自然地理就是他的先天条件，在各有所长的时候要分出高下就需要后天的培养。国家或者政府对于一个地区或港口的支持是港口在航运竞争中的另一个法宝。政府全力的扶持就好似让自己的孩子进入重点学校培养,为了将来能有更好的发展前途而努力。这种支持主要表现在港口所在地的政策上面。

【案例3】 集装箱港口一体化运输系统建设

四通八达、功能齐备、运作高效的集疏运网络系统是实现集装箱运输必备的硬件环境。从系统构成要素来看,完善该网络系统,建设包括港口码头、腹地集疏运通道和内陆枢纽站场三大子系统。

一、加快干线港集装箱港口码头改、扩、建工程

针对目前我国集装箱港口码头泊位能力和后方库场配套能力不足,呈现超负荷运转的局面,也为适应集装箱船舶大型化的发展趋势,为确保干线班轮船期,应重点加快干线港口深水泊位的规划建造工作和码头的改、扩、建工程进度,以适应集装箱干线港吞吐能力快速增长的需要。同时,应有重点地加速更新部分港口陈旧的集装箱装卸作业机械,改进并优化装卸堆场工艺方案建设的集装箱存储、分拨及智能调度控制系统,通过科技进步有效地提高港区集装箱作业效率和吞吐能力。此外,还需加强对港口自由贸易区、保税区等仓储监管设施的规范建设,加快内陆通关业务的改革,进一步改进贸易程序,提高港区集装箱通关效率,从而缩短集装箱在港停留时间。

二、加大干线港区对外公铁疏港连接线及内河深水航道的规划建设

港口腹地集疏运通道是保证集装箱由港口至内陆腹地通畅、高效运送和集结的包括铁路、公路、水路各支线在内的综合运输线路。随着我国高等级公路、快速铁路及内河干线航道的规划建设,集装箱集疏运通道的网络密度和通行能力都有较大提高。目前,连接沿海的集装箱干线港的腹地快速集疏运通道网络已基本形成。当前存在的主要问题是长江干线等内河航道的水深不够,影响大型集装箱船舶向中上游地区延伸。运输港区与后方公路干线通道间的连接线路衔接不畅,高速公路一般只通至城市外围,未能直达集装箱港区,有些疏港连接线路多为市政道路,对城市交通影响较大,疏港过程中经常出现"快中间、窝两头"现象,易造成港口压箱误船,影响港口吞吐能力的发挥。公路收费问题也较突出。据了

解，目前过路过桥费约占集装箱运输成本的十分之一，已成为影响集装箱运输向内陆推进的主要因素。

针对上述情况，应做好以下几点：

(1)加强内河深水航道的开发与建设，通过提高内河航道的技术等级来提高集装箱船舶的通行能力。

(2)加强干线港区对外快捷的水转陆疏港连接线路的规划建设，尤其是铁路专用连接线的规划建设，以缓解港区繁忙的公路运输带来的交通压力，有效地提高船、车、箱的周转速度和利用效率。

(3)交通主管部门应采取切实可行的措施，落实相关优惠政策，保证路桥合理收费，以有效推进集装箱运输向中西部地区延伸。

三、完善内陆枢纽站场的布局规划和功能设施

公路、铁路、内河枢纽站场是集装箱一体化运输系统中重要的中转作业基地，是沿海干线港口向腹地延伸的后方库场。它集多种作业功能于一体，既是内地客户办理进出口业务的“内陆口岸”，也是箱货交接并划分风险责任的重要场所，又是承托运各方及与之相关业务部门进行交易和为之监管服务的中介场所。加强内陆枢纽站场的合理规划和建设，增强港口的集疏运能力，将为集装箱由沿海干线港向内陆中西部地区延伸，推进集装箱一体化运输的发展，实施西部大开发、中部崛起战略创造十分有利的条件。针对目前枢纽站场存在的突出问题，为更好地发挥其在集装箱一体化运输中的中转、衔接及物流服务等功能，相关船公司、货代、站场经营者不断改进服务方法、提高服务水平，加强揽货，多为货主提供方便。同时，还需政府主管部门通过政策引导，健全法规，加强行业管理，制订和统一技术标准与作业规范，加快集装箱运输的费税改革，为推进中西部地区集装箱一体化运输的发展创造一个良好的市场环境。在枢纽站场功能设计、布局规划、技术装备等方面，还需要进一步完善建设。

(1)应根据区域集装箱运输发展需求，并参照有关的国家或行业标准，合理确定站场的生产规模和功能设置。枢纽站场的主要作业功能，一般包括内陆口岸功能，集装箱整箱在堆场和拼箱货在仓库的业务交接功能，集装箱货物的集散、仓储、换装和拆装箱作业功能，国际货运代理及运输组织管理功能，集装箱箱管站功能，信息处理、传输功能，生产生活配套服务功能，保障战时特殊物资运输功能。另外，铁路枢纽站场还应具有集

装箱班列到发、集装箱中转、专业化装卸和搬运作业功能。

(2)在站场布局规划及选址方面应考虑的主要因素是要从综合运输网的统筹规划与发展出发，充分考虑公路、铁路、水路、航空各类站场之间的合理布局分工和相互衔接配合，既要考虑其间合理的经济运距，又应考虑对货源的吸引和辐射范围。要坚持可持续发展原则，既立足当前需要，也考虑未来发展；既满足经济发达地区的运输需求，也兼顾中西部地区未来迅速开发资源和发展对外贸易的需要；既考虑目前区域中心分布的现状，又考虑随着城市化进程加快对区域性运输枢纽的需求以及未来运输技术、运输组织的发展变化趋势。

枢纽站场应尽量布设在与港口码头、铁路及公路干线联系紧密的位置或货流量大的交通枢纽地区，同时应尽量靠近城市或国家规划的经济技术开发区域，并要与城市的发展规划相协调。

要遵循统筹规划、分期建设的原则，尽量利用已有的站场设施，通过技术改造，整合资源，充分挖潜，节省投资，避免重复建设。在具体选址时，应选择地质、水文条件好的地带，并尽量利用市政给水、排水管道和供电线路，力求减少站外管线工程量，提高建设速度，节约建设资金。

(3)在站场技术装备方面，重点是加强对集装箱专用装卸搬运机械及运输车辆的选型配套建设和所需资金的投入，提高作业的机械化和自动化水平，降低人工操作的劳动强度。此外，为解决当前手工作业、凭经验调控等落后手段所带来的弊端，还急需加强信息化、智能化网络调控系统的建设，包括运输调度系统、存储分拨系统、箱管跟踪系统、运输资源和货源信息服务系统以及适时配送的用户管理系统等，以充分利用枢纽站场各项资源，促进站场功能的充分发挥，实现集装箱运输的“无缝衔接”。

四、港口集约化的保障因素

集装箱运输的发展离不开集装箱港口的发展，从吞吐量的变化趋势看，未来我国集装箱港口布局将更趋合理，沿海将形成北、东、南三大集装箱主枢纽港群，必将为集装箱，尤其是外贸集装箱运输提供有力的后勤保障。

1. 北部集装箱主枢纽港群

北部集装箱主枢纽港群以大连港、天津港和青岛港为主。大连港是东北地区的出海门户，随着振兴老工业基地的深入，中央首批的610亿元投资将使东北地区经济和对外贸易得到恢复和发展,港口集装箱发展趋势较好。青岛港水深条件好、腹地货源足,越来越受到国内外航运界的青睐,中远集团、马士基、铁行渣华和青岛港三国四方共同签约,合资经营青岛港前湾二、三期集装箱码头,马士基海陆欧洲线正式首航青岛港便是最好的例证。天津港位于渤海湾最里端,是终端型国际集装箱大港,由于地处京、津、唐经济区的有利位置,货源较为丰富。

2. 东部集装箱主枢纽港群

东部集装箱主枢纽港群以上海港、宁波港为主。上海港外贸集装箱腹地优越,经济发展势头猛进。随着长三角经济圈的发展和向外开拓,以及大、小洋山港工程的建设完工,上海港外贸集装箱量将出现大幅增加,并将逐渐成为国际集装箱的中转港之一。宁波港是我国地理位置最优良的港口之一,其进港航道水深18m以上,总长2 138m的集装箱泊位可停靠第5代集装箱船,在大、小洋山港建成以前将发挥区域集装箱深水良港的作用,大、小洋山港建成后,将与上海和江苏的港口形成东部集装箱主枢纽港群。

3. 南部集装箱主枢纽港群

南部集装箱主枢纽港群以香港港、深圳港和广州港为主。与香港山水相连的深圳港,集装箱吞吐量连年攀高,深圳港大铲湾码头的建设将使目前较为紧张的集装箱泊位得到有效的改善。随着香港、澳门两地与大陆经贸更密切联系的加强,制造业沿着深圳、东莞两地不断向中山、广州等地的腹地延伸,加之广州港龙穴岛集装箱码头的投产,广州港将和香港、深圳港一起实现“成为全国综合运输网的主枢纽港,与香港联手,共同构成亚太地区超一流国际航运中心”的目标。

【案例4】 我国港口物流竞争力的提升

一、国外港口物流的发展

1. 国际化

世界经济一体化趋势使港口的国际贸易作用更加突出,港口主要从事国际物流服务,如配送中心对进口商品从代理报关业务、暂时储存、搬运和配送,必要的流通加工到送至消费者手中实现一条龙服务,甚至还接受订货,代收取资金等。在国际贸易物流方面,港口为船舶、汽车、火车、飞机、货物、集装箱提供中转运输、装卸仓储等综合物流服务；在商流方面，为用户提供如代理、保险、融资、货代、船代、通关等商贸和金融服务。如安特卫普港，它拥有完善的交通网络，与世界上100多个国家和地区建立了贸易关系，拥有300多条班轮航线与世界上800多个港口相连，水运与密集的高速公路、铁路为核心的陆运相衔接，形成完善的交通运输网络，保证商品运输的畅通。

2. 社会化

国外港口的物流发展主要以构筑港口物流公共信息服务平台为立足点，以港口腹地的物流企业集聚区为载体，依托港口城市的区域优势、交通优势，规划建设好港区物流园区，促进区域经济的全面发展。如鹿特丹港，它是重要的国际贸易中心和工业基地，在港区内实行"比自由港还自由"的政策。港口物流服务多元化，服务对象多样化，成为一个典型的港城一体化的国际城市，拥有大约3 500家国际贸易公司，拥有一条包括炼油、石油化工、船舶修造、港口机械、食品等部门的临海沿河工业带。

3. 信息化

信息化是国外港口发展的重要特征，也是港口物流发展的先决条件。港口依靠天然的区位优势、信息中心地位、高效的信息技术，为客户提供高效的增值服务。应用先进的物流信息技术和手段，使运输、装卸、仓储、包装、流通加工、配送及信息处理等活动实现全程的可视化、自动化、无纸化和智能化。如洛杉矶港南加州码头，它引入革新的无线射频技术（RFID），以实时位置系统科技自动收集进出货场的集装箱数据，提高码头处理集装箱的速度和准确性。所有进出码头的集装箱均以拖车运输，该系统能即时识别贴有RFID电子卷标拖车上的集装箱并确认其位置。通过港口物流信息"高速公路"，大大提高了港口货物的通过率。

4. 综合化

港口物流已经发展到了集约阶段，形成了一体化的物流中心。它可以提供仓储、运输、配货、配送和各种提高附加值的综合服务项目，将过去商品经由运输、仓储、批发带零售的多层次的流通途径简化为港口集成服务到用户的"门到门"服务模式，从而提高了社会的整体经济效益。如新加坡港，它积极培育港口物流链，把港口发展与加工工业的发展结合起来，为工业提供专业、高效的物流服务，提升加工工业水平，进而又促进港口经营效益的提高。港口园区建设与吸引外资相结合，将一些临港土地和泊位提供给跨国公司作为专用物流中转基地，鼓励跨国企业在港区建设物流中心、配送中心等。

5. 系统化

港口物流向生产和消费两头延伸并加进了新的内涵，将原本仓储、运输的单一功能扩展为仓储、配送、包装、流通加工等多种功能。这些功能子系统通过统筹协调、合理规划形成物流大系统，控制整个商品的流动，以达到利益最大化或成本最小化，同时满足用户需求不断变化的客观要求，更加有效地服务于社会经济活动。如鹿特丹港，它在离货物码头和联运设施附近大力规划建设物流园区，其主要功能有拆装箱、仓储、再包装、组装、贴标、分拣、测试、报关、集装箱堆存修理以及向欧洲各收货点配送等，发挥港口物流系统功能，提供一体化服务。

二、我国港口物流存在的主要问题

1. 存在港政管理和码头经营合一的现象

我国的港口经营仍处于一种相对垄断的状态，企业无法按现代企业制度的要求自主决策、自主经营，致使与港口关联的临港工业、商贸业等业态得不到相应发展。

2. 物流建设各自为政，物流联盟程度不高

物流是一个跨部门、跨行业的复合型产业，其发展涉及多个领域和部门。我国条块分割、部门分割的物流管理体制导致各行业、企业多从自身角度出发，缺乏长期、紧密的伙伴关系，很难发挥物流服务的快捷、准确及柔性连接。

3. 物流信息化建设程度不高

目前，我国许多沿海港口都建立了物流信息系统，并起到了一定的作用。但就整体来看，我国港口物流信息系统的功能并没有完全发挥出来，在港口物流所涉及的相关行业部门中缺乏协调性和共享性。

4. 港口物流基础设施薄弱，功能不够完善

虽然我国的水运史和港口史源远流长，特别是新中国成立后，经过5次大规模的港口建设，现已初步建成了布局合理、层次分明、功能齐全、河海兼顾、内外开放的港口体系。但是从全国范围来看，我国仍有众多港口仍处在以运输功能为主导的第一代港口阶段，基础设施薄弱，物流功能没有得到充分拓展，潜在优势没有得到充分发挥，对城市经济发展的促进作用受到限制。即使是近年来建设的现代化程度较高的宁波港北仑港区、深圳港盐田港区及大连、天津、青岛、上海等港口的集装箱码头，也只

相当于发达国家20 世纪90 年代的水平。

5.港口物流业人才匮乏

我国物流企业管理和实务人才除总量紧缺外，总体上受教育层次也偏低，且专业化教育匮乏，物流从业人员实务经验短缺，导致专业化物流服务方式有限，物流企业的经营管理水平难以提高。

6.企业物流服务质量不高

绝大多数企业只能提供单项或分段式物流服务，不能形成完整的物流供应链，难以提供一体化的服务，使得我国整体的物流服务水平下降一个台阶。

第二章 港口与码头的经营管理

第一节 港口业务运营的特点及内容

一、港口业务运营的特点

港口装卸企业是在港口使用装卸搬运机械系统，遵循一定的操作工艺，以货物装卸、搬运、储存为主要业务的生产经营企业。港口装卸企业生产活动的特点主要表现在以下几个方面。

1. 产品的特殊性

作为交通运输业的一个组成部分，港口装卸属于物质生产部门，但是其产品有别于一般的工业企业，它并不提供实物形态的产品，而只提供完成货物空间位置的转移，使货物从一种运输工具转移到另一种运输工具或者在运输工具与库场之间转移，这种特殊“产品”在其生产过程中即被消费。

2. 生产的不平衡性

港口装卸企业的服务对象是装载货物的船舶和其他运输工具。由于运输工具到港的密度和类型，到港货物的数量、品种和流向等具有随机性。这种随机性产生于港口活动的各环节之间的相互独立性，而且各种活动本身的规律性受多种因素影响。因此，各种活动的随机性导致了港口装卸企业的生产任务具有不平衡性。

3. 生产的连续性

港口装卸生产通常采用昼夜24小时连续作业方式，一方面，要对车船及时装卸，减少车船在港停留时间，提高运输工具的运力利用率，以增加社会总运力；另一方面，通过港口的货物，其目的不是滞留港内，而是尽快地转运，进行货物的生产加工或投入市场。所以从社会的宏观效益出发,港口应对随时来港的船舶、车辆及时装卸且连续作业,以减少车、船、货在港口的停留时间。

4. 装卸组织的协作性

由于港口是多种运输方式的汇聚点,有许多企业和管理机构在其中运作,从港口企业的外部来看,既要和集疏运部门、船东、货主密切联系,又要和海关、商检、检疫、引航、船舶供应、港监等部门相协调;从港口企业的内部来看,要协调装卸队、库场、理货等部门各工种的作业,使其形成一个有机的整体。所以港口生产是多部门、多环节、多工种内外协作的过程,具有明显的协作性。

5. 货物运输信息的集聚性

港口作为运输的枢纽,货物位移的集散地,伴随着物流传递的信息流将聚集于港口,并从港口扩散;通过信息引导,使货物有序地转移。因此,港口生产企业对运输过程中所产生的信息流的管理提出了很高的要求,只有港口生产企业的信息流保持通畅,才能保证港口生产的顺利进行,保证对来港车、船做到及时装卸,减少车船在港停留的时间。

6. 生产调度的层次性

目前,我国港口生产调度方式普遍采用两层管理模式,即:“港务局(或港口集团公司)——装卸公司”。不同层次上的生产调度职能有较明确的分工。虽然这种模式有利于整个港口资源的合理调配,但也对不同层次之间的工作协调的有效性和及时性造成影响。

由于港口生产装卸企业的生产活动具有上述特点,使得港口生产经营变得错综复杂,这就要求有一个强有力的能灵活适应港口内外环境变化的生产指挥系统,对生产经营活动进行连续的调度、指挥与协调平衡,以保证港口生产工作的顺利进行。

二、港口业务运营的内容

1. 船舶服务

为船舶服务的种类和范围非常广泛,包括船舶通信、引航、拖带、安排船舶进出港的港内代理服务,燃油、水、食品、设备等的供应以及船舶修理等。

在这些功能中,最重要的是港内船务代理服务,一般由航运公司驻港口的机构经营。外国船公司往往利用当地公司作为港口代理,除了船公司的驻港机构作为港口船务代理外,一些港口经营公司也设有船务代理机构，经营船务代理业务。

港口船务代理负责办理船舶抵港、在港期间及离港的所有事务，包括装船货物的订舱、船舶抵港手续、保证泊位、安排装卸以及离港后的一些事务。由于要接受大量的信息以及准备大量的单证，船务代理信息管理是否高效则显得至关重要。

2. 为发货人和收货人提供的服务

主要有两种业务：从发货人手中接受货物或向发货人交付货物的货运代理业和按发货人要求将货物进行仓储的仓储业。这些服务在国外许多港口都是由私营企业经营的，而在我国则主要由港务局所属装卸公司经营。如果是出口货物，货运代理从发货人处接收货物、办理报关手续、必要时进行包装后将货物运到码头、把提单和其他文件交给发货人。

如果是进口货物，货运代理接受收货人委托的提货通知和提单，领取货物，代表收货人办理有关手续，将货物交付给收货人。它们的业务需要准确地处理信息、填制所有必要的单证，经营这些业务的货运代理必须依法获得运输主管政府部门颁发的许可证。货运代理是一项涉及面广的业务，所以一般都由专业公司承担，但不少港口经营者利用其经营港口的优势，也从事着这项业务。

受货主委托从事货物仓储业务的公司一般也需要由政府主管部门颁发许可证。仓储业务的一个特点是仓储公司可以为所储存的货物签发仓库收据。在国外，这种仓库收据是可以转让的有价证券。

3. 港口内货物装卸和搬运

这是港区内主要的经营业务。港区内的货物装卸、搬运包括码头装卸作业、船舶与仓储区之间的水平运输、集疏运货物的装卸以及前沿码头、前方仓库、货物分类场地内的作业。

4. 港口经营辅助性业务

在港口，除了上述这些直接相关的业务活动外，还有货主仓库与港区之间的货物运输、港区内的运输，以及理货、称重、检验和保安等辅助服务。

5. 港口业务信息的协调

在港区的每种业务的经营人之间都存在明显的差异，使相互间的信息提供和接收变得复杂。为此，作为码头经营的主体，港口装卸经营者往往保持着对码头作业的总体控制，以便协调各种与港口相关的业务以及信息。

6. 港口设施的管理

港口设施大致可以分为以下几类：

(1)由国家政府或港口管理机构自己拥有、由港口管理机构经营的设施(公用设施)。

(2)由非赢利机构拥有、租赁给其他人的设施(专用设施)。

(3)由私营企业自己拥有的设施(货主码头设施)。

第二节 集装箱码头应具备的基本条件

集装箱码头的主要业务是组织各种装卸机械在各个不同的运输环节中迅速有效地进行集装箱装卸和换装作业，以及负责集装箱和箱内货物的交接或保管。由于集装箱运输是一种高效率大规模的生产方式，加上集装箱船舶日益大型化，有时一次装载数量达数千箱，作业量大且集中。因此，集装箱码头不仅需要配备各种现代化设备，还需要有一套十分严密的组织管理办法，才能确保集装箱码头以最少的人力、物力，安全迅速地完成任务。对集装箱码头来说，完成有关业务必须具备下列条件：

(1)具备保证大型集装箱船舶可以靠离的泊位、岸壁和水深，确保船舶的安全。

(2)有宽敞的集装箱堆场和必要的设施，能适应大量集装箱的妥善分类、保管、交换和修理的需要。

(3)配备足够数量的装卸、搬运机械和有关设备，以及能熟练操作这类机械的司机和维修保养人员。

(4)具有能直接连接陆路运输的机能。

(5)具有完善的组织管理系统和有关的工作制度。

集装箱码头作为运输系统中货物的交汇点，其应有的设施包括以下方面。

1. 泊位

这是专为停靠船舶使用的场所，应有一定的岸壁线，其长度应根据所要停靠的集装箱船舶的主要技术参数确定，并有一定的水深。一般集装箱船舶泊位长度为300m，水深在12m左右。

2. 前沿

前沿系指码头岸线从码头岸壁到堆场前这一部分区域。前沿处设有集装箱装卸桥，供船舶装卸集装箱之用。前沿的宽度主要根据集装箱装卸桥的跨距,以及使用的装卸机械种类而定,一般为30~50m。

3. 集装箱码头堆场

集装箱码头堆场指在集装箱船舶进港前,将准备装船的集装箱按预先制订的船舶配载图堆放所占用的场地,以及将从船上卸下的集装箱按交货计划要求暂存所占用的场地。集装箱码头堆场面积大小不等,主要视到港的集装箱船舶载箱量以及船舶靠泊率确定。

4. 集装箱货运站

集装箱货运站指出口拼箱货的接收、装箱,进口拼箱货的掏箱、交货的场所。

5. 控制塔

控制塔也叫指挥塔,是集装箱码头的指挥中心,负责指挥和督促集装箱装卸作业和集装箱码头工作计划的执行。

6. 大门

大门是集装箱码头的出入口,是划分集装箱码头与其他部门责任的地方。出入集装箱码头的箱子,均应在大门口进行检查,办理交接手续。

7. 维修车间

维修车间主要是对码头所有的机械设备进行维修、保养的地方,以保证集装箱码头机械化作业高效而顺利地进行。

第三节 集装箱码头作业流程和业务范围

集装箱码头作业使用的人力有限,主要是通过大规模的机械化作业在码头限定的场地上进行的。集装箱港口作业比传统贸易港口作业更为合理,除了可全天候装卸外,准时、迅速和合理的码头作业,还可以大大提高集装箱装卸效率。

码头业务人员既要指挥港区内的集装箱系统运转,还要从事码头经营管理,因此,码头业务往往由装卸公司和航运公司共同担任。

一、船边作业

船边作业主要是指集装箱装船和卸船。吊装式全集装箱船一般采用龙门起重机装卸。为了最大限度地减少船舶在港停留时间,必须事先备好井然有序的编组计划和船上箱位配载图。龙门起重机和码头上其他装卸机械必须按照预订的方案有条不紊地作业,以便达到最大的装卸效率。

1. 积载图

在集装箱船到达之前，必须掌握准确的订舱位置，即集装箱的数量和重量、每一只集装箱的目的地等。同时，对其他一些有关情况也必须了如指掌，诸如船上的集装箱箱位和那些需要在本港卸下的集装箱，以便当集装箱船到达时，能够做到快速、高效地卸货和装船。为此，制订计划是必不可少的。由于集装箱船通常要停靠许多港口，因此积载图必须把该船在其他停靠港的所有情况都考虑进去，这是相当复杂的。另外，在制定积载图时，还得考虑保证船舶稳性所需的平衡和稳性高度、堆码限制、加固强度限制、重量分布、特种货物积载等因素。正因为集装箱船不同于普通货船，在集装箱船到港之前必须完成上述具体的计划，并且应与其他港口保持密切联系。因此每个港口通常都指定专门负责准备积载图的计划员与航运公司保持密切联系，其业务范围见表2-1。

码头计划员业务范围　　表2-1

业务范围		有关单证	备　注
1	编制船舶积载计划事宜，与前一个港口和下一个港口进行联系	船公司装船指令	船公司预配清单
2	核算集装箱的目的地和箱量，核对码头收据	预配清单	主要根据预配清单、场站收据
3	根据进口船舶积载图，检查船上的积载位置，同时确定装船舱位	配载图	根据装船指令，制定最终的装船方案
4	在示意图中用不同颜色标出集装箱目的地并在有关方之间加以分配	配载图	在制定配载图时，要考虑如何利用集装箱卸后空出的箱位，设法节省装卸时间，确定卸、装箱的数量以及防止对目的地超积载
5	根据进口船舶积载图，制定装卸顺序单	装卸顺序单	在制定顺序单时，考虑每条作业线上待卸和待装集装箱的箱位以及与龙门起重机实际效率有关的堆场作业程序
6	积载计划	配载图	注意专用集装箱，避免超载并核对每个目的地的集装箱重量

续上表

	业务范围	有关单证	备　注
7	编制积载图	积载图	在编制积载图时，应当进一步核对港口、重量、集装箱号、服务种类等是否有误。在船边装卸过程中，还需要在现场进行监督指挥，保证根据装卸顺序单和积载图进行装卸作业
8	根据积载图计算船舶的稳住高度和平衡度，编制积载图	积载图草图	由码头中控室制作
9	编制危险品、冷藏货和件杂货清单	危险品货物清单、冷藏货物清单和场站收据上对货损货差的记录	特别是危险品清单
10	船舶到港之前或之后的综合安排	到港通知	根据船代指示
11	编制船上货物装卸记录	货物装卸记录	由理货公司制作
12	监视装卸作业过程，指挥每位机械操作员，保证装卸作业顺利进行	装卸计划	根据装卸船计划、堆场计划、收货、交货计划

2. 捣舱

虽然积载图是在有关港口之间密切合作中编制的，但是由于船舶靠挂港口和装卸箱数的增加，或者是为了保证船舶航行中的稳定性，船上积载的某些集装箱仍然可能需要交换位置，这种作业谓之捣舱。码头业务员的重要任务之一便是尽可能地减少捣舱箱数。

3. 加固

一般来说，加固的含义是用钢丝或绳索固定船上货物，以防止货物互相挤压。就集装箱船而论，当集装箱在甲板上时，必须用加固杆件或螺旋扣件进行固定。尽管集装箱完全用最现代化机械装卸,但是加固工作却跟普通货船一样由人工完成,而且是码头工人的主要任务。

4. 工班的组成

就普通货船而言,每个舱口由若干名工人组成一个工班,并不要求他们有很高的技能。但是,在装卸集装箱时,每台龙门起重机可能只需由若干名工人组成一个工班(依机型而定),他们当中每一个人通常都是某台设备的操作工,因此,都具备专门的技能。

二、集装箱堆场作业

无论是发货人的待装船集装箱,还是从集装箱船上卸下后发运给收货人的集装箱,都必须经过集装箱堆场交接。从这个意义上来讲,可以认为集装箱堆场是码头前沿的延伸部分,集装箱堆场是海上运输系统的起点和终点。集装箱化的优越性能否发挥,关键就在集装箱堆场如何顺利地作业。另外,由于在集装箱运输系统中,集装箱堆场是海陆运输的衔接点,因此集装箱堆场不仅仅起到了集装箱装卸场地的作用,而且还起到了集装箱存储场地的作用。

1. 堆场作业计划图

堆场作业计划图是用来安排集装箱在堆场上存储的,因此也可以称为集装箱在堆场的场地积载图。它的目的在于,根据在船期表和船舶积载图基础上预先编制的计划表,交付和接收进出口集装箱,充分利用集装箱堆场的有限场地存储集装箱,以便把集装箱顺利交付收货人或者装上船舶。堆场调度员必须与大门值班员密切合作,根据堆场作业计划图,确保需要存储或交付的集装箱能够顺利地交接。堆场道口的业务范围见表2-2。

堆场道口的业务范围　　表2-2

业务范围		有关单证	备　注
1	根据进码头的单证,为接收的集装箱制定堆场地点	场站收据、设备交接单	对设备交接单签收
2	编制堆场箱位图	堆场箱位图(船名、目的地、重量、集装箱号)	堆场计划

续上表

业务范围		有关单证	备注
3	根据进口船舶积载图,编制装卸顺序检验单	船舶积载图(顺序号、装船港、集装箱箱号、堆场箱位、拖车编号)装卸顺序检验单	在编制装卸顺序检验单时,要规划好同步卸船和装船的顺序,对专用集装箱尤需注意。为船上卸下的集装箱指定堆场中的箱位,注意发运日期,根据装卸顺序检验单和积载图,确认集装箱编号和集装箱是否损坏,如有损坏,根据装卸顺序检验单为拖车司机指定堆场中的箱位,保证底盘车循环作业顺序进行。注意每条作业线的装卸过程,保证船边作业顺利进行
4	根据装卸顺序检验单,编制捣舱顺序检验单	捣舱顺序检验单(原始积载图、始发港、目的港、集装箱箱号、重量、修订积载图)	预配积载图与最终配载图相一致
5	核对积载图和堆场箱位图,交付集装箱顺序单	编制装船和卸船计划	核对装卸船记录
6	核对进出场单证和顺序检验单	设备交接单	场站收据、提货单、交货记录
7	检查集装箱状态		根据设备交接单
8	编制集装箱交货单送有关部门	集装箱交货单送(船名、提单号、目的港、集装箱箱号、收货人、转运人)	收货人根据提货单进堆场提箱、提货
9	编制堆场通过量总表	堆场通过量总表	做好卸船、交货记录
10	向堆场道口值班室发出相应指令	放行通知	进出口设备交接单、交货记录

检查部门业务员工作职责见表2-3。

检查部门业务员工作职责　　表 2-3

	工作职责	有关单证	备注
1	检查集装箱的接收和交付(空箱或重箱)	设备交接单	必须对集装箱进行严格检查,不仅要检查外部状态,而且要检查内部状态
2	编制和分类整理门票	门票(船名、箱型、目的港、集装箱箱号、收货人、转运人、报关单、重量、堆场箱位)	特别是特种箱
3	接收并核对出口单证(码头收据、出口申报单、装箱单)	进场设备交接单	单单是否相符
4	接收提货单并核对交/接通知单	交货记录	是收货人还是代理人
5	填写道口值班记录	道口值班记录(集装箱编号、空箱或重箱、箱型、目的地、发货人、收货人)	特别是特种箱
6	检查集装箱箱号、封号、有无破损等	残损报告书(船名、集装箱箱号、堆场箱位、破损情况)	如果大门值班员发现集装箱破损,应立即与值班负责人联系,并取得维修指示
7	重箱过磅	过磅单	如果单据上未注明集装箱重量,应会同检查员称重并记入门票
8	准备集装箱交接单,并由驾驶员签字	集装箱交接单(船名、集装箱号、底盘车号、交箱地点、日期、发货人、收货人、目的地等)	特别是特种箱
9	指定箱位(专用集装箱的堆存)	堆场计划	接收专用集装箱时,需检查危险货物的标签牌或规定的温度并指定适当的箱位
10	检查空箱并控制滞留期	空箱清单(船名、集装箱编号、箱型、接收日期)	是否超期
11	编写库存报告以便每天对存储的集装箱进行检查	库存报告(船名、箱型、接收日期、堆场箱位等)	通知有关方
12	将进出堆场的集装箱交接单输入计算机	进出堆场计划	通过输入进出堆场的集装箱交接单,利用计算机掌握集装箱状况和堆场存储箱数

2. 编组计划

编组计划几乎与堆场作业计划一样，通常是指集装箱存储和安排计划而言，重点是安排船边装卸作业。

3. 道口工作职责

从集装箱船上卸下的进口集装箱和需要装船的出口集装箱都要在堆场入口处接受检查，以确认交接正确。集装箱交接是港口最重要的功能之一。港口大门乃是航运公司和货主责任范围的分界点。在这里，码头经营者与作为有关方面代理人的转运人或车队公司交换交接单。

4. 堆场安全工作

对于堆场中存储的集装箱(重箱或空箱)，必须保证其安全，避免发生意外事故。特别是当集装箱或箱内货物可能被暴雨或大风损坏时，作为紧急预防措施，必须把多层堆码的集装箱互相加固起来，或者改为单层堆码并捆扎牢固。要想做到这一点，港口业务人员必须密切注视气象条件，才能防患于未然。

5. 集装箱货运站业务

拼箱货是指发货人不够装满一个集装箱的零担货物。集装箱货运站管理人员的业务主要是交接这类拼箱货，进行拆装箱作业并在货运站内储存这类集装箱。集装箱货运站可以设在码头区内或紧靠码头区，或者设在港区附近。一般来说，集装箱货运站设有一个升降底板，该升降底板可调整到与底盘车上的集装箱底板在同一水平上装卸货物，以便进行装箱或掏箱作业。集装箱货运站出口和进口货物业务分别见表 2-4 和表2-5。

出口货物业务　　表 2-4

业务说明		有关单证	备注
1	货物接收	场站收据	是否加批注
2	核对预定的进场时间、转运人、发货人等	预定进场单	同发货人和转运人联系，核对进货日期并记入单据
3	进一步核对发货单	堆场计划	根据交货收据和发货单，确认目的地、预定航次和船舶等
4	填写送箱设备交接单		有无箱损
5	登记进场单据号	进场号码记录簿	必须根据交货收据进行登记

续上表

业务说明		有关单证	备　　注
6	收货： a. 按照已经结关和尚待结关两种情况指定货位； b. 清点并粘贴标牌； c. 签收货物收据	货物接收明细单	在货物接收明细单中应详细注明： a. 填写收货明细目(备作标牌)； b. 按目的地和货物种类进行货物码盘； c. 如果发现货损，应通知发货人或转运人
7	接收货物出口单证： a. 码头收据和出口申报单； b. 根据码头收据和出口申报单及其内容核对接收的货物； c. 给码头收据编号； d. 编制收货记录； e. 编制货物残损报告单	批注清单	a. 核对码头收据出口申报单和收货明细单； b. 特别是特殊货清单； c. 是否加批注
8	在集装箱货运站内： a. 安排和照料，理货和计数； b. 配合海关验收； c. 编制货位图	货位图	编制货位图，掌握集装箱货运站内货物状况
9	发货： a. 排定货物装箱日期表和装箱顺序； b. 编制装箱计划； c. 检查并核对货物及出口申报单和码头收据； d. 根据装箱计划将货物装入集装箱； e. 在集装箱货运站内，根据货位图，检查有无漏装货物； f. 与码头联系发送重箱	货物装箱计划	a. 考虑如何有效地利用集装箱箱容； b. 原则上货物应根据提单分类装进同一只集装箱； c. 原则上应避免同一目的地的货运站货物与堆场货物混装，如果不可避免，则货运站货物应装在靠近箱门一边，与堆场货物分开； d. 保证同一集装箱内只装同一目的地的货物
10	相关工作： a. 编制集装箱装箱单； b. 全面核对出口申报单、码头收据和集装箱装箱单； c. 把装货单证(出口申报单、码头收据和集装箱装箱单)移交给码头； d. 将收货明细单归档； e. 编制装箱报告	集装箱装箱单	a. 防止箱内货物损坏集装箱； b. 保证空箱清洁、完好； c. 将重货装在箱内底部，轻货装在上部； d. 根据装箱单，核对货物数量和目的地

进口货物业务　　表2-5

业务说明		有关单证	备　注
1	按货单整批接收发给集装箱货运站的集装箱	首先从集装箱堆场接收重箱,从箱内取出货物交付收货人	卸船计划
2	与收货人取得联系,以便交付货物	交货通知书	船代通知
3	从船公司方面接收交货单证	提货单	有无批注
4	根据收货人提货单和提单副本等单证制订拆箱和交货计划	拆箱单	有无箱损、货损
5	编制拆箱程序单	拆箱程序单	判断拆箱单
6	编制拆箱报告	拆箱报告 货物残损报告	货损、箱损是否已确认
7	接收并核对提货单	状况数量是否一致	确认标记编号、数量、箱号和各种签名等
8	交货	提货单、交货记录	是否有批注
9	编写交货报告	交货报告	
10	在货单中作注销标记	交货通知	记录交货日期、目的地是否完税、转运
11	检查未交出的货物,并由船公司通知收货人,以便进行处理	未交货物清单	由船公司负责
12	检查检疫和清扫状况	通知箱主	是否应确认

6. 码头单证

在完成码头作业时,必须与航运公司、发货人、收货人和转运人密切配合,使所有编制的装卸计划与货物和集装箱的每次作业相一致。有关装卸作业的情况必须随时通知港口的每一个部门,每次作业的结果也必须反馈到有关部门,以便保证集装箱作业的顺利进行。码头出口单证和进口单证分别见表2-6和表2-7。

出口单证　　表2-6

业务说明		有关单证	备　注
1	接收船公司的货物单证	装货清单、航单	配载图是否已制作
2	确定待装集装箱数并编制作业一览表	作业一览表（船名、目的地、发货人、转运人、集装箱数量、收货日期、货物）	装船计划、堆场计划
3	发送货物和有关单据，通知船公司	装船计划	装船理箱单
4	审查发送单证（出口申报单、码头收据、集装箱装箱单），并发出码头收据	有无特种箱货	单单相符
5	编制特种货物（危险品、冷藏货物等）清单，并送至有关部门	特殊货物清单（航运公司、集装箱号、货物、发货人、转运人、危险级别、规定幅度）	有关部门签证
6	确定箱内货物，不明的集装箱指定存储地点	海关验货单证	通知有关方
7	检查出口集装箱的滞留期	滞留终止报告	对于延期超过一定时间的货物，应报告海关当局
8	检查现有集装箱的滞留期（卸货后3个月）	免税集装箱再出口期限的延期申请表	由于卸下的集装箱原则上必须在3个月之内再次出口，如果在规定的期限内不能再次出口，应向海关申请延长滞留期
9	海关检验和现场检查	确认检验程序单	在海关检验过程中，应根据检验程序单规定对货物进行抽样检查，并重新注明发送日期、时间和货物重新装箱日期、时间
10	根据海关手续编制集装箱清单	集装箱清单（箱型、标记、箱号、内贸或外贸）	把再次出口的集装箱的清单提交海关，并在装船之前结关

续上表

	业务说明	有关单证	备注
11	把货物种类填入记录	海关的码头收据副本	标明收货日期、装船日期、船名，核对出口申报单号、批准日期、发货日期、标记、编号、货物、件数等
12	取得船长在码头收据副本上签字，并核对出口申报单是否一致，以便最终完成出口单证手续	同上	大副收据签收
13	与航运公司以及所有和出口有关的部门联系	相关单证	船代、货代

进口单证 表2-7

	业务说明	有关单证	备注
1	核对进口积载图和集装箱装箱单	进口配载图	卸船计划、堆场计划
2	编制进口集装箱清单并将清单发送至有关部门	进口集装箱清单（发货人、货物种类、提单号、集装箱号、箱型、发货人、货物、件数、重量、尺寸等）	交货计划
3	编制专用集装箱清单并通知有关部门	特殊集装箱清单（同上，还包括标签级别或规定的温度）	箱子、关封外表状况确认
4	将集装箱和货物转交海关保管	一份提单副本代替订单，另一份提单副本交付海关	取得船长的签字
5	编制集装箱清单	集装箱清单	提交集装箱（空箱或重箱）清单（作为进口申报单接收）
6	履行与进口业务有关的海关手续	a. 货物更正申请单； b. 货物装卸申请单； c. 外贸货物运输申请单； d. 国内运输使用免税集装箱申请单； e. 免税集装箱改作它用申请表	a. 在运往下一个装船港的途中，使用免税空箱装运内贸货物时，应向海关申请； b. 当免税集装箱用于其他目的而不是国外贸易时，即用于储存内贸货物，应向海关申请，但需缴纳出口税
7	与航运公司以及所有和进口手续有关的部门联系	交货通知、交货记录	船代、货代

第四节　集装箱码头的装卸工艺

一、集装箱码头装卸工艺系统

集装箱码头相对一般件杂货码头,其最突出的优点是作业的高效性。而装卸工艺是码头作业高效率的保证。合理地选择码头的工艺类型,是顺利开展码头生产的前提。

所谓装卸工艺,是指港口装卸和搬运货物的方法和程序,按一定的操作过程,根据港口的条件,针对不同的货物、运输工具和装卸设备,以合理和经济的原则来完成装卸和搬运任务。

集装箱码头的装卸工艺有如下几种典型的系统:底盘车系统、跨运车系统、龙门吊系统及混合型系统。

1. 底盘车系统

底盘车系统是美国海陆公司首先采用的一种装卸工艺方式,故又称"海陆方式"。码头的前沿采用岸边集装箱装卸桥(俗称桥吊、装卸桥)承担船舶的装卸作业,进口集装箱由装卸桥直接卸到底盘车上,集装箱牵引车将载有集装箱的底盘车拖到堆场停放,出场时集装箱牵引车将载有集装箱的底盘车从堆场上直接拖出港区。出口集装箱由集装箱牵引车将载有集装箱的底盘车从港区外拖进港区停放在堆场上,装船时再由集装箱牵引车将载有集装箱的底盘车从堆场拖到码头前沿,由岸边集装箱装卸桥将箱吊装上船。该系统的主要特点是:集装箱在码头堆场的整个停留期间均放置在底盘车上。

1)底盘车系统的主要优点

(1)集装箱在港的操作次数减少,装卸效率高,集装箱的损坏率小;

(2)底盘车可直接用于陆运,适用于门到门运输;

(3)底盘车轮压小,对场地的承载能力要求低,节省场地的铺面投资;

(4)工作组织简单,对装卸工人和管理人员的技术要求低;

(5)场地不需要复杂昂贵的装卸设备。

2)底盘车系统的主要缺点

(1)为方便停放底盘车和进行拖挂作业,要求有较大的场地,场地的利用率低;

(2)底盘车的需求量大,投资大,在运量高峰期可能会出现因底盘车不足而间断作业的现象;

(3)不易实现自动化;

(4)采用这种系统的大型码头拖运距离长,在高峰期容易堵塞港内道路。

3)底盘车系统主适用的码头

(1)码头集装箱的通过量较小,场地大;

(2)集装箱码头的起步阶段,特别是整箱货比例较大的码头;

(3)船公司特殊要求这种作业的码头,其陆路运输完全依赖于高速的公路运输。

2. 跨运车系统

跨运车系统又称为“麦逊公司方式”。码头前沿采用岸边集装箱装卸桥承担船舶的装卸作业。跨运车承担码头前沿与堆场之间的水平运输,以及堆场的堆码和进出场车辆的装卸作业。

跨运车系统的作业流程是:卸船时,由装卸桥将集装箱从船上卸到码头前沿,再由跨运车将集装箱搬运至码头堆场的指定箱位;“场到场”、“场到集装箱拖运车”、“场到货运站”等作业均由跨运车承担。

1)跨运车系统的主要优点

(1)跨运车一机完成多种作业(包括自取、搬运、堆垛、装卸车辆等),减少码头的机种和数量,便于组织管理;

(2)跨运车机动灵活、对位快,岸边装卸桥无需将集装箱卸在码头前沿,无需准确对位,跨运车自行抓取运走,充分发挥岸边集装箱装卸桥的救率;

(3)机动性强,既能搬运又能堆码,减少作业环节;

(4)跨运车是一种流动性机械,当某处的作业量相对较大时,可多配几台,使码头作业进度平衡;

(5)堆场的利用率较高,所需的场地面积较小。

2)跨运车系统的主要缺点

(1)跨运车机械结构复杂,液压部件多,故障率高(故障率:20% ~ 40%),对维修人员的技术要求高,且造价昂贵;

(2)跨运车的车体较大,司机室位置高、视野差,操作时需配备助手;

(3)司机的操作水平要求较高,若司机对位不准,容易造成集装箱损坏;

(4)场地翻箱倒垛困难;

(5)初始投资高。

一台集装箱装卸桥需配备4台以上的跨运车来承担集装箱的转载和堆码作业;另需一台承担进出场车辆的装卸作业;还需一台备用,故一台装卸桥需配备6台以上的跨运车。另外,跨运车的轮压大,场地建造费用高。

3)跨运车系统适用的码头

由于跨运车系统存在装卸桥卸箱无须对位而装箱时跨运车和装卸桥需对位等原因,故该系统适用于进口重箱量大,出口重箱量小的集装箱码头。

3.轮胎式龙门起重机系统

轮胎式龙门起重机系统的码头前沿采用岸边集装箱装卸桥承担船舶的装卸作业。

轮胎吊承担码头堆场的装卸和堆码作业,从码头前沿至堆场、堆场内箱区间的水平运输由集卡完成。轮胎式龙门起重机一般可跨6列集装箱箱宽,外加1列集卡车道。堆高为3~5层集装箱箱高。轮胎吊设有转向装置,能从一个箱区移至另一个箱区进行作业。

1)轮胎式龙门起重机系统的主要优点

(1)场地的利用率高。轮胎吊可在一个箱区堆放30个集装箱,且箱与箱之间的间隙较小,使堆场面积得到有效利用;

(2)堆场铺面费用较少;

(3)设备操作较简单,对工人只需中等技术水平的操作培训;

(4)相对于跨运车系统,对集装箱的损坏就会较少;

(5)轮胎吊采用90°转向和定轴转向,占用通道面积小;

(6)与轨道式龙门起重机相比,不受轨道的限制,可从一个箱区移至另一个箱区;

(7)可采用直线行走自动控制装置实行行走轨道自动控制,并可采用计算机控制,易于实现集装箱装卸作业自动化。

2)轮胎式龙门起重机系统的主要缺点

(1)相对于跨运车系统,该系统的灵活性不够。虽然可进行跨箱区作业,但移动的耗时较长;

(2)由于龙门起重机的跨距大,堆垛层数高,故提取集装箱较困难,倒垛率较高;

(3)轮胎式龙门起重机需配备集装箱拖运车承担水平运输,增加了作业环节;

(4)初始投资也较高,每台岸边集装箱装卸桥需配备4台以上的龙门起重机,而轮胎式龙门起重机的造价高,使码头的固定成本增加。

3)轮胎式龙门起重机系统适用的码头

轮胎式龙门起重机系统适用于陆地面积较小的码头。我国大部分集装箱码头采用这种工艺系统。

4.轨道式龙门起重机系统

轨道式龙门起重机系统与轮胎式龙门起重机系统相比,堆场机械的跨距更大,堆高能力更强。轨道式龙门起重机可堆积4~5层集装箱,可跨14列甚至更多列集装箱。

1)轨道式龙门起重机系统的主要优点

(1)堆场面积利用率高;

(2)机械结构简单,维修方面,作业的可靠性高;

(3)机械设备的维修管理费用低,营运费用低;

(4)机械为电力驱动,节省能源;

(5)机械沿轨道运行,有利于实施计算机控制,易于实现集装箱装卸的自动化。

2)轨道式龙门起重机系统的主要缺点

(1)机动性差,轨道式龙门起重机只能沿轨道运行,作业范围受到限制;

(2)跨距大,提箱、捣箱困难;

(3)投资也较大。

3)轨道式龙门起重机系统适用的码头

轨道式龙门起重机系统适用于场地面积有限,集装箱吞吐量较大,计算机控制度高的水陆联运码头。

5.叉车系统

叉车系统的码头前沿采用岸边集装箱装卸桥承担船舶的装卸作业。码头前沿与货场之间的水平运输以及堆场集装箱的堆码与装卸由叉车承担。

1)叉车系统的主要优点

(1)通用性强,可适用于多种作业,机械在其寿命期内得到充分的利用;

(2)技术问题少;

(3)机械价格便宜,成本低。

2)叉车系统的主要缺点

(1)单机效率低,不适用于大吞吐量码头;

(2)轮压大,对路面的磨损严重,增加了场地造价;

(3)需要的通道宽,场地利用率低;

(4)装卸作业时,集装箱对位困难。

3)叉车系统的适用场合

叉车系统主要适用于吞吐量小的集装箱码头。

6. 正面吊系统

正面吊系统的码头前沿采用岸边集装箱装卸桥承担船舶的装卸作业,码头前沿与堆场的水平运输以及堆场的堆码和装卸车作业由正面吊来承担。

1)正面吊系统的主要优点

(1)可完成搬运、堆码、装卸车作业,减少码头配备的机种,便于机械的维修保养;

(2)可跨箱区作业,一般可堆4层箱高,有些可堆8层箱高。与叉车系统相比,场地的利用率较高;

(3)可加装吊钩或木材抓斗,用于吊运重件或木材,使机械在寿命期内得到充分的利用。

2)正面吊系统的主要缺点

(1)只能跨1箱或2箱作业,因而要求箱区小,通道多,且正面吊在吊运集装箱时,箱体与正面吊横向垂直,因而需要较宽的通道,与龙门起重机系统相比,场地的利用率较低;

(2)单机效率低,需配备的机械台数多,故系统的初始投资较高;

(3)轮压大,工作时转向轮胎的磨损和路面的磨损都较严重。

3)正面吊的应用尚不广泛,仅在吞吐量较小的集装箱码头有所应用。

7. 跨运车-龙门起重机混合系统

从经济性和装卸性能的观点来看,上述6种工艺系统方案各有利弊,目前世界上有些港口采用了前述工艺方案的混合系统:跨运车-龙门起重机混合系统。

跨运车-龙门起重机混合系统的主要特点是:

(1)船边的装卸由岸边集装箱装卸桥承担;

(2)进口集装箱的水平运输、堆码和交货装车由跨运车负责完成;

(3)出口箱的货场与码头前沿之间的水平运输由集装箱半挂车完

成,货场的装卸和堆码由轨道式龙门起重机完成。

由于混合系统能充分发挥各种机械的特点,扬长避短,使系统更加趋于合理和完善,目前世界上已有不少码头采用这种方案。

二、集装箱多用途码头的装卸工艺

由于港口生产的实际需要,一些码头建设成为集装箱多用途码头,集装箱多用途码头一般随着码头装卸货种构成的变化和集装箱吞吐量的增加,可逐步发展成为集装箱专用码头。故集装箱多用途码头具有过渡性码头的特点。但由于其适应性强,可变性强,故得到了广泛的发展。

集装箱多用途码头在设计建造时,应考虑下列要求:不仅能高效率地装卸集装箱货,而且能有效地进行其他类型货物的装卸作业;无须补充较多的投资便可适应装卸货种的变化;码头前沿和堆场都能达到集装箱专业化码头的水平。

根据以上要求,集装箱多用途码头的装卸工艺系统具有如下特点:

(1)码头前沿除了配备有岸壁集装箱装卸桥外,还配有多用途门座起重机。有些码头则配备了多用途岸壁集装箱起重机,以便能同时满足集装箱货和非集装箱货的装卸作业要求。

(2)场地配有较多的流动机械。以便于码头前沿的船舶装卸机械,组成适用于不同货种的装卸工艺系统,高效率地对各种货物进行装卸作业。

(3)对集装箱吞吐量较大的码头,其堆场还需配置集装箱堆场专用机械,以形成完善高效的集装箱装卸线,提高装卸效率。对其他货种的堆场作业以配置通用机械为主,使其具有较大的灵活性和通用性,减少机械的种类,便于维修和管理。

(4)堆场需配置大起重量的流动机械。不仅可承担场地重件货的作业,而且可对码头前沿装卸船舶作业起补充和应急作用。

第五节　集装箱码头的主要装卸机械

一、集装箱起重机

1. 岸边集装箱起重机

岸边集装箱起重机是集装箱码头前沿装卸集装箱船舶的专用起重机,主要应用专用集装箱吊具完成集装箱的装卸船作业。为适应个别集装箱船舶上的重件装卸，一些岸边集装箱起重机备有重件吊钩，亦有少数港口的岸边集装箱起重机具有集装箱和抓斗装卸两种功能。

岸边集装箱起重机的形式依据其作业特性和操作功能而定。目前，世界上的岸边集装箱起重机因制造厂、码头的不同而呈现不同样式，但其基本形式差别不大。前大梁、主梁、后大梁由海侧、陆侧门框支撑，并通过梯形架连接的前后拉杆进行悬挂，海侧、陆侧门框由斜撑、门框横梁连接在一起，运行小车通过起升钢丝绳悬挂专用集装箱吊具，沿着安装在前大梁、主梁、后大梁上的轨道前后运行，驱动机构和电气设备一般放置在主梁或后大梁上，为方便司机操作，司机室一般布置在运行小车后下部并随小车运行。

近年来，随着集装箱运输业的发展，为降低运输费用，集装箱船舶尺寸越来越大，目前装箱量已达到6 000 ~ 8 000TEU，10 000TEU 以上装载量的船舶也已将投入运营。同时，有些集装箱码头，为便于船方各种船务作业，以及港口维护人员作业，加宽海侧轨道至护舷之间的尺寸。这样，对岸边集装箱起重机的形式提出了新的要求，主要的技术参数也相应发生了变化。

目前，岸边集装箱起重机的前伸距已达到70m，后伸距达到25m，轨距一般取26 ~ 30m，起升高度已达到35 ~ 40m，即通常所说的超巴拿马机型。

各集装箱码头用户在不断追求加大前后伸距、轨距和起升高度的岸边集装箱起重机的同时，同样要求这种超巴拿马机型的生产率不能降低甚至还要提高。为适应这一要求，各主要技术参数，特别是速度参数都相应加以提高。满载/空载起升速度达到90/180m/min，小车运行速度达到240m/min，额定起重量达到65 ~ 70t。

2. 多用途门座起重机

多用途门座起重机是通用门座起重机的一种变型产品。其构造和通用门座起重机基本相同。多用途门座起重机按其需要配装上不同的装卸属具，设置相应的附加装置，可进行集装箱、件杂货和散货装卸作业。也可以配置电磁吸盘，用来装卸废钢铁。进行集装箱作业时，可使集装箱重心在整个变幅过程中保持水平位移，以利于集装箱进出集装箱船格栅导轨和堆码作业，起重机回转时，吊具具有反向同步回转的能力，保证集装箱的纵向水平轴线始终与起重机轨道平行。便于集装箱对位，可以有效提高装卸集装箱的效率。

3. 高架集装箱轮胎式起重机

高架集装箱轮胎式起重机是在轮胎式起重机的基础上发展起来的一种码头前沿集装箱起重机械。它既有轮胎式起重机的机动性强、对场地要求不高的特点，又具有门座起重机的货物能水平移动、司机室离地面较高、操作方便、臂架铰点高、方便卸船作业的特点。

4. 轮胎式集装箱门式起重机

轮胎式集装箱门式起重机是集装箱货物进行堆码作业的专用机械。它由门形支架、动力传动系统、起升机构、大车运行机构、小车运行机构及伸缩式吊具等组成。装有集装箱吊具的行走小车沿主梁轨道行走，进行集装箱装卸和堆码作业，轮胎式行走机构可使起重机在货场上行走，并可作90°直角转向，从一个货场转移到另一货场，作业灵活。

5. 轨道式集装箱门式起重机

轨道式集装箱门式起重机主要用于集装箱铁路转运场和大型集装箱储运场的集装箱装卸、搬运和堆放。轨道式集装箱门式起重机由主梁、刚性和柔性门腿、运行小车、起升机构、大车运行机构、电气系统、操作驾驶室等组成。根据堆场作业工艺，在单门腿方向或双门腿方向外伸悬臂成为单悬臂或双悬臂机型，不外伸成为无悬臂机型。根据场地、集装箱储运工艺流程及装卸的车辆（集装箱卡车或铁路车辆）确定采用无悬臂、单悬臂和双悬臂的不同结构形式。

二、其他集装箱专用装卸机械

1. 集装箱跨运车

集装箱跨运车是一种应用于集装箱码头和集装箱中转站堆场的集装箱专用装卸机械，其作用是实现集装箱的水平运输、堆码及对集装箱半挂车进行装卸作业。

2. 集装箱正面吊运机

集装箱正面吊运机是一种用以完成集装箱装卸、堆码和水平运输作业的集装箱装卸搬运机械。它具有机动性强、作业效率高、安全可靠、操作简便舒适等优点，是一种比较理想的货场装卸搬运机械。

3. 集装箱叉车

集装箱叉车是一种由通用叉车发展起来的适应于集装箱装卸作业特殊需要的专用叉车，主要用于集装箱装卸、堆码及短距离的搬运等作业，是集装箱码头和货场常用的装卸设备之一。它一般在门架前装有一个顶部起吊属具(吊具),借助转锁件与集装箱连接,从顶部起吊;也可以采用货叉插入集装箱底部叉槽内举升搬运集装箱。

集装箱叉车按照构造形式分为正面集装箱叉车和侧面集装箱叉车。正面集装箱叉车是目前常用的形式。侧面集装箱叉车和普通侧面叉车类似,在装卸集装箱时,将门架和货叉向侧面移出,叉取集装箱后收回,将集装箱放置在货台上进行搬运;也可装设顶部起吊属具,进行起吊。与正面集装箱叉车比较,侧面集装箱叉车载箱行走时的横向尺寸要小得多,所要求的通道宽度也较窄(约 4m);载箱行走时的载荷中心在前后车轮之间,行走稳定性较好,轮压分配均匀。但是,侧面集装箱叉车的结构和操纵较为复杂,司机视线差,装卸效率较低。

4. 集装箱自装自卸车组

集装箱自装自卸车组由集装箱牵引车、集装箱半挂车和装卸机构组成。

集装箱自装自卸车组可以在没有其他装卸机械的条件下,自行完成集装箱的装卸和运输,适用于集装箱运量小,没有起重装卸设备的场所。由于集装箱自装自卸车组带有装卸机构自重较大,比较适合于中短途"门到门"运输,或作为集装箱港口、场站与公路联运的衔接设备。

5. 集装箱滚装车组

集装箱滚装车组由滚装牵引车、连接装置和滚装半挂车组成。

集装箱滚装车组只适用于专门的集装箱滚装船,整个车组也只在滚装船和港口货场之间行驶。一般情况,当滚装船到港后,滚装牵引车通过与船首门、尾门或舷门铰接的跳板进入船舱,把装载集装箱的滚装半挂车拖带到码头货场;或者将滚装半挂车拖带进入滚装船舱。滚装半挂车一般堆码二层集装箱。

【案例 1】　鹿特丹港口的业务拓展

鹿特丹原来是坐落在鹿特丹小河与马斯河交汇处的一个渔村(与我国上海相仿),1283 年修堤防洪,开垦围地得名鹿特丹;14 世纪荷兰崛起,成为航海强国,始辟鹿特丹为港口,16 世纪 70 年代就开通印度航路,是英国和德国过境运输港,也是西欧至北海、北冰洋换船的修整地和启航点。到 19 世纪,由于出海口河道泥沙淤积,港口濒临瘫痪。1863 年开挖了通往北海的 31.5km 新航道,港口才开始复苏。二次大战期间法西斯德国入侵。港口受到极大摧残，大战后才重新修复。1958 年西欧共同体成立，减少了国界屏障，鹿特丹港才得以迅速发展。目前鹿特丹不仅是欧洲第一大港，也是世界大港，究其原因主要是：

1. 莱茵河口具有得天独厚的建港条件

鹿特丹港位于莱茵河口下游 40km 范围内，港区面积 100 多 km^2，水域 129 多 km^2（其中海面水域 21.48 km^2），共分 7 个港区，40 多个港池，码头岸线长 40 多 km。莱茵河流域水土治理规范，河水含沙量极少，河口基本不淤积，航道自然水深达 -15 ~ -22m，为发展海运深水码头提供了极佳的建港条件。

2. 腹地经济发达辽阔，为鹿特丹港提供了丰富的货源

鹿特丹素有"欧洲门户"之美称，随着世界经济一体化发展的需要，发达的欧洲各个地区需要大量调进原材料和初级产品，同时要输出大量的高新技术产品。而这些产品不受国界屏障阻碍，一切都按经济规律进行活动，这些物流交换活动大部分都需要通过鹿特丹港来完成。

3. 鹿特丹港具有高度发达的集疏运系统

鹿特丹港腹地具有高度发达四通八达的集疏系统。海运占 50% 左右，驳运占 25% 左右，铁路占 2% 左右，公路占 15% 左右，管道占 8% 左右，公、铁、水、管集疏系统完善先进。鹿特丹市政府为减少环境污染，扩大驳船运量，同时减少对海轮航行的干扰，在港区的南侧新开挖了一条人工内河航道，供内河驳船装卸和航行，整个港区通过先进的航运交通安全系统进行监控，为港口发展提供了良好的支持条件。

鹿特丹港在其发展过程中非常注意观念的更新，并且不断开拓新的思路。例如：

1. 依法治国

荷兰拥有完善的法律制度，法律存在于社会生活的各个方面。依法治国，已经成为管理者和民众的自觉行动。例如：《莱茵河航运公约》的制定和执行。莱茵河流经的国家很多，为了充分利用这一资源，流域各国便自发成立了一个委员会，并制定了公认的法规来引导和协调各国企业的行动，特别是使水土治理河道渠化工程更为协调，为莱茵河航运业持续繁荣提供了保证。

2. 服务意识

世界航运的竞争日趋激烈，为了在竞争中占据有利地位，各大航运公司不断施展新的业务领域，推出高招，提供高质量的运输服务措施。鹿特

丹港和荷兰铁行渣华公司在物流服务领域走在世界前列,它们不仅为客户提供港到港、门到门运输服务,同时还开展了卓有成效的中转服务。例如:鹿特丹汽车码头,除汽车装卸、仓储业务外,还增加了汽车检测、修理、整容等一系列增值服务。又如渣华飞利浦配送中心是一个全新概念的公路中转站,不仅提供仓储、配送、中转货物代理业务,而且具有产品修理,简易加工等功能,是生产工厂在运输中转环节的延伸。预计这种各行各业增值服务业在运输链中将占有极为重要的作用,是关系运输企业服务质量提高的一个新标准。

3. 环境保护

环境保护意识已渗透到鹿特丹港的方方面面,基础设施建设、政策制定、港口城市规划等最优先考虑的因素就是环境保护。如果一个项目不符合环保要求,将被强制停止建设或生产,在税收政策的制定方面,也正在向对环境污染相对较小的水运方面倾斜,鼓励更多的公路运输转向水运。

【案例 2】 新加坡港

近几年,新加坡港遭遇了前所未有的困难,马士基海陆等船公司接二连三地离港,并将大部分转口运输业务转到马来西亚港,造成了 2001 年新加坡港集装箱吞吐量大幅下滑。因此,当上海、宁波和深圳等港口集装箱吞吐量大幅度增长,并逐渐成为世界集装箱运输大港的时候,历来举世瞩目的新加坡港似乎有些被动,有人预计新加坡港将被其他亚洲港口超过。

对此,新加坡港紧抓市场机遇,重新检讨港口多年来在规划投资、经营管理和公司组织人员方面的不足,优化客户服务标准并强化其国际竞争力,使其 Tanjong Pagar、Keppel、Brani 和 Pasir Panjang 四大港区集装箱船舶泊位的生产能力大增。新加坡港集装箱码头依然忙而不乱,脚踏实地提升码头的生产能力。目前新加坡年均集装箱吞吐量已超过 2 000 万 TEU,但新加坡港仍在继续奋力拼搏,为吸引更多的国际集装箱运量而扩建集装箱码头。

新加坡港务公司发言人曾指出,新加坡港以转口集装箱运输服务为主,不必像美国西海岸港口那样主营内地铁路和卡车转运业务,必要时可利用其发达的驳船业,将运力紧张码头上的集装箱转运到较轻松的码头。新加坡港不但注重提高港口码头经营管理和技术水平,而且也特别重视扩建基础设施,扩建的 Pasir Panjang 集装箱码头工程和 3 个新集装箱码头泊位全面投产后,集装箱吞吐量将继续增长,并将避免"拥堵"现象的发生。另有5个新的集装箱码头泊位先后竣工并投入运营,预计2011年新加坡港新增集装箱码头泊位总数将达15个,集装箱年吞吐能力也将超过3 100万TEU。

有关专家预测,如果全球集装箱运量走低,世界各地的集装箱枢纽港将出现"使用率不高"和经济效率急剧下滑的局面。但是新加坡港务当局认为,新加坡港地理环境得天独厚,是全球集装箱贸易航线的必经之路,也是国际集装箱转运枢纽港,尽管扩建的集装箱码头泊位规模有限,但其建设重点是增加集装箱码头的深水泊位,例如新建的 Pasir Panjang 集装箱码头可停靠运力超过8 000TEU 的超大型集装箱船舶。而欧美地区码头由于其基础设施严重不足,将难以停靠超大型巨无霸集装箱船舶。新加坡港集装箱码头的服务质量及信誉度较高,很少发生船期耽搁现象;码头装卸效率高,周转时间紧凑,有助于进一步提高其码头的生产率;基础设施、装卸设备、经营管理系统、技术水平着眼于国际集装箱运输的未来发展态势,使港口可以停靠运力超过8 000TEU 的超大型船舶以及运力超过10 000TEU 的巨无霸集装箱船舶。

新加坡港务公司斥资2.4亿美元更新集装箱码头的吊装设备,其中包括现代化船岸式超巴拿马型集装箱龙门吊装车,吊臂延伸距达到船舶甲板22列集装箱。能为超大型集装箱船舶提供高效率和高质量服务,充分显示其码头的巨大生产潜力。目前,实力雄厚的新加坡港正凭借其优越的地理位置、优良的现代化港口基础设施、高质量的为客户服务水平,在远东和东南亚地区港口市场中继续保持其领先地位。

【案例3】 集装箱货物码头赔偿纠纷案

一、基本案情

原告:福州市福峡茶厂

被告:福州港务管理局马尾港务公司

第三人:原交通部上海海运管理局

1990年9月12日,原告与被告签订了经上海中转至青岛运输12 000kg茉莉花茶的水路联合运输运单式合同,收货人是青岛市茶叶集团公司(简称茶叶公司)。该批茶叶为"春风"、"超特"、"特级"三种,价值361 630元,分装于第三人所有的5个集装箱,由原告自行检查箱体并装箱施封。被告代中国人民保险公司福州经济开发区支公司与原告办理了货物运输保险,原告投保金额为8万元,为不足额保险。被告接收承运的货物后,原计划9月15日装船,由于台风影响,延滞于9月27日才得以启运。这期间,启运地受到3次台风袭击,连降暴雨和大雨。集装箱按规定和惯例始终露天置放,被告未采取任何防护措施。启运时,箱体完好,铅封完整。该批货物由第三人所属"鸿新"轮承运。"鸿新"轮装船时未提出异议。"鸿新"轮于9月28日抵达上海港,次日在汇山码头作业区卸箱交由第三人所属"长力"轮承运。"长力"轮于10月3日抵达青岛港,次日卸箱。5日,收货人茶叶公司将集装箱提走,运至本公司仓库。5个集装箱仍然箱体完好,铅封完整,茶叶公司也未向终点承运人提出异议。至此,承运人已将集装箱完好交付收货人,联合运输合同履行完毕。该批货物在上海汇山码头期间,天气为阴天,有时小雨,两船均将集装箱载于舱内;抵青岛港后运至收货人仓库期间,天气晴朗。茶叶公司收货后,在仓库开箱时,发现5个集装箱底部均有不同高度的水湿,茶叶受潮霉变。于是电告原告,表示拒收货物。同时,为防止损失扩大,茶叶公司将茶叶全部卸箱,将5个集装箱放回青岛港区。原告接电后,在找保险人的同时,亦与被告交涉,要求被告派人同去青岛。在未得到被告正式答复的情况下,原告于10月8日同保险公司的一名人员赶赴青岛。中国人民保险公司青岛分公司受该批货物保险人的委托,派员抽检了13箱茶叶,出具了"全部受潮,部分木箱有水渍痕迹"的查勘证明;茶叶公司也出具了"茶叶霉变"的证明。此后,茶叶全部运回原告本厂,重新烘干后降级出售。保险人根据受损情况,以8万元投保额,按47.125%的比例计算,赔付原告37 700元。原告因保险赔款不足以弥补损失,遂向厦门海事法院提起诉讼称:委托被告承运的茶叶,价值362 000元。被告接收货物后,将装载货物的集装箱堆在露天货场18天,因淋雨致茶叶水湿霉变,损失210 126.40元。除保险公司赔偿37 700元外,尚损失172 426.40元。被告拒赔,故请求法院判令被告赔偿上述损失及其利息。被告辩称:双方签订的是联合运输合同。根据《中华人民共和国经济合同法》第四十一条第四款和《水路货物运输规则》的有关规定,茶叶霉变即使是在承运中造成的,原告也应向终点承运人即青岛港务局索赔。现原告向起点承运人索赔,不符合法定索赔程序,要求法院变更诉讼主体。货物滞运,属受台风影响,系不可抗力所致。集装箱运输凭箱体完好和铅封完整交接,被告已将集装箱清洁交付上海海运局“鸿新”轮承运,其后环节甚多,原告指认茶叶在我港中受湿霉变证据不足。集装箱是上海海运局所有并提供的,被告只是代理该局与托运人办理租箱手续。如是集装箱箱体问题,因集装箱渗入雨水造成货损,被告是没有责任的,故拒绝赔偿。厦门海事法院受理案件后,认为本案的处理与集装箱所有人上海海运管理局有法律上的利害关系,决定追加其为第三人参加诉讼。上海海运管理局辩称:此次运输所用集装箱是其所有并委托被告代理租箱。本案运输方式是原告自行装箱的港至门集装箱运输。装箱前原告检查了箱体,认为适货。根据《水路货物运输规则》的有关规定,谁装箱谁负责,故本案货损应由原告自负。该批茶叶从发现霉变到重新加工处理,本局从未得到原告的通知。原告在未经商检部门作出残损检验的情况下,单方面处理残值,并以此索赔证据不足。因此,所有责任应由原告承担。

二、处理结果

厦门海事法院经审理认定:原告的茶叶在托运前,经茶叶质检站和茶叶公司技术人员检验合格,原价值 361 630 元。该批茶叶从青岛全部运回本厂后,剔除了 50 余公斤已失去饮用价值的霉变茶叶,掺入本厂原有部分茶叶并进行加工,售给了湖南长沙茶厂。以卖给长沙茶厂的全部茶叶中最高价计算,推定差价损失为 133 803. 10 元,扣除保险人的赔偿后,尚损失 96 103. 10 元。对托运茶叶本身的质量和包装,被告和第三人均未能举出证明其有缺陷的确实证据。厦门海事法院认为,集装箱运输凭箱体和铅封交接。本案 5 个集装箱运抵目的港并由收货人提离港区时,箱体完好,铅封完整,目的港未作货运记录,表明集装箱并未损坏,也未“灭失”、“短少”。这一事实与《经济合同法》第四十一条第四款的终点阶段承运方赔偿的前提条件不符,故被告要求变更诉讼主体为青岛港务局的请求,不能采纳。该批茶叶霉变系水湿所致。因不能证明是装入集装箱前受水湿,故应推定水湿发生在装箱之后。而集装箱离开被告堆场直至茶叶公司仓库,整个运输过程中,箱体均无受湿的可能,只有在被告滞运期间连降过暴雨。因此,应推定被告滞运期间雨水渗入集装箱,这是造成茶叶湿损的唯一原因。《水路货物运输规则》第六十条第一项规定,装箱施封的托运人对货物发生灭失、短少、变质、污染、损坏 5 种后果自行处理,并未规定托运人对货物湿损负责。《水路货物运输管理规则(试行)》第四十八条第三项第 4 点规定,因箱体本身潜在缺陷,如透光检查无法发现渗漏等,造成货物湿损,由集装箱所属单位负责。因此,本案茶叶水湿事实已超出托运人承担"装箱施封"责任的范围。第三人将水密性能不符合要求的集装箱投放使用,造成货物湿损,应承担赔偿责任,其主张"谁装箱谁负责"的理由,不能成立。被告对第三人投放的集装箱疏于验收,经交托运人检箱装载茶叶,在台风暴雨袭击的情况下,又未采取相应的防护措施,故应对本案货损承担保管不善的责任。原告在处理茶叶残值中亦有一定过错,也应承担部分责任。由于认定事实清楚,区分责任适当,三方当事人在法院的主持下,自愿达成如下协议:①被告补偿原告货物损失 5 000 元;②第三人补偿原告货物损失 45 000 元;③上述款项在调解书生效之日起 10 日内交付,逾期按《中国人民银行结算办法》中延期付款的规定处理。据此,厦门海事法院于 1991 年 3 月 30 日制发了调解书。

三、法律分析

本案在分清责任的基础上调解解决,是正确的。本案的基本事实是:原告自行装箱施封,交被告承运后,一直到收货人收货运至其仓库,集装箱都是清洁交接,而集装箱内的茶叶却因水湿致发生霉变、货损。按照谁装箱谁负责的原则,本应由原告对货损自行负责。但是,按照本案应予适用的《水路货物运输规则》(1987 年 5 月 30 日)的规定,装箱施封的托运人只是对货物发生灭失、短少、变质、污染、损坏等 5 种后果自行处理,而不包括货物湿损这种情况。显然,对这个规定的正确理解,成了处理本案的关键。由于集装箱运输的特点,是凭箱体和铅封交接。在箱体完好、铅封完整、清洁交接的情况下,箱内货物发生灭失、短少、变质、污染、损坏,只能是依据"谁装箱谁负责"的原则,推定由装箱人负责。但是,这不等于说,发生任何货损,都应按此原则处理。在装箱人有充分证据证明货损是他人过错造成的情况下,或者说已发生的事实能充分说明箱内货物货损是装箱人以外的人造成的,那么,就应根据过错原则处理。这才是公平合理的。所以,对所发生的货损,应当根据具体情况具体分析,不能一概而论。经法院查明,本案茶叶霉变,系水湿所致。该批茶叶在装入集装箱前经检验合格,未受水湿。被告和第三人均举不出确实的证据来证明水湿系托运茶叶本身的质量问题。因此,只能推定湿损发生在装箱之后。而集装箱离开被告堆场直至收货人仓库期间,箱体均无受湿的可能。而在被告滞运期间,集装箱为露天堆放,其间有 3 次台风暴雨袭击,被告又未采取任何防护措施。因此,集装箱体受湿,只能推定发生在被告滞运期间。这说明,被告是有一定过错的,应承担一定责任。在正常情况下,集装箱即使受雨淋,也不会发生渗漏。但是,如果集装箱水密性能不符合要求,在受水时就会发生渗漏致箱内货物水湿损坏。集装箱水密性能不符合要求属箱体本身潜在缺陷,是一般人用普通方法所不能发现的。因此,《水路货物运输管理规则(试行)》(1987 年 5 月 30 日)第四十八条第三项第 4 点规定,因箱体本身潜在缺陷,如透光检查无法发现渗漏等,造成货物湿损,由集装箱所属单位负责。本案集装箱内的货物水湿受损,因排除了托运人(装箱人)的原因,且又有受到雨淋的事实,只能说明是集装箱的水密性能不符合要求所造成的。因此,根据该规定,本案不适用"谁装箱谁负责"原则。由于集装箱属第三人所有,该货损就应由第三人负责。本案认定第三人提供的集装箱水密性能不好,缺少直接检验证据。因为在诉前,案涉集装箱被放回港区周转使用,已经无法对其装载茶叶时的状况进行检验,只能运用排除法的逻辑推理进行推定。事实上,本案在认定案件的事实上,都是运用了逻辑推理的方法。这是在审判中较成功的尝试。这种根据已有事实,推定未知事实的逻辑推理,反映了事物联系的必然性,在审判思维和判断上,是可以采用的。

第三章　港口与码头市场营销和客户管理

第一节　港口与码头市场营销的定义与特点

一、港口市场的定义

在现代市场经济中，市场概念又用来表示实现社会资源配置的机制。由此，广义的市场概念包含三层涵义：一是指商品交换场所；二是指商品交换活动；三是指实现资源配置的手段。市场主要由市场主体和市场客体组成。

1. 市场主体

市场主体是指在市场上从事交易活动的组织和个人。它既包括自然人，也包括以一定组织形式出现的法人；既包括直接从事商品生产和商品交换的经济单位，也包括为其服务的中介机构。例如，企业、居民、政府和其他非营利性机构是市场主体，律师事务所、会计师事务所等中介机构也是市场主体。市场主体是市场的能动者。市场主体的活动，带有明确的目的，为实现其各自不同的目的，可以采用不同的策略和手段，从而使市场的管理和运作趋于复杂化。

整个市场经济的运行，是市场主体相互作用的过程和结果。市场为各个微观经济主体实现自身的发展目标提供了运行基础，同时也为它们创造了竞争的环境。

2. 市场客体

市场客体是指市场主体在市场上交易的对象。它包括各种有形商品、无形商品，各种服务和为生产商品和提供服务所需的一切经济资源。例如生产资源和生活资料商品、以知识形态出现的技术商品和信息商品，以劳动能力出现的劳动力商品。资金商品、土地资源等，构成了形形色色，种类繁多的市场客体,从而使市场分为不同的类型。虽然市场客体纷繁复杂,市场种类多种多样,但是任何一类市场都不是孤立存在的,它们之间存在着相互依存、相互制约的内在联系,由此形成了一个有机的系统。

3. 市场体系

市场体系是各种类别市场组成的统一体,在这个统一体中各类别市场互相联系、互相制约、互相影响,形成完整的市场体系。在市场体系的组成中,有商品市场,它包括消费商品市场和生产资料商品市场;还有资本市场、劳动力市场、技术市场、信息市场以及房地产市场等生产要素市场。在市场体系中,商品交换是其最基本的内容,所以,商品市场在市场体系中处于基础的地位,其他的市场在某种程度上是为商品市场服务的。资本市场(或称金融市场)在市场体系中占有极重要的地位,因为在现代市场经济中,货币是所有资源一般代表形式,资源的分配,首先表现为资金的分配。劳动力市场是劳动力投入要素的交易和分配场所,劳动力是所有投入要素中最能动的生产要素。所以,商品市场、资本市场和劳动力市场是市场体系中最主要的市场类别,被称为市场体系的三大支柱。

在市场体系内,各类别市场之间存在着相互关联、相互制约、相互影响的关系。如果某一类市场发育不全,或者发育滞后,就会给别的市场造成很大影响。因此市场体系还必须具有统一性和开放性。市场体系的统一性是指各类别市场在一个国家地域里是一个整体,不应存在相互封闭或行政分割。部门或局部地区对市场的分割,会缩小市场规模,限制资源的自由流动,从而降低市场效率。市场体系的开放性不仅要求对国内开放,而且对国外开放,使国内市场与国际市场接轨,尽可能参与国际分工和国际竞争。

市场经济中的市场概念有三个层次。一是具体的商品市场,指某一种商品的供求关系,如食品、服装、房地产、劳动力、资金、技术、生产资料、信息市场等,这是最低层次。二是部类商品市场,指消费品供求关系与生产要素供求关系,包括消费品市场与生产要素市场(称最终产品市场与中间产品市场),这是第二层次。三是整体市场,指整个社会经济的全部供求关系,这是最高层次。我们所要建立与培育的社会主义市场,乃是国家的整体市场。它包括着市场的最低层次与中间层次。

市场按交易商品的形态又可分为两大部分,一是商品市场,包括农、工、建商品市场、金融市场、劳动力市场等。商品市场交易的是先形商品,即在交易前就已生产出来的商品,表现为商品实体,其生产过程先于消费过程。二是服务市场，包括交通运输市场，安装维修市场，饮食住宿及其他各种劳动服务市场。服务市场交易的是后形商品，即在交易后才生产出来的商品，不表现为商品实体。其生产过程与消费过程在时间上是同一的。在服务市场中，交通运输市场居于首位，规模最大。

市场按交易方式也可以分为两大部分。一是有形市场，指有固定的交易场所，买卖双方已经确定情况下的交易，如商店、集市等属于有形市场。二是无形市场，指没有固定的交易场所，买者或卖者尚未确定，要通过广告、中间商以及其他形式寻找货源或用户（顾客），沟通买卖双方，促进成效的形式，如信息市场，某些人才市场、技术市场、房地产市场等，一个完整的市场，是有形市场与无形市场的结合。有形市场是市场的基本形式，但单纯的有形市场，是市场不发达的表现。

从以上几方面的分析可知：港口市场是交通运输服务供求关系在港口体现的总和。它是整体市场中的一部分，即与消费品市场相联系，又与生产要素市场相联系，主要是由工农建产品市场决定。为工农建产品市场服务的首要有服务市场，体现出卖与买港口服务的各种经济关系，是有形市场与无形市场的结合。

二、港口市场的特点

港口市场的概念也有狭义和广义之分。

狭义的港口市场是指为运输提供劳务交换的场所，该场所为旅客、货主、运输业者或他们的代理者提供交易的空间、并根据这些交易提供相应的服务。

广义的港口市场包括运输参与各方在交易中所产生的经济活动和经济关系的总和，即港口市场不仅是运输劳务交换的场所，而且还包括运输活动参与者之间、运输部门与其他部门之间的经济关系，此外，港口市场作为整个市场体系中的一部分，同样包含资源配置手段这一深层含义。港口市场的参与者可以概括为以下四个方面：

（1）需求方：包括各种经济成分的货源运输需求者。例如，企业、船公司等。

（2）供给方：包括为各种运输方式的港口服务需求者提供服务的部门以及港口经营者的行业组织。

（3）中介方：包括在港口需求和供给双方之间，以中间人的身份提供各种与港口相关的服务的货运代理公司、经纪人、信息咨询公司等。

(4)政府方:包括政府有关机构和各级交通运输及其港口管理部门。它们是代表国家即一般公众利益对港口市场进行监督、管理、调控的部门。这些部门主要有财政、金融、税务、海关、城建、环保、工商、物价、商检、标准计量、经贸委、仲裁等机构,以及交通部、省交通厅,市、县交通局等各级港口主管部门。

港口市场的行业特征体现在以下三个方面:

(1)港口业是国家基础产业,属于服务业,具有公益性和竞争性双重特征。比如,场站、码头、航道基础设施以社会公益性为主;港埠装卸服务、仓储物流以盈利为主要经营目的,属于竞争性领域。

(2)港口生产运行领域正逐渐取消指令性计划。国家主要通过产业政策来影响港口供求,进而影响港口企业的生产行为。为使供求机制朝着有利于经济发展的方向起作用,港口市场应是供给略大于需求的买方型市场。这时,竞争机制得以充分展开。供给略大于需求时,港口业平均资金利润率会略低于社会平均值。国家以实现产业政策为目标进行扶持。

(3)港口投资领域。港埠装卸、仓储物流等竞争性领域以企业作为投资主体,允许国内企业和个人进行投资。公益性基础设施以国家作为投资主体,采取各种政策鼓励民间投入。

第二节　港口与码头的需求与供给

一、港口需求的概念

港口需求是指在一定的时期内,一定价格水平下,社会经济生活在货物空间位移服务方面所提出的具有支付能力的需要。港口需求必须具备两个条件,即具有实现位移服务的愿望和具备支付能力,缺少任一条件,都不能构成现实的港口需求。

港口需求通常包含以下5项要素:

(1)港口需求量,也称流量,通常用货运量和客运量来表示,用来说明货运需求和客运需求的数量与规模。

(2)流向,指货物发生空间位移时的空间走向,表明货流的产生地和消费地。

(3)运输距离或运输航线,也叫流程,指货物所发生的空间位移的起始地至到达地之间的距离。

(4)港口价格,是指港口为服务运输单位重量或体积的货物和提供运送服务所需的费用。

(5)港口需求结构,是按不同货物种类或不同服务内容如装卸、堆存、仓储等对港口需求的分类。

二、港口需求的产生

货物港口需求本质上是一种派生需求,即运输本身不是货主所要追求的目标,只是在一定时间内将其货物运到目的地的一种手段。它派生于货主从事的生产、消费或买卖等活动。因此,从总体上看,货物港口需求与一个国家(或地区)经济活动的总水平密切相关,除非生产力布局发生重大变化,或者因为运输价格变动幅度骤增致使生产者与经营者无利可图而影响货物港口需求,否则,在正常情况下,其需求是与社会经济发展相同步的。但对具体货主而言,影响其港口需求的因素相当复杂,主要有货主所追求的经济利益;运输线路所处的经济状况;货主的生产规模或所有制性质;货主所运货物的类别和批量等。

货物港口需求的产生有以下几方面原因:

(1)自然资源地区分布不均衡,生产力布局与资源产地的分离。自然资源是大自然赋予人类的巨大财富,然而,自然资源分布不平衡是一种自然地理现象。生产力的布局要考虑自然资源分布状况,但不可能完全一致。人类的经济活动必然要求自然资源由储藏丰富的地区向贫乏的地区流动,这就必然产生港口需求。

(2)生产力布局与消费群体的空间分离。由于各地区经济发展不平衡,生产力布局与消费群体的分离必然存在。生产力的布局同时决定了生产性消费的分布,而生产性消费的生产同消费同样存在分离。随着社会经济的发展,某些商品的生产与消费的空间分离可能日益减少,但是随着生产的社会化、专业化、区域经济的分工与合作、生产要素的进一步优化组合,某些商品(包括中间商品)的生产将日益集中在某个或某些区域,因此,生产与消费的空间分离将日益增大。由于生产与消费的空间分离不可避免,就必然产生港口需求。

(3)地区间商品品种、质量、性能、价格上的差异。不同地区之间、不同国家之间自然资源、技术水平、产业优势不同,产品的质量、品种、性能、价格等方面会存在很大差异,由此可引起货物在空间上的流动,产生港口需求。

货物港口需求结构具体体现为各地域之间在各种运输线路上的货流分布,就我国而言,货流分布主要有以下几种:

(1)因自然资源和生产力布局上的要求形成的货流。例如我国煤炭资源的85%以上集中在秦岭、淮河以北地区,其中山西和内蒙古占60%左右,江南的省市仅占2%。而我国东南沿海省市多为工业发达地区,用煤量很大,在客观上决定了我国煤炭运输的流向是自北向南、由西向东。

(2)因经济发展和社会分工的加深形成的货流。经济发展和社会分工的加深必然导致商品交换量增加,逐渐形成地域之间双向货流。这不仅表现为不同类型货物的流动,而且即使是同一类货物,因品种、规格和适用范围不同也会形成货流。例如家用电器,北京产的销往上海,上海产的销往北京,货流便由此形成。

(3)为实现商品的社会效用而形成的货流。商品的社会效用是指商品的社会消费效果。同一种商品在不同地区,因其稀缺程度不同或因社会生产力水平不同会产生不同的社会效用。在市场经济条件下,商品会从社会效用较低的地区流向社会效用较高的地区。例如,某些商品在城市效用不大,而在山区或草原地区效用较大,这样城市生产地与消费地之间会形成货流。

三、港口需求的特征

1. 派生性

在经济生活中,如果一种商品或服务的需求是由另一种或几种商品或服务派生出来的,则称该商品或服务的需求为派生需求,引起派生需求的商品或服务需求为本源需求。港口需求是社会经济活动的需求派生出来的,因为货主或旅客提出位移要求的目的并不是位移本身,而是为实现生产或生活的目的,完成空间位移只是其为实现真正目的的一个必不可少的环节。所以,相对港口需求而言,社会经济活动是本源需求,港口需求是派生需求。因此,研究港口需求要以社会经济活动为基础。

2. 规律性

港口需求起源于社会经济活动,而社会经济的发展及增长速度具有一定的规律性,因此,港口需求也具有规律性。通常经济繁荣带来港口需求的增长,经济萧条带来港口需求的下降。在国际运输中,由于港口需求是由世界经济和国际贸易派生出来的,其发展变化同世界经济和国际贸易密切相关,但由于国际贸易和国际运输的特点,往往世界经济活动的兴衰反映到国际港口需求上有一定的时间滞后。

3. 不平衡性

港口需求的不平衡性体现在时间、空间和方向上。时间上的不平衡主要起因于农业生产的季节性、贸易活动的淡、旺季、节假日及客运需求的旅游季节等。

空间和方向上不平衡主要起因于资源分布、生产力布局、地区经济发展水平、运输网络布局等。如盛产煤炭的地方多为煤炭港口需求的起始地;具有大型钢铁冶炼企业的地区通常是铁矿石港口需求的目的地等。

4. 个别需求的异质性

这种异质性指的是个别港口需求因货种和服务内容而对质量管理和工艺要求不同;对运价水平要求不同等。如装卸煤炭、集装箱、石油、小汽车这些不同种类的货物对装卸质量和装卸工艺要求不同;鲜活易腐货物同一般货物在保管上要求不同;高价值货物与低价值货物能够承担的港口费用、装卸质量和保管的安全性水平的不同,等等。

四、港口供给

1. 港口供给的概念

港口供给是指在一定时期内,一定价格水平下,港口生产者愿意而且能够提供的港口服务的数量。港口供给必须具备两个条件,即港口生产者出售港口服务的愿望和形成港口服务的能力,缺少任一条件,都不能形成有效的港口供给。

港口供给包含如下 4 方面内容:

(1)港口供给量。通常用港口的通过能力来表示,具体包括码头泊位通过能力、库场堆存能力、机械工作能力、工人工作效率等。

(2)港口服务内容。如:装卸、搬运、堆存、仓储及其与上述活动相关的附加服务内容等。

(3)港口布局。指各种港口的基础设施在空间的分布和活动设备的合理配备及其发展变化的状况。

(4)港口经济管理体制。它是港口软件的供给,是指导港口业发展所相应建立的港口所有制结构、港口企业制度、港口资源配置方式以及相应的宏观调节机构、政策和法规等。

2. 港口供给的特征

港口业是一种特殊产业,其产品——港口服务具有不同于其他产业产品的特征。

1)港口产品的非储存性

港口的生产活动是通过港口设施、设备使服务对象发生空间位置的变化,不生产新的物质产品。因此,港口产品的生产和消费是同时进行的,即港口产品不能脱离生产过程而单独存在,所以,不能像一般工业一样,可以将产品储存起来,这就是港口产品的非储存性。

一般工业可以通过产品储备的形式,适应市场供需变化,而港口产品的非储存性,决定了港口业不能采取港口产品储备的形式,而只能采取港口能力储备的形式来适应运输市场变化。

港口业有着固定设备多、固定资产投资大、投资回收期长等特点,港口能力的设计多按运输高峰的需求设计,具有一定的超前量。港口能力的超前建设与港口能力的储备对港口市场来说,既可适应市场需求增长的机遇,又可能因市场供过于求而产生风险。

因为运力储备越大,承担的风险越大,适应市场需求的能力也大;相反,运力储备小或没有储备,承担的风险小,那么适应市场需求的能力也小。这一点已成为企业经营者研究的重要课题。

2)港口供给的不平衡性

港口供给的不平衡主要表现在:第一,受运输市场运价和竞争状况影响。第二,港口需求的季节性不平衡,导致港口供给出现高峰与低谷供给量的悬殊变化。这两方面都带来港口供给量在时间分布上的不平衡。第三,由于世界经济和贸易发展的不平衡性,港口供给在不同国家(地区)之间也呈现出一定的不平衡性。经济发达国家(地区)的港口供给量比较充分;而经济比较落后国家(地区)的港口供给量则相对滞后。供给与需求的平衡是暂时的,相对的;而不平衡却是绝对的,长期的。

3)港口生产的时空差异性

港口业是一种特殊产业部门,其生产与消费过程是同时进行的。港口服务的生产过程,既是港口对象发生位移的过程,亦是港口服务的消费过程。但这并不意味着港口产品的生产必然能与港口产品的消费相结合,现实中生产与消费脱节的现象不可避免。如港口需求在运输时间上的规律性、在运输方向上的单向性、个别港口需求对运输工具的适应性等导致回程运力浪费;为实现供需时空结合,企业要经常付出通过能力浪费的代价等，这种由于供给与需求之间在时间空间的差异性所造成的生产与消费的差异，使港口供给必须承担供给损失的风险。所以，港口活动的经济效果取决于供需在时间与空间的正确结合上，这就要求港口企业掌握市场信息，搞好生产的组织与调整，运用科学管理方法提高经营管理水平。

4）港口供给的不可分离性

有形产品从生产、流通到消费，要经过一系列中间环节，亦即生产与消费之间具有一定的时间间隔，但是港口服务产品的生产和消费却同时进行，即服务人员提供服务给顾客之时，即为顾客消费服务之时，两者在时间上不可分离。

5）港口供给的国际性

港口供给的国际性特点包括以下几个方面：

（1）港口企业面对的市场是由本国货主、船公司；外国货主、船公司及跨国公司货主、船公司联盟所组成。

（2）港口企业一般要与国际上相关港口发生业务联系，同时，由于港口生产的复杂性，港口企业一般要用到外国的市场中介，有的港口还必须拓展自己的国际网络，如和记黄浦对英国弗里克斯托港的经营，新加坡港口作为港口的公共经营人在全球的投资计划等。

（3）随着港口市场的不断开放，港口企业的竞争者既有来自本国的，也有来自外国的。

（4）港口产品是在跨国的营运过程中产生出来的。

港口市场这些国际性和特点，决定了港口企业在制定与执行产品方案时要受到复杂的国际市场环境制约。港口经营者应当密切注意国际市场和国际环境的变化，及时调整企业的经营策略。

第三节　港口与码头的市场营销策略

一、竞争条件与港口市场结构

港口市场的竞争程度是各不相同的。按市场竞争程度来划分，有利于港口把握其所在市场的竞争特性，从而确定正确的竞争策略，即：完全竞争市场、垄断竞争市场、寡头垄断市场、完全垄断市场。

1. 完全竞争市场

完全竞争市场是指一种竞争不受任何障碍和干扰的市场结构。构成完全竞争的港口市场条件是:

(1)围绕着共同腹地,有众多的港口,每个港口的规模相对于港口市场的规模来说都很小,其中任何一个参与者的港口市场行为都不会影响港口价格水平。

(2)市场上所提供的港口产品是相同的。这里所说的港口产品是指来港船舶、货种、装卸质量、速度、附加服务等等都相同,即不仅核心产品是相同的,而且其形式产品和附加产品对货主、船公司来说也没有什么差异。

(3)货源完全是流动,每一个港口产品供给者都可以按照自己的意愿自由进入或退出航运市场,不受任何阻碍。

(4)市场上的交易是自由的,不受任何来自政府和其他方面的干扰。

(5)市场信息是完全相通的,各港口均能及时获得与航运公司、货主的有关行情和每一笔交易的信息。

在完全竞争条件下,由于有众多的港口,每一个港口提供的港口产品都是一样的,但每一个港口与船公司、货主和交易相对于整个市场的交易来说都是微不足道的,它们中的任何个体交易与否,都不会对整个港口市场的价格水平产生任何影响。所以在这种情况下,每一个港口都是被动的价格接受者而不是价格决定者。

2. 完全垄断市场

完全垄断是指整个行业中只有唯一的一家企业的市场结构。

构成完全垄断的港口市场的条件主要有以下三点:

(1)市场上只有唯一的一家港口经营者提供港口产品;

(2)该经营者提供的港口产品没有任何相近的替代品;

(3)由于地理环境的制约,其他港口竞争者要想涉足该港腹地都极为困难或不可能。

在这样的市场上,独家垄断的经营者控制了整个行业的生产与销售。所以,垄断经营者可以控制和操纵市场价格水平,它可以在货主、船公司可承受的限度内自由定价。

3. 垄断竞争市场与寡头垄断市场

完全竞争的港口市场与完全垄断的港口市场是两种极端市场,在现实经济生活中通常存在的是垄断竞争的港口市场和寡头垄断的竞争市场。

构成垄断竞争的港口市场的条件主要有以下两点：

(1)市场上有众多的港口产品提供者提供差异的港口产品，这些产品彼此之间都是可接受的替代品；

(2)港口经营者的数量是相当多，以至于每个经营者都认为自己的交易行为的影响都很小，不会引起竞争对手的注意和反应，因而进入和退出该市场都比较容易。

在垄断竞争的港口市场条件下，港口不是价格的接受者，而是价格的决定者。由于产品的差异性存在，每一个港口的产品都可以以自己的产品特色在一部分货主、船公司中形成垄断地位，因此，每个港口都可以根据自己的产品特色制定相应的市场策略。

寡头垄断的港口市场是指少数港口控制了整个港口市场的供给和销售的市场结构。在这种市场上，几家港口的供给是在市场的总供给中占了很大的比例，其中每家港口的供给都占有相当的份额，每个港口之间存在着相互竞争、相互依存的密切关系。

寡头垄断的港口市场可按产品有无差别分为纯粹寡头垄断市场和差异寡头垄断市场。在纯粹寡头垄断港口市场中，港口提供的产品没有差异。在差别寡头垄断市场中，港口提供的产品是有差异的。其产品的差异性，不仅包括货物装卸、仓储及其附加服务质量的差异，还包括港口企业信誉的差异。寡头垄断还可以按港口之间的行为分为有勾结的寡头垄断港口市场和独立行动的寡头垄断港口市场。寡头之间的分开勾结便形成了卡特尔垄断组织。

综合我国港口近几年的发展情况，可以归纳出我国港口市场大致属于寡头垄断市场。其竞争特点是：竞争范围主要存在于具有共同的经济腹地的港口之间，这是由运输业中货物的合理流向所决定的。这种竞争态势使得同一区域内的寡头垄断特征更加突出、多呈双头垄断或三头垄断的局面，它们对自身所在区域的港口生产经营活动有一定的影响力，但又不能完全控制，这使得在经营决策中必然要考虑到竞争对手的可能反应并依此作出自己的决策。

二、港口自身竞争实力的评价

根据联合国贸发会议制订的指导性文件，在对港口的竞争实力进行评价时，可以通过以下 9 个方面体现出来：

1. 经济地理位置

这是港口竞争力的决定性指标。包括:

(1)现有的和潜在的贸易路径;

(2)现有的托运人与收货人的数量与规模。

2. 资产

包括:

(1)进港航道、码头前沿水深,所拥有的劳力;

(2)设备的数量与类型,专用设备;

(3)仓储泊位;

(4)专用泊位;

(5)有效通过能力及储备通过能力。

3. 经验

包括:

(1)对不同船型的经验(尺寸、类型);

(2)对不同货种的经验;

(3)对不同货种包装方式的经验。

4. 人力资源

包括:

(1)技能;

(2)超员或缺员;

(3)社会环境——工作态度,有否罢工;

(4)激励理论的应用;

(5)专业化程度;

(6)与客户的接触态度。

5. 港口业绩

包括:

(1)泊位利用率与占用率、泊位延误,在港时间的分配;

(2)单证流转程度及效率;

(3)装卸效率、费率。

6. 多变状况下的适应能力

包括:

(1)特殊货物;

(2)个别客户的特殊要求;

(3)新型服务的推出;

(4)工作程度及设备计划有应急变更;

(5)基于设备故障的应变程序及设备更新效率。

7. 附加服务水平

包括:

(1)货物服务:加工、包装,绑扎与拆解;

(2)旅客服务:项目与范围、质量、价格(住宿、饮食、旅游、保险);

(3)船舶服务:燃润料、修理、船员服务;

(4)物流服务:仓储与其他运输方式的协调;

(5)贸易服务:自由贸易区、保税区;

(6)金融服务:银行类别、数量、贸易成交环境;

(7)信息与通信服务:电子数据交换(EDI)、计算机、外部通信手段及船舶交通管理系统(VTS)。

8. 投资环境

包括:

(1)投资空间;

(2)基金来源;

(3)基调设施成本;

(4)劳动力成本。

9. 组织效能

整体协作精神。

在以上9个指标中,最重要的当属港口的地理位置,它不仅仅指的是自然地理位置,更重要的是如何将其经济地理位置的优势反映出来。

通过上述指标,可以分析港口竞争者优势和劣势。这些分析是基于每个竞争者的最新资料提出的。具体内容包括吞吐量多少及货种结构;市场份额;边际利润;投资及其回报;现金源等,进而判定竞争者在市场上的地位,与此同时,港口企业还需要了解与之相关的市场变化情况,顾客需求的变化情况,做到顾客导向和竞争导向并重。

三、港口竞争策略

通过对自身实力的分析,港口企业可以根据自己的优势,来选择自己的差异目标市场;同时,也合理确定满足客户需求的战略、战术和方法。企业根据自己在市场的竞争地位所制订的策略,称为“竞争策略”。通

常,港口企业在市场竞争中的地位和策略可以分为4种类型:

1. 市场领先者

市场领先者是港口市场上占有最大份额、处于主导地位的港口企业或企业联合体。它们的竞争策略的主要目标是努力维护自己的主导地位,保持既得的市场份额。以集装箱港口为例,目前,上海港可以视为我国港口集装箱市场的主导者。

对于市场领先者而言,其竞争策略不外乎有以下两点:

(1)扩大货主、船公司网络。即采用扩大市场需求总量方法实现,它可以通过改善服务标准、提高质量水平或推出新的附加服务来实现。通过扩大市场需求,既可以保护市场占有率,同时又可以提高市场占有率。但此时应考虑以下几种可能:

①引起反垄断活动的出现;

②引起边际支付能力的提高。

(2)保护市场占有率。为防备竞争者的挑战,可采用一系列的防御战略来保护市场占有率,这些防御战略包括:阵地防御、侧翼防御;以攻为守、反击防御、运动防御及收缩防御。

2. 市场挑战者

市场挑战者在竞争中的实力仅仅次于市场主导者,它们的策略是不断向市场主导者及其他势均力敌的竞争者发起挑战,竭力争夺市场份额。对于市场挑战者来说,采用攻击方法是其竞争策略的唯一出路,进攻的手段是多种多样的。如:通过提高服务质量、降低港口价格的正面进攻,或找出领先者的弱点,利用声东击西的侧翼进攻,或采取包围式的进攻,迂回进攻及游击进攻等。

就市场挑战者而言,其竞争策略的选择可以有三种,即,攻击市场领先者,攻击与自己实力相当者及攻击地方性小企业。究竟选择哪种策略,将由攻击的难度、成本与效果来决定。

3. 市场跟随者

市场跟随者的实力次于市场主导者,但是又不向主导者发起挑战。它们所采取的策略是自觉共处,甘居人下,以找出一条不招致报复的发展道路。在竞争市场上,它们往往效仿市场主导者或其他竞争对手的策略,力图保持自己已有的市场份额和利润率的稳定。

4. 市场利基者

市场利基者又称为市场补缺者。它一般在市场竞争中的实力最弱,它们的营销策略主要是在市场细分的基础上，找出市场的补缺基点，而这些补缺基点往往又是主要竞争者所忽视的，它应具备以下特征：

(1)有一定的市场潜量与购买力；

(2)有一定的利润增长潜力；

(3)对主要竞争者不具备吸引力；

(4)具有一定的资源与能力去发展该基点；

(5)以信誉对抗竞争者。

这些企业的市场份额不大，但获利能力很强，实际工作中，许多小港口的特殊货物装卸业务或提供特殊服务就属于这一类市场补缺者。

第四节　港口与码头市场营销预测

市场调查是港口企业经营决策者为解决特定问题而进行的。港口企业经营发展战略和经营目标的制订，首先应建立在市场调查基础之上，因此它既具有经营计划方面的导向性，同时又具有连续性的特征。市场调查的功能是运用各种手段收集港口企业经营有关的有效数据，经过处理分析，有计划地、不间断地将市场调查信息提供给港口企业经营决策者。

一、港口企业市场调查的内容

港口企业在传统意义上讲是船舶停靠，办理管理运输手续的场所。但现代港口企业已是一个经济地域概念，港口企业除了运输功能外，还具有商业功能、社会服务功能。因此随着港口企业经营领域的拓展，市场调查的内容大大增加。当然，我国幅员辽阔，港口企业间发展是很不平衡的，存在着枢纽港和地方港之分，因而市场调查的内容是有区别的。对于现代港口企业，市场调查一般包含下列内容：

1. 货流调查

货流是指一定时期内进出某地区或某港口企业货的数量。货流调查是市场调查的基础。通过调查可发现港口企业经营活动的现有市场和潜在市场的潜力，并发现和掌握货流运行的规律性。

2. 集疏运能力调查

集疏运能力是指与港口装卸运输相衔接配套的能力，集疏运能力是制约港口生产经营的重要因素，集疏运能力除有赖于运网条件外，运输技术的进步，如船型的变化，运输方式由普通运输向特种运输的转化，都直接影响着集疏运能力。集疏运能力是铁路、公路、水路、航空和管道运输方式的综合能力。

3. 价格弹性调查

港口企业作为国家基础产业，具有社会公用事业性的特征。一般来讲，价格弹性是比较小的，但由于目前我国港口企业作为发展中的行业，市场化配置还很不完备，国家对港口企业基本规定了一定的上下游动幅度，这对于港口企业制订价格等提供了发挥的空间，由于港口货流中通常大宗散货较多，因而价格的变动对大宗货主来讲是十分敏感的。因此，需要对比调查不同价格弹性，调整好价格策略。

4. 相关因素调查

主要指国家经济政策的调整，如生产和流通体制的变更，经济增长水平，国家客观调控手段及力度，与港口相关产业的增长及变化模式，国家对港口的干预政策，投资政策和保税费收政策。港口竞争者和其他运输方式货流分配情况，本地区经济发展变动及产业结构变化，交通运输配套网的建设情况，城市对港口的政策。这些因素调查，不仅决定着港口企业货物装卸运输量的变动，也决定着港口企业拓展相关产业的决策和实施进程。

二、港口企业市场调查方法

港口企业市场调查方法的选择直接关系到市场调查数据的准确度。现代港口企业随着经营领域不断拓宽，市场调查涵盖的信息面大大增加，因而选择科学合理的市场调查方法对于提高市场调查的准确性，加快市场调查的时效性，降低市场调查成本都是具有十分重要的意义。要进行市场调查，首先要确定调查方案，市场调查方案一般有三种，即普查、抽样调查和典型调查。不论选择哪一种调查方案，都要进行具体的调查工作，港口企业具体的调查方法有：

1. 直接访问法

采取直接对调查对象进行询问或要对方填写询问表以取得调查数据的方法即直接访问法。这种方法可以是直接面谈，要求被调查者一一回答问题，调查者做好记录、录音或录像等，也可以通过电话交谈或邮寄调查表要被调查者填写等。调查表的设计至关重要，直接影响到调查效果。直接访问法的优点是可取得被调查对象最为详尽的调查资料数据，调查数据的可靠性、准确性较高，但需花费较大的人力、物力，一般仅适用于港口大货主和大宗物资的调查。

2. 文献查阅法

通过查阅各类经济信息报刊、市场信息公告、广告发布以及产品目录等文献资料，可以调查了解港口市场的一般情况，港口企业作为运输业中与各种运输方式紧密相关的行业，更需要充分利用各类调研机构所发表的各种统计资料，进行对比分析，以获得所需要的市场信息。

3. 实验法

这种方法是把市场调查看作是一次实验，通过实验，摸清影响港口企业经营状态的各种因素的变化情况。因影响市场变化的因素很多，为确定某因素的具体影响，必须固定其他因素或把它们排除掉，然后让所要调查的因素变动，以此来测定所需调查因素的效果。

4. 会议调查法

通过参加各种典型的会议收集市场信息，也是一种行之有效的市场调查方法。例如，参加每年度的各种大宗物资订货会，经济信息发布会，商品交易会以及市场分析会等等。通过参加这种会议收集市场信息，了解市场行情，常能取得良好的效果。

三、经济腹地的确定及其影响因素

社会主义市场经济要求各种运输方式在统一运输网的基础上发挥各自特有的作用，并根据各地区的货物流向，确定各种运输方式的合理服务范围。

对于水运来说，经济腹地的确定是以港口来确定的，所以经济腹地所指的是港口腹地。所谓港口腹地就是经由该港进口货物的消费地和经由该港出口货物的生产地的总和，或者说是经由该港吞吐货物的消费地和生产地的总和，而这些地区的货物运输通过该港进出口最为经济。

1. 经济腹地的确定

一个港口吞吐量的货物，其中吞进的货物分配到各地区消费，因此将所吞进的货物的消费地，称之为“分配地”。而经港口吐出的货物，是从生产地吸引到港口来的，所以将吐出货物的生产地，称之为“吸引地”。

但是，实际上分别地确定为分配地和吸引地，除个别大宗物资有这个需要外，一般是不十分必要的，有时也是不可能的。如某地生产某种产品，通过某港运出是经济合理的，但同时又消费通过该港从其他地区输入的各种产品，它既是该港的吸引地，又是分配地。所以，我们通常将一个港口吞吐货物的消费地和生产地点称为腹地。

经过一个港口吞吐的货物,有的是在港口附近的地区消费的或生产的,并只需要通过一种运输方式转运;有的则在离港口较远的地方消费或生产的,而需要通过较多的运输方式中转联运;有的甚至运到国外,或由国外运进来。这样,港口的腹地是多种多样的,要以一定的标准对腹地进行分类。

按货物运输所用的运输方式及港口对货物运输的服务性质,腹地可分为:

(1)直接腹地:是指港口所在附近地区,即直接与港沟通的地区,其货物运输以通过该港最为经济合理。直接腹地一般地区范围较小,运距较短,通常采用公路运输与港口相联系,具有地方运输的性质。

(2)间接腹地:是指由铁路、海路向海路中转的货物的生产地和由海路向铁路、海路中转的货物的消费地,或由海路运来,经过某港再由海路运出去的货物的消费地和生产地。这些地区的货物由该港中转或联运最为经济,或由某种运输方式运来再由同种运输方式运出去,以通过该港最为经济。

2. 影响港口经济腹地的因素

影响港口经济腹地的因素很多,主要因素应考虑以下几种:

(1)国民经济发展水平。随着国民经济的发展,由于生产的需要对原料需求增多,生产的产品也进一步增加。工农业生产总值、国内生产总值、国民收入等都可能增长。根据我国资源的分布、生产力的布局、营业生产的规模和结构以及人口的变动情况都会对港口经济腹地产生较大的影响。

(2)运输技术的发展。腹地内的运输需求及对运输方式的选择取决于对各种运输方式的适应性。一般来说,水运适宜于大宗、低值、长途货物的运输。如果水运技术发展了,使得水运更适应货物运输所要求的完整性、快速性、及时性、经常性、经济性,其所承担货物运输的比重将会增大。因此水运技术的发展决定着它在整个运输网规划和建设中的地位,从而决定了港口在腹地内的货流比重。

(3)国际贸易格局的演化。港口是我国参与国际贸易的最主要窗口,对外贸易物资中90%以上是通过港口由海上进出。同时随着港口工业功能的拓展,港口保税工业区形成和发展,都将形成对腹地经济的影响。

当今世界经济依据技术发展水平和对世界经济的影响,划分为不同的梯度,处在最高梯度的美国掌握着雄厚的技术和资本优势,其次是德国、英国、法国等欧共体国家。作为第二梯度的日本则正在从单纯的出口加工基地向多元化、国际化的经济体发展,正逐步实现金融自由化,开放国内商品市场,并向海外转移资本和产业。中国等一些发展中国家处在较低的经济梯度,利用劳动力价格低廉的优势,正在国际上吸引相关的资金、项目、产业、市场等。保持了较好的发展势头。

但这样的世界贸易格局在不断演化,从世界贸易的格局看,未来最有希望的经济增长区在亚洲。就局部来说,香港回归中国,大陆与台湾能否直航,对我国港口的影响十分明显。贸易格局的变化,除了进出货物的结构和数量变化外,对港口部分加工产业和服务,诸如保税仓储、包装拆装、货物成组、物料初加工、装卸机械和工具制造等产生明显影响。

(4)综合运输链的变化。港口货物的进出有赖于港口的集疏运系统,对于具有特殊地理位置的综合性枢纽港,更是与交通运输网密切相关。港口综合运输链过去主要受铁路运输能力和航道水深的制约。近年来,随着铁路提速和高速公路的迅速发展,铁路运输的瓶颈制约作用有了很大程度的改善,对我国的长江港口来讲,长江大桥的建设,沿江铁路和高速公路的兴建,对港口客货量分流很大,特别是对水路客运冲击很大,港口客运近年来在不断萎缩。

综合运输链的变化,使货物的送达速度和运输费用发生变动,有时改变了货物的集拼方向。在运输受限制时,某地区货流可能只好选择某港,而当运输渠道有多种可能时,货物流方向就会朝最经济合理的港口流动,使流通费用逐步优化。

(5)政策因素的影响。国家和港口所在城市对港口所实行政策的不同,对港口货流影响很大。不同的管理方式造成各港享受政策是有差异的。同样,对港口政策的变化直接关系到港口与铁路、公路等其他运输方式的竞争。

在贸易政策方面,如在香港贸易可直接结汇,人员可享受出国待遇,船员可享受境外补贴,造成出口货物有不少数量舍近求远经香港中转,造成不合理货流。

【案例1】　港口营销战略——新加坡港

自现代化的新加坡港建成至今的几十年,新加坡港的立法、管理和经营权一直属于新加坡港口管理局(PSA)。新加坡港分两步实现港口民营化,目的是提高港口经营的效率,更好地适应不断变化的航运环境。

1996年2月,海运与港口管理局(MPA)成立,接管了原来由PSA行使的制定法律法规方面的职能。MPA是一个政府机构。

1997年10月,一个经营性的公司——PSA有限责任公司成立。这家公司是由新加坡政府的投资公司——Temasek控股公司全资拥有的一个商业性组织。实行公司化以后,PSA集团除了经营新加坡港以外,已经把业务拓展到全球。

1. 新加坡枢纽港受益方

1)班轮公司

大船挂靠太多的港口是不经济的,所以在这一地区采取中转方式更具有吸引力,班轮公司由此而在以下方面受益:

(1)大船挂靠少数几个港口;

(2)缩短货物转运时间;

(3)使船舶箱位利用率和船公司集装箱利用率最大化;

(4)用较少的资源服务于较大的市场。

2)地区经济

(1)降低总体运输成本——不需要在所有港口装备停靠大船的设施;

(2)枢纽港与副枢纽港的布局可实现规模经济;

(3)促进地区贸易对外开放;

(4)大多数货主采用FOB条款,中转方式可以使他们迅速取得货款;

(5)使本地区的制造业更富有竞争力。

3)货主

(1)享受高发船密度的服务,实现即时(JIT)运输,降低库存成本;

(2)扩大市场进入的机会;

(3)降低市场进入的风险。

2. 新加坡港的营销

1)顾客服务协议

近几年来,PSA已从原先对所有顾客实行统一的标准费率,发展到采用"顾客服务协议"。

PSA对于大批量货物经常采用折扣优惠;为了充分发挥资源的利用率,PSA也采用折扣优惠来开拓新的市场。假如一家顾客能够在某一特定的时间内提供一定量的出口货源,PSA 就向其提供折扣。这项措施可以鼓励顾客加快其集装箱的周转速度,从而使 PSA 有限的土地资源得到最大的利用。

2)价值竞争

PSA 不采用价格竞争而采用“价值竞争”。PSA 向顾客提供高水平的服务,并帮助顾客降低其营运成本。从这个意义上讲,顾客肯定能获得更多的价值。

对于专用码头,PSA 除了按照惯例向码头经营人提供传统的经营权以外,并且同对待公共用户码头一样,实时提供额外的集装箱货源。

对于船到船的直接转运集装箱,PSA 快速处理中转手续,不间断、无纸化地使直接转运成为成本很低的一种中转方式。

总而言之,PSA 相信,对于任何一个长期合作伙伴来说,PSA 为其提供满意的服务是最为基本的。为了满足每一顾客的各种特殊需要,PSA 在各个层面上深入了解顾客。PSA 的最高管理层通过其“国际顾问委员会”(成员来自主要顾客的管理层)、中层通过 PSA 的“重要顾客部”经理来满足顾客的各种要求。

PSA 认为一个港口的管理和营销不是简单的任务。设备之类的硬件可以购买。最难得的是创造一种良好的软环境,而这种软环境是成为成功港口所必需的先决条件。

【案例 2】　港口码头集装箱货损、货差原因及责任确定

集装箱在运输过程中货物经常发生残损、短缺。为便于现场检验鉴定,理货人员、保险理赔人员以及收发货人判明货物的残损、短缺的类型,区分其原因,明确责任归属;同时也便于收发货人或代理人找到责任方,提出索赔、挽回损失,现就集装箱货物的残损、短缺的判别方法、类型、责任归属及其检验鉴定证书的作用作一探讨。

1. 货物残损、短缺的判别方法

判别货物残损、短缺是区分其类型的前提,只有明确货物残损、短缺的类型就能确定其责任的归属。

(1)残损判定是判定货物是否发生了残损,判定的依据是货物买卖合同、信用证所列货物的等级、性质、使用效能、成分含量、外观等品质标准,对照整批实际到货的品质状况检查,如发现货物品质有所降低或影响

使用者,但其产生原因不应是在装箱前对货物所施加的行为所致,才能确定为货物发生了残损。

根据集装箱货物残损发生的原因和在运输装卸过程中发生的环节,可将其归纳为多种类型,即箱残、原残、载残、工残、船残、港残和车残。要判定货物残损是属于哪种类型,首先必须确定箱内货物是否发生了残损,其次是根据箱体、货物损坏状况和特征,有关单证交货记录以及对事故现场的综合调查、分析、研究,再者是取样检测鉴定,从中得出其发生的环节和产生的原因,以确定集装箱货物发生残损的类型。

(2)短缺判定是确定货物是否发生短缺,判定的依据是根据其合同、发票、装箱单等所列计价单位的数量,对照全批货物的实际到货数量,经点验发现不足数者,才能判为短缺。根据集装箱货物数量发生短缺的原因和在运输装卸过程中发生的环节,可将其归纳为多种类型,即原装短缺、破损短缺和盗窃短缺。

同样要判定货物短缺是属于哪种类型,首先必须检查集装箱拆箱卸货时,铅封是否完好,铅封号是否与有关单证所列相符,有关单证中是否有换箱、换封记录以及箱内货物包装是否有破损;其次是检查箱内货物发生短缺的数量以及其留下的痕迹,加以综合分析推理,从中得出短缺发生的环节和产生的原因,以确定集装箱货物发生短缺的类型。

2.货物残损的类型及其责任归属

集装箱货物的残损系指货物从生产到包装、储存、保管、装卸、搬运和运输等多道环节中,由于自然因素和人为因素所造成的到货的残、渍、损、毁。如货物的残破变形、锈蚀、损坏、气味感染和发霉变质等。

(1)箱残指由于集装箱箱体变形、锈蚀、破损、风、雨密不良、潮湿、异味和污染等缺陷;或集装箱超过《国际集装箱安全公约》所规定的允许使用年限;或选择不适合该货物运输种类的集装箱,导致在集装箱内装货物的残损。要判定集装箱货物箱残,还必须在拆箱时查验集装箱号、铅封号与一程提单所列是否相符,铅封是否完好;拆箱卸货中发现货物有残损迹象的同时,伴随有箱体异常现象,以致能通过分析、判断、找出箱体的缺陷部位,来证实货物残损系由始发地或启运港装运时,由于使用了不适载的集装箱(如破损、异味等)装运所致,才能作出货物残损类型是箱残的结论。对于箱残,箱公司或承运人将对其过失所导致的货物残损承担责任。

(2)原残指货物在装箱前已残损,包括在生产、制造、加工、装配和包装过程中造成的货物残损;或包装和标志不符合同和有关运输规定而引起货物的残损;由于货物的品质不合格(包括含水率偏高等),在储运中引起箱内货物的霉烂变质。发货人或代理人应对其有意或无意行为所导致的货物残损负赔偿责任。

(3)载残指集装箱货物在装箱作业时,由于装载不当,系固、捆扎、衬垫、支撑不良,重心过高,重量分配不均,重货压轻货,重货压在易碎货物上等造成运输事故;集装箱通风孔等其他设备使用不当以及装货时带入了湿气源,引起箱内货物的汗湿、结块、变质。装箱部门或发货人将对其积载事故所引起的直接经济损失承担赔偿责任。

(4)工残指港口、码头的装卸机械设备简陋以及对集装箱的装卸、搬运不当而造成箱内货物和箱体的残损,其包括违章操作、机械失灵、粗暴搬运、装卸不慎、使用工器具及设备不当等。装卸部门应对工残所造成的直接经济损失承担赔偿责任。

(5)船残指由于船舶装载集装箱的积载不当,引起箱内货物和箱体的残损,如配载不当、系固不够有效、船舶设施不良,集装箱装载于甲板上,集装箱堆装超出允许堆码高度等。船公司将对其因管货不善所导致的箱、货残损负主要责任,保险公司应赔付保险责任范围内的直接经济损失。

(6)港残指集装箱在装卸港堆场,由于对集装箱堆放、保管不善,而引起箱内货物和箱体的残损,如集装箱翻落、压塌、锈损等。港口码头将对其保管不善而引起的箱、货残损负责,保险公司应赔偿保险责任范围内的直接经济损失。

(7)车残指集装箱载于火车或底盘上发运、中转过程中,由于发生事故造成箱、货残损,如系固不当,装载不妥以及人为因素造成翻车、撞车、集装箱破损等。承运人或事故肇事者将对其所造成箱、货残损负责,保险公司应承担其责任范围内的直接经济损失,并给予赔偿。

(8)港残指集装箱在装卸港堆场,由于对集装箱堆放、保管不善,而引起箱内货物和箱体的残损,如集装箱翻落、压塌、锈损等。港口码头将对其保管不善而引起的箱、货残损负责,保险公司应赔偿保险责任范围内的直接经济损失。

3. 货物短缺的类型及其责任归属

集装箱货物的短缺系指货物从生产到包装、储存、保管、装卸、搬运、运输等多道环节中,由于人为有意或无意的行为造成实际到货数量的不足,如货物的重量、数量、面积、长度、容量和体积等的不足。

(1)原装短缺指集装箱货物装箱时,由于发货人或代理人的疏忽、漏装、错装,或衡量时衡器失灵,计量错误或有意识的欺骗行为等造成实际到货数量或重量的不足。

如要判定集装箱货物是原装短缺,必须在拆箱时查得箱体结构完整,铅封完好,铅封号与有关单证所列相符,再经卸货中检查发现箱内货物包装完好,数量经点验确有短缺的,才能作出货物数量短缺类型是原装短缺的结论。发货人或代理人应对其过失引起到货数量或重量的短少承担赔偿责任。

(2)破损短缺指装卸部门在货物装箱、卸箱或换箱作业中,由于操作不慎,使用工器具不当,或意外事故引起包装破损而导致内容物的撒漏、渗漏、丢失;或货物的运输包装或内包装不符合同约定或不符习惯(通用)包装(包括包装箱货物含水率偏高,实装重量超过包装正常负荷限度,袋装货物缝口不牢,缝线过疏、过紧等),在正常的运输装卸中发生破损,引起内装货物的漏失、丢失。装卸部门应对其因过失行为引起包装破损所导致货物数量或重量的短少承担赔偿责任;保险公司应负责赔偿其意外事故引起包装破损所导致货物数量或重量短少的损失;发货人将对其包装不符合同约定,造成到货数量或重量的短少承担赔负责任。

(3)盗窃短缺指货物在装箱后交运前,或在交运后于运输、装卸过程中被盗窃而造成到货数量或重量的短少。港务部门或运输部门须对货物被盗窃短缺所引起的直接经济损失给予赔偿。

4. 货物残损、短缺的检验鉴定原则及其证书的作用

集装箱货物的收发货人、保险关系人、有关代理人可向检验检疫机构、检验鉴定部门申请货物残损、短缺的检验鉴定,以便使检验检疫机构、检验鉴定部门的人员能亲临货物残损、短缺的现场,履行公证鉴定人职责,认真负责,实事求是,方法科学,结果准确、及时、全面地反映残损、短缺货物客观现状。

集装箱货物发生残损、短缺的情况复杂,涉及面广,环节多,政策性强,而相关的国际公约、规则和贸易运输惯例众多;要分析货物包装和积载的适应性,查明货物残损短缺的数量、范围,确定其货物损失的程度;判定货物发生残损、短缺的时间和地点及其产生的直接原因,区分货物残损短缺的类型,明确其责任归属;核定货物残损的施救费用以及货物的贬值率;出具货物残损、短残检验鉴定证书;这些都是十分复杂的技术问题。因此,检验鉴定人员必须勘查现场,仔细调查研究,查阅合同、提单、运单、

装箱清单、理货签残单、溢短单和交货记录单，掌握第一手资料，并采用化学分析、物理性能测试、力学分析和感观鉴定等各种科学方法，进行综合分析，力求得出符合实际情况的鉴定结果，便出具内容详实、论证严谨、公正准确的检验鉴定证书，才能起到减少贸易纠纷，维护有关各方的合法权益的作用。

检验检疫机构检验定部门发的检验定证书具有法律效力，在国际贸易和国内贸易中起公正证明的作用，是申请人、收发货人或代理人在规定的期限内据以向责任方索赔，挽回经济损失的有效凭证；也可用于收发货人因进口货物残损，需出口到原产地更换或维修时，向海关申报出口此货物原因以及免征其关税的有效证件；也可供贸易关系人在办理因货物残损、短缺需补进损失货物的数量或机器零部件时，作为向海关办理入关手续，免征其关税的有效证明。

【案例3】 影响货运需求的因素

一、自然条件、资源状况与生产力布局

某一国家和地区的自然条件如何，是不依人的意志为转移的，而某些经济活动的进行又不能不依赖特定的自然条件，于是便产生相应的货物运输需求。如我国东北地区的三江平原、松嫩平原、松辽平原是重要的商品粮产地，每年提供全国商品粮的20%左右，因而每年都要有大批粮食由哈大铁路经大连装上船运往我国南方，或出口到国外。

自然资源分布的不平衡性是世界范围的地理现象，尤其是人类经济活动所必不可少的自然资源，如煤炭、石油、各种金属和非金属矿藏的分布等更是如此。资源分布的状况同生产力的布局有着密切的关系，生产力布局合理化的重要原则之一是尽可能接近原料、燃料产地，而资源分布的不平衡性又决定着人们不可能将所有的生产据点都安排在原料和燃料产地，于是在原料、燃料产地就存在着大量的对外运输需求。

二、经济规模与发展水平

货物运输需求属于派生性需求，该需求的大小取决于经济规模和发展的水平。经济规模越大的国家和地区，运输需求则越大，不同经济发展水平的国家，在其经济发展的不同时期，对运输的需求在数量上和质量上

都有很大的差别。对于我国的情况来说,由于东部、中部、西部三个经济带的经济规模和发展水平具有明显的差异性,因而运输需求也呈现出一定的层次性,东部发达地区对杂货运输、集装箱运输需求迅速增长,而中西部地区对大宗货、散货的运输需求则占主导地位。

三、产业结构和产品结构

不同的产业结构和产品结构对运输需求的影响是十分明显的。首先,不同的产业对运输需求在量和质上的要求是不同的。如果用单位社会总产值(工农业总产值、工业总产值)所产生的货运周转量(吨公里)来表示货运强度,那么重工业的货运强度最大,它大于轻工业,而轻工业又大于服务业。一些新兴工业,如电子、生物工程、信息产业等对运输量的需求很小,而对运输质量要求很高。因而不同国家、不同地区的产业结构不同,货运强度也就不同,而同一国家同一地区经济发展的不同阶段,随着产业结构的升级换代,货运强度也呈现出阶段性的变化。其次,生产不同产品所引起的厂外运量——包括原料、材料、辅料、燃料和能源的运进和中间产品及产成品的运出,也有很大的差别。生产不同产品的企业和地区对运输的需求是不同的。再次,不同产品对各种运输方式的依赖程度是不同的。例如煤炭、金属矿石、钢铁等原材料、工业生产等低值品对铁路和水运的依赖性比较大,而粮食则更多地依赖公路运输和水路运输,高附加值产品对航空运输的依赖性较大。

四、人口增长与分布

人口增长与分布的变化对货运需求也有很大的影响,这是因为人口增长快,必然引起粮食、油料、副食品、日用工业消费品等供应的增加,因此,引起对运输需求的增加;大量人口流入城市必然引起城市消费能力的增加,因而也会引起大量的粮食、副食品及日用工业消费品等运往城市,以满足城市人口消费之需。因而货运需求必然随着城市化水平的提高而增长。

五、经济体制与经济政策

经济体制的改变和国家经济政策的调整,也对运输需求产生重大的影响。过去,我国长期实行的是计划经济体制,经济活动都是受指令性计划控制的,自由度很低,封闭性很强,商品流通的内容有限,范围很小,因而对运输的需求相对也少。改革开放以来,市场机制的作用不断扩大,经济活动的市场化程度进一步加快。由于越来越多的产品进入市场自由流通,商品交换的范围迅速扩大,交换的频率迅速增加,引起运输需求的膨胀,货物的平均运距也迅速增长。

国家的经济政策也影响运输需求,改革开放以来,国家经济政策向沿海地区倾斜,因而东部沿海地区运输需求猛增,随着国家政策的调整,上海浦东的开发和长江经济带的形成,以及西部大开发和开放,这些地区的运输需求也迅速增长起来。

六、运输网的布局与质量

运输网的布局与质量直接影响运输线路对货物的吸引范围、线路的通过能力及对需求的适应程度。如果说经济发展水平是影响货运需求的本源性因素的话,那么运输网的成网水平、规模、密度、质量等因素是影响运输需求的可能性因素。良好的运输网络系统可以使货畅其流,增大货运量,反过来刺激经济的发展,经济的发展又引起运输需求的进一步增长,使国民经济出现良性循环;而滞后的运输网络和不合理的运网布局会抑制运输需求的增长,进而抑制经济的增长。

第四章　集装箱货物交接与运输条款

根据集装箱货物运输的特点,并不是所有的货物都适合于集装箱化。按国际贸易分类的货物品目来划分,运输中所有的货物可归纳为60种品目,最适合集装箱化的货物有40种,占总数的66.6%,其余的为不适合或边缘集装箱化的货物。

一、最适合集装箱化的货物

这种货物系指货价高,运价也比较高的商品。这些商品按其属性可有效地装载集装箱内运输,货物的属性系指商品的大小、容积与重量的关系。最适合集装箱化的货物有针织品、酒、医药品、打字机、各种小型电器、光学仪器、电视机、收音机、小五金之类等。

二、适合集装箱化的货物

适合集装箱化的货物系指货价、运费较最适合集装箱化的货物为低的商品,该类货物有纸浆、天花板、电线、电缆、面粉、生皮、炭精、金属制品等。

三、边缘集装箱化的货物

这类货物是可装载集装箱运输的,但是,在大量运输时使用专用船反而能提高效率。这类货物有废钢铁、汽车、发电机、钢铁结构物件等。

集装箱货物是建立在大规模生产方式的基础上开展起来的。所以它必须将分散的小批量货物,预先在内陆地区的某几个点加以集中,等组成大批量的货源后,通过内陆、内河运输,将其运至集装箱码头堆场。这里,假设把内陆地点作为集装箱货物运输中的第1枢纽站;装船港作为第2枢纽站;然后通过海上运输,将集装箱货物运至卸船港,卸船港作为第3枢纽站;最终目的地作为第4枢纽站。这是集装箱货物运输中一个比较典型的情况,见图4-1。

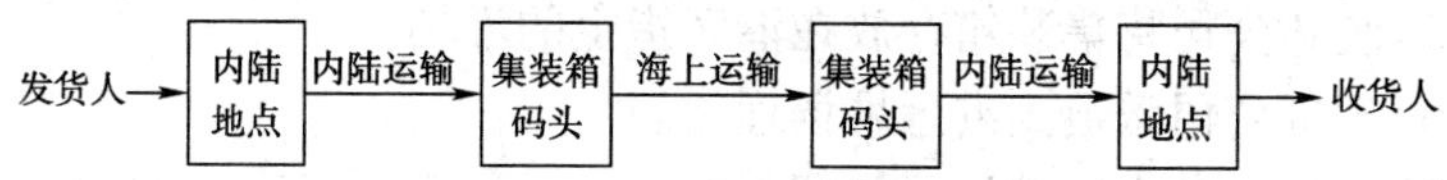

图 4-1 集装箱货物流转过程

从运输成本分析,只有采用这样的货流组织方式,把小批量货流组成大批货流后,才能使运输总成本减至最小。

在上述集装箱货物流通过程中,货物的交接主要有两种不同的形态,一种是整箱货,另一种是拼箱货。

整箱货系指由发货人自行装箱,并负责填写装箱单、场站收据,并由海关加铅封的货。整箱货又习惯理解为一个发货人、一个收货人。

拼箱货系指由集装箱货运站负责装箱,负责填写装箱单,并由海关加铅封的货。拼箱货又习惯理解为几个发货人、几个收货人。

CIF 术语下的 FCL 货物进口业务流程见图 4-2。

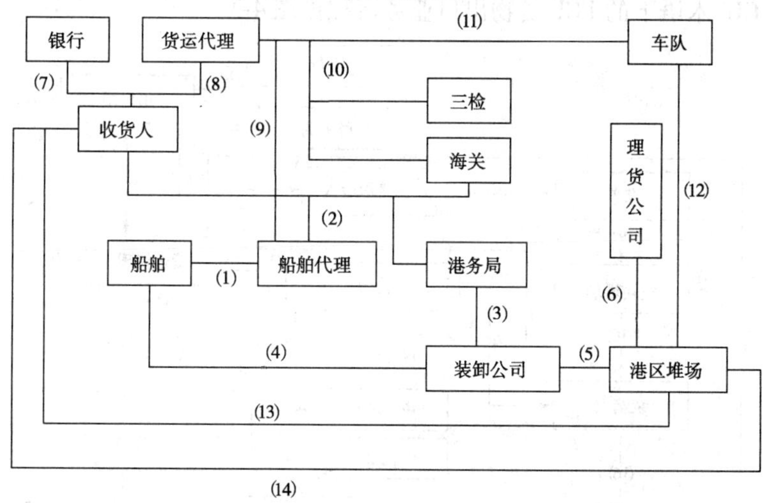

图 4-2 CIF 术语下的 FCL 货物进口业务的流程

图中说明:

(1)船舶到达港口前向目的港船舶代理发出船舶到港信息以及卸货舱单。

(2)船舶抵港,船舶代理签发到货通知书,将抵港信息分别通知港务局、海关和收货人。

(3)港务局通知卸货公司安排卸货。

(4)卸货公司进行船舶卸货作业。

(5)装卸公司将集装箱存放在港区指定的堆场。

(6)理货公司派员到港区堆场理货。

(7)收货人向银行结汇,付款赎单。

(8)收货人委托货运代理人办理通关、提货手续。

(9)货运代理人凭委托书、提单、到货通知向船舶代理换取提货单。

(10)货运代理人凭报关委托书、提货单、发票、装箱单、报关单、检疫证明到三检和海关办理进口清关手续。

(11)货运代理指派车队到港区提货。

(12)车队派车前往港区堆场交付提货单,填写设备交接单,提取集装箱。

(13)车队将货物运至收货人仓库,货交收货人。

(14)车队将集装箱空箱归还到港区或者承运人指定的还箱点,交验设备交接单。

CIF术语下的FCL货物出口业务流程见图4-3。

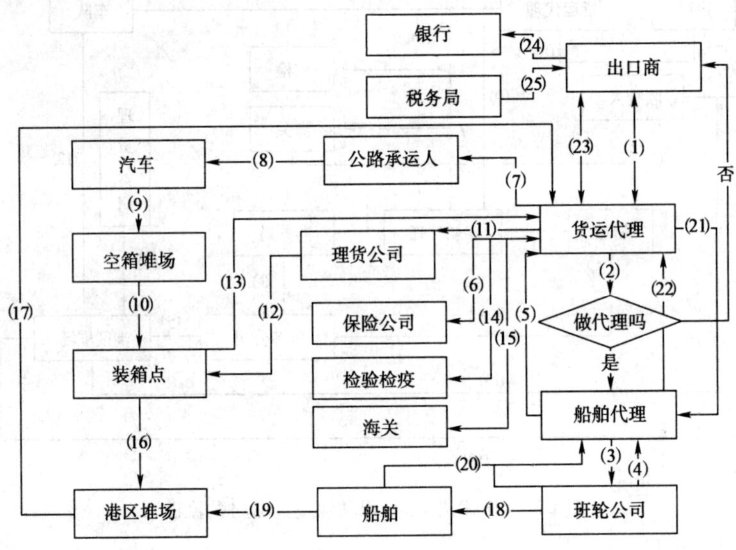

图4-3　CIF术语下的FCL货物出口业务的流程

图中说明:

(1)出口商委托货运代理公司办理出口手续。

(2)货运代理公司向船舶代理人委托定舱。

(3)船舶代理人接受订舱并简要计算运费等必要费用后,向班轮公司发出确认。

(4)班轮公司接受定舱,向船舶代理确认定舱。

(5)船舶代理人向货运代理签发订舱回单和设备交接单。

(6)货运代理人向保险公司办理国际货运保险。

(7)货运代理人委托公路承运人进行陆上货物运输。

(8)公路承运人根据运单的规定向汽车和司机发出指令和派车单。

(9)汽车司机按运单规定内容到空箱堆场提箱。

(10)司机将空箱运至出口商指定的装货地点装箱。

(11)货运代理委托理货公司理货。

(12)理货公司派专人去装箱点理货。

(13)装箱人员装箱后编制装箱单,出具理货报关,交给货运代理。

(14)货运代理申请出口报验。

(15)货运代理申请出口报关。

(16)司机将重箱运往港区堆场,并将设备交接单、集装箱装箱单、海关放行单、场站收据交付堆场。

(17)港区签发场站收据给货运代理。

(18)班轮公司将编制好的预配舱单传送船舶。

(19)船舶根据运配舱单接收码头交付的集装箱,并签发大副收据。

(20)船舶根据装船情况编制实载舱单,并将舱单传送班轮公司和船舶代理。

(21)货运代理凭场站收据向船舶代理换取提单。

(22)船舶代理核对场站收据和实载舱单后签发提单给货运代理人。

(23)货运代理人同出口商结算费用,向出口商提交货运代理发票、提单、保险单以及退税单。

(24)出口商凭贸易合同规定的单据向银行要求结汇,交单取款。

(25)出口商凭全套出口文件副本及海关签发的退税单,向税务局要求退税。

第一节　集装箱货物的交接方式

在集装箱货物运输中,根据整箱货、拼箱货的不同,其主要的交接方式(运输条款)有:

一、门到门交接

该种货物的交接形式系指一个发货人、一个收货人。在由承运人负责内陆运输时,则在发货人的工厂或仓库验收后、承运人负责将货物运至收货人的仓库或工厂,门到门交接的货物为整箱货,也是现代物流发展的最终方向。

二、门到场交接

这是一种在发货人的工厂或仓库接收货物,并负责运至卸船港集装箱码头堆场交货的交接方式。门到场货物交接方式发生在承运人不负责目的地内陆运输的情况下。

三、门到站交接

这是一种从发货人的工厂仓库至目的地集装箱货运站的交接方式。即通常是整箱接收,拆箱交付,也可理解为一个发货人,几个收货人。

四、场至门交接

这是一种在起运地装船港的集装箱码头堆场接收货物,并将其运至收货人工厂仓库交货的交接方式,承运人不负责起运地发货人工厂或仓库至集装箱码头堆场之间的内陆运输。

五、场到场交接

这是一种从装船港的集装箱码头堆场至目的港集装箱码头堆场的交接方式,通常是整箱货,目前,大多数船公司运用该条款。

六、场到站交接

这是一种从装船港的集装箱码头堆场至目的地集装箱货运站的交接方式,经常发生在整箱接收,拆箱交付的情况下。

七、站到门交接

这是一种从起运地集装箱货运站至目的地收货人的工厂或仓库的交接方式,经常发生在拼箱接收,整箱交付的情况下。

八、站到场交接

这是一种从起运地集装箱货运站至目的地集装箱码头堆场的交接方式,也可理解为几个发货人、一个收货人。

九、站到站交接

这是一种从起运地集装箱货运站至目的地集装箱货运站的交接方式，通常是拼箱货交付，拼箱货接收。

第二节　集装箱货运程序

一、整箱货出口货运流程

1. 委托代理

在集装箱班轮货物运输过程中，货主一般都委托货运代理人为其办理有关的货运业务。货运代理关系的建立也是由作为委托人的货主提出委托、由作为代理人的国际货运代理企业接受委托后建立。

在货主委托货运代理时，会有一份货运代理委托书。在订有长期货运代理合同时，可能会用货物明细表等单证代替委托书。

2. 订舱

货运代理人接受委托后，应根据货主提供的有关贸易合同或信用证条款的规定，在货物出运之前一定的时间内，填制订舱单向船公司或其代理人申请订舱。船公司或其代理人在决定是否接受发货人的托运申请时，会考虑其航线、船舶、运输要求、港口条件、运输时间等方面能否满足运输的要求。船方一旦接受订舱，就会着手编制订舱清单，然后分送集装箱码头堆场、集装箱空箱堆场等有关部门，并将据此安排办理空箱及货运交接等工作。

在订舱时，货运代理人会填制“场站收据”联单、预配清单等单据。

3. 提取空箱

在订舱后，货运代理人应提出使用集装箱的申请，船方会给予安排并发放集装箱设备交接单。凭设备交接单，货运代理人就可安排提取所需的集装箱。

在整箱货运输时，通常是由货运代理人安排集装箱卡车运输公司到集装箱空箱堆场领取空箱。但也可以由货主自己安排提箱。无论由谁安排提箱，在领取空箱时，提箱人都应与集装箱堆场办理空箱交接手续，并填制设备交接单。

4. 货物装箱

整箱货的装箱工作大多是由货运代理人安排进行,并可以在货主的工厂、仓库装箱或是由货主将货物交由货运代理人的集装箱货运站装箱。当然,也可以由货主自己安排货物的装箱工作。

装箱人应根据订舱清单的资料,并核对场站收据和货物装箱的情况,填制集装箱货物装箱单。

5. 整箱货交接签证

由货运代理人或发货人自行负责装箱并加封志的整箱货,通过内陆运输运至承运人的集装箱码头堆场,并由码头堆场根据订舱清单,核对场站收据和装箱单接收货物。整箱货出运前也应办妥有关出口手续。

集装箱码头堆场在验收货箱后,即在场站收据上签字,并将签署的场站收据交还给货运代理人或发货人。货运代理人或发货人可以凭据经签署的场站收据要求承运人签发提单。

6. 换取提单

货运代理人或发货人凭经签署的场站收据,向负责集装箱运输的人或其代理人换取提单。发货人取得提单后,就可以去银行结汇。

由于集装箱运输方式下,承运人的责任早于非集装箱运输方式就已开始,因此理论上在装船前就应签发提单。这种提单是收货待运提单,而收货待运提单在使用传统价格术语的贸易合同下是不符合要求的。所以,为了满足贸易上的要求,也为了减少操作程序上的麻烦,因此,实践中的做法是在装船后才签发提单,即已装船提单才符合使用传统价格术语的贸易合同的需要。

7. 装船

集装箱码头堆场或集装箱装卸区根据接受待装的货箱情况,制订出装船计划,等船靠泊后即可装船。

二、整箱货出口货运单证

1. 货主委托货代办理运输事宜的单证

该类单证可分为基本单证和特殊单证。

1)基本单证

基本单证即通常每批托运货物都须具备的单证,有:出口货运代理委托书、出口货物报关单、外汇核销单、商业发票、装箱单、重量单、规格单等包装单证。

出口货运代理委托书简称委托书，具有两种功能。

其一，它是委托方（出口企业）向被委托方（货运代理人）提出的一种“要约”，被委托方一经书面确认就意味着双方之间契约行为的成立，因此委托书应有委托单位盖章，使之成为有效的法律文件。货运代理人接到委托书后，如不能接受或某些要求无法满足，应及时作出反应，以免耽误船期，承担不必要的法律责任。

其二，委托书详列托运各项资料和委托办理事项及工作要求，它是货运代理人的工作依据，委托书内容大致有以下事项：

（1）委托单位名称、编号。

（2）托运货物内容，包括商品名称、标记、号码、件数、包装、式样、毛重（公斤）、尺码（立方米）、价格条件、出口总价等。

（3）装运事项：运输起讫地点、可否转船、可否分批装运、装运期限、信用证有效期限（结汇到期日）以及配船要求等。

（4）提单记载事项：提单发货人、收货人、通知人、正本份数、运费预付或到付，以及信用证规定的某些必要记载事项。

（5）货物交、运日期及交运方式、货物备妥日期。

（6）集装箱运输的有关事项：

①集装箱类别；

②集装箱数量；

③装箱或提箱要求，例如自行安排运输、送 CFS 装箱、门到门（注明装箱工厂或仓库的地址、电话、联系人）。

（7）运费结算事项：外币及人民币结算单位的开户银行、账号。

（8）其他特殊事项：例如危险品、冷冻货的特殊说明。

货运代理人接到委托方的委托书后，应及时加以审核，根据要求及时联系有关船公司或其代理人订舱，如某些要求无法接受或船货衔接存在问题，应迅速联系委托方征求意见，以免贻误工作。

2）特殊单证

特殊单证是在基本单证以外，根据国家规定，按不同商品、不同业务性质、不同出口地区需向有关主管机关及海关交验的单证，例如：出口许可证、配额许可证、商检证、动植物检疫证、卫生证明、进料/来料加工手册、危险货物申请书、包装证、品质证、原产地证书等。

2. 集装箱货物托运单（“场站收据”联单）

集装箱运输以场站收据（Dock receipt，D/R）中的第一联作为集装箱货物的托运单。“场站收据”联单通常由货代企业缮制送交船公司或其代理人订舱,因此托运单也就相当于订舱单。

3. 集装箱预配清单

集装箱预配清单是船公司为集装箱管理需要而设计的一种单据,该清单格式及内容,各船公司大致相同,一般有提单号、船名、航次、货名、件数、毛重、尺码、目的港、集装箱类型、尺寸和数量、装箱地点等。货运代理人在订舱时或一批一单,或数批分行列载于一单,按订舱单内容缮制后随同订舱单据送船公司或其代理人,船公司配载后将该清单发给空箱堆存点,据以核发设备交接单及空箱之用。

4. 集装箱发放/设备交接单

集装箱发放/设备交接单(Equipment Interchange Receipt,EIR)是集装箱进出港区、场站时,用箱人、运箱人与箱管人或其代理人之间交接集装箱及设备的凭证,兼有发放集装箱的凭证功能,所以它既是一种交接凭证,又是一种发放凭证,主要用于集装箱的箱务管理。它在日常业务中被简称为“设备交接单”(EIR)。

5. 集装箱装箱单

集装箱装箱单(Container Load Plan,CLP)是详细记载集装箱内货物的名称、数量等内容的单据,每个载货集装箱都要制作这样的单据,它是根据已装进集装箱内的货物制作的。不论是由发货人自己装箱,还是由集装箱货运站负责装箱,负责装箱的人都要制作装箱单。集装箱装箱单是详细记载每一个集装箱内所装货物详细情况的唯一单据,所以在以集装箱为单位进行运输时,是一张极其重要的单据。

三、整箱货进口业务流程

海运进口的货运代理业务是我国货代中比较复杂的货代业务。完整的海运进口业务,从国外接货开始,包括安排装船、安排运输、代办保险,直至货物运到我国港口后的卸货,接运报关报验,转运等业务。

1. 货运代理人接受委托

货运代理人与货主双方建立的委托关系可以是长期的,也可以是就某一批货物而签订的。在建立了长期代理关系的情况下,委托人往往会把代理人写在合同的一些条款中,这样,国外发货人在履行合约有关运输部分时会直接与代理人联系,有助于提高工作效率和避免联系脱节的现象发生。在货代与货主双方之间订立的协议中,通常应明确以下项目:

(1)委托人和代理人的全称,注册地址。

(2)代办事项的范围,如是否包括海洋运输,是否包括装运前的拆卸工作,集港运输等,到港后是提单交货还是送货上门等,明确了代办事项范围,则一旦发生意外,就能判明双方责任,也可避免因双方职责不明而造成的损失。

(3)委托方应该提供的单证及提供的时间,提供的时间应根据该单证需用的时间而定。

(4)服务费收标准及支付时间、支付方法。

(5)委托方和代理人的特别约定。

(6)违约责任条款。

(7)有关费用如海洋运费、杂费及关税等支付时间。

(8)发生纠纷后,协商不成的解决途径及地点,通常解决争议的途径有仲裁或诉讼等,地点可以在双方同意的地点,仲裁一般在契约地,诉讼则可以在契约地,也可以在被告所在地。

(9)协议必须加盖双方公章并经法定代表人签字,这是协议成立的要件。

2. 卸货地订舱

如果货物以 FOB 价格条件成交,货代接受收货人委托后,就负有订舱或租船的责任,并有将船名、装船期通知发货人的义务。特别是在采用特殊集装箱运输时,更应尽早预订舱位。

3. 接运工作

接运工作要做到及时、迅速。主要工作包括:

(1)加强内部管理,做好接货准备,及时告知收货人,汇集单证,及时与港方联系。

(2)谨慎接卸。

4. 报检报关

根据国家有关法律、法规的规定,进口货物必须办理验放手续后,收货人才能提取货物。因此,必须及时办理有关报检、报关等手续。

5. 监管转运

进口货物入境后,一般在港口报关放行后再内运,但经收货人要求,经海关核准也可运往另一设关地点办理海关手续,称为转关运输货物,属于海关监管货物。

办理转关运输的进境地申报人必须持有海关颁发的《转关登记手

册》,承运转关运输货物的承运单位必须是经海关核准的运输企业,持有《转关运输准载证》,监管货物在到达地申报时,必须递交进境地海关转关关封,《转关登记手册》和《转关运输准载证》,申报必须及时,并由海关签发回执,交进境地海关。

6. 提取货物

货运代理人向货主交货有两种情况,一是象征性交货,即以单证交接,货物到港经海关验收,并在提货单上加盖海关放行章,将该提货单交给货主,即为交货完毕。二是实际性交货,即除完成报关放行外,货运代理人负责向港口装卸区办理提货,并负责将货物运至货主指定地点,交给货主,集装箱运输中的整箱货通常还需要负责空箱的还箱工作。以上两种交货,都应做好交货工作的记录。

四、整箱货进口货运单证

1. 货主委托货代办理进口货运业务单证

这些单证主要包括,进口货运代理委托书、进口订舱联系单、提单、发票、装箱单、保险单、进口许可证、机电产品进口登记表以及包括木箱包装熏蒸证明等在内的其他单证。

2. "交货记录"联单

在集装箱班轮运输中普遍采用"交货记录"联单以代替件杂货运输中使用的"提货单"。"交货记录"的性质实际上与"提货单"一样,仅仅是在其组成和流转过程方面有所不同。

"交货记录"标准格式一套共五联:①到货通知书;②提货单;③费用账单;④费用账单;⑤交货记录。其流转程序为:

(1)船舶代理人在收到进口货物单证资料后,通常会向收货人或通知人发出"到货通知书"。

(2)收货人或其代理人在收到"到货通知书"后,凭海运正本提单(背书)向船舶代理人换取"提货单"及场站、港区的"费用账单"联、"交货记录"联等四联。"提货单"经船代盖章方始有效。

(3)收货人或其代理人持"提货单"在海关规定的期限内备妥报关资料,向海关申报。海关验放后在"提货单"的规定栏目内盖放行章。收货人或其代理人还要办理其他有关手续的,亦应办妥手续,取得有关单位盖章放行。

(4)收货人及其代理人凭已盖章放行的"提货单"及"费用账单"和

“交货记录”联向场站或港区的营业所办理申请提货作业计划，港区或场站营业所核对船代“提货单”是否有效及有关放行章后，将“提货单”、“费用账单”联留下，作放货、结算费用及收费用依据。在第五联“交货记录”联上盖章，以示确认手续完备，受理作业申请，安排提货作业计划，并同意放货。

(5)收货人及其代理人凭港区或场站已盖章的“交货记录”联到港区仓库，或场站仓库、堆场提取货物，提货完毕后，提货人应在规定的栏目内签名，以示确认提取的货物无误。“交货记录”上所列货物数量全部提完后，场站或港区应收回“交货记录”联。

(6)场站或港区凭收回的“交货记录”联核算有关费用。填制“费用账单”一式二联，结算费用。将第三联(蓝色)“费用账单”联留存场站、港区制单部门，第四联(红色)“费用账单”联作向收货人收取费用的凭证。

(7)港区或场站将第二联“提货单”联及第四联“费用账单”联、第五联“交货记录”联留存归档备查。

3. 集装箱发放/设备交接单

集装箱进口货运过程中也需要使用“设备交接单”。

五、拼箱货货运流程与单证

集装箱运输的货物分为整箱货(FCL)和拼箱货(LCL)两种，有条件的货代公司也能承办拼箱业务，即接受客户尺码或重量达不到整箱要求的小批量货物，把不同收货人、同一卸货港的货物集中起来，拼凑成一个20ft或40ft整箱，这种做法称为集拼，国际上叫做Consolidation，承办者称为Consolidator。

承办集拼业务的货代企业必须具备如下条件：

(1)具有集装箱货运站(CFS)装箱设施和装箱能力；

(2)与国外卸货港有拆箱分运能力的航运或货运企业建有代理关系；

(3)政府部门批准有权从事集拼业务并有权签发自己的House B/L。

从事集拼业务的国际货运代理企业由于其签发了自己的提单(House B/L)，故通常被货方视为承运人。如果只经营海运区段的拼箱业务，则是无船承运人。因此其特征主要有：不是国际贸易合同的当事人；在法律上有权订立运输合同；本人不拥有、不经营海上运输工具；因与货主订立运输合同而对货物运输负有责任；有权签发提单，并受该提单条款约束；具有双重身份，对货主而言，他是承运人，但对真正运输货物的集装箱班轮公司而言,他又是货物托运人。

1. 拼箱货业务流程

集拼业务的操作比较复杂,先要区别货种,合理组合,待拼成一个20ft 或 40ft 箱时可以向船公司或其代理人订舱。

集拼的每票货物各缮制一套托运单(场站收据),附于一套汇总的托运单(场站收据)上,例如有五票货物拼成一个整箱,这五票货须分别按其货名、数量、包装、重量、尺码等各自缮制托运单(场站收据),另外缮制一套总的托运单(场站收据),货名可做成"集拼货物"(Consolidated Cargo),数量是总的件数(Packages),重量、尺码都是五票货的汇总数,目的港是统一的,关单(提单)号也是统一的编号,但五票分单的关单(提单)号则在这个统一编号之尾缀以 A、B、C、D、E 以资区分,货物出运后船公司或其代理人按总单签一份海运提单(Ocean B/L),托运人是货代公司,收货人是货代公司的卸货港代理人,然后,货代公司根据海运提单,按五票货的托运单(场站收据)内容签发五份仓至仓提单(House B/L),House B/L 编号按海运提单号,尾部分别缀以 A、B、C、D、E,其内容则与各托运单(场站收据)相一致,分发给各托运单位银行结汇之用。

另一方面货代公司须将船公司或其代理人签发给他的海洋提单正本连同自签的各 House B/L 副本快邮寄其卸货港代理人,代理人在船到时向船方提供海运提单正本,提取该集装箱到自己的货运站(CFS)拆箱,通知 House B/L 中各个收货人持正本 House B/L 前来提货。

集拼业务票数越多,处理难度越大,有时其中一票货的数量发生变更往往牵涉整箱货的出运,所以在处理中要倍加审慎。

2. 拼箱货业务流程图:

拼箱货业务流程图见图 4-4。

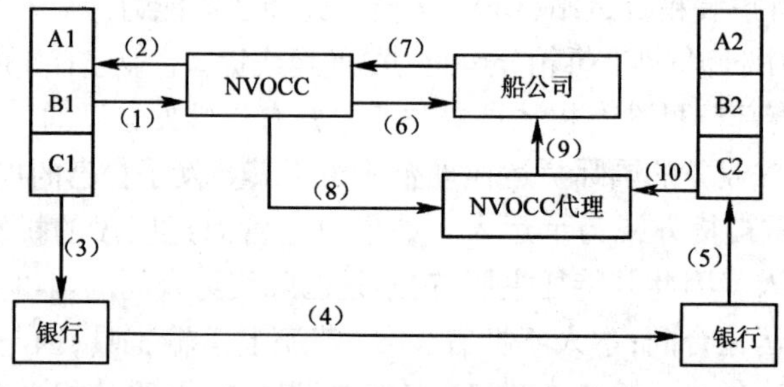

图 4-4 拼箱货货运流程图

拼箱货货运流程如下：

(1)发货人 A1、B1、C1 分别将货交给 NVOCC；

(2)NVOCC 签发 HBL 给发货人；

(3)A1、B1、C1 分别凭 HBL 到银行结汇；

(4)出口国银行将 HBL 转进口国银行；

(5)A2、B2、C2 分别付款从银行取出 HBL；

(6)NVOCC 将货交船公司；

(7)船公司签发 OBL 给 NVOCC；

(8)NVOCC 将 OBL 转 NVOCC 国外代理；

(9)NVOCC 代理凭 OBL 到船公司提货；

(10) A2、B2、C2 凭 HBL 到 NVOCC 代理提货。

注：HBL——无船承运人提单；OBL——海运提单。

3. 拼箱运输的成本结构

拼箱货运输的成本是指该业务活动从接受拼箱货至交付拼箱货的整个过程中，与货物仓储、拼拆箱、运输以及其他相关费用的总和。

通常，直拼运输方式比混拼运输方式在运输路线、相关手续、收费项目和费用等方面更为简单、更为节省。

1)直拼运输

直拼运输的费用项目主要包括：

(1)拼箱及起运港的费用：如货物提前进站的仓储费和海关监管费、提运空箱和重箱进场的拖运费和码头费用、货物装箱费和理货费用等；

(2)海运运费及手续费：如班轮公司运输整箱货所收取的海运运费、到船舶代理人处办理有关订舱等手续的费用；

(3)目的港及拆箱费用：如提运重箱和还空箱的拖运费和码头费用、拆箱费和理货费、分拨费和相关的代理手续费、拼箱货的仓储费用等；

(4)其他发生在装卸两港的相关服务费用等。

如果拼箱货情况较为特殊，则还会产生特殊的费用。以上费用通常由集运经营人按运价本或协议运价向托运人收取。

2)混拼运输

混拼运输的费用项目除与直拼运输相同的费用外，还包括中转港再拼箱和转运所需的费用：

(1)中转港的拆箱和再装箱及理货的费用；

(2)集装箱的拖运费用；

(3)拼箱货的搬运费和仓储费用;

(4)办理进出口手续的费用;

(5)中转港代理人的费用

(6)其他相关的服务费用等。

3)节省集运成本的途径

分析集运各个环节、实现流程再造是节省集运成本的有效方法。以下几个问题值得认真加以考虑:

(1)在可行的情况下,通常安排直拼运输方式,以减少混拼运输方式带来更多的中间环节和产生额外费用;

(2)当需要采用混拼运输方式时,所选的中转港应具备较好的拆拼箱作业条件,还要有能力强、关系好、信誉高的代理人;

(3)与班轮公司订有较好的协议运价,并与相关的船舶代理人、仓储经营人等订有优惠的服务协议;

(4)合理选择集装箱的箱型和尺度,正确地进行积载和装箱以减少亏箱和充分利用载货重量;

(5)实现业务程序和单证作业的流程再造,保证实现业务程序的有效性和单证作业的正确性;

(6)建立应付突发事件的程序,防止特殊情况发生时造成不良后果等。

【案例1】 集装箱错运目的港损失赔偿案

一、基本案情

2001年1月,台州分公司委托原告华大公司,承担外销打火机的公路运输业务,原告转委托被告汽运公司运输,被告又委托永发公司运输,用于拖运打火机的集装箱为G箱。永发公司所派的驾驶员将集装箱拖至鸿狮公司装货时,错把同一个拖卡上面的C箱(该箱本应装一批鞋子运到日本)交给厂方装了打火机,而在G箱中装入了鞋子。C箱出口通关以后仍运到日本,G箱则运到了巴塞罗那。此后经有关方协商处理,打火机从日本重新运到巴塞罗那,产生了在日本的滞留费用及转运到巴塞罗那的运费,合计4 693.6美元。台州分公司通过其委托人温州翘运,温州翘运又通过香港翘运向日本Nitto公司支付了该笔费用后,在与台州分公司的运费结算中进行了清结。台州分公司又在应付给原告的运费中扣除了该款。

诉讼中,原告还向被告主张了下述两笔损失:①赔偿打火机客商的损失人民币10万元;②鞋子的损失106 897.06元(付给日方原来购买鞋子的商人18 903.26美元,扣除鞋子处理后所得款5万人民币)。为此,请求法院判令被告向原告赔偿上述两笔损失。被告则辩称:打火机装错集装箱及错运目的港属实,原告与台州分公司结算运费时也确被扣除了上述三笔款项,但是:①原告没有提供台州分公司以18 903.26美元赎回鞋子后又以5万元处理掉的凭证;②报关单载明打火机的货值为17 373.35美元,但发票及售货确认书上为49 399.35美元,打火机损失10万元是如何计算出的?

二、处理结果

宁波海事法院认为,原告缺乏充分证据来证明以下两点事实:

1.有关鞋子的赔偿事宜

原告主张赔偿给日本鞋商的金额为18 903.26美元,但是从原告所提供的香港翘运向日本鞋商付款的电汇申请书来看为18 884美元,实付18 903.26美元的付款凭证原告未能提供。原告亦未能提供鞋子的外贸合同、商业发票、报关单、提单等可证明鞋子的品名、数量、单价等事实的有关单证,因此,鞋子的货值无法确定。虽然错运事件发生后,日本鞋商开出的损失账单中有鞋子的总价,但该总价因缺乏上述的有关证据来印证而难以确认。原告在庭审中陈述,鞋子后来重运到日本,折价5万元人民币进行了处理。但是,鞋子作此折价的依据、协商处理的过程、折价交易的凭证,原告均未能提供证据证明。原告在庭审中陈述,打火机错运到日本后,日本鞋商因未能收到鞋子而扣留了打火机,故为取回打火机由香港翘运出面赔偿了日本鞋商的损失,台州分公司委托人温州翘运就此笔赔偿结清后向原告追偿,但是依据鞋子运输的委托关系,向错运事件的责任方主张债权的权利应由国内的鞋方享有,原告本身不是鞋子的承运方,鞋子装错箱的行为也非原告实施,因此原告主张鞋款损失之追偿,则应有国内的鞋方明确转让该权利之意思表示,而本案原告未能对此举证。原告也未能证明被告接受了鞋子的公路运输业务,从而对鞋子的运输亦负有直接责任,是鞋子损失的责任人。

2. 打火机损失人民币10万元的赔偿事宜

打火机出口报关单的总价和售货合同、商业发票的总价相去甚远,因此,作为打火机损失计价依据之一的打火机总价无法确认。外商在有关函件中主张10万元人民币的损失,并出具了相应品名打火机的损失清单,但外商的这些主张缺乏商检报告来证实。同时,从原告所提供的外商与打火机出口商温州瓯海外贸之间的两份往来函件的内容看,10万元损失究竟是打火机损坏的损失,还是外商的预期利润损失,或者二者兼而有之,也未予以明确。故法院认为不能仅凭外商的单方陈述来确定打火机的实际损失金额。原告主张香港翘运已向瓯海外贸支付了10万元打火机损失赔款时,提供了持卡人为×××(瓯海外贸部门经理)储蓄卡存款单(存额为10万元)来证明,但个人储蓄卡上款项的存支情况不能作为公司之间财务关系的证明。此外,原告也未能提供10万元赔偿通过适当途径支付给外商的证据,虽然外商在给瓯海外贸的函件中称10万元损失在下一单货值中扣除,但下单交易是否发生、何时发生、实际有无从中扣除该赔偿的事实,原告均未能举证。

本案的原告不是货主,被告也不是错装箱行为的实施方,原、被告双方在事件中的身份都是运输服务的中间商。本案的特殊之处在于,原告的诉讼请求既不是佣金,也不是运费差价,而是有关货物的损失:①打火机重运到巴塞罗那的转运费用;②赔偿打火机的外商损失人民币10万元;③付给日本原来购买鞋子的商家18 903.26美元。但是,这3项损失原告都有权向被告主张吗?本案的判决意见从法律关系和举证责任入手对此作了回答。

就双方所陈述的事实来看,本案两票货物涉及的国内公路运输法律关系如下:

打火机运输(装入G箱运往巴塞罗那):国内货方—原告—被告—永发公司。

鞋子运输(装入C箱运往日本):国内货方—永发公司。

原告与鞋子的货方并无法律关系,其接受委托并转委托给被告运输的货物是打火机,而鞋子则另有其人委托给永发公司运输。这本是两个不同的法律关系,但永发公司的驾驶员在将箱子交给厂家装箱时出现错误,本应装入鞋子运往日本的C箱装了打火机运往日本,而本应装入打火机运往巴塞罗那的G箱则装了鞋子运到巴塞罗那。因此,过失行为的直接实施人是永发公司,永发公司应就打火机错装一事对被告负责,而被告应就此事按运输合同关系对原告负责,原告则进一步对他的委托方负责。此外,永发公司还应就鞋子的损失对鞋子的货方负责。

但是,本案的原告将鞋子的损失列入自己的诉讼请求。其理由是打火机错运至日本后,日本的鞋商因未能收到鞋子而扣下了打火机,打火机的货方为取回打火机不得不出面赔偿了日本鞋商的损失,并将此赔偿款在与原告结算运费时,从应付给原告的有关运费中扣除,原告因此向被告主张此项赔偿。不可否认,日本鞋商为保全自己的利益,确有扣下打火机的可能。但是,出面与日本鞋商协调处理鞋子赔偿事宜的应是鞋子的国内货方,由鞋子的国内货方赔偿日商的损失后,再向永发公司追偿。而打火机的货方与鞋子并无直接的法律关系,从合同的相对性来说,由打火机的货方出面与日商协商是没有合同上的依据的。当然因为打火机的货值高,鞋子的货值低,故确有可能打火机的货方为取回打火机,不得已赔偿日商鞋子的损失,但打火机货方的这一行为必须事先与鞋子的国内货方协商,在取得鞋子的国内货方授权后才能向日商赔偿鞋子的损失,否则,其对日商的赔偿行为成为一种单方的行为,并不能当然取得鞋子损失的追偿权,除非事后鞋子的国内货方追认了此行为,并同意将此损失的追偿权授权或转让给打火机的货方行使,而原告又从打火机的货方处继受了此项权利,从而可以依照其与被告之间的合同关系向被告追偿,被告则再向永发公司追偿。但是,原告的追偿权所基于的这些事实,应由原告负举证责任,而本案的原告却未能举证证明其继受了这项追偿权。此外,鞋子的损失金额也未得到证明,因为可据以确认鞋子损失的一系列证据包括贸易合同及发票、报关单证及这批鞋子以 5 万元人民币处理掉的证据原告均未能提供。被告虽然对原告与台州分公司结算运费时承担了原告所诉请的 245 852.28 元损失予以承认(原告称其中包括鞋子的损失),但在质证时提出原告主张鞋子损失的证据不足。综上,原告因未能举证证明其诉讼请求所基于的事实,应承担败诉的风险。

作为打火机集装箱公路运输关系中一环,原告确应对因错运而引起的打火机损失负责,并可依照其与被告的运输合同关系向被告追偿。但是,原告在本案中所主张的 10 万元打火机的损失,没有相应的证据来证实。虽然原告向打火机货方赔偿了 10 万元,但是,该赔偿的合理性并未得到被告的事先认可或事后追认。相反,被告在庭审中质疑 10 万损失的计算方法。从原告所提供的证据来看,10 万元的损失仅是外商所称,缺少相应的证据来证明,尤其是缺少国际贸易中对确定货损具有重要证据价值的目的港商检报告。因此,虽然法院认定原告向打火机的国内货方赔偿了10万元,但因10万元损失得不到充分的证据,故原告对外作此赔偿的合理性就值得怀疑,原告仍不足以依据其对他人赔偿的事实而理所当然地向被告主张相同数额的赔偿。

至于原告主张的打火机错运至日本后,在日本滞留所发生的费用及从日本转运至巴塞罗那的运费,确系因打火机装错箱的行为引起的损失,按打火机的集装箱公路运输关系,原告应对此向他的委托方赔偿,并可向被告追偿。因该损失原告提供了充分的证据来证明损失的金额及原告确已向台州分公司赔偿了此款,被告也未提异议,所以法院予以认可。

【案例2】 CY—CY运输条款下的无单放货案

要点提示:某储运公司向托运人签发第三方的提单,提单载明CY—CY条款。因该公司在目的地无单放货,托运人将该公司和第三方告上法庭。法院审理认为,提单所有人不一定就是契约承运人,箱货分离也不代表承运人无单放货,因此,无单放货的法律事实不成立。但因该公司没有按照要求妥善保管并向正本提单持有人交付货物,应当承担违约责任。

一、基本案情

2000年3月16日,托运人某纺织品贸易公司(简称贸易公司)与某仓储运输公司(简称储运公司)签订合作协议,约定贸易公司将其代理的纺织产品的进出口报关业务、订舱、运输事宜委托储运公司办理,储运公司接受委托全程代理操作货运过程。同年4月9日,储运公司签发某国际联运公司(简称联运公司)的涉案提单2套,自上海运往洛杉矶。4月19日,储运公司签发联运公司的涉案提单9套,自上海运往洛杉矶。4月23日,储运公司签发联运公司的涉案提单6套,自上海运往洛杉矶。4月26日,储运公司签发联运公司的涉案提单2套,自上海运往澳门。4月30日,储运公司在代表承运人一栏内盖章。托运人为贸易公司,收货人为凭托运人指示,预付运费。根据提单记载,贸易公司托运的纺织品为8 267卷、182 527千克,其中1 310卷、26 888千克货物储运公司确认已无单放货。根据涉案货物报关单、发票、装箱单记载,上述提单项下的货物报关价值1 358 289.61美元。其中储运公司确认已无单放货的5票货物发票价值为194 158.88美元,报关价值194 158.88美元。根据储运公司提供的经公证、认证的由贸易公司指示的美国两家银行的付款单及中国银行常熟支行的收款单记载，贸易公司已从贸易买方处收到货款 20 万美元。

装载涉案货物的 10 个集装箱自 5 月 22 日以后陆续从香港运回到上海堆场。同时贸易公司结汇不成，所有的提单均被银行退回。根据储运公司提供的经公证、认证的卸港代理——华夏公司的证词及有关证据记载，涉案 15 套提单项下的货物均存放在目的港仓库，并已拆箱。贸易公司未提供汇票、增值税发票、海关出口货物报关单黄页原件（出口退税联）和出口收汇核销单原件。

根据储运公司提供的盖有贸易公司公章和法定代表人章的 4 份注明提单编号和货物品名、数量、重量等内容的装箱单上记载："经与×××公司商议，以上载于 TIAN SHEN V.00033 的集装箱货物运抵澳门后，需重新换箱并转运至美国。货到目的港，先由美国的 AVANCE 公司办理清关手续，贵公司负责将集装箱货物运至仓库拆箱，到时由收货人凭正本提单提货。"2001 年 12 月 18 日，×××公司出具了一份情况说明，证明贸易公司对上述货物出运的操作过程是完全知晓的。

贸易公司于 2001 年 4 月 9 日向上海海事法院提起诉讼，要求储运公司和联运公司共同承担其货款损失 1 158 289.61 美元。

二、处理结果

2001 年 10 月 23 日，上海海事法院一审判决，储运公司承担赔偿责任，联运公司不承担责任。贸易公司与储运公司均不服，向上海市高级人民法院提起上诉。上海市高级人民法院于 2002 年 3 月 14 日作出民事裁定，以上诉人储运公司递交了新的证据，足以影响本案事实的认定和原判的正确性为由，将本案发回上海海事法院重审。上海海事法院于 2002 年 11 月 18 日重新作出一审判决，储运公司与联运公司均不承担赔偿责任。贸易公司不服，再次向上海市高级人民法院提起上诉。2004 年 3 月 25 日，上海市高级人民法院终审判决，储运公司因不能向正本提单持有人履行交货义务，应当承担赔偿责任，联运公司不承担责任。

1. 提单所有人是否一定就是契约承运人

本案中，原告贸易公司认为联运公司是契约承运人，并向法院申请过对联运公司的诉前保全。一、二审过程中，各法院均认为，原告没有证据证明联运公司参与了运输活动，且贸易公司系与储运公司签订的货物出运协议，储运公司亦确认其为涉案货物的承运人，故应认定储运公司与贸易公司建立了海上货物运输合同关系，贸易公司请求联运公司赔偿损失的主张不予支持。

假设，如果储运公司不主动要求承担责任，并且引导原告将矛头针对联运公司，那么结果会是什么样呢？提单作为联系贸易和运输关系的纽带，具有很强的法律功能，对运输方来讲，它是收货和交货的凭证；对贸易方来讲，它是结汇凭证。基于提单被使用而产生的法律后果，提单所有人应当谨慎使用自己的提单，不任意将自己的提单交给第三方。从目前的司法实践来看，如果有证据证明提单所有人没有参与运输活动，没有因提单出借获得任何利益，并且有证据证明提单使用人与托运人建立了运输契约关系，一旦提单所有人和提单使用人同案应诉的话，法院往往会判定免除提单所有人的责任。但这种判定不是绝对的，有的法院仍然会要求提单所有人承担连带责任。

2. 箱货分离是否代表无单放货

本案所涉提单载明的运输方式为 CY—CY，原告查询到提单所记载的集装箱已经运回到上海堆场，同时因结汇不成，所有的提单均被银行退回，原告据此推定承运人已经无单放货。

本案诉讼过程中，储运公司向法院提交了 4 份装箱单，内容均记载："经与×××公司商议，以上载于 TIAN SHEN V. 00033 的集装箱货物运抵澳门后，需重新换箱并转运至美国。货到目的港，先由美国的 AVANCE 公司办理清关手续，贵公司负责将集装箱货物运至仓库拆箱，到时由收货人凭正本提单提货。"该指令系在储运公司出具提单之后由贸易公司发给储运公司的，因此，法院认为，虽然提单记载的运输方式为 CY—CY，但在贸易公司指令发出，储运公司接受指令并按照指令内容进行操作后，作为托运人的贸易公司与作为承运人的储运公司已协议更改了涉案货物的运输方式，故某贸易公司关于在 CY—CY 条件下，储运公司的集装箱空箱返回即表明本案争议货物已被无单放货的理由不能成立。

因此，本案中法院判决储运公司没有无单放货，但认为储运公司没有按照指令中的要求妥善保管并向正本提单持有人交付货物，储运公司应当承担违约责任。

三、经验教训

本案给我们的启示颇多，归纳起来，有以下几点值得我们思考和注意：

（1）业务操作流程一定要规范化、标准化。

（2）提单所有人要妥善保管、使用自己的提单，不随便向他人出借自己的提单。如因商业原因需要出借，应当得到充分有效的保证。

（3）严格按照合同约定和法律规定行事，在海运业务中坚持凭正本提单交货，如无正本提单，在个别情况下，承运人应当在得到充分有效的担保的前提下无单交货。

（4）合同签订前多思量合同细节，合同签订并生效后，要严格遵守。

（5）在合同履行过程中，如需要更改原来的合同约定，应当体现在书面文字上，并且充分了解该文字所带来的法律后果。

（6）提高从业人员的专业素质和责任心。在总结许多的案例时，发现这些案件发生的一个共同原因，即是从业人员专业素质贫乏或工作责任心缺乏。只有提高从业人员的专业素质和责任心，才能防范经营风险，搞好企业经营，实施企业的经营目标。

【案例3】 CY—CY 条款下运输责任的确定

CY—CY 是国际集装箱整箱货运输条款之一，《中华人民共和国国际海上集装箱管理规定实施细则》（以下称《细则》）第59条对CY—CY运输条款规定："托运人负责装箱并运至在装箱港集装箱码头堆场交货，海上承运人在装货港集装箱码头堆场和卸货港集装箱码头堆场整箱提货并拆箱。拆箱后应将空箱于规定时间内交至海上承运人指定的场所。"从《细则》对CY—CY运输条款的规定，可看出该运输条款中当事人之间的交接责任。

随着国际货物运输方式的根本性转变，传统经营海上运输业的承运人纷纷"上岸"，向内陆运输区段延伸，并在内地建立自己的仓库、堆场，以揽取更多的货源。由于承运人运输模式的变化，CY—CY运输条款在实际应用中出现了一系列的问题，如：

（1）CY—CY运输条款是指港口的集装箱码头堆场，还是内地集装箱码头堆场？

（2）CY—CY运输条款是单一的运输方式，还是多式联运？

（3）CY—CY运输条款下各当事人之间的责任、费用划分的依据是什么？

在实践业务中处理 CY—CY 运输条款时遇到最多、也难以处理的问题是该运输条款下运输方式如何确定。现行 CY—CY 运输条款的应用，无论是运输方式的确定，还是当事人之间责任、费用的划分，早已超出了 CY—CY 运输条款本身应包含的内容。同时，无论在概念上还是实践业务应用中，均会带来模糊认识，从而加剧当事人之间的责任纠纷。本案结合现行 CY—CY 运输条款实务和有关提单制作规范，对 CY—CY 运输条款下的运输方式之确定原则作几种说明，期待对使用该运输条款的人员有所帮助。

(1)运输条款是 CY—CY，但在提单上仅仅注明装船港、卸船港，此种运输方式为直达海运，即一个海上承运人一张提单。

(2)运输条款是 CY—CY，提单上除了注明装船港、卸船港外，又注明了中转地，此种运输方式为海海转运，即由两个海上承运人使用同一种运输工具，完成海海全程运输。

(3)运输条款是 CY—CY，但在提单上注明装船港、卸船港、中转地，又注明前一承运人，此种运输方式为海海联运。

(4)运输条款是 CY—CY，提单上除注明装船港、卸船港外，又注明提货地或交货地，或接货地和交货地，此种运输方式为多式联运。

有人会提出一个问题，既然《细则》规定 CY—CY 运输条款是从装货港至卸货港之间的货物运输，但是在提单上注明 CY—CY 运输条款，同时又注明货物交接地，显然，运输条款的记载与具体内容记载不符。此时，是以运输条款为准，还是以提单内容为准？从现行实务操作和有关处理原则看，提单注明的内容其法律效力大于运输条款。

为进一步说明 CY—CY 运输条款下运输方式之确定，作者举一案例说明。案情：杭州一公司从国外进口 5 × 20′塑料粒子，进口提单上注明 FCL—FCL(整箱货交接)，装船港神户，卸船港上海。卸船后，收货人与承运人就由谁负责内陆运输，并支付内陆拖箱费产生争议。承运人的观点是：FCL—FCL 运输，承运人责任，费用终止为进口国集装箱码头堆场。而收货人的观点则认为：承运人责任，费用应终止在收货人仓库。本案事实并不复杂，因为：

(1)FCL—FCL 运输下有 4 个运输条款：

①出口国码头堆场—进口码头堆场；

②托运人门—进口国码头堆场；

③出口国码头堆场—进口国收货人门；

④托运人门—收货人门。

上述案件中,承运人认为由收货人承担内陆运输并支付费用,强调的是前两个运输条款。收货人认为由承运人承担内陆运输并支付内陆费用,强调的是后两个运输条款。

(2)尽管 FCL—FCL 有 4 个运输条款,但在确定由谁负责内陆运输,支付费用时应根据提单是否记载交货地,如提单记载 FCL—FCL,但同时又注明交货地杭州,则自然由船公司负责内陆运输并支付费用。

(3)CY—CY 运输条款除应特别注意信用证规定外,还应注意以下几个要点。

①提单上注明的是 CY—CY 运输条款,通常被理解为装船港码头堆场和卸船港码头堆场;

②提单上注明的是 CY—CY 运输条款,同时又注明交货地或接货地,可将 CY 理解为交货地 CY 或接货地 CY;

③提单上注明的是 CY—CY 运输条款,空箱回运由收货人负责,除非 CY 是内陆交货地;

④提单上注明的是 CY—CY 运输条款,但没有注明货物交接地,则由托运人、收货人安排内陆运输,并支付费用。

第五章　集装箱码头装载货物责任

第一节　集装箱货物的装箱准备

为了迅速和顺利地完成货物装箱任务，必须做好装箱前的准备，集装箱的检查，以及了解装箱时应注意的一般事项。这些因素对集装箱能否充分有效的利用，货物是否能安全可靠地运到目的地，具有十分重要的意义。

一、装箱前了解货物的特征

装箱前应了解货物如下一些内容：

1. 货物的种类和货名

为了保证集装箱运输中货物的完整无损，只了解是什么货物是不够的。对危险货物来说，必须了解是属于哪一类危险货物，如是爆炸品、易燃品还是腐蚀性货物；还要了解具体的货名，如鞭炮、电影胶卷、硫酸等。此外，还要了解有无包装以及是什么包装。如果是普通货物，则要了解是清洁货还是污货等。

2. 货物的尺寸

了解货物的具体尺寸主要是用以计算箱内能装载的数量。特别是对长大件和不规则货物，由于集装箱的角件突出在箱内，集装箱内的净空高度比规定高度小，有时如从规定高度看，货物可以装下，但实际装载时，可能会因碰到箱内顶角件的突出部分而难以装载。又如由于集装箱门楣的影响，箱门的最小高度也小于名义高度，从名义高度看货物可以装进去，但实际装载时，可能因受到门楣的阻挡使货物装不进去。

3. 货物的重量

任何情况下，集装箱所装货物的重量，都不得超过集装箱的载重。有时，货物的重量虽小于载重，但由于该货物是有脚支撑的，使货物对箱底形成了集中负荷，这时必须采取措施，利用货垫来分散集中负荷。

4. 货物的包装

包装的种类很多，如纸箱、木箱、草包、布袋等。不同的包装具有不同的包装强度。货物的包装强度和包装材料应符合航线上的运输条件和装卸条件的要求，例如澳大利亚航线上，对草包包装具有特殊的检疫要求等。

5. 货物的性质

不同的货物具有不同的特性，如危险性、易碎性，对温湿度有敏感性，还有的货物不能与某种货物混载，如水泥不能与食糖混载，樟脑不能与茶叶混载等。

二、了解集装箱运输的全过程

集装箱运输通常是通过几种不同运输方式，这时应了解集装箱运输的全过程。

1. 集装箱运输的路线

应了解完成运输任务需通过哪几种运输方式；如需要通过铁路或公路转运，则在铁路和公路上换装时，是怎样操作的；采用什么机械；运输过程中的外界条件如何，是否需通过高温、高湿地区（例如通过巴拿马运河）等。所选用的集装箱的种类和货物装箱时的方法，都与之有关。

2. 到达最终目的地需要的时间

如果集装箱需要转换其他运输方式，则要考虑在换装地点是否需要停留。有的为了要进行结关，必须在集装箱堆场上有较长时间的存放，装箱时必须考虑在这些停留和存放时间内，货物是否会变质。

3. 收货和交货形式

集装箱货物的交接地点一般有三点，即集装箱场、集装箱货运站和货主仓库。集装箱运往这些交接地点时公路和铁路的设备和条件如何，路面和桥梁能否承受其负荷，铁路涵洞能否通过。

4. 拆箱地点的设备和条件

应考虑拆箱地点采用何种装卸机械，其起重量多大，拆箱地点有何装货平台。必须注意有的拆箱地点无法完成特种集装箱的作业。

5. 有关各国特有的法令和规则

在公路运输中，各国对车辆的容许长度、重量、净空高度等有不同的限制和规定。有的国家对动植物检疫有特别的手续和要求。在装箱作业前必须充分掌握这些规定和要求,才能顺利地完成运输任务。

三、集装箱的选定

掌握上述货物特性和运输过程中的条件以后,根据具体货物的要求,选择最合适的集装箱。在选用集装箱时,必须考虑以下问题。

1. 运输线路上的外界条件和特殊要求

(1)在国际多式联运中,如要通过欧洲大陆,则集装箱从卸货港经过陆上运输进入另一国时,必须满足《国际公路运输公约》(TIR 条约)的规定。该条约规定了有关公路上运行的车辆或该车辆上装载的集装箱,在国境线上进行换装和通过国境线的货物,必须办理的海关手续,其主要内容之一是要求公路上运行的车辆或集装箱,必须具有一定的技术条件,并事先要得到有关部门的同意,方能运行通过。

(2)大多航线上运输的集装箱,有关部门均规定,集装箱上所使用的木材,如未经防虫处理不得使用。因此选用集装箱时,必须确实掌握该集装箱上所用的木材,是否经过防虫处理。

(3)集装箱在横穿大陆或通过个别的山区地带时,有时其温湿度相差很大,对于运输某些温湿度十分敏感的货物,要尽最选用绝热性能良好的集装箱,或在箱内铺设具有吸湿性的衬垫材料,或采取其他措施,保证货物不受损坏。

2. 装货作业上的要求

根据货物的特性,必须用木材来固定货物时,应尽量避免选用玻璃钢集装箱和箱底无木制底板的金属底集装箱,以免钉钉子后破坏了集装箱的水密性。

3. 装卸机械上的要求

有些重货不使用机械就不能装载,而在拆箱地点又无装货平台设备时,就需要使用敞顶集装箱利用吊车进行装载,但必须注意敞顶集装箱无水密性。

4. 货流条件

有些航线上由于货流的不平衡,或者来回航向的货种不同,可能会造成某些专用集装箱回空,所以应尽可能选用回程时也能装载另一种货的集装箱,避免集装箱回空运输。

四、装载方法和固定方法的要求

集装箱货有整箱货和拼箱货之分，所谓整箱货是指货量能装满一个集装箱以上的货物，装箱工作原则上由货主进行，货主装箱后把集装箱运到集装箱场，这种装箱方式即谓之托运人装箱方式；另一种所谓拼箱货是指货批量不能装满一个集装箱的零星小批量货，通常由货运站负责装箱。由货运站代表承运人把不同货主但到同一目的地的货物，混装在一个集装箱内，这种装箱方式也就是承运人装箱方式。当然，也有个别情况虽是大批量货物，但也有运到集装箱货运站去装箱的。由于装箱地点和装箱人的不同，装箱设备、装箱技术等装卸条件也就有很大不同，而且货物在箱内存放的时间和运输过程中外界运输条件，有时也有很大的差异。因此，在装箱前应根据具体条件来考虑其装载方法和固定方法。对于运输时间长、外界运输环境差的货物，要考虑箱内会不会发生水滴而产生水湿事故，固定货物的强度是否满足运输形式中技术状态的要求。在装载方法上，有时在装箱地由于有较高的技术和良好的机械设备，货物能很顺利地装入箱内，但如在偏僻的地区拆箱卸货，既没有装卸经验，又无装卸设备时，货物难于拆箱。如强行取出货物，有时会损坏集装箱，或者损坏货物。经常发生的情况是，在固定货物时，装货地可能很容易地固定了，但在卸货地却无法拆卸固定用具，在这种情况下，装货时即应周密、细致地考虑卸货地的具体条件，即使明知道这样装载和固定货物需要花很多时间，也要为在卸货地能顺利地取出货物创造必要的条件。

五、装箱量的确定

为使集装箱能达到最大的装箱量，必须进行精确的计算。装载技术的好坏，有时也会影响到装载件数。如果一票货物装完了若干个集装箱以后，只剩下一小部分时，由于不能把不同可装卸货港的货物混装在一个集装箱内，所以即使剩下的货物件数不多，也只好另装一个集装箱，因此，装箱前必须要正确地掌握装箱量。

集装箱的装箱量就是集装箱的最大载货重量（P），它是集装箱的总重（尺码）与集装箱的自重（T）之差，即 $P = R - T$。集装箱的总重是一个定值，按国际标准除动物集装箱外，20ft 型钢制集装箱的总重为24 000kg，40ft 型钢质集装箱为 30 480kg。但集装箱的自重，根据不同集装箱的种类和不同的设计，即使是同一种类，同一箱型的集装箱，也有一定的差别。

如从事远洋运输的20ft 钢箱,其自重有2 060～2 360kg不等,平均为2 210kg。40ft 钢箱平均自重为3 850kg,而20ft 敞顶箱的自重一般为2 520kg,20ft 台架式集装箱一般为2 770kg。不同种类集装箱的载货重量见表5-1。

不同种类集装箱的载货重量 表5-1

集装箱的种类	自重		最大载货重量		集装箱的种类	自重		最大载货重量	
	kg	lb	kg	lb		kg	lb	kg	lb
20ft 杂货集装箱	2 210	4 873	21 790	48 047	20ft 敞顶集装箱	2 520	5 557	21 480	47 363
40ft 杂货集装箱	3 850	8 489	27 630	60 924	40ft 台架式集装箱	2 770	6 108	21 230	46 812

集装箱货大多数是属于轻货,所以容积装满以后,通常达不到最大载货重量指标。

六、货物密度

所谓货物密度是指货物单位容积的质量,简称单位容重。它是货物积载因素(单位重量容积)的倒数。

对于集装箱来说,把集装箱的最大载货重量除以集装箱的容积,所得之商就是箱的"单位容重"。要使集装箱的容积和重量都能满载,就要求货物的密度等于集装箱的单位容重。实际上集装箱装货后,箱内的容积或多或少会产生空隙,因此,集装箱内实际利用的有效容积为集装箱容积乘上箱容利用率,现以20ft 型和40ft 型杂货集装箱,以及20ft 型敞顶集装箱和40ft 台架式集装箱为例,其箱的单位容重见表5-2。

集装箱的单位容重 表5-2

集装箱的种类	最大载货重量		集装箱容积		箱容利用率为100%时的单位容重		箱容利用率为80%时的单位容重	
	kg	lb	m^3	ft^3	kg/m^3	lb/ft^3	kg/m^3	lb/ft^3
20ft 杂货集装箱	21 790	48 047	33.2	1 172	656.3	41.0	820.4	51.3
40ft 杂货集装箱	27 630	60 924	67.8	2 426	407.5	25.1	509.4	31.4
20ft 敞顶集装箱	21 480	47 363	28.4	1 005	756.3	47.1	945.4	58.9
40ft 台架式集装箱	21 230	46 812	28.5	1 007	744.9	46.5	931.1	58.1

应用货物密度每箱的单位容重可以衡量装箱货物是"重货"还是"轻货"。

所谓"重货"是指货物密度大于集装箱的单位容重;反之,货物密度小于集装箱的单位容重,称为“轻货”。

七、集装箱所需数量的计算

在计算集装箱所需数量之前,先要判定这批货物是重货还是轻货。再求出每一个集装箱的最大装载量和有效容积,就可以算出该批货物所需要的集装箱数量。

计算时如果货物是重货,则用货物总重量除以集装箱的最大载货重量,即得该批装箱货物所需集装箱的数量。如果货物是轻货,则用货物总体积除以集装箱的有效容积,也可求得该批货物所需集装箱的数量。如果货物密度等于箱的单位容重,则无论按重量计或容积计,均可求得集装箱的需要量。

对于一时尚不能判定是重货还是轻货的货物,则先按容积来计算,求出每个集装箱的最大可能装载件数,用件数乘上每件货物的重量,再与该集装箱的最大载货重量相比较。如果小于集装箱的最大载货重量,则以该重量来除该批装箱货物的总重量,求出需要的集装箱数;如果箱内所装件数的总重量大于集装箱的最大载货重量,则就以集装箱的最大载货重量来除该批装箱货物的总重量,求得所需要的集装箱数。

现举例计算如下:

【例 5-1】 已知所装货物为纸板箱包装的电气制品,共 750 箱,体积为 117.3m^3(4 141ft^3),重量为 20.33t(4 482 516lb)。问需要装 20ft 杂货集装箱多少个?

解:(1)先求货物密度:

货物密度为 20 330kg/117.3m^3 = 173.3kg/m^3;

(2)从表 5-2 中知:箱容利用率如为 80%,20ft 杂货集装箱的单位容重为 820.4kg/m^3;

(3)因货物密度小于箱的单位容重,故所装之电气制品为轻货;

(4)集装箱的有效容积为 33.2m^3 × 0.8 = 26.56m^3;

(5)所需集装箱数为货物体积除以集装箱有效容积,即 117.3/26.56 ≈ 4.4 个。

即:需要 5 个 20ft 杂货集装箱才能把该批纸箱包装的电气制品装完。

此外,如果集装箱是拼箱货,则装箱时应尽可能地轻重搭配,尽量使集装箱的装载量和容积都能满载,但必须注意混装在一起的货物要求不会引起货损。当然,巧妙地进行搭配装载,提高集装箱的装载率,减少集装箱的使用量，无论对承运人还是货主来说，都是十分有利的。

为了减少集装箱的回程空载，有时要把普通杂货装在各种特殊集装箱内。这些特殊集装箱的容积一般都比杂货集装箱小，因此，在计算集装箱数量时应特别注意。

根据国外的装载经验，利用各种特殊集装箱装载杂货时，其装载量大致如表 5-3 所示。

特殊集装箱装载杂货装载量 表 5-3

集装箱的种类	可装吨数	集装箱的种类	可装吨数
20ft 动物集装箱	13 容积吨	20ft 冷藏集装箱	17.5 容积吨
20ft 通风集装箱	21 容积吨	20ft 台架式集装箱	14 容积吨
20ft 散货集装箱	21 容积吨	20ft 敞顶集装箱	21 容积吨

但在实际应用中，由于箱体结构材料不一，其装载量已有所变化。

第二节 集装箱货物装载要求

集装箱运输最理想的形式是实现“门到门”的多式联运，海上运输为中间过程，两端是陆上运输，因此，在整个集装箱运输线路上要掌握运输区段的特点，准确地装载并对货物进行固定。

一、重量的分配

除了重不压轻，大不压小外，装载时货物重量要在箱底上平均分布。如果不能平均分布，有可能因集中负荷而造成箱底脱落，底梁弯曲。另外，如整个集装箱的重心有偏移，则吊下吊起时，集装箱会产生倾斜，放在底盘车上时，前后轮的重量分布不均衡。

二、衬垫

装载货物时，要根据包装的强度决定衬垫，夹衬缓冲材料，防止装在下面的货物压坏，并使负荷平均分布。特别是包装脆弱的货物、易碎商品、软包装类货物等，需要确认其装载层数。

应使用清洁和干燥的衬垫、胶合板、席子等做缓冲材料和分隔材料。要注意不能使用湿木材，以防止湿损、发霉、污损等货损事故。

集装箱使用的衬垫、方木、托盘等装货器材中的木材、稻草等植物性材料，如在出口国属于植物检疫对象时，原则上最好不要使用。

三、固定

货物与货物之间，侧壁与货物之间如有空隙，在运输中由于摇摆而使货物移动，造成塌货和破损，还有可能损坏其他货物，破坏集装箱的侧壁、甚至损坏其他集装箱。有时集装箱到达目的地打开箱门时，由于装在箱门附近的货倒塌而引起货物损坏和人身事故，因此货物需要充分的固定。

使运输过程中的货物在集装箱内不产生移动的作业称作“固定”，通常有如下几种固定方法。

1. 支撑

用方形木条等支柱使货物固定。

2. 塞紧

货物之间，或货物与集装箱侧壁之间用方木等支柱在水平方向加以固定，或者插入填塞物、缓冲垫、楔子等防止货物移动。

3. 系紧

集装箱内的系紧就是用绳索、带子等索具，或用网络等把货物捆绑。

由于集装箱的侧壁、端壁、门板处的强度较弱，因此在集装箱内进行固定作业时，要注意支撑和塞紧的方法，不要直接撑在这些地方，使它承受局部负荷，而必须设法使支柱撑在集装箱的主要构件上。此外，为了使货物能有效地固定并保护货物，有时也将衬垫材料、扁平木材等，制成栅栏来固定。

绑扎固定对于缓冲运输中产生的冲击和振动是有效的，特别是对于防止海上运输中由于船舶摇摆而产生的货物移动是一种重要的措施，因此在装载重货时都必须加以绑扎。

四、缓冲材料

为了填补货物之间和货物与集装箱侧壁之间的空隙，防止货物的破损、湿损、污损，有必要在货物之间插入木板、覆盖物之类的隔货材料，这些材料多半为托盘、木框、缓冲垫等填塞物。

最近还使用合成橡胶制的空气垫和消费空气垫做缓冲材料。它除了能固定货物外，同时还起着缓冲作用。

五、货物的混载

把许多种货物装在同一集装箱内叫作货物混载。货物混载时要避免货物的性质和包装相互抵触而发生事故。

1. 有水分的货物和干燥货物的混载

液体货和有水分的货物与干燥货混载时,如货物泄漏、渗出液汁或因结露产生水滴,就有可能引起干燥货物的湿损、污损、腐败等事故,因此要尽可能避免混载。但是如货物装在坚固的容器内,用聚氯乙烯薄膜包起来,盛装在下层,有时也可以混载。

2. 与强臭货物的混载

肥料、鱼粉、兽皮等恶臭货物,以及胡椒、樟脑等强臭货物与茶叶、咖啡、烟草等香味品或具有吸臭性的食品混载时,就会产生带臭货损事故,因此必须绝对避免。

3. 与粉末货物的混载

水泥、肥料、石墨等散发粉尘的货物与清洁货物混载时,由于破袋、货物泄漏而造成污染或其他货物相混,就会使清洁货物受损面失掉其原有的价值,故要尽可能避免混载。

4. 危险货物的混载

严禁危险货物相互混载,因为根据危险货物的特性,混载会引起火灾、爆炸等重大事故。

六、其他注意事项

(1)包装不同的货物要分别装载,装在木框内的货物不要与纸板箱或波纹纸板箱混装在一起,特别是袋包,更容易损坏。

(2)有尖角和突出物的货物应设法用木板等隔开,不要损伤其他货物。

(3)不要接收包装已损坏的货物。

(4)要按照“不可倒置”、“禁止横装”等指示标志进行装载。

(5)除了能确保不会损坏货物外,不能使用手钩。

(6)危险品装箱应出具“危险品装箱证明书”。

(7)冷藏箱装箱时要预冷。

(8)详细记载装箱单。

第三节　特殊货物的集装箱装载

一、超高货

杂货集装箱门开口部分的高度为 2 100mm 左右，比这一尺寸高的货物应装在敞顶集装箱或台架式集装箱内，一般要装在舱内最上层，或甲板上第一层，但要特别注意舱内超高的允许高度。在通常的集装箱船上，舱内最上层和舱口盖的间距按装载 6ft8in 型的集装箱来设计的，故约有 3ft 左右的间隙，但并不是所有的集装箱船都是那样。有的舱盖里面有突出的结构，所以根据不同的装载位置，有的地方其间隙要小一些，因此装货前必须要进行调查。此外，在内陆运输中也会受高架公路、隧道等高度的限制，也需要注意超高货的允许高度。

二、超宽和超长货

舱内集装箱与集装箱之间的横向间隙通常是 180 ~ 200mm，因此，150mm 以内的超宽货可以与普通集装箱一样装在舱内。为了防止由于货物的横向移动靠在相邻的集装箱上，而使侧壁戳破等事故，要进行充分的固定。超过尺度而不能装载时，可直接装在舱口盖上，或者用几个平台集装箱组合起来装载。其装载方法与散件货相同。因此，能否装载受集装箱尺寸和舱口的尺寸，以及舱盖的强度决定。超长货不能装在舱内，只好装在甲板上，但甲板上有拉紧集装箱的交叉拉杆，因此限制了装载位置。超长货在台架式集装箱内装载时，其超长度一般限制在 1ft 左右。

三、超重货

由于集装箱运输和装卸中所使用的机械都是按国际标准化组织标准的最大总重来设计的，20ft 集装箱为 24t，40ft 集装箱为 30. 48t。从要求来说不能超过这一重量。目前有的集装箱箱主制造的集装箱要求其强度能承受超过这一重量，但这仅是个别的情况。

四、散件货

关于超尺度货采取了上述几种装箱措施以后，仍然可以用集装箱船进行装运。但还有一些货物其尺寸和重量更大，不能装在一个集装箱内。

这些货物可以与普通货船一样从船侧直接装在舱内或甲板上。装载这些货物时,需把几个平台集装箱拼起来装载一件货物,其装载的尺寸和重量受船舶结构的限制。这要根据不同船舶而有所不同,如舱内不能达到所需空间,则可直接装在上甲板的舱口盖上。

装载这种货物时应事先对下列事项进行充分的调查和协商。

(1)从装卸地运到船边或离开船边时所采用的运输方法;

(2)能否使用岸上的集装箱装卸桥;

(3)不能使用装卸桥时要安排好浮吊,但必须考虑浮吊的跨距和高度是否足够;

(4)是否可以直接靠岸卸货,或者需要过驳;

(5)根据货物的形状要确定安装吊索的位置;

(6)确定货物的固定方法,准备好固定货物用的材料和安排好作业人员;

(7)在装货的这一“行”(Bay)内平台集装箱的底面是否在同一平面内,有时即使在同一“层”(Tier)上,但每一“列”(Slot)的底面高度有所不同;

(8)要考虑分散负荷的方法。

五、液体或气体货

把液体或气体货装在罐式集装箱内运输,可以大大降低包装费和装卸费等流通费用。属于这一类货物有酱油、葡萄糖、威士忌、甲酚、胶乳、氮等。但由于受下列因素的限制,罐式集装箱的使用还不能普遍化。

(1)罐式集装箱的价格昂贵。

(2)由于货物种类不同,其物理、化学特性不一,故罐的结构、形状、尺寸、强度及其他条件有很大的不同,因此,要制成一种什么货都可以装载的罐式集装箱有很大的困难。

(3)对于食品类的液体货物与其他液体货物绝对不能混用,化工类货物还受到消防法和其他有关法规的限制。

(4)集装箱的清扫方法、费用以及污水处理等方面还有许多困难。

(5)世界各国对罐式集装箱的结构很少有明确规定。

因此,特别是进行危险货物运输的集装箱,每次都要提出申请,并取得批准。在现阶段要采用能广泛应用的罐式集装箱来装载各种货物,并能反复使用,还很难实现。

罐式集装箱的选定条件如下：

(1)罐体材料或罐内涂料是否适合于装载这一类货物,如果不适合时,有时可使用内衬袋才可装载。

(2)罐的容量和容许装载量之比与货物密度进行比较,通常罐的强度是根据接近满载时一定的装载率来计算的,如果货物的密度过大,就可能形成半罐状态,在半罐状态下进行装卸和陆上运输时有可能会使罐破损。

(3)液体货在灌入或排出集装箱时是否有必要的设备,这些设备与罐式集装箱上的配管阀、法兰等是否匹配。

(4)按照运转区间的外界条件,货物是否会因膨胀、收缩而溢出。另外,安全阀是否能有效地动作。

(5)货物在运输中或排出时是否需要加热。

(6)各国的法规对海上运输、码头的装卸、堆放、内陆运输等各方面是否有限制。

(7)要了解货罐的清洗地点和方法。

六、散货

粉状的化学制品、粮谷、饲料等采用散装,可以节约包装费用和装卸费用。现在作为散装运输的主要货物有啤酒麦、燕麦等的粮谷类货物、颗粒状和块状的干草饲料,化学品中有树脂、铝渣等。

可以用来装载散货用的集装箱有专用的散货集装箱、敞顶集装箱等。但在选择集装箱时应考虑其装卸的方法、货物的性质、集装箱的强度和有关法规的规则等事项。由于在运输中因散货的移动可能会损坏集装箱的侧壁,因此要判定货物的密度、静止角和集装箱侧壁的强度。

1. 敞顶集装箱装散货

装载时需注意可能侧部强度不够,故一般限于装载干草块等比较轻的散货用。

2. 散货集装箱的使用

一般在箱顶上有 2 ~ 3 个装货口,箱门的下部也设有卸货口,其内衬板根据不同种类的货物,一般用玻璃钢胶合板,或者涂油漆。

3. 判断货物性质

如是化学制品,则要从法规上考虑判定该品种是否属于危险货物;如是食品、饲料等动植物制品,则要根据有关国家的动植物检疫规则所规定的运输、储藏、检查、熏蒸的方法来处理。

4. 装载方法

一般由箱顶装货口用漏斗把货物流入箱内，也可用铲子装料器、铲斗起重机或者利用空气使化学品类货物由管道输入箱内等方法。

5. 卸载方法

先将集装箱利用倾斜底盘车把集装箱倾斜抬起，然后使货物自动流出，也可以在箱顶插入吸管用真空吸出。

七、动植物检疫货

1. 畜产品

有兽皮、羊毛、兔毛、猪肉、腊肠等，特别是盐渍兽皮，由于运输中会渗出液汁，故采用设有玻璃钢制的液柜的兽皮集装箱，运输中为了防止受热而毁坏、返潮濡湿货物，或因干燥而降低货物的品质等，应该装在受外界气温影响比较小的舱内。

2. 活动物

家畜的运输一般都采用动物集装箱，关于动物集装箱的结构、强度、装载方法、动物的照料人等，各出口国都有详细的规定。

通常在装载时应考虑如下事项：

(1)装载位置应在甲板上风浪影响较小的地方，在周围应堆装杂货集装箱，对风浪进行遮蔽。

(2)为了能在航行中进行清扫和喂料，箱的周围应留有空位。

(3)根据动物集装箱的结构和强度，只能在甲板上装一层，不能堆装第二层，故产生了空载间隙。

(4)由于装载位置受到限制，在装货前需要有仔细而周密的装载计划，以便不影响其他集装箱的装载，而且不要因检疫而发生捣载。

3. 植检货物

属于这类货物的有啤酒麦等食物，柠檬、橘子等水果，洋葱等蔬菜，以及木材等。这些货物可用杂货集装箱、散货集装箱、冷藏集装箱、通风集装箱、台架式集装箱等进行装载。

植物检疫是进口国为了保护本国的植物环境，防止随着进口货物而带来特定的病虫害，而在海岸(水边)上进行的检查，根据检查的情况可禁止货物进口，或需进行熏蒸处理等。另一方面它又是对本国农产品等在出口时，要求具有规定的标准和保持一定品质的一种制度。例如澳大利亚的啤酒麦在筒仓里进行仓库熏蒸后才可装在散货集装箱内。集装箱的熏蒸是在限定货物的品种,以特定的集装箱,使用特定的药品,按规定的处理方法进行的。

八、冷藏货

一般把需要保持常温以下的货物叫冷藏货。根据其保温的程度分如下几种:

冷冻货物:保藏温度在20℉(-6℃)以下,如肉、鱼、黄油等,货物需要完全冻结。

低温货物:保藏温度在30℉-40℉(-1℃~+5℃),如冷肉、鸡蛋、水果等,货物只是表面冻结。

凉温货物:保藏货物在40℉-60℉(+5℃~+16℃),如水果、蔬菜、胶片等,货物温度需保持以防止货物成熟和变质。

通风货物:保存温度为常温,如水果、蔬菜,只能短期运输。

1. 冷藏集装箱

通常备有可冷却到-20℃以下的冷冻机。

装货前必须检查该集装箱是否是处在正常状态中。即集装箱内是否进行过清扫、干燥,必要时还需要除臭。另外,要使冷冻机运转数小时,记录其冷却进行的状态,确认其冷却能力。冷藏集装箱的修配是由船公司负责进行的。

2. 预冷

在装货前如对集装箱内和垫货材料不进行预冷,则冷却效果就差。因此,对未经预冷的货物,装载后要检查箱内所装的货物是否达到适温。

预冷湿度与运输温度均由货主特定。

3. 冷冻货的装箱

冷冻货装箱时,除对集装箱进行预冷外,同时还要检查货物本身是否也预冷到指定的温度。如检查到货物本身温度与指定温度有很大差别,要根据检查员指示进行处理,另外,对于冷冻缓慢的货物要更换成正常的货物。

装货时不要妨碍冷风在箱内的循环,要注意不要把货物装到风管的下面,冷风吹出口的前面不要堵塞。此外,为使冷风循环畅通,在货物之间要使用冷冻用的垫货板。这种垫货板要求清洁,并须经过预冷才能使用。

装载冷冻货时，集装箱的通风口必须关闭，形成气密。

从性质上看，冷冻货物最好不要混载，必须混载时，只有运输温度相同的货物才能装在一起，并要避免与有恶臭、污染的货物混载。

4. 凉温、通风货物的装载

水果和蔬菜等货物，经常进行呼吸作用，从空气中吸收氧气，放出二氧化碳、少量的热和水分。因此，若冷风循环差，会导致氧气量减少，二氧化碳增加，从而使呼吸作用减弱，妨碍生长，促使其变质腐败。特别是在常温运输时，由于呼吸作用旺盛，其影响更为显著。

集装箱的换气，一定要把通风口打开，通风口关闭是造成货损的主要原因，因此，在对温度进行检查的同时，一定要检查通风的状态。

除上述常用方法外，还有一种在箱内施放氮气，使氧的浓度保持一定，使新鲜物品保持在低氧状态下，并使活细胞的呼吸和物质的新陈代谢惰性化，抑制细菌繁殖。采用这种方法虽可以达到安全运输的目的，但集装箱内需要有特殊的设备。

5. 冷藏货的混载

混载时需要确认货主的意见，并按照专家指示的方法才能进行，通常可以混载的条件是，运输温度和通风要求相同，货物间互相不会引起破损或污损（包括臭气等），再根据货物的性质和包装进行研究后决定。

冷冻货的运输温度比较一致，便于混载，食品和化学品虽然也可混载，但低温货通常因其货物的种类不同，运输条件多样，故可以混载的情况较少。

【案例 1】 茶叶装载集装箱串味

一、案由

浙江省茶叶进出口公司在 1987 年 10 月委托浙江省钱塘对外贸易运输公司（以下简称钱塘外运）将 750 箱红茶从上海出口运往德国汉堡港。钱塘外运又转委托上海对外贸易运输公司（以下简称上海外运）代理出口。上海外运将红茶在上海装入 3 个 20ft 集装箱中，委托广州远洋运输公司（以下简称广州远洋）所属的船舶运往德国汉堡港。货到目的地，发现其中一个 20ft 集装箱内的 250 箱红茶串味变质，经中国保险公司在汉堡的代理人 BDJ 出具了有关检验机构的检验报告，确定这 250 箱红茶受精萘气味污染。为此,该货物保险人浙江省保险公司(以下简称浙江人保)按保单赔偿了收货人损失 7 476.63 英镑和 1 881 西德马克,并取得了收货人签署的权益转让书。

浙江人保凭权益转让书先后向货物承运人广州远洋及上海外运追偿,但这两个公司均拒绝履行其赔偿责任。于是,浙江人保便向上海海事法院提起诉讼。广州远洋被列为第一被告;上海外运被列第二被告。人保诉讼称第一被告承运其承保的 750 箱红茶,由于提供了不洁集装箱,而第二被告作为装箱人未尽职责检查,致使茶叶串味污染,故要求两被告赔偿其遭受的全部经济损失和从赔付收货人时起至判决之日止的利息,并承担全部诉讼费用。

第一被告辩称,该提单项下集装箱运输条款为 FCL,即由发货人装箱、点数、铅封的整箱货运输。第一被告提供的集装箱应视为货物包装,箱体检查应属发货人的职责,而且污染原因不明,原告赔付收货人过于草率。对于非第一被告原因引起的损失,不负赔偿责任,并要求原告赔偿其因应诉而引起的经济损失。

第二被告辩称,发货人委托进行装箱作业,只对装箱过程负责,不对以后发生的损失负责。根据惯例,承运人应该提供清洁、干燥、无味的集装箱,而且法律并未规定需要对集装箱进行检查。对于不可预知的损失不承担赔偿责任。

本案经调查取证后,法院认为:BDJ 出具的有关检验机构的报告,装在 HTMJ－50005420 集装箱内的 250 箱红茶受精萘气味污染。事后经有关单位查明,该集装箱上一航次装载的是精萘,本航次装载于该箱内的是 250 箱红茶,也就是说,红茶的串味与上一航次所装货物有关。汉堡 BDJ 出具的检验报告和事后在国内调查的事实是吻合的。据此,法院认定 HTMJ－5005420 集装箱上一航次残留的精萘气味是这一航次 250 箱红茶唯一的污染源。

根据国际惯例,集装箱应该清洁、干燥、无残留物和前批货物留下的持久性气味。第一被告签署的提单适用于《海牙规则》规定,即承运人须在开航前和开航时尽到应尽的职责,使货舱、冷藏舱和该船装载货物的其他部分适于并能安全地收受,承运和保管货物。而且两被告双方在其航线的集装箱运输中亦有协议规定:第一被告应在船舶受载前五天,在港区的堆场提供清洁、干燥、无味、完整的空箱交至第二被告的运送车上。根据国内常规,承运人亦应保证提供适载的集装箱。第一被告以 FCL 条件之下的集装箱应视为货物包装的观点,在本案中过于牵强,应视为《海牙规则》中表述的"该船装载货物的其他部分"较为妥当。因此,法院认为第一被告作为提供集装箱的承运人,明知发货人托运的是极易串味的茶叶,却将残留有上一航次货物气味的不适载集装箱发给发货人装箱,犯有疏忽大意的过错。按照我国《民法通则》,应该承担茶叶损失的赔偿责任。

法院同时还认为,第二被告全权代理发货人发货、点数、装箱、铅封。尽管目前商检局还未明文规定对装茶叶的集装箱实施法定检验,但是国家商检总局制订的《集装箱检验办法》第5条规定,除法定商检外,"对外贸易关系人可根据需要向所在地区商检机构申请办理集装箱货物装箱、拆箱检验",检验项目包括集装箱适载条件,清洁情况等单项鉴定。第二被告明知对于集装箱的检验,应是他作为发货人代理的职责,但本航次茶叶装箱前,第二被告却没有申请商检,这只能认为其对装货的集装箱的适载性有充分的把握。根据中远提单背面条款第12条规定,托运人装箱的集装箱,当货方在装箱或装载之时(或之前)进行适当的检验便可明显发现的集装箱的适货性或条件欠缺,托运人应该负责。尽管本案发生时,我国对集装箱货物装载还没有明确的管理法规,然而参照我国目前制定的有关规定,承运人应向装箱人提供技术状况良好的集装箱,装箱人在装箱前应该认真检查箱体,不能保证货物安全的集装箱不得使用。集装箱交接标准是:空箱、箱体完好、水密、无漏光、清洁、干燥、无味、箱号及装载规范清晰。本案中产生污染是由于没有彻底清除集装箱内的残留精萘气味。精萘是一种有毒的化学工业品,其散发的刺激气味是明显的。既然经过1个多月的航行周期,货物到汉堡港时还散发出浓重气味(BDJ报告),法院据此认为,第二被告作为装箱、铅封的发货人代理,在装箱前没有尽到认真检查箱体的责任,犯有过于自信或疏忽大意的过错,亦应承担本案货损的赔偿责任。

综上所述,首先是第一被告违背有关规定和国际惯例,疏忽大意提供了不适货的集装箱,使污染成为可能;其次是第二被告未能按照常规认真检查箱体,疏忽大意或过于自信使污染成为事实。据此法院判决第一被告与第二被告应分别承担60%与40%赔偿责任:①第一被告赔偿原告4 485.98英镑,1128.60西德马克,以及利息损失2 025.53英镑,303.10西德马克,并承担外汇人民币631.25元诉讼费;②第二被告赔偿原先990.65英镑,752.40西德马克,以及利息损失1 350.35英镑,202.06西德马克,并承担外汇人民币 420.84 元诉讼费。

二、分析

1.本案事故发生的时间问题

本案事故发生在《上海口岸国际集装箱货物装载管理办法》(以下简称《管理办法》)发布以前。尽管我国当时对国际集装箱货物装载还没有明确的管理法规,但法院是根据国际惯例和承运人与装箱人之间的有关协议,判决供箱人负 60% 责任,装箱人负 40% 责任的。现《管理办法》已由上海口岸管理委员会正式颁发。《管理办法》第 1 条规定:"供箱人应提供用箱人所需要的,并能适合货物装载、运输的集装箱。如货物的灭失、损失系由供箱人所提供的集装箱不适合装载、运输货物所致,该货物的灭失、损害则由供箱人负责赔偿",第 4 条又规定:"装箱人如发现箱子不适合装载,运输货物时,则应拒装,并将此情况立即通知供箱人。供箱人、装箱人有责任保证货物出运前的前提下继续提供适合货物装载运输的箱子。但如装箱人继续使用该不适合装载、运输货物的箱子,或未能及时通知供箱人、运箱人的过失引起货物的灭失、损害、该货物的灭失、损害则由装箱人负责"。《管理办法》进一步明确了供箱人和装箱人的各自职责,并且从条文上看,装箱人的责任进一步加重。如果本案发生在《管理办法》发布以后,装箱人较之供箱人应该承担较大的赔偿责任。

2.从本案得出的启示

大多出口货物以 FCL 集装箱运输方式出运因集装箱有洞或有异味造成货损的索赔情况经常发生,因此装箱前装箱人必须对集装箱认真进行检查,发现集装箱不适合装载,应及时向有关方交涉,否则有可能给装箱人带来许多风险。当然,集装箱供箱人和运箱人也应严格把好集装箱箱体质量关。

(1)有关责任方应实事求是处理索赔案件。本案茶叶串味污染损失,责任方应该说是比较明确的。但浙江人保向广州远洋和上海外运追偿时,两者互相推诿,以致浙江人保只能向法院起诉。如果当时责任方承认责任,实事求是地与浙江人保友好协商,可能结果会好一些。

(2)集装箱经营人或装箱人应向保险公司投保责任险。而集装箱运输风险比较特殊,有时集装箱运输的经营人或装箱人承担大数额的赔偿责任风险。这就有必要通过保险的形式转换风险,即平时以固定的、少量的保险费换取可能发生的大额责任赔偿的保障。这样有利于集装箱经营人或装箱人的经济核算和业务的稳定,同时也有利于提高自己的对外信誉。

集装箱货物装载运输管理是一环扣一环的,是一项复杂的社会系统工程,这需要各有关方密切配合,共同来把握好质量关。

【案例2】 如何正确处理集装箱货损事故

一、案由

2000年4月,舟山水产A公司委托上海集装箱运输B公司出口1个冷冻箱的海鲜至日本,货价人民币20万元。根据约定,货物在B公司堆场装箱,由B公司安排报关、订舱、集卡短驳等全程服务,并签发海运提单。不料货物装箱后在送往码头的路上发生了翻车事故。A公司知悉后派人赶往现场勘察,发现冷冻箱跌落后损坏,箱内的海鲜因无法保鲜已部分变色且有轻微异味。鉴于日本买方对货物质量要求十分挑剔,显然,此批货物已无法出口。A公司决定销毁此箱海鲜,安排重新发货。

事后两家公司虽多次交涉,但未能就赔偿方案达成一致意见。A公司遂在以往的业务应付款中扣除了B公司运费人民币20万元作为货损赔偿,并将货物发票及扣款通知寄给了B公司。B公司收到通知后,向上海海事法院提起诉讼,追讨被扣运费。A公司也立刻提起反诉,要求B公司就货损事故承担全部责任,赔偿货物损失人民币20万元。

A公司向法庭提供了外贸合同、货物发票、A公司员工拍摄的事故现场照片和货物销毁证明,认为货物在承运人B公司的掌管期间发生损坏,致使贸易合同无法实现,其损失应全部由B公司承担。所欠运费虽然属实,但B公司应首先向A公司作出货物损失赔偿。

B公司表示愿意承担运输事故责任,但就货损程度提出以下质疑即该海鲜本身特性,一般不会因集装箱受到撞击而损坏即使冷冻箱制冷发生故障,箱内温度在密封情况下仍能保持较长时间,货物未必变质。此外,B公司还认为A公司在没有第三方公证认定货损程度和货物残值的情况下单方面销毁货物,扩大了损失,也导致货损金额无法认定,故A公司的索赔金额缺乏依据。同时,B公司向法庭提供了A公司拖欠运费的相关证据,认为支付以往业务费用与本案货损追赔无关,无论后者赔付与否,A公司都应履约支付以往拖欠的运费。

法院审理后认为仅凭事故现场照片和A公司的单方陈述,不足以证明货物具体损失程度和损失金额,A公司也没有能够提供进一步的证据证明货损金额。根据“谁主张,谁举证”的原则,A公司应承担举证不能的后果,对其20万元的货损索赔不予支持。两家公司的运费纠纷,双方对事实均无异议,账目清楚,与货损追赔是没有关联的两个法律案件,A公司因货损而扣付运费的抗辩于法无据。法院判决A公司应向B公司支付拖欠的运费及利息损失。一审判决后,双方未再上诉。A公司在本案中承担了所有损失。

二、货主缘何败诉的分析

上述案例,货主A公司是运输事故的受害方,但最后索赔损失未成,反承担了额外的诉讼费、律师费和欠款利息。究其原因,与A公司在处理货损案件上认识存在误区有很大关系,而这些误区在货主追赔货损中又具有普遍性。

1. 误区一:事故等于货物全损

本案中,A公司货物全损的推断来自于员工对事故的判断。然而事实上运输事故并不一定导致货物损坏。退一步而言,即使该批海鲜确实受损已不符合出口标准,但不能排除经筛选部分货物仍有食用价值、在国内市场销售的可能性,仍然可能存在一定残值,运输事故与货物全损并不完全等同。

我国《海商法》第17条规定:“货物损坏的赔偿额,按照货物受损前后实际价值的差额或者货物的修复费用计算。”货主应注意“差额”及“修复费用”的含义,即除非经检验认定货物全损或推定全损,货主只能主张实际损失而非全部货价。

那么,如何认定货物的实际损失呢? 根据《中华人民共和国民事诉讼法》,“当事人对自己提出的主张,有责任提供证据”;“当事人没有证据或者提出的证据不足以证明其事实主张的,由负有举证责任的当事人承担不利后果”。A公司若主张货物全损,则必须向法庭提供有效证据。仅仅自行拍摄一些事故现场照片,显然不足以认定货物的损坏程度和残余价值。正确的做法是在事故发生后及时请有检验资质的机关如商检局、公证行等对箱内货物进行检验和残损认定,出具检验报告,确认损失的具体金额,据此向责任方追赔损失金额。如有可能,货主应要求责任方参加联合检验,这样的检验报告会更有证明力度。本案中,A公司未及时取得和保留有效证据,无法证明自己的损失,导致了败诉结果。

2. 误区二:货主损失应由承运人承担全部赔偿责任

在承运人全责的货损事故中排除不可抗力及法定免责情况,不少货主认为自己的全部损失理所当然应全部由承运人承担。他们在"谁出事,谁负责"的想法指导下,丢弃整票货物,要求承运人赔偿自己的全部损失。本案中A公司在未辨明货物是否还有残值的情况下,单方面决定销毁货物,而要求B公司承担全部损失,正是缘于这一认识上的误区。这是对法律的片面理解。轻率弃货、销毁货物的行为可能会使部分货损演变为货物全损,错失挽回和减轻损失的机会,也使双方的矛盾进一步激化。

我国《合同法》第21条规定:"当事人一方违约后,对方应当采取适当措施防止损失的扩大没有采取适当措施致使损失扩大的,不得就扩大的损失要求赔偿。"货主应认识到在集装箱运输货损事故中,即使对方负有事故全责,己方也有谨慎采取措施,防止损失扩大的义务。否则,对于扩大的损失,将由货主自行承担。

此外,货主还应特别注意法定的货物赔偿责任限制。本案中的货物虽然在集装箱陆运途中受损,但从集装箱堆场至码头的短驳运输从属于整个海运合同,应适用我国海商法关于货物赔偿的责任限制。

《海商法》第17条规定:"承运人对货物的灭失或者损坏的赔偿限额,按照货物件数或者其他货运单位数计算,每件或者每个其他货运单位为666.67计算单位(每计算单位约合1.2美元),或者按照货物毛重计算,每公斤为2计算单位,以二者中赔偿限额较高的为准。但是,托运人在货物装运前已经申报其性质和价值,并在提单中载明的,或者承运人与托运人已经另行约定高于本条规定的赔偿限额的除外。"受此限制,货主很有可能在追赔中无法完全追回货物损失。

为保护自身利益,货主应在签订运输合同时要求在提单中载明货物价值,以免在追赔中陷入被动地位。如事先双方没有约定,提单上也未记载货物价值,则货主在诉讼前应先行计算,减扣法定限额以外的索赔金额,以避免诉讼标的空而不实,浪费诉讼费用。

3. 误区三:可以用债权抗辩债务、抵消债务

本案包含了两个诉讼,一是B公司对A公司以往债务的赔偿请求,二是A公司对B公司就货物受损的赔偿请求。A公司拒付拖欠运费的理由是既然承运人未履行赔偿义务,那么货主也有权拒绝履行付款义务。双方"各负债务,两相抵消",这也是现实中不少货主处理货损事故的认

识误区。那么货主是否有权提出同时履行抗辩权或主张债务抵消呢?

我国《合同法》中确实有这方面的规定,《合同法》第 11 条 a 款规定:“当事人双方互负债务,没有先后履行顺序的,应当同时履行。一方在对方履行之前有权拒绝其履行要求。一方在对方履行债务不符合约定时,有权拒绝其相应的履行要求。”但这里所说的“互负债务”,是同一个民事法律关系中的债权债务。A 公司货损追赔与支付以往运费则是两个完全不同的民事法律关系。它不能用一个法律关系中的债权去抗辩另一个法律关系中的债务。

又《合同法》第 32 条规定:“当事人互负到期债务,该债务的标的种类、品质相同的,任何一方可以将自己的债务与对方的债务抵消,但依照法律规定或者按照合同性质不得抵消的除外”,第 32 条还规定:“当事人互负债务,标的物的种类、品质不相同的,经双方协商一致,也可以抵消。”本案中 A 公司若与 B 公司就赔偿金额及互负债务抵消达成一致意见,赔款与运费当然可以抵消,但在 B 公司持有异议,无法达成一致意见的情况下,A 公司单方主张债务抵消的通知自然是无效的。

可见,货主在发生货损事故后,应及时用协商、仲裁或诉讼的形式,追回赔偿金额,挽回损失,合法保护自己的利益,而非用简单扣付运费的方式来解决问题,这样可能因一起纠纷导致另一起纠纷,最终不得不承担更多的损失。

【案例 3】 危险货物装载运输的责任问题

1. 对于“危险货物”(dangerous goods) 的理解

讨论国际海上危险货物运输的法律问题的一个前提是明确何为“危险货物”。对于危险货物的内涵和外延的理解不同,会在司法实践处理中导致完全不同的结论。我国《海商法》没有对危险货物作出明确的定义。《海牙规则》第 4 条第 6 款将危险货物间接定义为“具有易燃、爆炸或危险性质的货物”(goods of an inflammable, explosive or dangerous nature),可以看作是描述性的定义。《国际危规》第 33 套修正案将危险货物分为爆炸物、易燃气体、易燃液体等九大类,可以看作是列举性的定义。从理论上来说,“危险”一词的含义本身具有不确定性。有学者认为:危险货物是指具有燃烧、爆炸、腐蚀、放射性等可能使人命财产受到毁损而需要特别防护的物品。《海商法诠释》一书的作者也认为危险货物就是指本身的化学、物理性质不稳定,容易产生危险因素的货物。

实际上,这种理解仅仅是从技术角度出发,根据货物本身的理化特性去定义危险货物。按照这种理解作出的推论就是只有本质上危险的货物才是危险货物,对于那些不具有燃烧、爆炸、腐蚀、放射性等内在危险但有可能对船舶、船员或其他货物造成危险(如船舶被扣押或没收,熏舱带来的船期延误损失,积载中容易使船舶产生倾覆等)的货物则不属于危险货物。当然也有学者对危险货物做了更广义的理解。这主要是针对《海牙规则》规定的"具有危险性质的货物"而言的,认为具有危险性质的货物不仅包括因理化特征所决定而存在的货物,而且还应包括那些虽无内在危险性,但由于其固有的特点,在积载中容易产生船舶倾覆的外在风险的货物。英国法院对危险货物也持广义的解释。在 The "Giannis NK" 案中,4 号舱所装的花生粕染有 Khapra beetles(一种害虫),致使 2、3 号舱所装小麦(小麦未染上述虫害)在目的港被禁卸,从而最后所有货物被迫卸入海中。一审 Longmore 法官判,4 号舱所装花生粕是危险货物,是由于它的原因致使装在同一船上的其他货物卸入海中造成损失。上诉庭与上议院均支持此一判法。上议院的 Lloyd 勋爵指出:"没有理由把对货物有'危险'限定于只是对其他货物造成直接的物理损害(physically damage)。我完全赞同 Longmore 法官和 Hirst 法官的推理。因此,货物对船舶或其他货物没有造成任何物理意义上的危险(physical danger),而根据某些当地法律法规其有法律意义上的危险(legally dangerous),从而对船舶或其他货物造成迟延或损害,针对这种有法律意义危险的货物是否属于危险货物已经没有必要再进行争辩了"。

由此,"危险"包括理化意义上的危险和法律意义上的危险。对于《国际危规》所列明的货物为危险货物,这一点当无疑义,但对于"危险货物"的理解不能局限于《国际危规》的规定,不应局限于有形的物理意义上的危险,至少可以说,"危险货物"包括但不限于《国际危规》规定的危险货物,判定非《国际危规》规定的货物是否是危险货物,我们要从货物性质上、从法律规则上看其是否对人身、船舶或船载其他货物构成了危险。

2. 国际海上危险货物运输中托运人的义务和责任

海上危险货物运输容易产生严重的后果并带来复杂的纠纷,为此,中国《海商法》在第四章的第二、三节作了相关规定,但涉及托运人义务和责任的只有第68 条。该条第1 款规定:"托运人托运危险货物,应当依照有关海上危险货物运输的规定，妥善包装，作出危险品标志和标签，并将其正式名称和性质以及应当采取的预防危害措施书面通知承运人；托运人未通知或者通知有误的，承运人可以在任何时间、任何地点根据情况需要将货物卸下、销毁或者使之不能为害，而不负赔偿责任。托运人对承运人因运输此类货物所受到的损害，应当负赔偿责任”。

要正确理解国际海上危险货物运输中托运人的责任，对我国《海商法》第四章第三节第66～第70条5个条文的含义及其相互关系的理解至关重要。有观点认为，托运人未履行第66～69条中规定的义务，使承运人受到损害的，应负赔偿责任。托运人承担责任以有过失为条件，托运人对无过失的行为不负责任。第70条的规定确立了托运人的过失责任原则。托运人、托运人的受雇人或代理人，对于承运人、实际承运人的损失或船舶的损坏，无过失的不承担责任，有过失的，应承担责任。按这种理解，第70条的规定是总括第66～69条的，尽管第66条、第67条和第68条中在规定托运人应当对承运人的损失负赔偿责任时均未提及是否有过失。笔者认为这种理解是有待商榷的。

《海商法》第66条中规定：“由于包装不良或者上述资料不正确，对承运人造成损失的，托运人应当负赔偿责任”；第67条中规定：“因办理各项手续的有关单证送交不及时、不完备或者不正确，使承运人的利益受到损害的，托运人应当负赔偿责任”；第68条中规定：“托运人对承运人因运输此类货物所受到的损害，应当负赔偿责任”。从这3条的规定我们可以看出，托运人违反上述义务承担赔偿责任并不以其有过失为前提，而是一种严格责任。这是对第70条托运人的过失责任原则的例外，托运人违反其他方面的义务给承运人造成损失时，托运人承担的才是一种过失责任。航运实务中即使出现承托双方都不知道货物的危险特性的情况，托运人也要承担赔偿责任。因为相比承运人而言，托运人一般是货主或者与货物的生产、经营、销售、使用有着密切关系的一方，是更容易知晓货物危险性的一方，在托运人与承运人之间，让托运人承担这种风险似乎更公平一些，这也是体现了《海商法》的风险分摊的精神与理念。

《海商法》第68条规定并没有要求必须在托运人知道或应当知道货物危险特性的前提下才适用上述规定。上海海事法院2004年审理的一起案件中，托运人（被告）争辩其向承运人（原告）托运的集装箱货物在《国际危规》中未被列明为危险品，因此向承运人申报为一般化工品没有过错，对该箱货物发生危险后所引起的处理费用不承担任何责任。法院认为《国际危规》中尚有关于未列明的有毒、腐蚀性货物的分类，因此认定某一货物是否是危险品，应以该货物在一定条件下的本质属性来判断。法院判决：该箱货物属于有毒和腐蚀性的危险货物，被告承担由此产生的责任。所以总的来看，托运人对承运人能知道货物的危险特性并能采取相应的预防措施承担着一种默示担保责任，而且是一种无过失责任。也就是说，如果没有通知或通知有误，托运人都要承担责任，不管他及其代理有无过错。如果说，《海商法》的规定中第 70 条与第 66 ~ 68 条之间这种一般性规定与特殊性规定的关系并不是很明显的话，那么，作为这几条立法的主要参考依据的《汉堡规则》的规定则非常明显的体现了这种关系。《汉堡规则》第三部分以"托运人的责任"为标题，其下有两条规定，分别是第 12 条"一般规则"，规定了托运人的过错责任原则；第 13 条"危险货物的特别规则"，其中规定托运人的赔偿责任时并未要求其有过错。

对于托运人的通知义务，有一点需要注意的是：当承运人已知货物是危险货物的情况下，托运人是否还需要承担通知义务，对此我国《海商法》没有明确规定。在英国和美国的判例学说中，在装运前已给予承运人、代理人或船长以充分调查货物危险性质的机会时，则托运人不负担通知货物性质的义务，这是所谓默示的通知。如果托运人如实申报了货物的品名，但忘了告知承运人货物的危险性质，而承运人知道或应当知道的，托运人同样可以不负赔偿责任。如美国 1974 年 Stylianos Restis 案⑨中，托运人托运了一批鱼粉，在装货前，该批货物经过了正规的质量检验，被确认为适于运输，但在运输途中鱼粉发生自燃，船长被迫将船驶往避难港，并向货方提出了索赔。法院认为鱼粉容易自燃的特性在航运界人所共知，托运人已申报了货物的品名并对货物履行了正规的检验，因而并无过错。再如 1979 年英国 the Athanasia Comninos 案⑩。该案中，有两艘装运煤炭的货船因煤炭自燃后引燃甲烷而发生爆炸。法官认为，煤炭虽不是天然性危险货物，但也不是安全货。"危险"、"安全"并不是抽象意义上的标志，而是航行中危险情况下的危险分布状态。煤炭有自燃并在一定条件下导致爆炸的可能，这是一个常识，承运人对此应有所知。法官认为承运人应对损失承担责任。笔者认为，从托运人不得擅自托运危险货物是托运人的绝对义务这一点来说，托运人对于危险货物的通知义务也是绝对的。因此，很难说在承运人已知货物是危险货物时，托运人可以减免通知义务，只能认为在此种情况下，托运人能够减免相应的赔偿责任。理论上的依据在于，知道货物危险性质的承运人接受该货物的运输即被认为同意承担运输风险,同时高额的运费也被认为是承运人承担风险的代价。

3. 国际海上危险货物运输中承运人的义务和责任

尽管我国《海商法》并未就危险货物运输的承运人的义务和责任作出特别的规定,但从《海商法》第47条(承运人应谨慎处理使船舶适航和适货)和第48条(承运人应妥善、谨慎地管理货物)来看,这里的"货物"当然包括了危险货物,因此这两条的规定对危险货物运输的承运人是同样适用的。在运输危险货物时,除谨慎处理使船舶适航基本义务外,承运人必须根据危险货物的种类、性质、数量、包装等因素更加妥善而谨慎地履行管理货物的义务(包括货物的装载、积载、隔离、运输、保管、照料、卸载以及应急措施等方面)。然而在海上危险货物运输过程中,仍然会发生托运人托运时并无过错,承运人运输时也无过错,但货物仍发生损失,甚至还因此造成船舶和其他货物的损失。此种情况下,承运人可以依据第51条的规定,以"货物的自然特性或者固有缺陷"为由,对托运人不承担赔偿责任,但船舶和其他货物的损失则由承运人承担。由此可见,在危险货物的海上运输中,承运人承担的风险是很大的,尽管高额的运费被认为是承担这种风险的代价,但是,这种风险一旦演变成事故,所谓的"高额"运费相比事故造成的损失而言却是杯水车薪。为平衡承托双方的利益和风险分摊,《海商法》第68条第2款也赋予了承运人特殊的权利,即"承运人知道危险货物的性质并已同意装运的,仍然可以在该项货物对于船舶、人员或者其他货物构成实际危险时,将货物卸下、销毁或者使之不能为害,而不负赔偿责任"。依此规定,承运人在已知道货物的性质并同意装运的情况下,仍然有处分货物特权。当然,承运人行使这项权利的时间只能是在该项货物对船舶、人员或其他货物构成实际危险的时候,目的是消除已存在的危险和防止损害的进一步扩大。必须强调的是,承运人的该项免责权利是在其已尽适航、管货等义务即无过错的情况下才享有。

2006年,在我国海事法院审理的一起危险货物运输的案中,托运人(原告)在办理托运时,已经在《出口货物订舱单》和《危险货物申报单》中将危险货物的性质以及在《国际危规》中的种类、等级和应急措施、类别等内容书面告知承运人并得到确认,法院认为托运人已经适当地履行了告知义务。托运货物时,原告还向承运人提供了出入境检验检疫局出具的《出境货物运输包装性能检验结果单》和《出境危险货物运输包装使用鉴定结果单》,鉴定结果符合《国际危规》的包装要求,法院认定其已经妥善履行了包装义务。既然托运人在托运货物时无过错，那承运人在运输过程中是否有过错呢？本案中托运人主张货损是由于承运人未尽合理积载义务，将涉案集装箱放于冷藏箱旁，由于冷藏压缩机产生的热能致使涉案集装箱升温导致内装危险货物分解造成船、货损失。法院对此虽并未明确认定，但认为，“承运人不能举证证明货损事故发生的原因，不能证明其已适当履行了积载、照料等义务，对货损发生没有过错，也不能证明存在免责事由”，因此推定其有过错并承担托运人货损的赔偿责任。由此案可以看出，危险货物运输时，承运人应多加注意运输各环节的特殊要求，给予特殊照料；而第 68 条第 2 款的规定是只有在承运人无过错的情况下才能适用。

第六章　集装箱码头出口业务运作

第一节　集装箱出口货运程序和单证

一、出口货运程序

1. 订舱

发货人应根据贸易合同或信用证条款的规定，在货物托运之前一定的时间，填制定舱单向船公司或其代理人，或经营运输的其他人申请订舱。

2. 接受托运申请

船公司或其代理人，或负责运输的其他人在决定是否接受发货人的托运申请时，首先要考虑其航线、船舶、运输要求、港口条件、运输时间等方面能否满足发货人的要求。一旦接受托运申请后，应着手编制定舱清单，然后分送集装箱码头堆场、集装箱货运站，据以办理空箱及货运交接。

3. 发放空箱

通常，在整箱货运输下，空箱由发货人到集装箱码头堆场领取，拼箱货运输则由集装箱货运站负责领取。在由发货人到集装箱码头堆场领取空箱时，发货人与集装箱码头堆场对空箱办理交接，并填制设备交接单。

4. 拼箱货装箱

发货人将不足一整箱的货物交由集装箱货运站，并由货运站根据订舱清单的资料，核对货主填写的场站收据，负责整理装箱。

5. 整箱货交接

由发货人自行负责装箱并加海关封志的整箱货，通过内陆运输至集装箱码头堆场，并由码头堆场根据订舱清单，核对场站收据及装箱单接收货物。

6. 集装箱交接签证

集装箱码头堆场在验收货箱后,即在场站收据上签字,并将签署的场站收据交还给发货人,由发货人据以换取提单。

7. 换取提单

发货人凭签署的场站收据,向负责集装箱运输的人或其代理人换取提单,然后去银行结汇。

8. 装船

集装箱码头堆场或集装箱装卸区根据接受待装的货箱情况,制定出装船计划,等船靠泊后即行装船。

二、主要出口货运单证

1. 订舱单(Booking Note)

订舱单是船公司或其他承运人在接受发货人(或托运人)的订舱时,根据发货人的口头,或书面申请货物托运的情况用以安排集装箱货物运输而制作的单证。该单证业经承运人确认,便作为承、托双方订舱的凭证。

以中国对外贸易运输总公司及其分公司为例,它是托运人又是承运人。在向船公司办理订舱时,外运公司作为发货人(各进出口公司)的货运代理;在签外运提单时,外运又以承运人的身份出现。在前一种情况下,各进出口公司都向外运公司委托订舱,而不直接向船公司订舱;在后一种情况下,则由外运公司直接承办订舱,订舱单(托运单)就是各进出口公司委托外运公司办理货物托运的依据。订舱单的主要内容有:

(1)货名、件数、包装式样、标志、重量、尺码。

(2)目的港。

(3)装运期限。

(4)结汇期限。

(5)能否分批运输、转船运输等。

订舱单上填写的装运条件必须与信用证条件一致。

2. 装货单(Shipping Order)

通常,装货单一式三联。第一联留底,作为编制装货清单用。第二联是装货单本身,作为货方凭以向海关办理货物出口申报手续,因而又叫关单。第三联是收货单,通常又称大副收据,是承运人收到货物的凭证。

装货单是由承运人或其代理人签章后,既是货物办理托运的凭证,又是通知船上接受承运货物装船的凭证。在货物装船后,由理货人员根据理货计数单核对,然后在装货单上签注实际装船数量、装载位置、装货日期。

收货单又称大副收据,是发货人换取提单的依据。

3. 装货清单(Loading List)

装货清单是由承运人或其代理人,根据本航次所托运的货物,按先后到港把性质接近的货物加以归类后制成一张装货单的汇总清单。

4. 危险品清单(Dangerous Cargo List)

在承运危险品时,承运人往往要求除列入装货清单,并在备注栏内注明有关特殊性外,还要求货物托运人或发货人填制危险品清单。装船时应根据港口规定,申请有关部门监督装卸。

5. 装箱单(Container Load Plan,简称 CLP)

集装箱装箱单是详细记载集装箱内货物的名称、数量等内容的单据,每一个载货的集装箱都要制作这一单据,它是根据已装进集装箱内的货物制作的。

无论是由货主自行装载的整箱货,还是由集装箱货运站负责装载的拼箱货,负责装箱的人都要制作装箱单。集装箱装箱单是详细记载每一个集装箱内所装货物情况的唯一单据。因此,在以集装箱为单位进行运输时,集装箱装箱单是一张极其重要的单据,该单据的主要作用有:

(1)在装货地点,作为向海关申报货物出口的代用单据。

(2)作为发货人、集装箱货运站与集装箱码头堆场之间的货物交接单。

(3)作为承运人通知集装箱内所装货物的明细表。

(4)在卸货地作为办理集装箱保税运输手段的单据之一。

(5)该单据上所记载的货物与集装箱的总重量是计算船舶吃水差、稳性的基本数据。可见集装箱装箱单内容的记载准确与否,对保证集装箱货物的安全运输有着密切的关系。

6. 码头收据(Dock Receipt,简称 D/R)

码头收据一般都由发货人或其代理人根据船公司或其他运输经营人制定的规定格式填制,并跟随货物一起运至集装箱码头堆场或集装箱货运站,由接受货物的人在收据上签字后交还给发货人,证明托运的货物已收到。

接受货物的人在签署码头收据时,应详细审核收据上所记载的内容与运来的货物实际情况是否相一致，如货物实际情况与收据上记载的内容不一，必须修改。如发现货物或箱子有损坏情况，一定要在收据的备注栏内加批注，说明货物和箱子的实际情况。码头收据的签署不仅表明承运人已收到货物，而且也明确表示承运人对收到货物开始负有责任。

通常，码头收据一式十联，包括：

(1)码头收据联(Dock Receipt)。码头收据联相当于普通船货物运输中的大副收据。此联是在整箱货运输时由集装箱码头堆场在验收货物后签发给货物托运人的收货凭证。拼箱货运输下此联则是由集装箱货运站在验收货物后签发给货物托运人的收货凭证。此联是货物托运人换取提单的依据。

(2)发货人副本联(Shipper's Copy)。此联是发货人送交代理公司(代理行)签单确认后自留的副本。

(3)通知船长联(B/L Master)。此联相当于代理公司签发的装货通知(S/O)

(4)海关联(Custom's Copy)。海关联由海关凭以验关、放行使用。

(5)场、站副本联(CY CFS Copy)。此联由集装箱码头堆场，或集装箱货运站留存。

(6)代理公司副本(Agent's Copy)。此联由代理公司签发提单部门存查，并可据以重印提单联。

(7)运费计算联(Freight Calculating Copy)。此联由代理公司运费计算部门使用。

(8)运费收据联(Freight Receipt)。此联由代理公司运费收取通知联。

(9)卸船港副本联(Discharging Port Copy)。此联由装船港代理公司交卸船港代理使用。

(10)备用联。

7. 提单(Bill of Lading，简称 B/L)

普通船的货运提单，是在货物实际装船完毕后，经船方在收货单上签署，表明货物已装船，发货人据经船方签署的收货单(大副收据)交船公司或其代理公司换取已装船提单。而集装箱运输下的货运提单则是以码头收据换取的，它与普通船运输下签发的已装船提单不同，而是一张收货待运提单。所以，在大多数情况下，船公司根据发货人的要求，在提单上填注具体的装船日期和船名后，该收货待运提单也便具有了已装船提单同样的性质和作用。

为此，现行的集装箱提单中都有表面条款（Face Clause，也称正面条款），说明货物在使用集装箱运输下所签发的提单性质和作用，该条款由“确认条款、签署条款、承诺条款”组成，主要内容是：

（1）确认条款。表明负责集装箱运输的人，是在“货物外表状况良好”下接受货物的托运后，签发给货物托运人的提单系一张收货待运提单。这是集装箱运输的特点所决定的，因为，负责集装箱运输的人接受货物的地点有时不在装船港，而是在集装箱码头堆场、集装箱货运站乃至发货人的门或仓库。而且，货物托运人凭经货物接受人签署的场站收据，即可换取提单。但在大多情况下，货物在实际上并没有装上船，所以该提单只能是一张收货待运提单。该种提单在其正面都设有“装船备忘录”（On board notation）一栏，等货物在实际装船完毕后，即在该栏内填制具体的装船日期、船名，随之，该收货待运提单便可作为已装船提单使用了。这种做法是符合海关规则和有关运输法规的规定，也符合《跟单信用证统一惯例》的有关规定。

（2）承诺条款。表示货物的托运人同意并接受提单中的所有条件，并受其约束。这并不是集装箱提单中特有的条款，普通船提单也有类似的规定。

（3）签署条款。表示由谁签发提单，以及正本提单签发的份数。普通船提单都列有船长签署（For The Master）的规定，尽管在实际上并非由船长签发。现行的联运提单或集装箱提单一般都列入船公司的名称，而且，不管由谁签发提单，都仅是“以代理承运人（For the Carrier）签字”，或者“仅以代理人身份（as Agents only）签字。”同时，在副本提单上应注明“不可转让”字样。

8. 设备收据（Equipment Receipt，简称 E/R）

设备收据是作为集装箱以及其他机构设备交接的证书，由借方和出借方共同签字。当集装箱或机械设备在集装箱码头堆场或集装箱货运站出借，或回收，由码头堆场制作设备交接单，经双方签字后，作为两者之间设备交接的证书。主要内容有：

（1）箱子、机械设备的所有人员提供完好的，并具有有效证书的设备。

（2）在交接箱子、机械设备时，用箱人或运箱人如无异议，则表示该箱子机械设备处于良好的状态。

(3)用箱人在接收箱子和有关机械设备后,在使用期内应使其保持良好状态,并应负责对该箱子和机械设备进行必要的维修。

(4)用箱期间,不论是由于何种原因引起的有关箱子、机械设备的灭失、损坏,均由用箱人负责赔偿,但正常的自然耗损除外。

(5)用箱期间,因使用箱子、机械设备不当所引起的对第三者所造成的损害,由用箱人负责赔偿。

(6)用箱人应在规定的日期、地点,将箱子和机械设备如同租赁时的状况交还给出借人,不论是由于何种原因引起的延期交还,用箱人应支付另定的附加费用。

(7)用箱人只有在事先得到出租人允许的情况下,才可将箱子和机械设备转借给第三者,但原出借人和用箱人之间的责任、义务等各项规定并没有任何改变。

(8)在规定的设备归还期前,如发生设备的损坏、灭失,包括其不能修复,或无法修复的情况时,用箱关系即告终止。与此同时,用箱人即应办理赔款事项,但在赔偿时应扣除已使用的折旧费。

设备收据分进场与出场两种,交接手续均在堆场大门口办理。

(1)出场时,集装箱码头堆场的工作人员与用箱人或运箱人就设备收据上共同审核的内容有:

①用箱人名称、地址;

②出场时间、日期;

③出场地点、目的;

④集装箱的箱号、规格、铅封号,空箱还是实箱;

⑤有关机械设备的情况,正常还是异常。

(2)进场时,集装箱码头堆场的工作人员与用箱人或运箱人就设备收据上共同审核的内容有:

①归还箱子的日期、时间;

②归还时箱子外表状况;

③交还箱子拖箱人的名称、地址;

④整箱货交箱的货主;

⑤进堆场的目的;

⑥拟装船舶的船名、航次、航线、卸箱港。

9. 订舱清单

订舱清单系指船公司或其代理根据众多的订舱单,并根据舱单上所记载的内容分别根据不同的货物交接地、装卸地汇制的一览表。

订舱清单汇制后，船公司或其代理应分别寄送有关部门，如集装箱码头堆场、集装箱货运站，作为上述部门接受货物、集装箱交接的资料。其主要作用是：

(1)作为用箱人与集装箱码头堆场空箱交接的依据。

(2)作为集装箱货运站接收货物的参考资料。

(3)作为货物装箱作业的指导书。

(4)作为集装箱运输经营人配置不同种类、规格、数量集装箱的依据。

10. 空箱交接单

空箱交接单系指货主使用船公司的集装箱时填写的单证，船公司依此指示集装箱保管人将空箱交给此单证的持有人。因为，集装箱是一种具有较高价值的设备，单靠口头指示交接，一旦发生纠纷难以分清责任，所以，由用箱人或其代理填写空箱交接单是一种较好的办法。我国习惯做法是，当空集装箱提出集装箱堆场时，用箱人或内陆承运人向集装箱经营人或其代理人提出书面申请，集装箱代理人依据出口订舱单、出口集装箱预配清单向货主或内陆承运人签发集装箱发放通知单、出场集装箱设备交接单。当重箱进场时，填签进场集装箱设备交接单。

11. 批注清单

集装箱码头堆场或集装箱货运站在接收货物时，如发现货物有异状，则应将这一异状程度、内容记在场站收据的备注栏内，然后再根据这些内容编制成的单证叫做批注清单。批注清单除作为划分责任的依据外，主要起索赔的参考资料作用。

12. 保函

集装箱运输下承运人的责任系从接收货物时起，因而对接货之前业已发生的货物损害、集装箱损害均详细地记载在场站收据上。继而将这一记载转移至提单，从而事实上构成不清洁提单。对于批注提单，银行不接受押汇，发货人欲向银行押汇，习惯做法有：一是消除这一批注内容；二是由发货人提出由发货人负责赔偿因提单上的不诚实记载而使承运人遭受损失为内容的证书，这一证书则为保函。

因此，当承运人签发与事实不符的提单时，主张不得以此种不实之情的记载面对善意提单持有人享有免责。所以，只有当发货人提交给予赔偿的证书保函后，才由承运人签发清洁提单。

尽管保函能使提单起顺利流通作用,但在仅承认提单具有推定证据力的法律中,作为收货人或保险人将会有遭到不测的风险,因此,保函在法律上不作为合同成立的基础,也就是说是无效的。

13. 发票

所谓发票系指出口人向国外进口人证明已正当地履行了贸易合同的货物运输的明细书或明细表。

发票根据不同的出口人、出口货物,其格式、内容有所不同,但基本内容应包括:货物名称、件数、货物标志、质量、价格、总额、外汇汇率、内容、包装说明、容积、重量,以及贸易合同条款和运输注意事项,上述内容均由出口人编制并签字。

发票习惯又分两种,即商业发票和海关发票。前者具有货物运输明细书、表示价格构成、买卖计算书、贷款请求书的作用。同时,对进口人来说,还起着进口采购书、押汇,保险价值确定、进口关税等多种证明单据的作用。

14. 报关单

凡一切出口货物的发货人、进口货物的收货人,或其他的代理人都必须在货物进、出口时填写出口货物报关单或进口货物报关单,进而向海关申报。申报时同时出具批准货物进出口的证明、文件和有关货运单位单据,以便海关依据这些单据、证明、文件,审核货物进出是否合法,并确定和征收相应的关税,编制海关统计表。

此外,习惯随同报关单向海关递交的单据有:

(1)对外贸易和管理部门签发的进出口货物许可证和国家规定的其他批准文件。

(2)装货单、提货单、运单(海关核查单证和查验实货后,在货运单据上加盖放行章退还给报关人凭以提取或装运货物)。

(3)发票1份(实行集中纳税的进口货物,除在口岸海关报关时递交1份外,还要由负责对外订购的承付贷款的公司向办理集中纳税业务的总关递交1份)。

(4)装箱单1份(散装货物或单一品种且包装内容一致的件装货物可免交)。

(5)减税、免税或免验的证明文件。

如报关人员在递交报关单后发现有填报错误,或因其他原因需要变更填报内容时,则应主动、及时向海关递交更改单。如出口报关发生退关事由，则应在 3 天内向海关办理更改手续。

15. 出口许可证

出口许可证是指海关在对出口货物和出口申报进行核查后且认为此项货物出口正当时，对出口申请人签发的许可证。

出口许可证的管理是国家对出口货实现统一对口、协调出口、防止低价竞销的措施。因而也可以说，出口许可证是国家批准某种货物出口的证明文件。

出口许可证所列货物应在批准的有效期内出口，如因特殊原因不能出口，则应持原出口许可证正本去发证机关重新办理出口许可证，原证退还发证机关注销。

第二节 与船公司出口业务的协调运作

在现行的国际集装箱运输关系人中，船公司占主要地位。因此，船公司作为国际集装箱运输中枢，如何做好集装箱的配备，掌握货运情况，在各港口之间合理调配集装箱，接受订舱，并以集装箱码头堆场、货运站，作为自己的代表向发货人提供各种服务是极为重要的。从某种意义上来说，集装箱运输能否顺利进行，可以说依赖于船公司的经营方法。在集装箱出口货运业务中，船公司的主要工作有：

一、配备集装箱

不管是陆运，还是海运，集装箱运输都要使用集装箱，这一点是不能改变的。因此，要进行集装箱运输，首先要配备集装箱，特别是采用集装箱专用船运输时，由于该种船舶的特殊结构，只能装载集装箱运输。为此，经营集装箱专用船舶的船公司，需要配备适合专用船装载运输的集装箱。

当然，并不是所有的集装箱都由船公司配备，有的货主自己也配有集装箱。此外，还有专门供出租使用的集装箱出租公司。要有效的利用船舶的载箱能力，船公司就必需配备最低数量的箱子。

在进行特殊货物运输时，还应备有特殊种类、规格的集装箱。船公司除为货物运输配备集装箱外，还要适当地部署，最大限度地提高箱子的周转率。

二、掌握待运的货源

船公司通常采用下述两种货源情况，并据以部署空箱计划。

1. 暂定订舱

暂定订舱通常在船舶到港前较早时间提出。由于掌握货源的时间太早，因此，对这些货物能否装载预定的船上，以及这些货物最终托运的数量是否准确，都难以确定。

2. 确定订舱

确定订舱通常是在船舶到港前几天内提出。一般来说，都有确定具体的船名、装船日期。

三、接受托运

发货人根据贸易合同，以及信用证条款的有关规定，在货物装运期限前向船公司或其代理人，以口头或书面形式提出订舱。船公司根据所托运的货物运输要求和配备集装箱的情况，决定是否接受这些货物的托运申请。船公司或其代理在订舱单上签署后，则表示已同意接受该货物的运输。船公司在接受货物托运时，一般都应了解下述一些情况：

(1)订舱的货名、运输要求；

(2)装卸港、交接货地点；

(3)有关货物的详细情况（货物名称、数量、包装、特殊货物的详情等）；

(4)由谁负责安排内陆运输等。

四、接受货物

集装箱货物运输中，船公司接受货物的地点：

(1)集装箱码头堆场。在集装箱码头堆场接受的货物一般都是由发货人或集装箱货运站负责装箱并运送至码头堆场的整箱货。

(2)集装箱货运站。集装箱货运站作为船公司的代理接受拼箱货的运输。

(3)发货人的工厂或仓库。在由船公司负责安排内陆运输时，则在发货人的工厂或仓库接受整箱货运输。

在上述三种接受方式中，船公司都应了解到：

(1)是否需要借用空集装箱；

(2)所需集装箱的规格、种类、数量；
(3)领取空箱的时间、地点；
(4)由谁负责内陆运输；
(5)货物具体的装箱地点；
(6)有关特殊事项。

五、装船

通过各种方式接受的货物，按编制的堆场计划堆放后，在船靠泊后即可进行装船。装船的一切工作由码头堆场负责进行。

六、制送主要的装船单证

为了能及时向收货人发出通知，以及能使目的港码头堆场编制卸船计划和有关内陆运输等工作的需要，在集装箱货物装船离港后，船公司或其代理即行缮制有关装船单证，从速送至卸船港。通常，由装船港代理缮制和寄送的单据有：
(1)提单副本或码头收据副本；
(2)集装箱号码单；
(3)货物舱单；
(4)集装箱装箱单；
(5)货物(箱位)积载图；
(6)装船货物残损报告；
(7)特殊货物表等。

第三节　集装箱码头出口业务运作

集装箱码头堆场的主要业务工作是办理集装箱的装卸、转运、拆箱、收发、交接、保管、堆存、捆扎、捣载、搬运，以及承揽货源，此外，还应办理集装箱的修理、冲洗、熏蒸，有关衡量等工作。

一、集装箱码头堆场作业

集装箱码头堆场作业系指以集装箱船装卸工作为中心的一系列业务，主要包括集装箱的交接、堆场作业、装卸和其他有关的业务。

1. 集装箱的交接

发货人或集装箱货运站将由其或由其代理负责装箱的集装箱货物运至码头堆场时，设在码头堆场大门的当班要对进堆场的集装箱货物核对订舱单、码头收据、装箱单、出口许可证、设备交接单等单据。同时，还应检查集装箱的数量、号码、铅封号等是否与场站收据记载相一致。箱子的外表状况，以及铅封有无异常情况，如发现有异常，当班人员在码头收据栏内注明，如异常情况严重，会影响装卸、运输的安全，应与有关方联系决定是否接受货物。

2. 堆场作业计划

堆场作业计划是对集装箱在堆场内进行装卸、搬运、贮存、保管的安排。这是为了更能经济合理地使用码头堆场和有计划地进行集装箱装卸工作而制订的。

堆场作业计划主要内容有：

(1)确定空箱、实箱的堆放位置和堆高层数；

(2)装船的集装箱应按先后到港顺序、集装箱的种类、载重的轻、重分别堆放；

(3)同一货主的集装箱应尽量堆放在一起。

为了能在最短的时间内完成装船工作，码头堆场应在船舶到港受载前，根据订舱单、先后到港的卸箱次序，制定船舶的积载图和装船计划，等船靠泊后；码头堆场根据码头收据和装箱单，按装船计划装船。在装船完毕后，由船方在装箱单、码头收据、积载图上签字，作为确认货物装船的凭证。

(4)对特殊集装箱的处理：

①对堆存在场内的冷藏集装箱，应及时接通电源，每天还应定时检查冷藏集装箱的冷冻机的工作情况是否正常，箱内温度是否保持在要求限度内，在装卸和出入场内时，应及时解除电源。

②对危险集装箱，应根据可暂时存放和不能暂时存放两种情况分别处理。能暂存的箱子应堆放在有保护设施的场所，而且，堆放的箱子数量不能超过许可的限度。对于不能暂存的箱子应在装船预定时间，进场后即装上船舶。

二、集装箱码头堆场与有关当事人的关系

1. 与船公司的业务关系和有关规定

(1)船公司与码头堆场的主要业务：

①收、发箱作业和其有关缮制设备交接单等工作。

②装、卸箱作业，以及船边到堆场之间的箱子搬移、理箱作业；并将缮制的装、卸箱清单、积载图报送代理公司。

③接受装、拆箱交接货物的作业，缮制装箱单。

④堆存、捆扎、转运、冲洗、熏蒸、修理等事项。

(2)码头主要保证：

①根据船期表提供合适的泊位；

②船舶靠泊后，及时提供足够的劳力与机械设备，以保证船舶按时完成装卸；

③提供足够的场所，作为集装箱作业及堆存之用；

④适当掌握和注意船方设备，不违章作业。

(3)船公司应保证：

①向码头确保船期，通常，在船舶到港前一定时间提出预计抵港通知，如发生船期变更，或其他意外原因应及时通知码头，在船舶到港前24小时以书面提供船舶到港时间；

②出口装船前提供货运资料；

③应及时提供积载图，以便正常作业。如由于船公司不能及时提供单证，则有失去靠泊的可能。

2. 与发货人的业务关系和有关规定

如货物系由发货人自行负责装箱，码头堆场应根据公司或其代理人的通知向发货人提供空集装箱，并负责填制出场和进场设备交接单。

在由码头堆场负责统一报关的情况下，发货人应保证提供给码头堆场为办理海关手续的申报资料的准确性，以及对海关签发出口放行单的可能性也已作了保证。由于资料不准确致使码头堆场，或使码头堆场对第三者造成损害，则均由发货人负责赔偿。

第四节　集装箱货运站出口业务运作

集装箱货运站是集装箱运输的当事人之一。集装箱运输的主要特点之一就是船舶在港时间短，这就要求有足够的货源以便一旦在装船完毕后，即可装满船开航。集装箱货运站在出口货运中的主要业务就是集、散货物，办理装、拆装业务。目前，集装箱货运站主要有两种类型，一种叫内陆港口型，另一种叫货物集散型。

1. 内陆港口型

内陆港口型货运站主要设在港口以外，深入内陆主要工业城市集中的地方。它是为提高集装箱运输经济效益，将临近港口周围的货物预先集中，进行装箱。装箱完毕后，再通过内陆运输将集装箱运至码头堆场，该种类型的货运站具有海陆联运的作用。

2. 货物集散型

货物集散型货运站同一般的集装箱货运站不同之处仅仅在距离港口的运程长短上有所区别，因为，货物集散型货运站又称码头型货运站，所以距港口较近。

一、办理货物交接

在货物不足以装满一整箱，而贸易合同或信用证条款又规定要用集装箱装载运输时，这时，货物一般都送至集装箱货运站，由集装箱货运站根据托运的货物种类、性质、包装、目的港地，将其与其他货物一起拼装在集装箱内，并负责将已装货的集装箱运至码头堆场。集装箱货运站在根据订舱单接受托运的货物时，应查明这些货物是否已订舱，如货物已订舱，货运站则要求货物托运人提供码头收据、出口许可证，然后检查货物的件数与码头收据记载是否相符，货物的包装是否正常，能否适合集装箱运输，如无异常情况，货运站即在码头收据上签字。反之，应在码头收据的备注栏内注明不正常的情况，然后再签字。如不正常的情况较严重，可能会影响以后的安全运输，则应同有关方联系决定是否接受这些货物。

二、积载装箱

货运站根据货运到站情况，在达到一定数量后即开始装箱。

装箱时，应根据货物所运至的目的港装箱，不要造成货物损害，尽量不出现亏箱（broken space），以充分利用箱子的容积。货物装箱时还应注意；

（1）集装箱的选择（规格、种类、结构等）。

（2）拼装时应注意货物的不同性质。

（3）应注意到箱子的最大装载量和单位面积负荷。

（4）根据货物包装决定在箱内的堆高高度。

（5）货物在箱内的安全系固等。

三、缮制装箱单

货运站在进行货物装箱时，必须制作集装箱装箱单，装箱单的作用已在“出口货运单证”中有所说明，制单时必须清楚、准确。

四、将拼箱的货箱运至码头堆场

货运站在装箱完毕后，货运站代表承运人在海关监管之下，对集装箱加海关封志，并签发场站收据的同时，应尽快与码头堆场取得联系，将已装货的集装箱运至码头堆场。

第五节　与托运人出口业务的协调与运作

集装箱运输下，发货人的出口货运业务与普通船运输中发货人应办理的事项没有什么特别大的变动。当然，也出现了集装箱运输所要求的一些特殊事项，如货物的包装应适合集装箱运输，保证货物所需要的空箱，在整箱货运输下负责货物装箱等。发货人在集装箱出口货运中的主要业务有：

一、订立贸易合同

作为出口货物的一方，发货人首先必须同国外的收货人（买方）订立贸易合同。因为货物运输是建立在货物贸易的基础上的，这一点与普通船运输下的做法是一样的。

二、备货

出口贸易合同订立后，发货人（习惯上为卖方）应在合同规定的装运期限前，全部备妥出口货物，货物的数量、品质、包装等内容必须符合合同条件的规定。

三、租船订舱

在以 CIF 或 CFR 价格条件成交时，发货人负有租船订舱的责任。特别是在出口特殊货物需采用特殊集装箱时，如冷藏集装箱、牲畜集装箱、开顶集装箱等。由于一般集装箱船对上述特殊集装箱的接受数量有限，应尽早订舱。

四、报关

拼箱货的报关可按普通货物运输的报关方法，整箱货则通常采用现场报关，因为海关人员到现场审查是很方便，既可以更好地发挥集装箱运输的优越性，又可省略一些手续。

货物报关后，在整箱货运情况下发货人即可着手装箱，并在装箱完毕后将货箱运至集装箱码头堆场，取得经码头堆场签署的场站收据。拼箱货经报关后即将货运至集装箱货运站，由货运站负责装箱并签署场站收据。

五、投保

出口货物如按 CIF 价格条件成交，发货人则负责办理投保手续，并支付保险费。

六、支付运费和提单签发

如系预付运费，发货人只要出示经码头堆场签署的场站收据，支付全部运输费用，船公司或其代理人即签发提单，如系到付运费，出示场站收据即签发提单。此外，在对签发清洁提单有异议时，发货人可向船公司出具保证书，即可得到清洁提单。

七、向收货人（买方）发出装船通知

在以 FOB 或 CFR 价格条件订立出口货物贸易合同时，发货人在货物装船完毕后应向收货人发出装船通知，这一通知则作为合同的一项要件。如果货物的灭失、损害系由于发货人在货物装船完毕后，没有向收货人发出装船通知，致使收货人不能及时投保而受损失，则该货物的灭失、损害由发货人赔偿。

【案例 1】《集装箱场站收据》的应用

各港口使用的《集装箱场站收据》（以下简称《场站收据》）在联数上有差异，但内容基本相同。

1.《场站收据》的印刷

《场站收据》应用无碳复印纸印刷。

2.《场站收据》的标准格式

《场站收据》系集装箱运输专用出口单证,标准格式一套共10联(各港使用有差异)。

(1)货方留底。

(2)集装箱货物托运单(船代留底)。

(3)运费通知(1)。

(4)运费通知(2)。

(5)装货单——场站收据副本。

(6)大副联——场站收据副本。

(7)场站收据。

(8)货代留底。

(9)配舱回单(1)。

(10)配舱回单(2)。

3.《场站收据》的填制

(1)《场站收据》各栏目由托运人用打字机填制以求清晰。在托运程中,更改任何项目,应由提出更改的责任方编制更正通知单,并及时送达有关单位主管部门。

(2)《场站收据》的收货方式和交货方式应根据运输条款如实填写,同一单内不得出现两种收货方式或交货方式。

(3)冷藏货出运应正确填报冷藏温度。

(4)危险品出运应正确填报类别、性能、《危规》页数(IMDG CODE page)和联合国编号(UN No)。

(5)第(2)~(4)联和第(8)、(10)联右下角空白栏供托运人备注用。

4.《场站收据》的流转程序

(1)货代(托运人)制单后留下第(1)联,将其余9联送船代订舱签单。

(2)船代编号后,留下第(2)~(4)联,并在第(5)联上签章确认订舱,将第(5)~(10)联退给货代,第(8)联货代留底。第(9)、(10)联由货代退给托运人作配舱回单。

(3)第(5)~(7)联供报关用。

(4)海关审核认可后,在第(5)联上加盖海关放行章,将(5)并退回报关人。

(5)货代安排将箱号封志号/件数填入(5)~(7)联,在集装箱进场站完毕 24 小时前交场站签收。

(6)场站业务员在集装箱进场完毕时,在第(5)~(7)联上加批实收箱数并签收(场站业务员的签收仅后核对性质,集装箱内货物件数和货物状况仍由装箱单位负责),并在右上角日期填入进场完毕日期,由场站加盖公章。第(5)联由场站留底,第(6)联由场站业务员在装船前 24 小时分批送外轮理货员,最后一批不得迟于开装前 4 小时,理货员于装船时交船上大副。第(7)联由场站业务员返回货代(托运人)。托运人凭此联向船代换取待装提单,或在装船后换取装船提单。

5. 货代(托运人)

(1)货物装箱必须在 24 小时内向海关申报,经海关在加盖章验收后才能装箱,在海关盖章验放前装箱必须征得海关同意。

(2)经海关同意在盖章验放前,货物先装箱进场站的集装箱,必须在装船前 24 小时,将海关盖章的第(7)联立即送交收货港区场站业务员,否则一切责任由货主或货代自负。

(3)出口重箱号,允许在货物装箱后由货代或货代委托装箱点正确填写。海关验放时允许无箱号,但进场站后场站收据上所列箱子进场站完毕时必须写清所有箱号/封志号、箱数。

(4)货代(或托运人)凭场站业务员签收盖章的第(7)联向船代换取提单。

(5)如第(7)联内容有变更应及时通知有关方,并在 24 小时内出具书面通知。

6. 港区及场站

(1)港务局所属装卸公司有第(7)联签收权。签收的第(7)联可以向船代换取提单。

(2)CY 条款,货主对箱内货物承担责任。CFS 条款,装箱单位对箱内货物承担责任。拼箱货,一票一单以箱为单位签第(7)联。

(3)场站业务员签收第(7)联必须:

①验看第(5)联上有否海关放行章。没有海关放行,不得签发第(7)联并安排集装箱装船。

②验看所列货物箱号、箱数是否正确填写。

③将第(5)联退货代(托运人)。

(4)场站业务员必须在装船前 24 小时,将第(6)联分批送外轮理货员,最后一批不得迟于开装前 4 小时。

(5)港区场站业务员在船舶开航后立即将已签第(7)联而未装上船的出口箱信息通知船代,并在24小时内开出工作联系单。

(6)港区及场站受船公司委托签发第(7)联,应对由于其工作中的过失而造成的后果负责。

7. 船公司

(1)已签出第(7)联的集装箱货物在装船前的风险和责任由船公司承担。

(2)船公司委托场站签第(7)联必须有书面协议,明确双方的责任、权利和义务。

(3)在与港区及场站签订协议后,船公司有追索权。

8. 外轮理货

(1)外轮理货员应该在船公司指定的场站理货。CY—CY条款在船边理箱;CFS—CY条款在装箱时理货和在船边理箱。并在有关单证上加批注,提供理货报告。

(2)外轮理货在港区的理货员接受港区场站业务送来的第(6)联后,在装船时将装船集装箱与单据核对无误后交大副。如有变更,应及时更正第(7)联,并在船开航后24小时内通知船代。

(3)船开航后24小时内,将装船集装箱理箱单交船代。

9. 船代

(1)订舱签单时,船代应仔细核对托运人所填项目是否完整,如有问题,应及时联系托运人或其货代。第(7)联编号应注明。

(2)装船后,应核对单据与集装箱装船的情况是否一致。如不一致,应迅速与港方和理货联系,避免差错的出现。

(3)每天派人到港方和理货分别收取“联系单”和“理箱单”。

(4)凭第(7)联船代应立即签发“待装提单”。集装箱装上船在船开航后24小时内,船代应核对并签发“装船提单”。

【案例2】　集装箱灭失责任之确定案

一、案由

1989年11月8日。C市塑料厂(简称收货方)通过J省进口A公司(简称订货A公司)从奥地利进口拉丝机设备一套,分装4只集装箱,箱号为:6077639,2330820,4013642,4010772。上述集装箱由S远洋运输公司(简称船公司)所属“商城”轮于1985年8月6日运抵S港Z集装箱装卸公司码头(简称港区)卸货,该轮的舱单及提单均载明集装箱系货主箱。收货方通过订货A公司委托S外贸运输公司(简称货代)办理进口申报和提货手续。同年9月18、19日,货代前往港区堆场提货,但未将集装箱随货提走,而在堆场拆箱,拉丝机组主件处于裸装状态,通过公路运输,由收货方押车运至C市,4只空箱连同箱中附有的过滤网等配件均遗留在港区。运输途中,因部分设备遭雨淋,个别部件损坏生锈。

1985年9月23、24日,港区为4只箱子分别加上前缀,即“SC×6077639,SC×U2330820,COSU4013642,UFCU4010772”,并在所属船公司的“沱汤”、“枝江口”两轮制作的集装箱单上载明。S海关对此审查后全部放行,同年9月30日,4只箱子被运往国外。

收货方因部分进口设备损坏,部分缺件,遂与奥地利客商驻京办事处交涉,得知拉丝机包装用集装箱为货主所有,就派人到货代处查询。1985年10月18日,收货方持船代出具的“工作联系单”去港区提领空箱未果,查无下落。收货方与货代协议不成,诉诸S海事法院。

原告(收货方)诉称:货代因工作疏忽而失责,未注意到4只集装箱系货主箱而在S港错误拆箱,造成应为收货方所有的4只集装箱空箱(含1只有附件的空箱)的灭失;由于无过滤网等机件设备配套而使奥方技术人员依据买卖合同对拉丝机组的调试无法正常进行,直到收货方多方设法借到同类设备改装后才得以进行,不仅延迟了调试工作30天,并蒙受额外经济损失计有贷款利息9 600美元,奥方人员住宿费4 090元外汇人民币及伙食、待时工资费用人民币125 052元。要求判令责任方追回上述空箱或赔偿4只空箱的价值人民币417 160元,并承担由此引起的其他经济损失。

被告一(货代)辩称:拆箱提货后将空箱留于港区,这是货代工作失慎。但是,没有提走并不一定造成箱子的灭失。货代将拉丝机机组主件运至收货方后,4只空箱连同箱子附有的过滤网等配件仍遗留在港区。在港区掌管控制之下,未去提箱只能导致堆存费的增加或箱体本身耗损,但不直接导致“灭失”。灭失的责任应由船代与港区承担,因为4只箱子是由港区加前缀,被船代安排而“灭失”的。

被告二(船代)辩称:“商城”轮上述航次的进口舱单及提单上均明确,4只箱子系货主箱。按业务惯例,船代在接到单证资料后,将上述舱单分发给港区、海关、理货等单位,包括货代。货代理应按提单或舱单内容所列,将货物及箱子全部提走,但货代未能做到。由于货代本身的过失,致使4只箱子下落不明,责任应由货代负责。

被告三(港区)辩称:港区按照业务规定,根据货主提单准予提货。本案所涉及的4只空箱在港区拆箱提货,空箱装船出口,手续完备,去向明确。在其管理期间,未造成上述空箱灭失,故不承担任何责任。

海事法院认为:被告S外贸运输公司(货代)作为原告收货方代理,自行办理货物的进口申报和提货手续,理应按提单所列内容,将货物连集装箱全部提走。由于S外贸运输公司失职,未将应提的货物连同属收货方的集装箱一并提走,这是造成本案所涉及的4只集装箱空箱及箱中附件灭失的主要的、直接的原因,故应负80%的责任;又由于S外贸运输的过错行为造成了进口设备的裸装运回,途中受损,加上耽误机器调试,应负由此引起的全部经济赔偿责任。另外,被告S外轮代理公司(船代)对空箱出口未予复核,被告S港集装箱装卸公司(港区)对空箱添加前缀,两被告对4只空箱灭失应各负30%的责任。

海事法院判决如下:

被告S外贸运输公司赔偿原告人民币23 445.60元,外汇人民币4 090元和9 600美元;

被告S外贸运输公司赔偿原告人民币523.38元;

被告S港Z集装箱装卸公司赔偿原告人民币523.38元。

被告货代与船代均不服一审判决,上诉于S高级人民法院。S高院主持调解,于1990年5月23日以原告收货方自愿从被告货代处减少5 000元赔偿而结案。

二、分析

货主箱英文为"Shippers Own Container",简称"SOC",含义指发货方拥有的集装箱,它不属于船公司所有,而属于发货人所有或收货人所有(发货人将其作为包装箱卖给收货人)。它有两类:

(1)指发货方应收货人的要求,集装箱随货物一并运往目的港交与收货人;

(2)指发货人用自有的集装箱或向租箱公司租用的集装箱装货后,委托船公司承运至目的港或中途转船后再运到目的港。

对于这一类货主箱,不必返还给发货人,因为发货人已将该集装箱的箱价计入货物的包装费用内,并计入货物总价。一般情况下,在货主箱箱体外表涂刷的原箱主代号应除去,而刷上按发货人意图编写的六位或七位阿拉伯数字的箱号作为标志,以便区分于其他集装箱,使船公司编制货运单证时不会混淆。而且,船公司应按发货人要求在货运单证上注明"SOC"箱,包括在舱单和提单上注明。这样,货代(如果收货人委托)在目的港提货时将该箱连同货物一并提取,并在拆箱后不再收回空箱返回堆场,便于有关方面对集装箱的跟踪管理。本案涉及收货人、货代、船代、港区等各环节,只要其中一个环节严格把关、恪守其职,就能避免4只空箱子的"灭失"。但是,各方忽视了货主箱运输的箱体交接,造成了不必要的矛盾及经济损失,这是一起混合过错的损害赔偿案。分析如下:

(1)作为货代,S外贸运输公司在收到订货公司的合同及船代转来的海运提单后,就应按照单证内容填写海关申报单和提货单(又称小提单),缮制报关单和小提单时应做到单单相符,内容完整、准确无误。本案中,船公司签发的提单上清楚地载明:

401364-2　1×40′Shippers Own Container

401077-2　1×40′Shippers Own Container

607763-9　1×40′Shippers Own Container

233072-0　1×40′Shippers Own Container

然而,货代的制单业务员没有将其填入报关单和小提单上,因此,货代到港区提货时,按常规拆箱,造成不必要的过失。

(2)作为港区,S港Z集装箱装卸公司在集装箱运输中办理箱子的装卸、转运、拆箱、收发、交接、保管、堆存、搬运等业务工作,并在空箱出运中,负责向船代提供箱号。然而,港区在空箱的标记上加上箱主代号,致使4只箱子成了中远公司(COSCO)英国Sea Containen LTD.(SCXU)以及美国Flexi-van Corp(UFCU)的集装箱。其所加的前缀缺乏根据,可能操作人员对货主箱业务不熟悉,或者主观上希望尽快安排空箱出运随意加上前缀箱主代号及时疏港。无论如何这是一种过错行为。港区的这一行为向船代提供了错误的信息资料,无形中转移了集装箱的物权。

(3)作为船代,S外轮代理公司是S远洋运输公司的代理人,按照船公司指示办理集装箱进出口业务,安排集装箱的调运(包括空箱和重箱),对船公司和集装箱营运人所属的集装箱负有追踪管理之责,行使集装箱及其设备的使用、租用、调运、保管、发放、交接等职能。本案中,S外轮代理公司得到S港Z集装箱装卸公司提供的箱号后,应当核实现场提供的上述是否属S远洋运输公司所有(或为船公司自有箱,或为船公司的租箱),然后负责报关,可是,船代并没有查实就指令出运。这样,船公司客观上成为受益方,免费使用不属于自己的集装箱,实为失职行为,属不当得利。并且没有正确履行代理职责,又未能追回4只空箱,从而导致了4只箱子的“灭失”。

(4)作为收货人,C市塑料三厂通过订货公司与国外客商订立先进设备引进合同,有关的业务员不但要熟悉合同条款,了解货物的大致性能,而且在委托货代办理提货手续时,应当特别注意有关包装的规定。本案中,订货公司与国外卖方的包装条款PACKLNG上写明“20′ ro 40′one way Container”。意为单程集装箱,无须返回。[通常情况下,货主箱由收货人(买方)和发货人(卖方)在买卖双方的合同上明确标的拥有关系],如果收货人当时提醒货代,如果交接时向货代提出异议,认为不应拆箱,如果设备到厂后,有关技术人员即提出缺少外包装和配件而马上与货代联系,或许能挽救因货代过失而带来的直接及间接经济损失。遗憾的是,拉丝厂机组主件裸装入厂后,无人就设备与合同、提单等单证查验,直到外方技术人员来调试机器时发现少了零件,从而不得不进入一场长达4年之久的艰难诉讼。

【案例3】　集装箱装载羽绒滑雪衫货损

一、案由

1988年6月,中国土产畜产进出口公司畜产分公司(简称畜产)委托对外贸易运输公司(简称外运)办理333只纸箱的男士羽绒滑雪衫出口手续。外运将货装上远洋运输公司(简称远洋)所属“汉江河”轮,并向畜产签发了北京对外贸易运输总公司的清洁联运提单,提单载明货物数量333纸箱,分装3只集装箱。6月29日,该轮抵达目的港神户,同日,集装箱驳卸到岸。7月6日,日方收货人Phenix Co. Ltd在港口开箱,日本快船公司出具的“拆箱报告”称箱号为FELU-9301197集装箱下的11只纸箱中,5箱严重湿损,5箱轻微湿损。7月7日,3只集装箱由卡车运至东京Phenix CO. Ltd仓库,同日由新日本商检协会检验。该协会于10月11日出具商检报告:11只纸箱有不同程度的湿损,将湿损衣物的残值冲抵后,实际货损约为1 868.338日元,湿损系FWLU 9301197箱里档左侧顶部破损所致。在东京进行货损检验时，商检协会曾邀S远洋派人共同勘察，被S远洋以"出港后检验无意义"为由拒绝。

Phenix CO. Ltd依商检报告从货物保险人AIU保险公司得到赔偿，随后AIU取得代位求偿权，先后通过其在香港，北京的代理人与外运联系，外运未提出赔偿处理意见。1989年9月25日，AIU保险公司以货运代理人外运和实际承运人远洋为被告，向上海海事法院提起诉讼。

AIU诉称：作为承运人的外运，远洋因过错造成其承运的集装箱内服装湿损，货损发生在承运人的责任期间。根据外运签发的清洁提单，请求判令两被告赔偿损失1 868.338日元及利息，并承担律师费，诉讼费等。

外运辩称：S畜产的服装是由实际承运人远洋承运，货损的原因是集装箱有裂痕，雨水进入箱内造成服装损坏。根据外运与远洋1982年签订的集装箱运输协议规定："远洋应提供清洁、干燥、无味、完好无损的集装箱，……如铅封脱落或箱体破损，集装箱内货发生损坏，则由远洋承担一切责任"。因此，远洋应对货损承担全部责任。

远洋辩称：在正常情况下，远洋所属船舶，(包括"汉江河"轮)由外轮代理公司签发提单，外运在没拿到场站收据及在未经授权条件下签发提单，应由外运承担其后果和责任。

两被告在诉讼中均提出："汉江河"轮于6月25日在S港装货，29日抵神户卸货，前后5天，而日方商检则是7月7日在东京进行的，即使集装箱有裂痕漏水，也不可能在短时间内造成箱内有良好包装的衣服损坏到如此程度。故要求原告进一步举证采取减少货损的合理措施。如果赔付，要求根据中远提单条款，按船东责任限制，每件赔付人民币700元。

上海海事法院认为：根据两被告1982年签订的集装箱运输协议"……若造成对货方的损害，先对外赔偿，后再内部分担责任……"，两被告对11只纸箱服装的湿损有相当的责任牵连。但Phenix CO. Ltd与远洋在开箱交货时交割不清，聘请的商检又在港口外进行，故原先对货损索赔及所损害的确切数额的请求举证不力。

上海海事法院在查明事实、分清责任的基础上主持调解。1990年3月28日，三方达成协议：

被告外运和远洋根据损害事实及提单条款规定，赔付原告AIU人民币8 000元(其中300元为补偿原告诉讼费)；

赔偿由契约承运人外运先行给付，再与实际承运人远洋自行协商解决；本案受理费1 961.44元由原告AIU负担。

二、分析

(1)货损货差是对外贸易运输中经常发生的。随着国际集装箱化的进一步开展,集装箱运输对提高货运质量有明显的成效,但并不能完全消除运输过程中的货损货差事故。

本案中,根据清洁提单及目的港收货人聘请的新日本商检协会作出的商检证书结论("From what we have surveyed, we are of the opinion that the damage to the cargo was caused by contact with rain water which entered the container through the breakage on it's front roof at Kobe")中可知,货损的原因是由于该集装箱前面顶部有裂痕,雨水进入箱内造成纸箱内衣服损坏,此外,还可以从进出神户港场站的集装箱设备交接单上得到佐证,在其 Inspection of Container 栏中,均有集装箱前面左侧顶部"Broken"(破损)的批注。按照索赔、理赔的近因原则(Proximate Cause)本案货损的近因集装箱箱体的裂痕,属"船残"。可以推断造成裂痕有两种可能性:①该集装箱在 S 港装货前就存在裂痕,船方未提供适载集装箱;②该集装箱的裂痕是因为船方在海上运输过程中未能恪尽职责,由管货过失造成的。因此,船方应对货损承担赔偿责任。

(2)理赔是一项涉及面广、情况复杂、政策性很强的工作,理赔须细心研究案情,熟悉国际贸易合同条款、国际货运法规、提单条款内容、货物保险合同,商品检验法规、国际航运惯例等,这样,才作出正确处理。

本案中,由于 AIU 的索赔是依据新日本商检协会作出的残损鉴定,我方律师在诉讼中认真仔细地研究了对该案起关键作用的商检证书,发现日方申请商检验残的时间和地点存在缺陷。按商检惯例,日本 Phenix CO. Ltd 发现有批注集装箱设备交接单和载明货物湿损的拆箱报告后,就应及时在卸货港当地申请神户口岸商检机关鉴定,而不应把货运到东京,再向商检机构申请鉴定。因此,可以得出这样的结论:日方收货人对易扩大损失的残损商品没有立即申请鉴定检验,也没有采取有效合理的施救以减少货损。因此,对扩大残损应自负责任。

(3)从近年来发生的集装箱货损事故看,由于集装箱本身的原因,如自身不水密、箱子老龄化等而造成货物污损、污染、泄漏损等有上升趋势。在集装箱多式联运过程中,尽管最终承运人交付给收货人的是一个外表状态良好、铅封完整的集装箱,但有时却发现箱内货物已经受损,且难以确定货损区段及货损原因。

我国的《海上国际集装箱运输管理规定》第12条规定："用于海上国际集装箱运输的集装箱，应当符合国际集装箱标准化组织规定的技术标准和有关国际集装箱公约规定。集装箱所有人、经营人应当做好集装箱的管理和维修工作，定期进行检验，以保证提供适宜于货物运输的集装箱。违反本条第2款规定，造成货物损坏或短缺的，由责任人按照有关规定承担责任。"第17条规定："托运人或承运人在货物装箱前应当认真检查箱体，不得使用影响货物运输、装卸安全的集装箱"。据此，集装箱运输各有关业务环节应依法行事，把好供箱关，同时各有关方也应认真进行集装箱交接手续并注意以下几点：①重箱：箱体完好，箱号清晰，封志完整无误；②空箱：箱体完好，水密，无漏光，清洁、干燥、无味，箱号及装载规范清晰；③凡箱号及装载规范不明、不全、封志破损、脱落、丢失、无法辨认或进出口文件记载不符，箱体结构不符ISO标准，擦伤、割伤、破洞、漏光、不水密、箱门无法关启等，均应在《进出场集装箱设备交接单》上注明。只要业务人员依照规范操作，是能减少、避免集装箱货损事故发生的。

(4)集装箱运输商务中发生事故的原因是多方面的，现结合有关责任方分析如下：

①装箱、封箱不当。集装箱运输必须做到安全积载、堆装，适当封箱，操作不当会造成货损，如货物在箱内应均匀分布，不同性质货物应避免混装等。如果是CY交付或整箱交付的，装、封箱不当应由发货人或货运代理人负责；如果是CFS交付的，装、封箱不当应由集装箱运输经营人或其代理人指定的货运站负责（当然，如果发货人委托代理人办理CFS交付的除外）。

②装卸、搬运等不当。集装箱的装卸、搬运操作必须谨慎小心，若违章操作，粗暴搬运，使用工具不当等原因造成箱内货物残损的，属"工残"，其货损责任由装卸部门承担。

③堆放、保管不当。指卸货港的码头、仓库（场/站）对集装箱及拆箱后箱内货物的堆放、保管不善，造成货损，属"港残"，是港方责任范围。

④船方积载不当。集装箱船舶的结构要求是将大量的箱子装载甲板运输，风险较大。若承运人没有牢固的装置设备或没有科学的积载，或者在航行中船方对载运货物未谨慎处理，使集装箱被海浪打入大海或打破造成货物灭失、损害的事故，属"船残"，由船方负责赔偿。

⑤集装箱不适载。在箱子交接方面，船方提供给发货人的箱子应完整无损，清洁干燥，并且有合格的检验证书，如果船方提供的自有箱或租

箱不适货运，则货损属“船残”，也由船方负责。

除此之外，还有其他原因，如提单上已有注明的残损，属“原残”，由发货人负责。

【案例 4】　集装箱码头堆场及货运站经营人赔偿责任之确定

在国际货物运输中，调整当事人的法律关系大多数国家已有比较完整的法律规范，而且不同的运输方式均有相应的国际货运公约加以制约。然而，调整和规范整个运输过程中介于承运人与货主之间的集装箱码头堆场、货运站经营人方面的国际法规至今仍未得到统一，仍由各国的国内法律规范各当事人之间的责任。由于各国法律规范的差异，即使在同一案件的处理中也会给当事人的赔偿责任和利益带来不平衡，人们迫切希望有一国际方面的法规来调整集装箱码头堆场、货运站经营人与各当事人的行为，从而填补整个国际货物运输中的法律空档。

一、集装箱码头堆场、货运站经营人法律地位之确定

在早期的联合国有关港口的文件中，对集装箱码头堆场、货运站经营人曾使用过“国际装卸场站经营人”、“运输终端经营人”等词，但从今天国际贸易货物结构的变化，国际货物运输方式的发展，以及集装箱码头堆场、货运站所提供的设施、服务内容来看，早期的联合国有关港口文件中的概念区别甚远。今天的集装箱码头堆场主要从事整箱货接受、堆存、装船、卸船、交付等业务活动，而集装箱货运站主要从事拼箱货接受、仓储、拼箱、交付等业务活动。特别是随着国际多式联运、国际货物业的发展，传统的港口型的集装箱堆场、货运站已向内陆延伸。随之，无论在责任期限、赔偿责任与当事人之间的法律关系等方面均发生了根本变化。1980年，联合国通过了《联合国国际货物多式联运公约》，同时为填补整个国际货物运输过程中的法律空档（集装箱码头堆场、货运站区段），联合国贸易法委员会在 1983 年 4 月举行的会议上，决定将有关港口经营人的赔偿责任列入工作计划，并起草了有关港口经营人赔偿责任的公约草案。1987 年 1 月贸易法委员会成员国的专家召开会议，我国交通部、经贸部参加了会议讨论。尽管有关港口经营人赔偿责任公约至今未得以通过，但各国对港口经营人方面的法律规范与赔偿责任均作了较大修改，有的国家甚至作了与多式联运公约中对多式联运经营人同样的赔偿责任，从

而使国际货物全程运输中有一个完整的统一法规规范各当事之间人的责任。

从事与集装箱码头堆场、货运站业务有关的人或相关的人均知道,在法律上去确定集装箱码头堆场、货运站经营人的法律地位是非常困难的,因为与传统的港口经营人相比较,集装箱码头堆场、货运站其职能发生了根本变革,法律关系错综复杂,有船公司、内陆拖箱人、托运人、收货人、货运代理人、船务代理人等;也有使用或租用堆场、货运站装卸设施、场所进行货物堆存、仓储、加工等要求提供较全面服务的人。在有关港口经营人方面的国际公约草案中规定:"港站经营人是在业务活动中,在其所控制或有权使用的场地上,为从事或安排与国际货物运输有关的服务,所从事的业务包括非由港站经营人提供的集装箱、托盘或其他集装箱工具。"也有国家对港站经营人规定:港站经营人是处理海陆货物交接、装卸、堆存的经营人,他可以是独立的经营人,也可以是代理人或受雇人,从现行集装箱码头堆场、货运站经营人从事的业务活动看其法律地位:

(1)他不是贸易合同、运输合同的当事人;

(2)他有权与船公司、货主以及其他要求提供服务的人订立服务合同;

(3)他可作为船公司、货主或相关当事人的代理人;

(4)他对责任期间内所发生的有关货物灭失或损害除免责任外的内容承担赔偿责任;

(5)他同时具有双重身份,因介于海陆运输区段的枢纽点,同时受不同当事人服务合同的制约。

可见,集装箱码头堆场、货运站经营人的法律地位是非常复杂的,其中,既有与船公司、货主之间的合同关系,又有与船公司、货主之间的雇佣关系,以及与第三方的侵权行为关系这么多头的法律关系交织在一起,且权利、义务各不相同。因此,只有在准确确定集装箱码头堆场、货运站经营人的法律地位后,才能调整其与各当事人的赔偿责任。

二、集装箱货运站经营人案例分析

1. 案由

上海一家公司(以下称发货人)出口 30 万美元的皮鞋,委托集装箱货运站装箱出运,发货人在合同规定的装运期内将皮鞋送货运站,并由货运站在卸车记录上签收后出具仓库收据。该批货出口提单记载 CY—CY

运输条款、SLAC(由货主装载并计数)、FOB价、由国外收货人买保险。国外收货人在提箱时箱子外表状况良好,关封完整,但打开箱门后一双皮鞋也没有。也许有人会提出:皮鞋没有装箱,怎么会出具装箱单?海关是如何验货放行的?提单又是怎样缮制与签发的?船公司又是怎样装载出运的?收货人该向谁提出赔偿要求呢?

2. 处理

(1)收货人向发货人提出赔偿要求。由于出口提单记载"由货主装载并计数",收货人根据提单记载向发货人提赔,但发货人拒赔,其理由:"尽管提单记载由货主装载并计数,但事实上皮鞋并非由货主自行装载,在皮鞋送货运站后,货运站不仅在卸车记录上签收,而且又出具了仓库收据。仓库收据的出具表明货运站已收到皮鞋,对皮鞋的责任已开始,同时也表明货主责任即告终止。因此,提单记载是没有任何意义的,不具有任何法律效力。此外,提单记载CY—CY运输条款并不能说明整箱交接,因为该批皮鞋由货运站装箱。而且,装载皮鞋的集装箱装船后,船公司已出具提单,更为主要的是集装箱货物交接下买卖双方风险以货交第一承运人前后划分,由于集装箱运输下承运人的责任是从'接受货开始',因而随着货交承运人,其贸易风险也转移给了买方。"

(2)收货人向承运人提出赔偿要求。当收货人向承运人提出赔偿时,承运人认为:"提单记载的运输条款是CY—CY,即整箱交接",提单的反面条款也规定:"整箱货交接下,承运人在箱子外表状况良好下、关封完整下接货、交货"。既然收货人在提箱时没有提出异议,则表明承运人已完整交货。承运人进一步说:"至于提单上记载由货主装载并计数,因为对承运人来说是从货运站接受的已装载皮鞋的整箱货、事实上并非知道箱内是否装载皮鞋"。提单正面条款内容对提单签发人、提单持有人具有法律效力。

(3)收货人向保险人提赔。当收货人向保险人提赔时,保险人也拒赔,并提出:"此种赔偿归属于集装箱整箱货运输下的'隐藏损害',即无法确定皮鞋灭失区段和责任方"。如收货人向保险人提赔,收货人应向保险人举证说明皮鞋灭失区段、责任方,这样才可保证在保险人赔付后可行使追赔权,即进行"背对背"赔偿。保险人进一步说:"整箱货隐藏损害同时应具备三个条件:①货物灭失或损害发生在保险人责任期限内;②货物灭失或损害属保险人承保范围的内容;③箱内货名称、数量、标志等装载必须与保单内容记载一致"。

收货人在向发货人、承运人、保险人提出索赔而又得不到赔偿后，收货人转向货运站进行提赔，其理由："是装箱过失所致"。然而，集装箱货运站说："收货人与发货人之间有买卖合同关系；发货人与承运人之间有运输合同关系；收货人与保险人之间有保险合同关系，而收货人与货运站之间既无合同又无提单关系，而装箱过失属货运站管货过失行为，即使赔偿也可享有一定的责任限制，但如按侵权过失，则应按实际损失赔偿。"货运站进一步说："即使由货运站装箱，但也是货主委托行为，货运站是货主的雇佣人员"。显然，货运站的观点是错误的，因为：

①仓库收据的出具表明货运站已收到货主的货物；

②仓库收据的出具表明货运站对收到的货开始承担责任；

③货运站在卸车记录上签收，表明双方交接责任已明确转移；

④装箱单出具则表明皮鞋已装箱。

根据现行的仓储合同规定："货物进仓库交由保管方后，则表明保管方责任已开始，如保管方在保管货物过程中造成货物灭失或损害则由保管方承担责任"。同时，根据中华人民共和国《国际海上集装箱运输管理规则》规定："装箱不当造成货物漏装箱应由装箱人承担责任。"由于涉及本案的各当事人均不承担责任，收货人向法院提起诉讼，法院判决："仓库收据是货运站出具给货主的仓储合同，出具装箱单表明皮鞋已实际装箱、收货人在箱子外表状况良好、关封完整下收货，则表明承运人已完成交货责任，由于箱内并没有装载皮鞋，保险人也没有赔偿事实，因而由货运站承担赔偿责任。"但货运站不服法院判定，提出上诉，但很快撤诉，原来皮鞋在库内堆存，并独自装箱。

从本案的判定中可看出，集装箱货运站经营人的法律地位是非常明显的，他既是货主委托的装箱人，又是与货主订有仓库合同的一方，承担仓储合同责任，同时又因是装箱人承担装箱过失责任。经过货运站与发货人、收货人协商，本案以货运站除承担皮鞋再出运的所有费用外给予收货人相应补偿而结案。

第七章　集装箱码头进口业务运作

第一节　与船公司进口业务协调与运作

与普通船货物运输相比较，集装箱专用船不仅船型大、速度快，而且靠挂港口也少，从某种意义上来说，限制挂靠港口和缩短装卸时间，不仅能提高船舶的周转率，而且，对船公司的经济效益和使货方尽早收到货物都是有利的。船公司要达到这一目的，首先必须要有合理的组织工作程序。船公司在进口货运中的主要业务工作有以下几项。

一、做好卸船准备工作

由于集装箱专用船要求在最短的时间内卸完集装箱，因此，如没有一个完整的卸船计划，集装箱有可能停滞在码头上，影响船舶装卸，使码头工作陷入混乱，延迟对收货人的交货。从而在相当程度上削弱了集装箱运输能缩短作业时间和提高船舶周转率的优越性。

因此，对船公司主管进口货运的人来说，应在船舶从最后装船港开出后，着手制订船舶预计到港的计划，并从装船港代理那里得到有关单证。与此同时，同港方、收货人、海关和其他有关部门尽早取得联系，一俟船舶靠泊，尽快将箱子卸下，并办理海关手续，做好交货准备。从装船港代理取得的主要单证有：

1. 提单副本或场站收据副本

提单副本或场站收据副本作为船舶预计到港通知书，以及交货通知书、交货凭证、货物舱单、动植物清单等，并据以答复收货人有关货物方面的各种咨询。

2. 积载图

在进口的情况下，积载图可作为编制集装箱卸船计划、集装箱在码头堆场的安置、保管和交货计划,以及有关设备管理的资料。

3. 集装箱装箱单

该单作为办理保税内陆运输手续,办理货物从码头堆场运出的手续,以及集装箱货运站办理拆箱、取货、分类的依据。

4. 集装箱号码单

该单作为向海关办理集装箱暂时进口手续、设备管理的依据,以及作为与其他单据核对使用。

5. 装船货物残损报告

凭该单向责任方提出索赔的主要单证之一。

6. 特殊货物表

特殊货物表是向海关和有关方面办理危险品申报,以及冷藏货物、活牲畜等特殊货物的交货。

二、制作寄送有关单据

船公司或其代理人在收到装船港寄来的单据后,应从速制作下述有关单证寄送有关方:

1. 船舶预计到港通知书

船舶预计到港通知书是向提单副本所记载的收货人或通知人寄送的单据,其内容和提单大致相同,除货物情况外,还记载该船预计抵港日期。

在普通船运输下,船公司一般没有给收货人船舶预计到港通知书的义务,也就是说可以不送。但在集装箱运输下,为使码头堆场能顺利进行工作,防止货物积压,使集装箱有效的利用而不发生闲置,加速周转,则有必要将货物预计到达的日期早日通知收货人,让收货人在船舶抵港前作好收货准备工作,等集装箱货物一从船上卸下即可从速提走。

2. 交货通知

交货通知是货物具体交付日期的通知,是在确定了船舶抵港日期和时间,并且决定了集装箱的卸船计划和时间后,船公司或其代理人将货物交付的时间通知给收货人的单据。货物交付通知习惯上先用电话通知,然后寄送书面通知,防止不必要的纠纷。

3. 货物舱单

该单作为向海关申请批准卸货之用。

三、卸船与交货

集装箱的卸船与交货计划,主要由码头堆场负责办理,但如收货人在接到船公司寄送的船舶预计到港通知后,有时会通知船公司,提出在他方便的时间提供提货的可能机会。对收货人的这种要求,船公司应即转告集装箱码头堆场,在交货时,尽可能满足收货人的要求。

四、签发提货单

除特殊情况外,船公司或其代理人只要收到正本提单,便有义务对提单持有人签发提货单。因此,提货单的签发是采用与正本提单相交换的形式进行的。提货单仅仅具有作为交货的凭证,并不具有提单那样的流通性。

第二节 集装箱码头进口业务运作

一、集装箱的卸船准备

如来港靠泊的集装箱船是定期班轮,则根据协议或业务章程的规定,在一定时间内将船期计划告知码头,在船舶靠泊前正式通知码头。如由于气候或其他原因未能按期到港应提早通知。在船舶抵港前一定时间内,船公司或其代理应将下述单证送交码头业务部门:

(1)货物舱单;

(2)集装箱号码单;

(3)积载图;

(4)集装箱装箱单;

(5)装船货物残损报告;

(6)特殊货物表。

码头堆场根据这些单证安排卸货准备,并制订出集装箱卸船计划、堆场计划、交货计划。

1.集装箱卸船计划

为了能缩短船舶在港时间,卸船与装船往往需要同时进行,卸船计划的制订就是为了能在最短的时间内使大量的集装箱能顺利地装上或卸下。

2. 集装箱堆存计划

集装箱能否合理地安置在集装箱码头堆场内,除了会影响卸船计划的执行外,还会严重地影响交货计划的执行。因此,码头堆场应充分考虑卸船的集装箱数量、种类,以及向内地运输和交给收货人的数量,有条不紊地将集装箱卸下,并立即交给内陆运输的承运人或收货人,为达到这一目的,有必要制订堆场计划(YARD PLAN)。

3. 集装箱的交货计划

交货计划是为了使船上卸下的集装箱不积压在堆场内,并向最终目的地继续运输或直接交收货人所制订的计划。

二、卸船与堆放

码头堆场根据制订的卸船计划从船上卸下集装箱后,根据堆场计划堆放集装箱。从船上卸下的集装箱如存放在码头堆场时,则应注意到:

(1)空箱与实箱应分开堆放;

(2)了解实箱内货物的详细情况;

(3)是否要安排中转运输;

(4)在码头堆场交货,还是在货运站交货;

(5)预定交货的日期。

三、交货

从船上卸下的集装箱货,交货对象大致可分:收货人、集装箱货运站、内陆承运人三种,根据不同的交货对象,交货时应办理的手续有:

1. 交给收货人

当收货人或其代理人前来提取装有货物的集装箱时,应出具船公司或其代理人签发的提货单,经核对无误后,码头堆场将集装箱交给收货人。交货时,码头堆场和收货人双方在交货记录上签字交接,如对所交接的货物有批注,应将该批注记入交货记录。交货记录是证明承运人责任终止的重要单证。

2. 交给集装箱货运站

如系拼箱货,则由集装箱货运站从码头堆场将集装箱货物运到货运站,并由其拆箱将货交收货人。一般情况下进行的集装箱货物交接,由码头堆场和货运站共同在集装箱装箱单上签字,作为货物交接的依据。如码头堆场和货运站是各自独立的,交接时应制作交货记录,并由双方签署，以明确对集装箱货物的责任关系。

3. 交给内陆承运人

如集装箱货物原封不动运往内地最终交货地点，码头堆场必须与船公司或其代理公司取得联系后，再把集装箱交给内陆承运人。在这种情况下，如海上承运人的责任终止于码头堆场，则以交货记录进行交接。如内陆承运人作为海上承运人的分包承运人，海上承运人则对全程运输负责，码头堆场和内陆承运人只需要办理内部交接手续，在集装箱货物运至最终交货地点后再办理交货记录。

四、有关费用收取

码头堆场在将集装箱货物交给收货人时，应查核该货物是否发生了保管费、再次搬运费。另外，箱子的使用是否超出了免费使用期，如已超出则应收取滞期费。在发生上述费用的情况下，码头堆场在收取了这些费用后，再交付集装箱货物。

五、制作交货报告与未交货报告

码头堆场在交货工作结束后，应根据实际情况制作交货报告送交船公司，作为日后船公司处理收货人提出的关于货物灭失或损坏的索赔。如收货人一时未能前来提货，码头堆场则应制作未交货报告送交船公司，船公司据以催促收货人早日提货，如收货人仍不能前来提货，船公司可对货物采取必要措施。

第三节　集装箱货运站进口业务运作

拼箱货由货运站从码头堆场领取后在货运站拆箱，并按提单分类，将货物交给前来提货的人，集装箱货运站主要的进口货运业务有：

一、做好交货准备工作

(1)提单副本或场站收据副本；
(2)货物舱单；
(3)集装箱装箱单；
(4)装船货物残损报告；
(5)特殊货物表。

货运站根据上述单据做好拆箱交货准备工作。

二、发出交货通知

在确定了船舶进港时间和卸船计划后，货运站应与码头堆场联系决定提取拼箱集装箱的时间。根据这个时间，由货运站制定出拆箱交货计划。

集装箱船舶在港期间，货运站同时要进行拆箱交货、接货装箱的作业，业务相当繁忙紧张。为使拆箱的货物尽快让收货人提走，对收货人发出交货日期的通知是完全必要的。

交货日期的通知，也是货运站计算集装箱保管费，或再次搬移费用的依据。

三、从码头堆场领取载货的集装箱

集装箱货运站在与码头堆场取得联系后，即从堆场领取载货的集装箱。在进行交接时，码头堆场与货运站在集装箱装箱单上签字。另外，对出堆场的集装箱应办理设备交接手续，由堆场出具设备收据，双方共同签字。

四、拆箱交货

集装箱货运站从堆场领取集装箱货后，即开始拆箱作业。在从箱内取出货物时，应按装箱单记载的末尾向前的顺序进行，这是因为箱内的货物是由装箱地按货物装箱的顺序记载的。拆箱后，应将空箱退还给码头堆场。

当收货人前来提货时，货运站要求收货人出具船公司签发的提货单，在核对提货单记载的内容与货物无误后，即可交货。交货时货运站与收货人应在交货记录上签字，如发现货物有异常，则应将这种情况记入交货记录的备注栏内。

这种交货记录与普通船货物运输下的船舶记录具有同样的性质，是交货完毕后的凭证，船公司对货物的责任以双方在交货记录上的签署为准。

五、收取有关费用

集装箱货运站在交付货物时，应查核该货物有无发生其保管费和再次搬运费。如已发生，则应收取后再交付货物。

六、制作交货报告和未交货报告

集装箱货运站在交货工作结束时，应制作交货报告寄送船公司，船公司据以处理有关货物的损害赔偿责任。对未交货积压在货运站的货，则应制作未交货报告寄送船公司，船公司据以催促收货人迅速提货。如收货人在船公司催促后仍未前来提货，船公司可对货物采取必要的措施。

第四节　与收货人进口业务的协调与运作

同普通船货物运输相比较，收货人在集装箱进口货运中的事项变化不大，但也稍有不同，下面按应办事项的顺序具体说明。

一、签订贸易合同

收货人作为买方（收货人）首先必须同国外的卖方（发货人）签订贸易合同。

二、租船订舱

如果货物是以 FOB 价格条件成交，收货人则负有租船订舱的责任，并有将船名、装船期通知发货人的义务。特别是在采用特殊集装箱运输时，更应尽早预订舱位。

三、提出开证（信用证）申请

收货人必须在贸易合同规定的日期向其所在地银行提出开证申请，并按合同的内容填写开证申请书，请开证行（所在地银行）开证。由于集装箱运输的特点，一般都应在信用证中证明是否必须签发已装船提单，有的还应具体指定船名。

四、投保

进口货物如以离岸价 FOB，或到岸价 CIF 价格条件成交，收货人则负有投保、支付保险费用责任。一般情况下，该种保险都是预约保险，所以，只要开始运输，实际上货物只要装上船舶，其货名、数量、保险金额一经确定，即应正式投保。

五、取得装船单据

收货人要取得全套装船单据,必须向银行支付货款,购买装船单据,或向银行开信托收据取出装船单据。如在按托收汇票结汇时,进口地银行对出口地银行负有代收货款的责任。所以,在付款交单条件下,收货人只有在支付货款后才能取得单据。收货人在得到单据后,应仔细审核提单所记载的事项和提单背书的连贯性。

六、换取提货单

收货人在提货前,收货人应将提单交还给船公司或其代理人,据以取得提货单。在货物从船上卸下后,凭提货单即可提货。

七、提取货物

通常,整箱货应到码头堆场去提货,如为拼箱货则应在货运站提货。必须注意,整箱货应连同箱子一起取出,同时,还应办理有关集装箱的设备交接单。

八、索赔

提取货物时,如发现有关货物的灭失、损坏,收货人即应提出索赔。

【案例1】 《集装箱设备交接单》的应用

1. 用箱人/运箱人栏

由船舶代理人填写,填写时应列明责任方或委托方。

说明及要求:

(1)责任方系指对集装箱使用过程中的灭失、损坏负有赔偿责任并负责支付集装箱超期使用费用的一方,或与海上承运人或其代理人签订集装箱使用合同的一方。他们可以是货方或货方代理人,或受货方或货方代理人委托的内陆(水路、公路、铁路)承运人,或根据委托关系向海上承运人或其代理人提供集装箱检验、修理、清洗、租赁、堆存等服务的单位。

(2)委托方系指委托责任方进行内陆(水路、公路、铁路)运输的一方。他们可以是货方或货方代理人,也可以是内陆(水路、公路、铁路)承运人。责任方可要求船舶代理人将委托方列明于本栏内。凡一并列明责任方和委托方者,船舶代理人在向责任方收取集装箱超期使用费用时,可按委托方分别开列账单,便于责任方向委托方收取费用。

(3)凡具备责任方条件者,方可向船舶代理人办理集装箱发放手续。凡责任方或委托方办理集装箱发放手续者,必须持责任方书面委托,并明示责任方与委托方办理集装箱发放手续,承担集装箱使用过程中发生的灭失、损坏,承担集装箱超期使用费。委托书中还应列明责任方和委托方的全称、地址、电话和经办人,列明银行结算账号。

2. 提箱地点栏

进口拆箱由船舶代理人填写;出口装箱由港区、场/站填写:因检验、修理、清洗、租赁、堆存、转运出口而提离有关港区、场/站的空箱,提箱地点由船舶代理人填写。

3. 发往地点栏

进口拆箱由船舶代理人填写;出口装箱由运箱人填写。

说明及要求:该栏是实施集装箱动态管理的重要栏目。船舶代理人通过计算机的统计分析,能随时掌握海上口岸的集装箱分布情况,为生产和箱管提供决策依据。填写时字体必须清楚,发往地点完整。

4. 来自地点栏

进口拆箱由船舶代理人填写;出口装箱由运箱人填写。

说明及要求:如进口箱出口需套箱时,必须在套箱前到船舶代理人处办理套箱手续,更正"进场"联的"来自地点"栏,并加盖船舶代理人同意套箱字样,否则,港区、场/站不予收箱,船舶代理人将视其超期使用。

5. 返回/收箱地点栏

进出口全部由船舶代理人填写。

说明及要求:用箱人/运箱人或港区、场/站必须严格按《集装箱设备交接单》规定的地点还箱、收箱;收箱地点必须符合《口岸国际集装箱场/站管理办法实施细则》的规定,向用箱人/运箱人提供服务。

6. 船名/航次栏

进出口全部由船舶代理人填写。

7. 集装箱箱子栏

进口拆箱由船舶代理人填写;出口装箱除指定箱号外,由港区填写。

说明及要求:因出口货物短装或退关造成集装箱不能按《集装箱设备交接单》规定的船名/航次使用,用箱人运箱人可持该单证"进场"联到船舶代理人处办理更正手续后可继续使用。

8. 尺寸/类型栏

进出口全部由船舶代理人填写。

9. 营运人栏

进出口全部由船舶代理人填写。

说明及要求:

(1)营运人栏是港区、场/站对集装箱进行管理的主要依据。凡《集装箱设备交接单》签发后,营运人发生变更时必须由船舶代理人及时通知港区、场/站。

(2)用箱人/运箱人根据情况需要套箱时,必须于套箱前到船舶代理人处办理套箱手续,以免盲目套箱。

10. 提单号栏

进口拆箱由船舶代理人填写,出口装箱由运箱人要求装箱点填写。

说明及要求:凡货运站交付或拼箱交货的进出口集装箱,只需在该栏内列明一票提单号码,但填写必须清楚正确。

11. 铅封号栏

进口拆箱由船舶代理人填写,出口装箱由运箱人要求装箱点填写。

12. 免费使用期栏

进出口全部由船舶代理人填写。

13. 运载工具牌号栏

进出口全部由运箱人填写。

说明及要求:填写时必须列明内陆承运人单位简称及承运车辆牌号。

14. 出场目的/状态栏

由船舶代理人填写。

15. 进场目的/状态栏

由船舶代理人填写。

16. 出场日期栏

由港区、场/站道口填写。

17. 进场日期栏

由港区、场/站道口填写。

18. 出场检查栏

由运箱人与港区、场/站道口工作人员联合检查。

场/站道口工作人员注明程度及尺寸。

19. 进场检查栏

由运箱人与港区、场/站道口工作人员联合检查。如有异状,由港区、场/站道口工作人员注明程度及尺寸。

说明及要求:集装箱进出场责任划分,交接前由交方承担;交接后由接方承担。

20. 用箱人/运箱人签署栏

由运箱人签署。

21. 码头/堆场值班员签字栏

由港区、场/站道口工作人员签署。

说明及要求:签署《集装箱设备交接单》时,字体必须清楚,姓名应写全名。

22. 注意事项

《集装箱设备交接单》业经签发不得更改。凡需更改者,必须到船舶代理人处办理更正手续,并于《集装箱设备交接单》更正处盖有船舶代理人箱管更正章,其他更正章一律无效。未经办理更正手续的《集装箱设备交接单》一律不得进入港区,违者按规定追究责任。

【案例2】《集装箱交货记录》的应用

(1)本“实施细则”严格遵循收货人凭正本提单向承运人或其代理人提货这一国际惯例,以维护国内外收、发货人及海上承运人或多式联运承运人的正当权益。

(2)“实施细则”运用于从口岸海运进口的集装箱货物。各有关单位及当事人必须严格遵守“实施细则”各项规定。

(3)“交货记录”标准格式一套共五联:

①到货通知书(除进库场日期外所有栏目由船代填制);

②提货单(同上,盖章位置则由责任单位盖章);

③费用账单(剩余栏目由场站、港区填制);

④费用账单(同上);

⑤交货记录(同上,提货人签名)。

(4)“交货记录”流转程序:

①船舶代理人在收到进口货物单证资料后,在规定时间内向收货人或通知人发出“到货通知书”。

②收货人或其代理人在收到“到货通知书”后，凭海运正本提单（背书）和“到货通知书”向船舶代理换取“提货单”及场/站、港区的“费用账单”联、“文货记录”四联等联，“提货单”经船代盖章方始有效。

③收货人或其代理人持“提货单”在海关规定的期限内备妥报关资料，向海关申报。海关验放后在“提货单”的规定栏目内盖放行章。收货人或其代理人还要办理其他有关手续的，亦应办妥手续，取得有关单位盖章放行。

④收货人及其代理人凭已盖章放行的“提货单”、“费用账单”和“交货记录”联向场/站或港区的营业所办理申请提货作业计划，港区或场/站营业所核对船代“提货单”是否有效及有关放行章后，将“提货单”、“费用账单”联留下，作放货、结算费用及收费用依据。在第五联“交货记录”联上盖章，以示确认手续完备，受理作业申请，安排提货作业计划，并同意放货。

⑤收货人及其代理人凭港区或场站已盖章的“交货记录”联到港区仓库，或场/站仓库、堆场提取货物。提货完毕后，提货人应在规定的栏目内签名，以示确认提取的货物无误。“交货记录”上所列货物数量全部提交后，场/站或港区应收回“交货记录”联。

⑥场/站或港区凭收回的“交货记录”联核算有关费用。填制“费用账单”一式二联，结算费用。将第二联（蓝色）“费用账单”联留存场/站、港区制作部门，第四联（红色）“费用账单”联用作向收货人收取费用的凭证。

⑦港区或场/站将第二联“提货单”联及第四联“费用账单”联、第五联“交货记录”联留存归档备查。

（5）“实施细则”不违背我国法律、法令及我国政府承认的有关国际海商法规及国际惯例，为减少进口集装箱货物在港口停留时间，各有关方面应提高工作效率加快单证流转。

（6）承运人：

①集装箱运输的交货条款。收货人或其代理人凭海运正本提单（背书）在规定的时间内向承运人或其代理人换取“提货单”及场/站或港区的“费用账单”和“交货记录”四联，并在“交货记录”上签字后，货物交接手续完成。

②收货人凭正本多式联运提单（背书）向多式联运承运人在当地的代理人提取、交接货物。多式联运承运人的代理人必须具有合法的代理

资格。

③承运人必须通知其装货港代理；远洋航线船舶在确报船舶抵卸货港前×天，将舱单、副本提单等完整资料寄达卸货港的船舶代理人；近洋航线船舶在抵港前尽早将上述资料寄达卸货港代理。

(7)船舱代理：

①船舶代理人在收到船舶资料后将其代理的船舶舱单送达口岸主管海关及卸货港区。

②船舶代理人应在远洋船舶抵港前若干天，近洋船抵港后，向收货人或通知人或其代理发出"到货通知书"。如进口舱单或其他有关资料无法查明确切的收货人或提单通知人时，应立即向发货港船舶代理查询，接复电后立即发通知。

③船舶代理人在收到正本提单并核对无误后，方可签发"提货单"等四联，并在"提货单"上加盖专用章，以示确认。在特殊情况下，收货人或其代理人无正本提单提取货物，船舶代理人可凭收货人或其代理人的银行担保或其他可接受的有效保函，签发"提货单"。但收货人或其代理人必须办理销保手续。

④船舶代理人在签发"提货单"时，要仔细确认船舶货物是否属于自己代理的职责。不属于自己代理的船舶，任何船舶代理人无权签发"提货单"及其他有关证明。

⑤承运人交货地点为内地的集装箱货物，船舶代理人根据承运人指定的业务范围通知有关单位，有关单位可凭副本提单到船舶代理人处签发"提货单"等有关手续，并向口岸海关等有关检验机构办理转运手续。

⑥运费到付的进口货物，必须结清运费后方可签发"提货单"等有关单证。

⑦船舶代理人仅对其代理的海运承运人负责。

(8)场/站或港区：

①场/站或港区所存放的集装箱和货物，场/站或港区负保管的责任，并应按船公司或其代理人的通知放货。

②场/站或港区对海关需查验后放行的货物，凭海关出具的查验证明受理作业计划。对分批提货的货物凭"交货记录"受理作业计划。

③收货人或其代理人在"交货记录"上签收后，货运站或港区应将"交货记录"整理归档备案。

④进口箱内地交货，场/站、港区不得以任何理由擅自拆箱。

(9)收货人或其代理:

①收货人其贸易代理在签订进口贸易合同时,应要求发货人在托运时,写明国内收货人或“通知方”的全称及通信地址。

②收货人或某国内代理在收到“到货通知书”后,应及时凭正本提单(背书)和“到货通知书”向船舶代理人换取“提货单”。

③收货人办理进口手续。根据贸易性质,必须备妥:进门许可证、合同、来料加工、进料加工补偿贸易登记手册、发票、包装清单、内地海关转关证明等有关资料。

④收货人对运费到付的货物,在换取“提货单”时,必须结清运费。

⑤进口集装箱重箱运往内地的,按照一关三检交货的有关规定办理。

⑥无正本提单,凭保函换取“提货单”的,必须去船代办理销保手续。

(10)海关及有关法定检验机构:

①海关受理进口申报,应验看船代出具的“提货单”所提货箱是否属其代理的船舶承运进口;对不属其代理的船舶,不受理其进口申报。

②海关受理进口申报,准予放行提货的货物,在“提货单”上规定位置盖放行李以示确认。对受理申报后,需查验后放行的货向申报人出具海关查验证明,便于其向场/站、港区申请作业计划。

③承运人交货地在内地,且内地有海关,应准予申报人办理海关监管手续,到内地交货地办理结关手续。同样必须进行法定检验的进口货物,商检、卫检、动植物检验机构仍按口岸机构有关规定办理手续。

【案例3】 出口货物回运案

要点提示:海运货物安全运抵目的地,承运人的主要义务已经完成,托运人的回运要求是另外一个合同关系。根据不同国家的不同规定,货物的回运受到诸多制约,在接到托运人回运要求时,不能轻易同意,而是应当充分了解货物的情况以及当地法律法规对回运的限制性规定,不要为托运人转嫁贸易纠纷提供条件。

一、基本案情

三星外贸公司(简称三星公司)委托某运输公司办理一批从郑州到韩国内地某市的多式联运货物,运输公司向三星公司签发了多式联运提单。提单上的托运人为三星公司,收货人为韩国三元公司。货到目的港后韩国三元公司通过三星公司寄给它的提单副本向海关申请了保税运输,货物通过保税运输运到汉城附近的保税仓库中暂存;此时,三星公司因与韩国三元公司发生贸易纠纷,三星公司持尚未结汇的提单向运输公司提出要求回运,运输公司表示同意。但是根据韩国法律的规定,货物的回运必须由收货人提交证明或请求,没有收货人的证明或请求,海关不同意货物运离保税仓库,而此时收货人拒绝配合。由于运输公司迟迟无法进行货物的回运,三星公司认为运输公司既然无法回运货物,就说明已经丧失了对货物的实际控制权,遂对运输公司提起诉讼。

二、处理结果

本案一审法院判定运输公司应承担无单放货的责任。运输公司不服提起上诉。因收货人拒绝配合,运输公司无法从收货人处取得相关证据,后通过多方努力从韩国当地海关、公证部门以及保税仓库取得证据,证明收货人尚未办理通关手续,货物仍在保税仓库中储存。二审法院判定运输公司不承担责任,遂驳回了三星公司的诉讼请求。

三、法律分析

我国《海商法》对于托运人的要求回运权并未作出明确规定。我国《合同法》第三百零八条规定:“在承运人将货物交付收货人之前,托运人可以要求承运人中止运输、返还货物、变更到达地或者将货物交给其他收货人,但应当赔偿承运人因此受到的损失。”根据这一规定,托运人行使上述权利的唯一条件是,承运人尚未将货物交付收货人。同时,托运人行使上述权利,对承运人承担的唯一后果是赔偿承运人因此受到的损失。但是对于本案中的情况,承运人虽未将货物交付收货人,但收货人已凭提单副本向当地海关办理了保税运输,因此已在海关处备案,根据当地的法律,承运人确实不具有将货物回运的能力,此时支持托运人的这一权利,对承运人无疑是不公平的。因此,法律有必要对托运人回运权的行使作以限制。

四、经验教训

货物运输与整个贸易与进出口的流程密切相关,不仅涉及发货人与收货人,而且涉及进口国与出口同的海关、检验检疫等众多机构,任何一环无法通过,都可能影响船、货的放行,造成运输合同的无法正常履行。

而这是承运人在同意托运人的回运要求时所应该考虑到的，尤其是在本案涉及内陆保税运输的情况下，承运人完成回运的难度是非常大的，因此本案承运人对这些情况未予考虑就轻易地答应了托运人的回运要求无疑是草率的。

货运代理无论是作为无船承运人、多式联运经营人还是托运人的代理人在办理运输时首先都应尽量多了解目的港的情况，当地的法律法规对有关船、货的进出口是否有特殊的规定，当地的通关、检验等手续是否有特殊的要求，否则极有可能作出错误的承诺而带来不必要的纠纷。

第八章　集装箱理货与公证业务

第一节　集装箱理货特点

一、集装箱理货的特点

集装箱运输与普通件杂货运输的交接方式不同，交接地点由船边扩大为货运站或货方仓库、工厂；交接内容由件杂货扩大到集装箱；交接形式由船方直接参与扩大为没有船方直接参与；交接责任由船、货方负责扩大到收、发货人负责。

由于这些变化，理货工作也发生相应变化，理货岗位由船边扩大为货运站或货方仓库、工厂；理货内容由件杂货扩大为集装箱；理货机构由受船方委托扩大为受货方委托进行工作。整箱货交接，理货机构受船方委托，在船边办理集装箱交接；受货方委托在货运站、货方仓库、工厂办理装拆箱的公证理货。拼箱货交接，理货机构受船方委托，在船边办理集装箱交接；受船方委托在港口集装箱堆场或货运站办理装拆箱的理货工作。

集装箱理货，包括理箱和理货两个工作过程。在理箱过程中，如漏签集装箱残损，其危害程度远远超过普通件杂货船理货过程中漏签的单件货物的残损，因为集装箱残损可能危及箱内许多货物受损。所以集装箱理箱工作责任更重。在理货过程中，理货人员要单独外出理货，要同各个货主打交道，因此对理货人员的政治素质和业务素质要求更高。

集装箱船载运的集装箱装拆箱理货工作周期长。普通件杂货船的理货工作和集装箱船的理箱工作，在船舶装卸结束时，即可完成。而集装箱的装拆箱理货工作，不可能在船舶装卸结束时完成。装箱理货工作要在船舶装箱前开始，到船舶装箱时结束；拆箱理货工作要在船舶卸箱后开始，全部集装箱拆箱理货工作要持续很长一段时间。

二、集装箱理货的任务

1. 装卸船时,理清集装箱箱数,分清集装箱残损

1)卸船时的理箱工作

(1)在卸船前,船舶代理人将集装箱积载图、进口集装箱舱单和其他有关单证资料提交给理货机构。

(2)理货机构对每艘作业船舶指派一名理货长,负责全船的理箱业务;对每个作业舱口指派一名理货员,负责舱口的理箱业务。

(3)在船舶卸箱过程中,理货员填制理箱单。如发现集装箱箱体有异状、残损和铅封断失等情况,应通知船方验看确认,且填入设备交接单内。经船方签认的铅封断失的集装箱,理货员要重新施加铅封,且编制验封/施封记录。

理货长根据理箱单和设备交接单编制集装箱溢短/残损单,且提请船方签认。

(4)由于船方原因造成理货人员停工待时和集装箱在舱内翻舱或出舱翻舱,理货员编制待时记录,提请船方签认。

(5)全船理箱结束时,理货长编制理货证明书,提请船方签认,同时向船方提供一套理箱单。理货机构凭理货证明书和其他船方签证,通过船舶代理人向船公司结算各项费用。

2)装船时的理箱工作

(1)在装船前,船舶代理人将集装箱配载图、载货清单和其他有关单证送交理货机构。

(2)理货机构对每艘作业船舶指派一名理货长,负责全船的理箱业务;对每个作业舱口指派一名理货员,负责舱口理箱工作。

(3)在船舶装箱过程中,理货员填制理箱单。如发现集装箱箱体有异状、残损和铅封断失等情况,应通知港方处理。如港方不及时处理,理货员如实填入设备交接单内。

理货长根据理箱单和集装箱实际装舱位置,修正配载图为积载图。

(4)由于船方原因造成理货人员停工待时和集装箱在舱内翻舱或出舱翻舱,理货员应编制待时记录,提请船方签认。

(5)全船理箱结束时,理货长编制理货证明书,连同积载图一并提请船方签认,同时向船方提供一套理箱单。

理货机构凭理货证明书和其他船方签证,通过船舶代理人向船公司

结算各项费用。

2. 集装箱验封、施封和拆封

集装箱铅封在集装箱运输过程中有着十分重要的作用。对整箱货，它起着划分承、托运人责任的作用，铅封断失，由承运人承担箱内货物的风险；铅封完好，由托运人承担箱内货物的风险。对拼箱货，起着划分承运人责任作用，铅封完好，由承运人承担箱内货物的风险；铅封断失，由断失者承担箱内货物的风险。

整箱货，由发货人负责施封，收货人负责拆封。收、发货人为了便于分清责任，通常委托理货机构或其他公证机构进行施封和拆封。

验封，指在运输过程中发现铅封断失时的验封和海关等单位拆箱检查货物时的验封。在装卸船过程中的验封业务和在港内的验封业务，由理货机构负责办理。

验封、施封和拆封的做法：

(1)装箱结束时施封，且将铅封号记录在理货单上。

(2)装船时验封，如发现铅封断失，要重新施封，且编制验封/施封单。

(3)卸船时验封，如发现铅封断失，要重新施封，且编制验封/施封单。

(4)拆箱前先验封后拆封，将铅封号记录在理货单上。

(5)海关验货前先验封后施封，且编制验封/施封单。

(6)动植物检疫前先验封后施封，且编制验封/施封单。

(7)货主查货前先验封后施封，且编制验封/施封单。

3. 装拆箱时，理清箱内货物件数，分清箱内货物残损

1)装箱时的理货工作

(1)根据装箱单位通知派员理货。

(2)依据装箱预配单装箱理货，且编制理货单。

(3)装箱过程中，如发现货物短少或残损，应要求装箱单位补足货物或剔出残损货物调换好货。

(4)根据理货单编制装箱单。

2)拆箱时的理货工作

(1)根据拆箱单位通知派员理货。

(2)依据进口舱单或进口装箱单拆箱理货，且编制理货单。

(3)拆箱过程中，如发现货物溢、短或原残，要如实记录在理货单上。

(4)根据理货单,汇总编制货物溢短/残损单。

4. 提供集装箱理箱、理货的有关单证

(1)装、卸船的理箱单。

(2)集装箱溢短/残损单。

(3)集装箱积载图。

(4)装、拆箱的理货单。

(5)集装箱货物溢短/残损单。

(6)装箱单。

(7)验封/施封记录。

第二节 集装箱理货单证

集装箱运输的单证种类比较多,下面对与理货有关的单证作说明。

一、集装箱运输单证

1. 集装箱舱单(CONTAINER CARGO MANIFEST)

集装箱船的舱单与普通船的舱单大同小异,只是在内容上增加集装箱的箱数、箱号、铅封号和集装箱货物的交接方式等。

2. 集装箱装箱单(CONTAINER LOAD PLAN)

装箱单详细记载集装箱箱内货物的装货单号、货名、数量、包装、重量等内容。一般整箱货由装箱单位负责编制,拼箱货由理货机构负责编制。

装箱单的应用范围比较广泛,包括:

(1)在装、拆箱时,用作海关监管货物的依据。

(2)在装、拆箱时,用作拆箱理货的依据。

(3)拼箱货,用作承运人交接货物的依据。

(4)装箱单上记载的货物重量,对计算船舶稳性、吃水差有着重要参考作用。

3. 集装箱设备交接单(CONTAINER EQUIPMENT INTERCHANGE RECEIPT)

设备交接单是在运输过程中,办理集装箱交接的凭证,包括集装箱和底盘车等。

集装箱装卸船时,由理货人员与港口集装箱堆场办理交接;集装箱进出港口大门时,由港口大门与载运集装箱卡车司机办理交接;集装箱运抵内陆货运站或货主工厂、仓库时，由卡车司机与货运站或货主办理交接。交接内容有：

（1）进出箱的日期、时间、地点。

（2）箱号，规格、铅封号以及空箱或重箱。

（3）箱体、底盘车等设备情况。

在设备交接单上要批注：正常（SOUND）或者异常（DEFECTIVE）。

如是异常情况应作详细批注：

割伤 C（CUT）；擦伤 B（BRUISE）；破洞 H（HOLE）；凹损 D（DENT）；破损 BR（BROKEN），部件或铅封灭失 M（MISSING）等。

设备交接单的格式由船公司确定，内容大同小异，在设备交接单的背面印有条款，一般有下列记载：

（1）设备所有人应提供完好并具有合格有效证书的机械设备。

（2）交接时，如用箱人、运箱人无异议，则表示该机械设备处于良好状态。

（3）为保持机械设备在使用期间的有效状态，用箱人应负责对该机械设备必要的维修、保养。

（4）用箱期间所发生的箱子和机械设备的灭失、损坏，不管是何种原因所致，均由用箱人负责赔偿，但正常的自然耗损除外。

（5）用箱期间，因机械设备发生故障造成第三者的损害行为时，由用箱人负责赔偿。

（6）用箱人应在规定时间、地点将箱子、机械设备如同租用时的状况交还给出租人，不论何种原因引起的延期交还，用箱人应支付另定的附加费用。

（7）用箱人只有在事先得到出租人允许的情况下，才能将设备转租给第三者使用，但原出租人与第一用箱人之间的责任、义务等各项规定，并没有任何改变。

（8）有关箱子、机械设备的租费、支付等规定。

4. 集装箱提单和提货单

集装箱提单与普通海运提单大同小异，主要区别是：集装箱提单用场站收据换取，普通提单用收货单换取。集装箱提单是收讫待运提单，普通提单一般为已装船提单。如信用证规定必须是已装船提单才能结汇，则在场站收据上应加盖“已装船”字样，即可换取已装船提单。

提货单是收货人提货的凭证。提货单由船舶代理人签发，收货人凭提单,并结清有关费用后,换取提货单。凭提货单到港口堆场或货运站提取箱子或货物。

5. 场站收据(DOCK RECEIPT)

场站收据由船代根据发货人的出口托运单缮制,凭此办理报关和装箱,货物装箱后根据理货点单在场站收据上打上箱号、封号、每个箱的实装件数等,并按码头收据缮制装箱单,出口货载舱单及提单等。

场站收据一式十联,各联的功能如下:

(1)船代副本外代制作货运单证的依据。

(2)运费计算作计算运费用,船代留存。

(3)运费收据随运费账单交托运人。

(4)收货人副本交发货人留存。

(5)船长副本报关后海关盖章放行,货物可出装箱,装船时交船长存档。

(6)海关副本货物报关后海关留底。

(7)大副收据集装箱装船后大副签发给码头作收据用。

(8)场站收据整箱货物进场时由码头签发退货主。

(9)卸港副本邮寄或由船长转交卸港代理。

(10)港站副本码头查核存档用。

6. 危险货物清单

托运人托运危险货物时,按箱填制危险货物清单。危险货物清单上记载下列内容:

(1)托运人的姓名、名称和地址。

(2)收货人的姓名、名称和地址。

(3)危险货物按《国际危规》要求的分类、项目、品名。

(4)危险货物的件数、重量或容积。

船舶在装卸危险货物集装箱时,必须事先向港务监督部门提交危险货物清单。

7. 冷藏集装箱清单

冷藏集装箱清单系指装载冷冻或冷藏货物的集装箱汇总清单。

二、集装箱理货单证

1. 理箱单(TALLY SHEET FOR CONTAINERS)

理箱单是船舶装卸集装箱时,舱口理货员记载集装箱和原残情况的原始记录。

2. 装拆箱理货单(VANNING/DEVANNING TALLY SHEET)

理货单是装拆箱时,理货员记载集装箱内货物件数和原残的原始记录。

3. 集装箱溢短/残损单(OUT LIST FOR CONTAINERS)

集装箱溢短/残损单是记载集装箱箱数滥短和残损情况的证明单证。

4. 集装箱货物溢短/残损单(OUTURN L1ST FOR CONTAINER CARGO)

集装箱货物溢短/残损单是记载箱内货物件数溢短和残损情况的证明单证。收货人凭此单办理交接手续。

5. 集装箱验封/施封记录(RECORD OF CONTAINER SEALING/SEAL-EXAMINING)

集装箱验封/施封记录是理货人员记载集装箱铅封完好情况和施封情况的凭证。

6. 集装箱积载图(CONTAINER STOWAGE PLAN)

集装箱积载图是集装箱在船上的实际积载位置示意图。由于各种集装箱船所设计的集装箱箱位各不相同,因此,集装箱积载图一般由各船公司提供箱位图,待装船结束后,由理货长绘制积载图。但是,由于集装箱船在港时间比较短,理货长只能根据集装箱实际装舱位置,在集装箱配载图上进行修正,即制成积载图。集装箱积载图是卸货港卸箱、理货的重要资料。

7. 其他理货单证

如待时记录、日报单、理货证明书等,与普通船使用的理货单证相同。

第三节 集装箱理货业务程序

一个集装箱就是一个"单元",所以,每个理货人员必须以高度负责的精神,严格按工艺流程,有条不紊地进行集装箱的理箱工作。理清集装箱箱号、检查铅封是否完好,分清集装箱外表残损,这是集装箱理箱工作的中心环节。

一、集装箱卸船理箱工作程序和方法

1. 理箱准备工作

(1)理货机构在收到船公司或其代理人提供的进口集装箱舱单、装

箱单、积载图等单证资料后，应及时进行分类、装订和登记，防止遗失。

(2)核对进口舱单、装箱单和最后装箱港的集装箱积载图等单证，区别出整、拼箱，并按不同的装船港计算出总箱数，计算出舱单上集装箱货物的净重，然后编制“箱号核准清单”。如发现舱单上与积载图上记载的内容不一致时，应立即联系船代解决，如船舶已靠泊，则应联系船方解决。

(3)根据船舶作业计划，派出理货组长和理货员。通常，每艘作业船舶派一名理货组长，每条作业线派二名理货员。

(4)船舶作业前，理货机构将整理好的船舶资料交理货组长，并在单船记录上交代任务，提出要求。理货组长收到资料后，应立即进行复核。

(5)对有特殊要求的船舶，作业前理货机构应召开船前会，制定相应的单船措施。

(6)理货人员登轮前，应备齐单证资料和各种理货用品。

2. 理箱工作程序

理货长登轮后，应向船方索取集装箱积载图，进口集装箱舱单、进口装箱单和一些附属的集装箱单证，例如日本航线的“集装箱清单”、美国航线的“参考清单”、香港航线的“重箱明细单”等，了解集装箱的装载情况和危险品集装箱的积载位置，并商定对残损箱的验残方法等。

对近洋线船舶，理货长收到上述有关资料后，要按照装箱单区别出舱单上的整箱和拼箱，并计算出舱单总箱数。所有箱号都要实行“三转移”(即舱单、装箱单、积载图三者之间的转移)。

对远洋线船舶，理货长要检查“箱号核对清单”上的数字与积载图数字是否一致。

理货长分配理货员的工作舱口，确定理货员的工作岗位和理箱方法，提供理货资料，并交代有关的注意事项。理货员在接到理货长提供的进口积载图和卸箱顺序单后，按分工实施如下的理箱方法：

船边理货员应根据积载图，认真核对集装箱箱号，检查铅封是否完好，逐一核对卸船的集装箱箱号，并在每工班结束后，与集装箱公司堆场人员办理交接手续。

甲板理货员的工作重点，是检查集装箱的外表有无残损，铅封是否完好。如发现异状，应及时通知船方验看确认，并记载在“理箱单”和“设备交接单”上，经船方签认后方可卸船。工残集装箱则由责任工组签认。

对铅封断失的集装箱，理货员须重新施封。重新施封的铅封号既要记录在“设备交接单”和“理箱单”上，又要汇总记录在“集装箱溢短、残损单”上。

“进口理箱单”由船上理货员根据船边理货员提供的箱号填制，作为理货长核对箱号清单或核对积载图的原始凭证。

工班结束后，理货长根据理箱单编制“日报单”，并从总积载图上清除已卸船的集装箱积载箱位。

卸船结束后，理货长根据“理箱单”、“设备交接单”编制“理货证明书”和“集装箱溢短、残损单”，并填制“单船报告单”。

3. 各种附加理箱工作

因船方原因造成理货人员停工待时，理货人员应编制“理货人员待时记录”，注明待时原因和起讫时间。各作业线同时停工待时，可计算理货长的待时时间。

在我国法定节、假日或每日后半夜工班，对外籍船舶、租船或中外合营船舶进行理箱时，理货员应在理箱单上注明“节、假日”或“夜班”的字样。

同时应注明对船方原因造成的“舱内翻舱”或“出舱翻舱”或“重装”的起讫时间。

二、集装箱装船理箱工作程序和方法

1. 理箱准备工作

理货机构收到船公司或其代理人送出的出口集装箱舱单和集装箱公司送来集装箱装船预配图装箱单和场站收据联中的大副收据后，应及时进行整理登记，并做好如下几项工作：

(1)根据装箱单分别核对出口舱单和大副收据；

(2)根据装箱单将箱号、铅封号、箱子状态(即整箱、拼箱或空箱)、卸货港名称等输入电脑，并打印出集装箱清单；

(3)计算出全船出口总箱数和各卸货港的分箱数。

理货机构根据船舶作业计划，派出理货长和理货员。与卸船理箱一样，每艘船舶通常派一名理货长，每条作业线派二名理货员。

对有特殊要求的重点船舶，要在作业前召开船前会，制订切实可行的单船措施。

理货人员登轮前，要备妥所需要单证和各种理货用品。

2. 理箱工作程序

理货长登轮后，应向船方了解出口集装箱的积载情况，征求船方对特殊集装箱的理箱要求,并将这些内容详细记录在单船记录本上。

理货长根据集装箱清单,仔细核对港区提供的集装箱装船预配图。核对内容包括:船名、航次、卸货港、最后目的港、箱号和重量,并在装船预配图的每一箱号旁边,打上已经核对的明显标记。若发现有疑问应及时与有关方面取得联系,以便妥善解决。

理货长分配理货员的工作舱口,确定各自的工作岗位和理箱方法,并向理货员提供有关资料,布置工作重点。

理货员接到理货长的工作指令后,按分工实施如下的理箱方法:

(1)船边理货员应按理货长提供的装船预配图,认真检查集装箱箱号,检查铅封是否完好,逐一核对已装船的集装箱箱号,每工班结束后,按规定与集装箱公司船边验箱员办理交接手续。

(2)在理箱过程中,如发现出口集装箱外表有残损,应及时通知集装箱公司船边验箱员验看确认,并编制设备交接单。

(3)对铅封断失的集装箱,理货人员应联系集装箱公司或集装箱单位处理,验看确认后,由理货人员重新施封,并记载在理箱单上。

(4)甲板理货员应逐一记录每只集装箱的箱号,以及它们的实际装载位置,如发现集装箱破损或铅封断失,应及时通知船边理货员迅速处理。

(5)工班结束后,理货长应根据理箱单编制日报单,并根据甲板、船边两位理货员记录的箱号和集装箱的实际积载位置,校对装船预配图,并在此基础上绘制集装箱实际积载图。

(6)装船结束后,理货长根据理箱单编制理货证明书,再将集装箱的分积载图汇制成总积载图和各卸货港综合明细表。

3. 各种附加理箱工作

出口的附加理箱工作和进口相同。

三、集装箱拆箱理货工作程序

1. 拆箱前准备工作

(1)编制单船拆箱表。理货机构在拆箱理货作业前,必须设立单船拆箱表。所谓单船拆箱表就是指把进口舱单上标明的提单号、箱号、每个提单号的总数及分箱数等有关数据,如实转移过来的一种供核对用的台账。

(2)设立单船拆箱表时应注意以下几点:

①转移进口舱单上的内容时，一定要参阅卸船理箱过程中编制的“集装箱溢短、残损单”，尤其要注意已变动过的箱号和卸船结束日期，因为此日期是投保开始计算的日期。

②将各类集装箱残损和铅封断失等汇总情况，如实地转移到单船拆箱表上来。

③设立单船拆箱表务求准确无误，因为该表在拆箱理货过程中将取代舱单，作为处理拆箱理货业务的主要依据之一。

另外，拆箱理货人员必须在作业前备妥有关的单船资料和理货用品。

2. 不同拆箱点的理货工作程序和理货方法

不论拆箱在何地进行和采用何种操作过程，拆箱的依据是集装箱公司签发的“提货单”。但是，由于接货人的不同，凭“提货单”发货允许用两种方式体现：

(1)当收货人或其委托人作为接货人时，一律凭“提货单”上记载的件数、标志等内容发货。

(2)当集装箱公司工作人员作为间接接货人时，可以凭集装箱公司签发的“作业计划单”、“进货运站计划单”等发货。

在不同拆箱点的货物交接程序与理货工作方法如下：

(1)拆箱进 CFS 作业。集装箱公司工作人员根据提货单编制作业计划单，理货机构接到作业计划单后应与单船拆箱表核对，确认其全部内容相符合，即安排理货员进行拆箱，与仓库人员进行点交点接。拆箱进 CFS 作业时应注意下面三点：

①发现非作业计划单上所列内容的货物，要另做拆箱理货单，并应尽量完整地写明货物的包装、标志、重量和发货港名称等。

②对上述货物，应要求仓库人员另外堆放，以便进一步复核。

③当数只集装箱同时作业时，如箱内货物发生溢短，则务必要查清溢出或短少货物的箱号。

(2)港内车提作业。凭提货单发货允许的两种方式和作业时的注意事项基本同拆箱进 CFS 作业一样，但当接货人是收货人或其委托人时，如“提货单”内容与海运“提单”(正本)有出入，则应以海运“提单”为准。如“提货单”内容与进口舱单有出入，除危险品货物之外，原则上可以接受保函。

接受保函的前提条件是：出具保函人必须具有海运“提单”(正本)或各种由发货人直接邮寄给收货人的有关单证，能从这些单证中判断，该批货物确属该收货人。

保函内容大致包含，一旦查清该批货物属于他人所有，出具保函人应该将货物运回或按价赔偿损失，对于发生的这一切，理货人员均不承担任何责任等。

(3)港内落驳、装火车作业。凭提货单发货允许的第一种方式作业，注意事项同前二种作业大致相同。对这种作业，理货人员要严格注重提货单上标明的件数，特别是大宗货物。交接总数应掌握在提货单规定的发数之内，不能超出。

(4)市区内、外拆箱作业。该作业也是按第一种方式凭提货单发货，注意事项也基本相同。但是，当箱内货物溢出时，理货人员原则上要在拆箱作业结束后，将溢出货物带回发箱处，不得随意接受保函等方式将这些货物留在拆箱点，尤其是对不同标志的货物。

3. 在不同拆箱点的作业过程中，拆箱理货人员必须执行的规定

(1)凭提货单发货。该提货单必须盖有多个印章，即海关放行章、卫生检疫章、动植物检疫章、陆运管理处营运章、港区进口船舶放行章、外理公司章、船代签发章以及收货人或其代理人的印章。

(2)拆箱作业前，必须认真核对铅封号、检查铅封是否完好。如发现异常情况，须在“拆箱理货单”上注明。在市内、外拆箱作业时，更要坚持理货人员到场后再启封的规定。

(3)对装有拼箱货的集装箱，当该箱货物未拆完时，理货人员应重新施加铅封，并要记下重新施加的铅封号，以作为第二次作业时判断铅封是否完好的依据。

拆箱作业时理货员的工作岗位应在拆箱现场。

4. 拆箱作业的结束工作

每只集装箱拆箱作业结束后，理货人员要根据拆箱理货结果，编制拆箱理货单，提请接货人签认。

每天拆箱作业结束后，理货机构要及时安排人员销账，将经签认的拆箱理货单上的全部内容，如实转移到单船拆箱表上。

全船拆箱作业结束后，理货人员应根据单船拆箱表编制集装箱货物溢短、残损单。该单经理货机构的业务科盖章后，分发给各有关单位。

5. 理货机构提前出证业务

在拆箱理货工作中，有一项提前出证的业务，它是由于整条船舶集装箱理箱内货物周期较长而产生的。以某轮第一只集装箱开始拆箱作业

起，到该轮所有集装箱全部拆卸完毕，一般需要3个月左右的时间，这样就出现了持有某一提单的收货人未能按提单数收到全部货物，而要求出证的问题。根据理货机构《业务章程》规定，只有在全船集装箱拆卸完毕后，理货人员才能编制集装箱货物溢短、残损单，而不是按照每一提单分别编制的。所以在理货机构接受委托，办理货物交接手续时，为了维护委托方的正当权益，使他们能在规定的期限内提出索赔，减少损失，理货机构应安排人员做好该项工作。

在提前出证业务方面，我们应注意和掌握下面几项原则：

(1)只有当装有某提单号货物的所有集装箱均由本理货机构办理拆箱理货业务时，才能承办此项业务。

(2)只有在装有某提单号货物的所有集装箱全部拆箱完毕的情况下，才能办理提前出证。

在某提单号货物尚有部分集装箱没拆卸完毕时，仅根据剩余箱的部分箱数进行推算，而提前出证的做法是不允许的。

(3)要严格把关，在同一装货港还有部分集装箱未拆卸完毕时，除了这些剩余箱的箱内货物与要求提前出证的箱内货物截然不同，就应当考虑有串箱因素存在，须暂缓办理提前出证。

四、集装箱装箱理货工作程序

集装箱装箱理货是一项比拆箱理货更为复杂的业务。从整个装箱过程和理货程序看，不仅要求高，难度大，而且需要理货人员掌握一些与装箱业务有关的辅助业务，具有较广泛的知识面。

(1)要掌握一些货物学知识，了解货物互抵性，不同类型的危险品绝不能同装于一只箱内；

(2)要掌握一些舱容积载因素知识，尽可能地充分利用每只集装箱的有效容积，装满装足而又不超重；

(3)要掌握一些租箱业务知识，能区别不同船公司租用的或自身拥有的集装箱的各种不同识别标志，以防止因不熟悉这方面知识而导致的"翻箱"事故发生；

(4)要掌握一些基础力学知识，使装入箱内的货物重量平均分布在箱底，绝不能把集装箱装成一头重，一头轻，形成潜在危险，并给卸港作业造成困难；

(5)要掌握英文打字技术，这是基于"谁装箱谁编制装箱单"这一原则而提出的要求,因为编制装箱单通常是采用英文打字来完成的。

综上所述,不难看出,装箱理货业务是集装箱理货业务中较为复杂的一项工作。

1. 装箱前准备工作

理货机构接受装箱理货业务后,首先应了解谁是委托方,即是代表船方还是代表其他委托方参加装箱理货,以便确定是否需要制作装箱单。

理货机构根据装箱业务的具体情况,确定采用派人定点,还是随时派人的办法,并通知装箱单位,同他们建立必要的业务联系。

理箱作业前,理货人员应向有关方索取装箱预配单,该单主要记载了船名、航次、单号、货名、件数、尺码以及箱子的类型、规格和箱数等。

1)掌握装箱一般原则

(1)集装箱货物装箱容积:20ft 箱控制在 29.0m^3,40ft 箱控制在 60.5m^3左右。

(2)集装箱装箱重量:20ft 箱控制在 17.5t,40ft 箱控制在 26.0t 左右。冷藏集装箱和框架集装箱还要缩小 3t 左右。

(3)不同港口的货物不能配装在一只集装箱内;性质互抵的货物不能配装在一只集装箱内。

2)检查箱子

(1)核对集装箱的箱号是否与装箱预配单上记载相符,不相符的,要联系有关单位处理后再装箱。

(2)检查集装箱四柱、六面、八角是否完好;箱内是否密封,能否关闭箱门,用肉眼观察是否有光线透入。如发现有破漏时不能装箱。

(3)检查箱门是否关闭紧密和变形,加封装置是否完好,发现问题,要联系有关单位处理后再装箱。

(4)检查箱内是否有残留物,是否有污染、生锈、异味、潮湿等现象。如发现不合格者,应提请装箱单位进行清洗、除味后再装箱。

(5)检查箱内底板、壁板等有无突出物,如有的话,应请装箱单位进行处理后再装箱。

2. 装箱理货工作

(1)根据装箱预配单核对装箱货物的标志、件数、包装、重量、目的港等内容是否相符合。不相符的不能装,待联系发货单位处理后再装船。

(2)严格执行箱边理货,逐件进行检查和核对,做好件数记录,剔除残损货物。

(3)指导工人装箱积载,充分利用箱容,保障货物安全。

(4)在装箱理货过程中,要准确计算箱内货物的重量,保证20ft箱的最大总重量(含货物重量和集装箱自重)不得超过20.300kg,40ft箱的最大总重量不得超过30.480kg,以确保运输和装卸的安全。

(5)装箱完毕后,由理货人员对集装箱施加铅封,并把铅封号填写在理货单上。在对集装箱施封后,如有关单位需要对集装箱再次施加铅封,则二个铅封号都应记录在理货单上。

(6)理货人员根据每箱理货结果,编制装箱理货单,并与装箱单位工作人员办理交接手续。装箱作业点清装箱件数,一般采用下面两种方法:

①接受委托,以第三者身份参加装箱理货。在这种情况下,装箱单一般都已事先编制好,理货人员应根据装箱单上的内容,逐一核对已装入箱内的货物。工班结束时,应及时编制装箱理货单,经发货人签认后,办妥货物交接手续。

②代表船方装箱理货。理货人员应根据场站收据上的内容,准确计数。工班结束时,应编制装箱理货单,同发货人办妥交接手续,并在此基础上,编制集装箱装箱单。

理货人员在装箱作业过程中必须注意以下几点:

①在装箱点装箱时,不能货物随到随装,要按装箱积载计划装箱。

②备妥隔垫物料和捆扎加固材料。

③装箱时要考虑便利拆箱卸货。

④装箱货物重量分布要均衡,装箱后的集装箱重心要尽量在箱的中心,防止运输和装卸过程中发生倾斜和翻倒。

⑤装箱后可能被检查的货物,要尽量装在箱门处。

3.集装箱内货物积载工作

集装箱运输有利于减少货损货差,提高货运质量。一般讲,普通船运输的货物损耗达1%~3%,集装箱运输的货物损耗仅为0.2%~1%。但集装箱内货物积载如何,将直接影响货物的运输质量。因为:

(1)货物从装箱到拆箱,要经过卡车、火车、驳船、轮船等多种运输工具的联合运输,在整个运输过程中,集装箱难免要受到震动、颠簸、摇晃,致使箱内货物之间产生撞击、摩擦而受损。所以,在装箱时必须进行必要的绑扎和隔垫。

(2)在件杂货中,约有70%的货物可装集装箱运输,但不是所有的货物都可以相互适应而同装在一个箱内的,为确保货物的运输质量,必须进行合理的配载和积载。

(3)集装箱运输是国际性的,要经过热带、温带和寒带,要经过辽阔的海洋和干燥的内陆,天气变化剧烈,影响着箱内的气压、温度和湿度,易造成箱内货物的变质和损坏,所以必须进行合理地配载和积载。

(4)集装箱运输过程中,承运人不可能对箱内货物进行检查和照料,所以对货物装箱积载要求更高。

箱内货物积载如何,理货员起着重要作用。因此理货员要掌握箱内货物积载的基本知识和要求:

(1)充分利用箱容。理货员在装箱理货时,对掌握利用箱的载重量比较容易,而要充分利用箱容就比较困难。一般常识告诉我们,货物包装越大则容积的利用率就越低,反之,则能提高。这主要与货物的积载因数有关,货物积载因数越小,载重量的利用率就越高,则箱容利用率就越低。反过来,货物积载因数越大,则箱容利用率就可以提高,而载重量利用率就会下降。经测算,只有货物积载因数,即每吨为 1.7m^3 时,20ft 集装箱的载重量和容积才能得到最充分利用。因此,这就要求理货员在装箱时,首先要对货物进行合理、恰当地配积载,然后要认真负责地指导工人把货物装紧码牢,这样才能不浪费箱容而多装货。

当集装箱载货量达到最大载重量,而箱容还有空余时,理货员必须指导工人加固,防止在运输、装卸过程中,损坏货物。

(2)防止发生货损。集装箱内货物的配载和积载要求,与普通船舱内货物的配积载要求基本相同。为了防止发生货损,特别要注意,互抵性的货物不能配装在同一集装箱内;为保持箱子在装卸过程中的平衡,集装箱底层每平方的最大负荷量,不能超过 980kg;装有危险品的集装箱,在前后左右要求规格不小于 250mm × 250mm 的国际海上危险货物运输标志。

(3)做好箱内货物捆扎和加固:

①货物装箱后,箱内四周不能有空隙,如有空隙则要用物料支撑住。

②袋装货装箱时,各层要交叉堆积,即一层二袋横一袋竖,再装一层要二袋竖一袋横,这样交叉堆积,以便使货物更加牢固。

③货物装不满一箱时,空档要撑垫牢。

④靠箱门的货物,必须要绑扎牢固,防止开门时货物倒塌。

⑤加固的支撑点,不能直接撑向箱壁,要在箱壁处加木板再接触支撑物。支撑物可用木料,在接触点用铁钉固定在箱底木条上,铁钉不宜

过长。

⑥用绳索、网络等捆扎用具时，要尽可能拉紧。

⑦重件货物下面要铺木板，使受力重量能均匀分布。不要在箱壁和货物之间直接加木楔。

⑧大件货物，一般占不满集装箱容积，可将大件装在箱子中间，用支柱撑牢箱底及箱壁，在箱壁处要用木板加强，支撑点要加固和绑牢，防止在运输途中松动或移动。

⑨装完货关门时，要检查箱门接合处是否密封，以防止进水。

第四节　集装箱积载图内容

集装箱积载图是集装箱船舶所载集装箱的实际积载位置图，它包括以下基本内容：船名、装箱港、航次、装箱完毕日期、卸箱港、出口箱总数、各港口卸箱数、重量和各分排位图等。集装箱积载图是装船理箱全过程的汇总，它的制作质量直接影响装船港的理货声誉。

一、集装箱积载位置的表示方法

集装箱积载图的各部位都是严格按照不同标准确定的，有自己固定的图纸格式。它是由若干小方格组成，每一个小方格代表一个标准箱位，即 20ft 箱位。有的船用大方格代表两个标准箱位，即一个 40ft 箱位，而大多数船都用一个小方格代表一个标准箱位。集装箱的积载位置在积载图是用六位阿拉伯数字表示，前两位表示行位（排位），中间两位表示列位（座位），后两位表示层位（高）。

1. 行位（BAY）

在集装箱船舶从船首到船尾的同一水平线上（一般为主干甲板的相同平面），以 20ft 集装箱作为模数，纵向进行排列的箱位，称为行位。在船图上，从船首到船尾，依次用两位阿拉伯数字（如 01、02、03……）表示。

现在的集装箱积载图对行位的表示方法已有所改进，即在同一水平线上，以 20ft 集装箱为模数，用奇数从船首至船尾进行编号（如 01、03、05……）；而介于两奇数之间的相邻偶数则表示 40ft 集装箱的行位（01、03 间用 02 表示）。

另外，在偶数的一连串编号中，如果中间间隔一个编号，则表示分舱概念。如 04 和 08 之间缺 06，则表示 04 和 08 这两个行位分别在不同的两个舱口。

2. 列位(ROW 或 SLOT)

集装箱船舶从右舷到左舷横向进行排列的箱位,称为列位。它以一个集装箱宽度为模数,用 01、02、03……来表示。

现在列位表示方法亦有所不同,即在主甲板横面上,以中间箱位为基数,按左偶右奇的数字排列来表示。假如横面整个列位总数是奇数,那么中间列位用 00 表示,右舷用 01、03 表示,左舷用 02、04……表示;假如横面整个列位是偶数,则取消中间的 00 位,然后仍按左偶右奇的数字排列表示。

3. 层位(TIER)

以主甲板为水平线,将舱内和甲板严格区分开来,竖向进行排列的箱位,称为层位。舱内层位的表示以“H”开头,以舱底起算,由下往上,用阿拉伯数字顺序编号,如 H1、H2、H3……;甲板层位开头字母换为“D”,以甲板平面为基准,同样由下而上,用顺序编号的阿拉伯数字来表示,如 Dl、D2、D3……

现在层位表示法也有所不同,即全部用偶数排列,以一个箱高为模数,在舱内用 02、04、06……由下而上表示;在甲板上用 82、84、86……由下而上表示。层位上如果出现单数(如 01、03、05……),则表示该层位上的集装箱仅为标准集装箱高的一半。

4. 单元(CELL 或 POSTION)

在集装箱积载图中,这是一个空间的概念,它包括了行、列、层,是具体指一个集装箱在积载图上的位置。如 COSU8023082 集装箱被装于 050082,即表示这只集装箱规格是 20ft 的,装在 05 行中间一列、甲板上面第一层。这样,一个完整的立体空间表示出来了。

二、集装箱积载图的绘制方法

一个集装箱被装在哪一个位置上,要从集装箱积载图上正确反映出来,就必须如实地按照集装箱的实际积载位置来绘制,绝不仅仅是集装箱积载预配图的翻版,我们知道,卸船港是按照集装箱积载图上标明的集装箱位置来安排堆场计划的,如果积载图有误,就会造成卸船港安排上的困难,甚至酿成“翻舱作业”。

近几年来,理货机构在集装箱积载图的绘制上已制定了“到位率”这一考核指标,就是为了检验集装箱实际积载位置上的箱号,和积载图上反映的箱号是否一致,如一致则称为到位,不一致则为不到位。制定这一考核指标的目的,就在于提高集装箱积载图的绘制质量。

一套完整的集装箱积载图由三个部分组成,即行位图(BAY PLAN)、综合明细单(SUMMARY LIST)和总积载图(GENERAL STOWAGE PLAN)。下面就这三个部分在绘制过程中,应掌握的标准和规范作一介绍。

1. 行位图的绘制

行位图是记录每个集装箱的实际箱号、重量等内容的分行位置图,是绘制综合明细单和总积载图的原始依据。在绘制行位图时应遵循以下标准:

(1)正确标明卸箱港和装箱港。按照国际上的习惯做法,卸箱港在前,装箱港在后。每个集装箱都要标明卸箱港和装箱港,如 HKG EX SHA,表示上海去香港。

(2)填写集装箱标志时要规范。对标志的箱主代号、顺序号和核对数之间要稍留一些空隙,并在顺序号和核对数之间加上一条横线。

(3)对集装箱的重量一律保留一位有效小数,后面加英文字母“K”。重量应填写在箱号下一行的位置上。

(4)计算出各种附加数据的结果。

(5)正确区分不同规格的集装箱。20ft 集装箱一般采用奇数行位表示,偶数行位则表示 40ft 集装箱。

(6)标明特殊规格或装有特殊货物的集装箱。除了标准规格的集装箱外,其他各种规格或箱型的集装箱均要在行位图上反映出来。如框架集装箱用 FR 表示;开顶集装箱用 OT 表示;超重、超宽、超高的集装箱必须注明,等等。对箱内装有特殊货物的集装箱,如冷藏货物用 RF 表示;危险品用 IMO 表示。

(7)正确标明航次。在集装箱运输,尤其是支线船舶运输中,较多采用班轮运输形式,装卸港基本上是固定的。因此,航次一定要标明,并注明船舶的行驶方向,如由东向西航线加上 W;由南向北航线加上 N。

(8)结清各行位的累计数字,便于编制综合明细单。

除了遵循以上这些标准外,还应努力做到制图时,对相同内容、同类数据,要基本保持在同一水平线或同一垂直线上,以增加积载图的美观感。

2. 综合明细单的编制

综合明细单是记载各分卸箱港不同规格集装箱的数量和重量的综合性单证,是集装箱积载图的一个组成部分。该单证的编制要求是:罗列的各类数字要能正确地反映出不同的卸箱港、不同的集装箱规格或重、空箱的数量及重量,以方便船方在中途港卸箱或装箱时的计算工作,对一条航线上挂靠多港的船舶尤为重要。随着集装箱运输的不断发展,综合明细单的内容也在不断充实。在一些发展较快的国家里,该单还包括:各航运公司的装箱数量;船舶开航的初稳性;预计抵达第一卸船港的日期;船舶离港的总排水量等内容。

3. 总集装箱积载图的绘制方法

总积载图是全船总的箱位图,它能反映箱位总数和配箱总数的分布情况。总积载图的主要作用是便于卸船港各类人员安排卸箱作业和堆场计划,除了具体的集装箱箱号之外。其他一些数据都可以从总积载图上反映出来。

目前,各国在绘制总积载图上采用的方法有很大差异,缺少统一的规范。如受载箱位的标明方法,有的采用卸箱港英文的第一个字母表示;有的采用颜色表示;有的采用 20 或 40 字样表示;有的采用受载箱位上的集装箱重量表示。为了在理货机构的范围内,使之规范化,我们在绘制总积载图时要努力做到:

(1)标明受载箱位。原则上对定港支线集装箱船舶,采用 20 或 40 字样表示,把受载箱位上的集装箱重量汇总到总积载图上;对于干线集装箱船舶,特别是当两个挂港以上时,一律采用卸箱港英文第一个字母标明受载箱位的方法表示。给大副的总积载图,须用不同颜色分别标明不同的卸箱港。

(2)标明危险品集装箱。在总积载图上标明装有危险品货物的集装箱,除了标上 IMO,并用直线连接积载箱位外,还应查阅装箱单,以标明危险品货物的类别和国际危规的统一编号——UN。

(3)标明冷藏集装箱。除了标上 RF,并用直线连接积载箱位外,还应查阅装箱单,标明要求保持的冷藏温度,如用 T-18,表示要求保持零下 18 度。

(4)标明超常规集装箱。对超重的集装箱,应当实事求是地标明其重量,不应隐瞒;对超宽、超高的集装箱,如果就受载箱位而言属超常规的那部分,则用实线三角标明,此三角的底线应和受载箱位的一端连接。

(5)在全集装箱船舶运输中,如果该船舶除集装箱外还带装件杂货时,在总积载图上一定要用B/B字样标明,直线应指向积载位置,同时要标明货物重量。

(6)集装箱空箱用英文大写字母E表示。在干线船舶运输中,挂港比较多,为了便于识别,空箱须用颜色标明。同样的颜色表明相同的卸箱港,不同的颜色则表明不同的卸箱港。

第五节　集装箱签证与批注效力

一、集装箱签证的含义

理货机构为船方办理货物交接手续,一般是要取得船方签认的。同时,承运人也有义务对托运人和收货人履行货物收受和交付的签证责任。当然,如理货机构是个公证机构,那么它的理货结果就可不经船方签证而生效。但目前,在我国还没有这样做。因此所谓签证是,船方为办理货物交付或收受手续,在理货单证上签字,主要是在货物残损单、货物溢短单、大副收据和理货证明书上签字,称为签证。

签证是船方对理货结果的确认,是承运人对托运人履行义务,是划分承、托运双方责任的依据,是一项政策性和时间性较强的业务。它关系到船公司的经济责任和经济利益,关系到托运人和收货人的经济责任和经济利益,关系到理货机构的声誉和影响。签证不仅仅简单地要求船方在理货单上签字,而是要在理货结果准确无误的前提下,提请船方签字;在签字过程中,要充分尊重船方的合理要求,发生争议,要以理服人,严格执行我国的对外政策和有关规定,只有这样才能做好我们的签证工作。

签证工作一般在船舶装卸货物结束后、开船之前完成。我国港口规定,一般不超过船舶装卸货物结束后2h内完成。

二、集装箱签证的要求

在签证之前,理货长应对所有需要船方签字的理货单证进行认真、仔细地检查和反复核对。

1. 装货单

(1)根据计数单,核对理货员填写的实装货物件数是否准确,有否退关情况。

(2)根据计数单,核对货物的实际装船日期是否属实。

(3)核对理货员填写的货物入舱位置是否准确。

(4)核对理货员是否如实作了货物残损状态的批注。

2. 货物残损单和货物溢短单

(1)核对货物溢短件数和残损件数是否准确,标志是否相符。

(2)对短少溢支的货物,要向理货员查明溢短不能相抵的原因。

(3)对标志不符出现的溢短货物,要向理货员查明情况。

(4)对残损货物,要附上现场记录备查。

货物溢短单和货物残损单上的内容将直接涉及船方的经济责任,因此在签证时,船方一般会提出疑问。为此,理货长应事先作好充分准备,要分析船方可能提出的疑问,要针对不同性质、不同国籍的船舶以及不同国籍的船长和大副,研究消除疑问的对策,采取摆事实,讲道理,以理服人的方法,耐心、细致地做工作。船方为了说明情况,解脱责任,或属于一种习惯作法,要求在理货单证上加批注。此时,理货长要向船方了解批注的内容,说明我国理货的性质和对船方批注的态度,然后权衡批注内容是否能接受。如不能接受,则还要与船方协商,寻求一致意见。如达不成一致意见,可暂缓签证。

理货单证是否有效,主要指在货物索赔中是否起作用,特别是船公司是否承认和接受。因此,理货单证是否有效,主要取决于船方签证时加放批注内容如何.若系批注内容明显地否定了理货结果,那么理货单证就无效。同时也影响了理货机构的声誉。上述看法是目前一种习惯上的认识。如理货机构是一个公证机构,理货结果又是事实的实际反映,那么不论船方是否承认,它都是有效的,船方都要据以承担责任。

三、集装箱批注的含义

在理货或货运单证上书写对货物数字或状态的意见,称为批注。

按加批注的对象不同,批注可分为船方批注和理货批注两类。

船方加的批注,称为船方批注,也就是我们平常讲的批注。理货人员加的批注,称为理货批注,有时我们称它为反批注。

船方批注一般加在理货单证和大副收据上。理货单证和大副收据是理货人员根据现场理货结果而填制的,但由于受港口装卸、库场管理和货物等方面的影响。理货人员工作责任心、工作态度、业务水平和执行规章制度的好坏等原因,有时会影响理货单证和大副收据的填制。由此引起在办理签证时,船方为了维护自身利益和说明情况,往往会在理货单证和大副收据上加放一些批注。

理货批注一般可分两种情况,一种是在装货时,理货人员发现货物外表状况有问题,发货人又不能进行处理,而又要坚持装船,这时理货人员就得如实批注在大副收据上。还有发现货物数字不符,而发货人坚持要按装货单上记载数字装船,理货人员也应在装货单上按理货数字批注。有时还有如实批注货物的装船日期等内容。但这种批注比较少。另一种是在卸货时,理货长对船方加在理货证上的批注内容有不同意见,经摆事实,讲道理后,船方仍坚持不改变批注内容。这时,理货长可在理货单证上加放不同意船方批注内容的反批注意见,这种批注比较多。这与前面讲的船方批注的原因有关,如能解决好主、客观原因造成的船方批注,这种反批注也会减少。

按批注的内容不同,批注可分为货物数字方面的批注和货物残损方面的批注两类。

货物残损方面的批注又可分为货物现状内容的批注和一般内容的批注。现状批注即批注货物的实际状态,如“钢材生锈”(steel rusty)等。一般批注即批注货物可能发生的变化或批注带有声明性的内容,如“参阅海事报告”(refer to the sea protest)。

批注的目的和作用,一是为了说明货物的数字和状态情况,二是为了说明货物的责任关系。

四、集装箱批注的要求

不论是对船方的批注,还是理货人员加的批注,都应遵循下列要求:

(1)批注的内容要符合实际情况,合情合理,既不能苛求,乱加批注,又不能马虎,放弃批注。属于提单中规定的免责条款内容,理货人员不要再批注,船方要批注,理货人员也不要干预。

(2)书写批注内容要文字确切、精练,含意明确、具体,不能批注含糊其辞、模棱两可的内容。

(3)处理批注要实事求是,公平合理。理货人员与船方对批注内容有分歧意见时,要本着既坚持原则,又灵活掌握的精神,协商处理。如仍有重大分歧时,理货人员要请示报告,不得擅自处理。

(4)批注大副收据要倍加谨慎。因为大副收据上是否有批注,将涉及提单是否清洁,按国际航运惯例,在大副收据上加了批注,就要将批注内容转批到提单上,这样就构成了不清洁提单。不清洁提单就会影响到银行结汇。但在大副收据和提单上批注下列内容,不构成不清洁提单。即视同为清洁提单:

①不明显地指出货物或包装不能令人满意的批注。如旧箱、旧桶等。

②强调对由于货物性质或包装而引起的风险,承运人不予负责的批注。

③否认承运人知悉货物的内容、重量、尺码、质量或技术规格的批注。

④属于提单和贸易合同中规定的免责条款的批注。

【案例1】 商品质量分析

一、案由

某省进出口公司(下称中方公司)于1989年11月9日与澳大利亚A公司(下称澳方公司),在我国签订一项由中方公司出口化工产品的合同。合同规定的品质规格中,TiO_2 规定98%(min),重量7.5公吨,CIF悉尼、总价为19 775美元。信用证付款,装运期为1989年12月31日前。对商品的品质、数量、重量,合同规定:“以中国进出口商品检验局检验证或专访所出之证明为最后依据”。此外,合同还对装运口岸、保险、付款条件等作了具体规定。

中方公司在收到澳方开来的信用证后,按信用证要求,将货出运并提交了有关单据,包括运单、保险单、发票、装箱单、商检证、产地证等。其中,商检证由我国湖北进出口商品检验局发出,其检验结果 TiO_2 为:98.55%,检验结果均符合合同规定。

1990年3月,澳方公司反映所交货物质量有问题。3月28日,澳方公司又来传真,称中方公司所交的汰白粉与数月前提供的样品“有非常大的本质上的差别”,用户使用后,发现产生出来的产品根本不能销售,因此要求中方公司派人去现场,并提出索赔或者换货(即按样品的质量,再发17.5公吨货)的要求。

1990年5月2日,澳方公司再次要求索赔,并将由澳SGS出具的检验与化验报告副本传真给中方公司。SGS的检验各称:据抽样检查,货物颜色有点发黄,内有可见杂质,化验的结果 TiO_2 是:92.95%。据此,澳方公司在索赔函中称:①(货物)色不正,很黄,与订合同前发来的样品完全不符;②杂质很多,粒度很大;③TiO_2:供应量没达到合同指标。

1990 年 6 月,中方公司对澳方公司索赔要求作了答复,其主要内容为:

(1)中方按合同规定,由中国进出口商品检验局(CCIB)(实际为湖北商检局,下同。)对货物质量、数量进行检验并出具商检证书。CCIB 对货物取样检验后,出具的证书表明货物完全符合双方订立的合同要求;

(2)中方公司出口的汰白粉质量可靠,已出口到十几个国家和地区,未发生过产品质量方面的争议;

(3)中方公司已将 SGS 的检验报告转交 CCIB,CCIB 希望了解 SGS 检验时取样时间、地点、数量以及何种方法检验及其标准号;

(4)希望双方本着友好协商的原则,共同处理好此事。

7 月 5 日,澳方公司将 SGS 证明化验报告的传真寄给中方公司,该件指出是根据客户送交的样品作出的实验室分析。

9 月和 10 月,中方公司又分别至函我国驻悉尼总领事商务室以及中国国际贸易促进委员会驻澳大利亚代表处,重述了中方公司的上述意见,并希望他们协商解决。

10 月 5 日,澳方公司致函中方公司,完全不同意中方公司的主要论点:认为①检验证与合同完全不符;②以假货冒充真货;③SGS 化验是起初的,不存在任何问题。因此,澳方公司提出三项要求:①澳方公司退货,中方公司退还货款;②请 SGS 取样、封样。寄回中方公司,由中国进出口商检局化验,澳方公司接受该局化验结果;③邀请中方公司派人来澳调查处理。

以后双方又多次交涉,但未能解决问题。最后在我国驻悉尼总领事馆商务室及贸促会驻澳代表处的协调下,由中方公司赔偿澳方公司相当一部分损失了案。

这是一起有关产品品质引起的争议案。争议金额不大,但争议的性质却有一定的代表性。本案的案情也并不复杂,出口商(中方公司)认为他所出售的产品是符合合同规定的,理由主要是有合同规定的商检机构出具的商检证书。进口商(澳方公司)则认为,出口商所交货物未能达到合同所规定的标准,其理由主要是:①经用户和 SGS 的化验,证明中方公司所交货物与合同规定“完全不符”;②出口商提供的商检证书不是合同规定的商检机构出具的,并且该机构检验结果与实际所交货物不符。

二、分析

(1)合同中有关商品品质的规定的法律效力如何确定?

在国际贸易合同中有关商品品质的规定对买卖双方均具有法律约束力。卖方对品质担保责任以合同为准(但不包括一些国家法律规定的默示担保责任);买方也只能依据合同,在有关商品品质与合同不符的情况下提出索赔要求。

(2)如何证明卖方所交货物符合合同的约定?

在国际贸易中主要是通过商品检验来证明卖方所交货物是否符合合同的规定,即通过合同中的商检条款或检验索赔条款来确定买卖双方有关商品品质的权利义务关系。

(3)一般来说,商品检验的时间地点有哪几种确定方法?结合本案分析本案商品品质条款存在的问题。

在国际贸易中,确定商品检验的时间和地点通常有三种不同的做法,即①以卖方在装运港提供的检验证书为准;②以买方的目的港提供的检验证书为准;③以卖方在装运港提供的检验证书作为议付货款的依据,货到目的港后买方有复验权。本案中,合同规定"以中国进出口商品检验局检验证或卖方出具之证明为最后依据",即属第一种情况。很显然,这种做法以及上述第二种做法只对一方当事人有利(第一种做法对卖方有利,第二种做法对买方有利),故在国际贸易中使用并不十分广泛,而第三种做法较易为合同双方所接受,也符合国际贸易惯例。因此,有些国家(例如美国、英国等)对上述前两种做法,特别是第一种做法在法律上加以限制。联合国《国际货物销售合同公约》也采取类似立场。本案合同中有关商检证书作用的规定,尽管也是确定商品检验的时间方法之一,但应该说,它是不完全符合国际贸易惯例的,这种条款的约束力,只能以不违反法律的规定为前提。

本案合同中关于商检证书的规定是指"以中国进出口商品检验局检验证或卖方所出之证明为最后依据"。以上所述,虽然这样的规定在国际贸易中不完全符合通常做法,仅仅对卖方有利,但既然在合同中作了这样的规定,当然对买卖双方均有约束力。本案中,买方在发生质量争议后,尽管认为这一规定不尽合理,但也不得不承认条款对其具有法律上的约束力(以不违反法律的强制性规范为限)。

(4)买方是否有复验权?其复验的法律效力如何?

按照国际贸易惯例买方有权对商品进行复验,即采取前述第三种做法:以卖方在装运港提供的检验证书作为议付货款的依据,货物到目的港后,买方在一定期限内有复验权,其复验证明可以作为索赔的证件。联合国《国际货物销售公司公约》第36条第(1)款和第38条第(1)款也作了规定,"即卖方应按照合同和本公约的规定,对风险转移到买方进所存在的任何不符合合同情形负有责任,即使这种不符合合同在该时间后方始明显。""买方必须在按情况实际可行的最短时间内检验货物或由他人检验货物"。由此不难看出,买方在法律上和情理上都应该有复验权。

(5)本案中卖方在履行商品检验义务的时候有哪些违约之处?

卖方的违约之处主要表现为:①所提供的商检证书不符要求。按合同规定,中方公司应提供由"中国进出口商品检验局"出具的检验证书或卖方出具的证明书。而事实上是,中方公司提供的是"湖北商品检验局"出具的检验证书。由于证书上的抬头不一样。因此,买方在其1990年10月5日的来函中明确指出:"无论在法律上、文字上(包括英文在内)湖北商检局都不等于中国进出口商检局,事实证明贵公司出具的品质检验证与合同不符",并要求中方公司赔偿一切损失。②本案商品品质认定应当以样品为准,因为卖方在交货前向买方提交了样品,表明卖方交货的品质应当与样品保持一致。尽管贸易合同中对商品的品质有"TiO_2 规定98%(min)"的明文规定,但是该文字规定的法律效力小于样品,因此商检部门出具的检验报告的内容应当将产品的品质与样品相比较,而不是与合同条款规定相比较。

(6)建议一个即符合国际惯例,又保证双方当事人利益的商品品质保证条款。

一个既符合国际贸易惯例,不易引起法律问题而对买卖双方来说又比较公平合理的商品品质保证条款应该是:"双方同意的以装运港××××检验机构出具的品质和数量的检验证书作为交付的依据,在货物到达目的港之日起的××天内,买方对货物的品质和数量有复验权。复验费用由买方负担。如发现品质和数量不符合合同的规定,买方有权向卖方索赔,但须提供双方同意的公证机构按规定程序和方式出具的检验报告,由双方协商解决。"

【案例2】 进口集装箱残损鉴定

一、鉴定造成货物残损的原因

据分析,造成货物残损、短缺事故的原因主要是:货物本身及其包装的缺陷,使用了不适合货运的集装箱,箱内货物积载不良,原装短少或重量不足,船舶积载不当等。

1. 货物本身及其包装的缺陷

从检验情况分析.这些缺陷的主要问题有残破、霉烂、锈损、火损和气味感染。产生这些缺陷的主要原因是:

(1)包装不良,材料脆弱,包装方法不符合正常装卸、搬运、运输的要求.很容易在长途运输或装卸搬运中造成残破,致使内容物流失或变成地脚。

(2)货物本身含有一定水分,只要水分略高一些,温度适宜,就会发霉。

(3)包装材料潮湿,包装内衬垫填充物潮湿,无防潮材料衬隔,货物外露在潮湿空气中等造成。

(4)货物本身自燃,有些货物的水分过度。促使货物自身的氧化加剧而着火自燃。

(5)包装物料有异味,感染货物。

2. 使用不适于货运的集装箱

主要问题有水渍、锈损和气味感染。产生以上缺陷的主要原因是:

(1)集装箱本身有缺陷。如:有破洞而漏水。

(2)未能按照货物的特性选择适合的集装箱。如:有一定重量的大型木箱或板类货物,由于装载作业有一定困难,应采用开顶集装箱装载;一般捆包货则应用干货集装箱装载;粮食等袋装货由于货物本身会发热发潮,应采用玻璃钢制的通风集装箱装载;奶粉特别怕受潮,应选用衬板集装箱装载。

(3)装货前未对集装箱进行认真检查。如:未清扫干净,有残留物、污物;臭味,用水洗过后未经充分干燥;衬板里侧和箱底板含有水分而造成汗损。

3. 箱内货物积载不良

主要问题有化学品渍、残破、变形和气味感染。产生以上缺陷的主要原因是：

(1)货物配载不合理，重货压轻货，货物重量分配不均。桶装液体一般说来应装在下部、后部，并铺垫吸潮物料，以避免渍损其他货物。把有强烈气味的货物与食品装在一起，造成货物之间的异味互相感染。

(2)由于积载不当，加固捆扎不牢，衬隔支撑不足，造成货物被压破、挤破、塌垛、摔破和变形。

4. 原装短少重量不足

主要问题有包装完整无损而内容缺少；件数相符且不损坏，但重量、面积、长度不足。造成短缺的原因主要有：

(1)原装短缺，发货人装箱时漏装、错装；衡量时衡器失灵，计量错误。

(2)包装不坚固、破损。造成货物的流失短缺。

5. 船舶积载不当

主要情况为残破，变形。造成原因是集装箱在船舶上的装载不舍理，固定不够牢固。尤其是装在甲板上的集装箱超出允许高度，若遇到恶劣天气，船舶颠簸摇摆剧烈，造成货物或箱体互相碰撞、挤压，导致残破或滑落摔破。

二、改进建议

1. 加强对相关人员的培训

对企业中与外商签订贸易合同的人员，应安排业务知识培训，了解集装箱运输的要求，不断提高企业人员业务水平，使他们懂得货物包装在整个运输过程中保护商品质量的作用。注意合同中尽量不要只对包装条款作原则性的规定(如："适合远洋运输之木箱装"等)。当然，什么样的货物、如何才是适合远洋运输，标准不一。要结合国际惯例来考虑，尽量根据该类商品的习惯包装方法和要求规定。例如，较重的货物，其木箱箱板不能太薄，并应有木档加固；仪器仪表类商品，箱内应有防潮、防震措施；不能倒置的商品，包装外应有明显的向上标志等。对袋装的货物，要对袋子的材质、缝口方法、层数及新旧程度有明确要求；是桶装的，应明确桶的材质、形状、新旧程度及桶盖封闭方式；是箱装的，则要注明箱体材质，要否加木档、捆扎材料、纵横匝数，箱内用何种材料衬垫空隙以及箱内货物如何放置、加固、支撑、防震及衬隔。

2. 对集装箱及装箱的质检提出要求

应要求发货方提供发货地公证机构经检验合格后出具的集装箱验箱合格证书,以避免集装箱本身有缺陷和不具备适载的技术条件而造成渍损等;要求发货方合理装载、合理配载,加固支撑,以避免货物残损、变形及气味感染等;对货物水分作出规定,以避免霉烂、变质及火损;申请发货地公证机构对货物进行监装,以避免货物短发、错发。

【案例3】 集装箱配载和检查

一、集装箱船检查应注重的几个方面

在对集装箱船进行安全检查时,除了对其进行与其他船舶同样的检查,诸如检查船舶证书、安全设备、防污染设备等外,还需重点检查以下几个方面:

1. 确保集装箱船的稳性在合理的范围内

为了提高载货能力,集装箱船会将约 1/3 的集装箱装载于甲板上,这将引起船舶重心提高,水线以上受风面积增大,对稳性产生不利影响。因此,对于集装箱船首先要保证其有足够的稳性,一般集装箱船满载时的 GM 值在 0.8 ~ 1.2m 之间比较理想。尽管《船舶稳性规范》对集装箱船的初稳性要求是 GM 大于或等于 0.3 m,在实际工作中,因有的集装箱的实际重量与申报重量不相符,甚至相去甚远,导致在配载过程中计算出的稳性值与实际不符,所以要留有足够的安全值,否则,因集装箱船舶船速快,航行中用舵转向时会产生比较大角度的倾斜,对船舶安全将十分不利。船上的稳性计算结果可在大副的稳性计算报告书中获得,也可通过船上的配载用电脑查阅。

2. 确保船舶弯曲力矩(bending moment) 和船舶剪力(shearing force) 不超过允许的最大值

由于集装箱船的长度长,因此保证船舶应力(stress) 是需要重点考虑的。为保证船舶应力在允许的范围内,也为了便于装卸,同一卸货港的集装箱应尽量在不同舱位集中装载,使船舶在首尾方向上的不同舱位处受力均匀。在任何情况下(无论是在港内或在海上),船舶的弯曲力矩和剪力都不能超过允许的最大值。有时需要调整船舶压载水来保证船舶应力在合理的范围内。计算结果在电脑上以曲线图和实际弯曲力矩或剪

力与允许最大值的百分比显示。当实际弯曲力矩或剪力与允许最大值的比率小于100% 时，说明装载符合要求；当比率大于或等于100% 时，说明装载不符合要求。此比率数值越小说明船体纵向各部位受力均匀，装载状态也就比较理想；反之越大，则说明受力不均，装载不理想，任何情况下都不允许超过100%。

3. 检查集装箱箱位配置及其堆装是否合理

对于普通干货集装箱的配置原则是重箱、强结构箱在下，轻箱、弱结构箱在上，40 ft 集装箱上不能配置20 ft 集装箱；对于需要通风的集装箱应配在甲板上；对于冷藏集装箱应配在有电源插座的地方。

4. 正确装载，使驾驶台视距(visibility) 在合理范围内

船舶航行，驾驶台需要有良好的视距，才能保持正规瞭望。因此集装箱应合理装载，特别是驾驶台在尾部的小型集装箱船，当某航次装载的集装箱大部分是空箱时即使进行合理压载，也会产生较大的吃水差(较大的尾倾)，这时船首集装箱就不能装太高，以免船首方向产生较大盲区。如果装载到连船首的水天线都看不到，这对船舶航行安全是十分危险的。一般集装箱船都有一张视距表(visibility table)可供查阅。如果船上有配载电脑，也可通过电脑得到相关数据。

5. 核定每列集装箱的重量，使之不能超过允许的甲板强度(deck strong)

集装箱在船上堆装于舱内或舱盖上，而舱底与舱盖都有最大允许承重负荷，如果超负荷积载，会引起舱底或舱盖凹陷变形，重者引起舱盖塌陷。实际工作中，可以通过查阅船舶稳性报告书或其他相关资料得到具体舱底或舱盖的允许最大承重量，抽查装有重货箱的某列，通过简单计算，可以得知是否超负荷装载。船上如有配载电脑，如果某列超负荷，相对应的位置数字显示为红色。

6. 检查集装箱的绑扎是否符合要求

集装箱的绑扎固定对船舶和货物的安全都是至关重要的。集装箱船都有经主管机关或其认可的机构核发的《货物系固手册》，对每一排的绑扎要求和该船上应配备的绑扎索具等都有详细规定，可以对照检查。例如：绑扎索具是否与要求的一致？应该双绑(double lashing)的地方是否只进行了单绑(single lashing)应该对第三层集装箱进行绑扎的地方是否只对第二层进行绑扎等等。

7. 对冷藏集装箱的检查

冷藏集装箱装船后应立即接通电源，并应注意记录温度。要求装船接通电源后记录温度一次，过一段时间后再查看一次温度，以核实温度和发动机工作是否正常。航行中要求每天至少查看和记录温度两次，一般早晚各一次。另外，在装载冷藏集装箱时，装有发动机的一侧应朝向船尾装载，以避免船舶上浪对发动机造成损害。

二、危险品集装箱的检查

危险品集装箱，是对集装箱船舶检查的重中之重。需要重点关注以下几点。

1. 证书及文书检查

装运危险品集装箱的船舶在装卸货前应提前通过代理到海事机构办理危险货物申报，所以安检人员上船后可以关注以下几点：

(1)检查《船舶载运危险货物申报单》，看是否已经办理了危险货物申报。

(2)检查有无危险品错报或漏报现象。按照《SOLAS74 公约》第Ⅶ章的规定，每艘装运包装危险货物的船舶须备有一份特别清单或舱单(special container list)，该单证要标明船上所载的危险货物及其所处位置。通过对比特别清单与《船舶载运危险货物申报单》所申报的危险货物名称，检查人员可以发现船舶载运危险货物有无错报或漏报现象。

(3)检查船舶载运危险货物符合证明(Document of Compliance Special Requirements for Carrying Dangerous Goods)。能够载运危险货物的集装箱船舶均应持有此证书。在此《DOC 证书》中，列明该轮允许承载的危险品货物类别和允许装载于船舶具体的货舱、甲板部位等舱位或排位。

2. 装载情况检查

(1)外观检查。目测箱体外表有无损伤，如有明显的实质性损坏，则不得使用。

(2)看集装箱箱体外四面是否粘贴了危险品标志，是否与危险货物类别相一致，是否办理了申报手续。

(3)看集装箱有无安全合格标牌。按照《1972 年国际集装箱安全公约》的要求，在集装箱箱门上需有安全合格牌照，标牌要在有效检验期内。实施定期检验的从出厂至第一次检验间隔不应超过 5 年；重新检验的间隔期不应超过 30 个月。获准实施连续检验计划(标有 ACEP)代替定期检验的，任何情况下每 30 个月不能少于 1 次。如有发现集装箱体损坏、箱门有外流液体或液体痕迹的可以实施开箱检查。

(4)危险品集装箱是否积载在申报的规定舱位。船舶在配积载时，应充分考虑并满足《船舶载运危险货物符合证明》的位置要求和《国际海运危险货物规则》的隔离要求。并检查危险品集装箱的实际装载位置与积载图位置是否一致。

(5)对于需要远离热源的危险品集装箱，如：2.1 类易燃气体，3 类易燃液体，8 类闪点小于 23℃的腐蚀性液体等，装载时应考虑与冷藏箱隔离，因冷藏箱发动机制冷时要散发热量，是热源之一。

(6)对海洋污染物集装箱，不应积载于甲板外舷侧。

(7)船舶是否按规定悬挂(显示)危险品旗(信号)。船舶载运危险品集装箱时，白天应悬挂字母旗“B”，夜间应在最易见处显示一盏环照红灯。

第九章 集装箱港口费收计算

第一节 集装箱港口费收概述

作为交通运输枢纽的港口,凭借自己拥有的设备、设施和人力,为船舶运输和货物装卸提供服务和劳务,根据规定标准和项目向货主和船方收取的各种费用的总称叫做港口费。港口费的计费单价叫做港口费率。

港口费收的对象,有的是船方,有的是货方,有的是船方、货方均可。一般情况下,本国的船舶装卸费向货方收取;外轮装卸费按合同约定办理,有的船方、货方各半,也有的全部由货方承担。货物保管费除特殊情况由船方承担外,一般向货方计收。

港口费的种类较多,按收费项目可分为两大类:一类是与货物有关的港口费,包括装卸费、库场保管费、驳运费、换装包干费、货物港务费、杂项作业费、港口建设费等;另一类是与船舶有关的港口费,包括引水费、系解缆费、停泊费、开关舱费、代理费、船舶港务费等。

港口费按费收的业务性质也可分为两大类:一类是基本业务费,也有称为劳务费的,是港口经营收入的主要部分,包括使用港口设备和劳务的使费(如引水费、停泊费、移泊费、开关艇费、港作拖船使用费等)、劳务费(如装卸费、杂项作业费、困难作业费、业务代理费)和其他费用(如保管费、驳运费)。另一类是港口规费,是具有税收性质的费用,船舶港务费、货物港务费、港口建设费等属于这一类费用规费是统收统支的费用。

港口费按费收的适用范围可分为国外和国内两大类:适用于国外的即对航行于国际航行的船舶和国外进出口货物计收的港口费,其费收规则由交通部统一制定。适用于国内的是指航行于国内航线的船舶和国内进出口货物计收的港口费,还划分为北方沿海、南方沿海、长江、黑龙江等航区,其中交通部所属港口的费收规则由交通部统一制定,其他沿海、江河等地方港口的费收规则由省(自治区、直辖市)交通主管部门制定,报交通部批准执行。

第二节　集装箱港口费收的种类

港口费收的种类较多,可细分为以下几个方面。

一、船舶吨税

船舶吨税是主权国家的海关向国际航行船舶进入本国港口所征收的一种关税,通常又叫船钞。船舶吨税的计征期有长有短,在一个计征期(可以是一个月或三个月)内只征收一次。计税率随计征期长短而不同。有贸易条约和协定的国家,给予对方船舶进出以优惠待遇,按优惠税率计征。

目前,从事国内航运的船舶要向地方政府缴纳的船税,不计入港口费收的范围。

二、港口规费

为保持港口水域、航道畅通,使船舶安全进出港口,而向使用港口水域、航道、设备的船舶和货物征收港务费等费用,称为港口规费。港口规费是港口费收的一个重要内容,它不是按提供的劳务计收,而是按有关主管部门的规定向船方、货方征收的费用,具有国家税收性质,按目前规定有船舶港务费、货物港务费和港口建设费等。除了另有规定免征外,对进出港口的船舶和货物均应征收。

1. 船舶港务费

船舶港务费是指船舶进出港口和在港期间因使用港口水域、航道、码头、浮筒、锚地等,按主管机关规定应向港口支付的费用。船舶每进港或出港一次,按船舶净吨(拖船按马力)计收港务费。船舶港务费分进口和出口两种。进口后并未卸货,仅换单后原船货物运往他港的船舶,仍应分别征收进口、出口船舶港务费。避难船、军事船、公安船、边防船、海关船、检疫船、港内工作船、捕鱼船、非运载旅客或货物的船舶,均免收船舶港务费。进港没有卸货行为或出港没有装货行为,以及虽有上述行为但其收入在两倍船舶港务费以下的船舶,免收进口或出口船舶港务费。

2. 货物港务费

货物港务费是指经由港口吞吐的国内外进出口货物,依据主管机关的规定,按货物分类和计费吨重量,分别征收一次进口或出口港务费。港口要按货类分别制定进口货物和出口货物的港务费率。对于某些货物可以免征港务费:①邮件(不包括邮政包裹)、持客运手续办理托运的行李包裹;②船舶用的燃料、装货捆绑垫隔物料、随货同行的包装备品;③渔船捕获的海鲜及防腐用的冰、盐,活的禽、畜所需的饲料;④使馆物品、联合国机构物品、国家领导人赠送的礼品、军用物品;⑤因意外事故临时卸在本港内但仍需送往到达港的货物;⑥用于本港建设和生产的货物,购进或售出的船舶;⑦到港未卸,换单后又原船运出港的货物。

3. 港口建设费

为加快我国的港口建设,以适应经济发展的需要,我国从 1986 年起,对我国沿海和长江的 26 个港口进出的货物征收港口建设费,1993 年 7 月开始扩大到全部对外开放口岸的港口。港口建设费按进出口货物的重量吨(或换算吨)计征,缴费人为托运人或收货人(或其代理人)。国内货物由装船港一头征收,外贸进出口货物分别在货物卸船港和装船港征收。港口建设费的征收管理工作由交通部负责,开放口岸港口所在地的港务局(或相应管理机构)为港口建设费的代征单位。港口建设费作为预算外资金管理,全部用于水运基础设施建设,主要用于沿海及长江、黑龙江干线等港口建设,支持沿海、内河运输和航运支持保障系统船舶的建造和水运基础设施建设,专款专用,由交通部负责征收使用。

三、港口经营业务的主要费收

港口经营业务费收是指由港口向船舶或货物提供劳务而收取的费用。如向船舶提供引航、移泊,拖船,泊位,系、解缆等,或向货物提供装卸、库场、堆存等劳务或设备而收取的货物装卸费、堆存费等。其中引航、移泊费,停泊费,系、解缆费等费收属港务费范围,其余为港口营运收费范围。

1. 引航、移泊费

引航、移泊费是指船舶由引航员引领进港、出港和在港内移泊,应向港口支付的费用。国家规定外籍船舶进出我国港口,实行强制引领。国内船舶则根据船方要求,港口在接到船方书面申请后派人引领。引航、移泊费按船舶净吨(拖船按马力)一次计收;拖船及其拖带浮物的引领、移泊则分别按马力和净吨(或载重吨)计收。如引航距离过远,还要计收超程引航费。在有些港口还可加收非基本港引航附加费。

2. 系、解缆费

系、解缆费是指船舶在港口靠离码头、浮筒时,港口派出人员为船舶系缆或解缆,向船舶收取的操作费用。以每系缆或解缆一次计收一次系缆或解缆费。船舶在港口停泊期间,每加系一次缆绳计收一次系缆费。

3. 停泊费

停泊费是指船舶在港期间,因使用码头、浮筒或锚地停泊而向港口支付的费用。港口按每日每净吨(马力)征收停泊费,船舶停泊以24小时为1日,不满24小时按1日计。停泊费分装卸停泊费和非装卸停泊费。装卸停泊费只对航行于国际航线的船舶计收。非装卸停泊费则对国内外船舶凡发生非装卸停泊的都应计收,国际航线客船、旅游船在港停泊也按非装卸停泊的标准计收停泊费。在码头、浮筒的船舶外档停泊的船舶,视同停泊在码头、浮筒的船舶征收停泊费。

由于港方原因造成船舶在港内停泊,免征停泊费。

4. 拖船费

拖船费是指使用港口拖船而向港口支付的费用。船舶进出港口,在港内靠泊和离泊,都需要港口提供拖船协助;散货船在港内装卸前验看水尺时,以及在海上意外遇险时,都需要使用港口拖船等。使用拖船,按"租用船舶、机械、设备等"的规定,以拖船马力和使用时间为单位进行收费。

拖船使用时间为实际作业时间加辅助作业时间。实际作业时间为拖船抵达作业地点开始作业至作业完毕的时间;辅助作业时间为拖船驶离拖船基地至作业基地的时间加上拖船驶离作业基地返回拖船基地的时间。实际作业时间由委托方签认,按时计算;辅助作业时间实行包干,由各港务管理部门综合测算确定,报交通部备案。

5. 开、关舱费

由港口工人开、关船舶舱口,不分层次和开、关次数,分别以卸船计收开、关舱费各一次,装船计收开、关舱费各一次。港口工人单独拆、装、移动舱口大梁,视同开、关舱作业,计收开、关舱费。

使用集装箱专用吊具进行全集装箱船开、关舱的作业,不分开、关次数,分别以卸船计收开舱费一次,装船计收关舱费一次;只卸不装或只装不卸的,分别计收开、关舱费各一次。

6. 装卸费

装卸费是指船舶在港内装卸货物，港口提供劳务和其他服务后收取的费用。对于国外进出口货物，根据贸易条款和租船合同的约定，装卸费分别向船方或货方收取。对于国内进出口货物，除船方责任外，装卸费一般向货方计收。

(1)对于散杂货在港口的装卸作业，按"外贸进出口货物装卸费率表"的规定计收装卸费。

(2)对于集装箱在港口的装卸作业，按"外贸进出口集装箱装卸包干费、国际过境集装箱港口包干费率表"的规定，向船方计收集装箱装卸包干费。

集装箱装卸包干作业包括：

①进口重箱：将重箱的一般加固拆除，从船上卸到堆场，分类堆存，从堆场装上货方卡车或送到港方本码头集装箱货运站(仓库)，然后将空箱从货方卡车卸到堆场或从港方本码头集装箱货运站(仓库)送回堆场。

②出口重箱：将堆场上的空箱装上货方卡车或送往港方本码头集装箱货运站(仓库)，将重箱从货方卡车卸到堆场或从港方本码头集装箱货运站(仓库)送回堆场，分类堆存，装船并进行一般加固。

③进口空箱：将空箱的一般加固拆除，从船上卸到堆场，分类堆存。

④出口空箱：将堆场上的空箱装到船上，并进行一般加固。

⑤箱体检验、重箱过磅及编制有关单证。

以上作业，减少其中一项，费用不减少。

(3)集装箱船在非集装箱专用码头装卸集装箱，如船方不提供起舱机械，而由港方提供岸机或浮吊进行装卸时，除按"外贸进出口集装箱装卸包干费、国际过境集装箱港口包干费率表"的规定计收装卸包干费外，另按其相应箱型装卸包干费率的15%加收岸机使用费；使用浮吊的，另收浮吊使用费。

(4)内支线运输的集装箱船在港口的装卸作业，按"外贸进出口集装箱装卸包干费、国际过境集装箱港口包干费率表"规定费率的90%计收集装箱装卸包干费。

(5)采用"滚上滚下"方式装卸货物和车辆时，使用港方动力和工人作业的，按"外贸进出口货物装卸费率表"规定的船方起货机费率的80%计收装卸费；不使用港方动力，只由港方工人作业的，按"外贸进出口货物装卸费率表"规定的船方起货机费率的50%计收装卸费；不使用港方动力和工人作业的,按“外贸进出口货物装卸费率表”规定的船方起货机费率的30%计收装卸费。

(6)集装箱在集装箱货运站(仓库)进行拆、装箱作业,按“租用船舶、机械、设备和委托其他杂项作业费率表”的规定,分别向船方或货方计收拆、装箱包干费。

(7)港机使用费。亦称岸机使用费。船舶无起舱机械或机械出现故障等,可向港口申请使用起舱机械,由港口向船方计收港机使用费。我国交通部港口费收规则(外贸部分)规定,使用港口起舱机械由港口根据需要确定,不必取得船方申请。使用港口机械,按有关规定的标准收费,同时要按规定计收起货机工力费。

7.工时费

(1)装卸指导工时费。在装卸重大件设备、危险品、超长货物、笨重货物时,为保证船舶和货物安全,港口派装卸技术指导员在船上指导装卸作业,要向船方收取装卸指导工时费。按规定费率以每人每小时计费。

(2)困难作业工时费。进口货物在舱内发生融化、冻结、凝固等情况,装卸时需要进行敲、铲、刨、拉等困难作业的,由于船舶或积载等原因,造成港口工人装卸困难,影响正常装卸效率的,以及除港口费收规则另有规定的外,尚需进行捆、拆、加固、铺舱、隔票、集装箱特殊清洗以及其他杂项作业的,均应加收困难作业工时费。此工时费按有关费率的规定,以实际作业人数向申请方计收。

上述作业所需材料由委托方供给。使用港口机械的,另收机械使用费。

8.货物保管费

货物保管费又称货物堆存费,为国内外进出口货物在港口仓库、堆场堆存保管时,按规定计收的费用。货物堆存费一般按货物种类、数量、堆存地点和堆存期计算。对于出口货物,在签单日期截止后,港口为顺利组织装船,通知发货人将货物送入港区库场,货物保管费率较低。对于进口货物,港口除给予收货人×天免费保管期外,为确保港口库场畅通,货物保管费率订得较高。有的港口为了促使收货人尽快提货,还通过制定累进计收保管费率的办法,用经济手段制约收货人尽早提货。

货物保管费的计算时间,交通部颁布的规定为:

(1)国内外进口货物,自每张运单(提单)的货物开始进入库场的第×天起,至货物提离库场的当天止。

(2)国内外出口货物,自每张运单(提单)的货物开始进入库场的当天起,至货物装船的前一天止。

(3)进口转出口货物,自每张运单(提单)的货物开始进入库场的第×天起,至货物装船的当天止。

(4)存栈货物,自每张运单(提单)的货物开始进入库场的当天起,至货物提离库场的当天止。

(5)烈性危险货物和油罐存油,按实际存放天数计算。

由于港口对货物保管提供的条件不同,以及货物本身性质的差异,所以对货物保管费而言,仓库高于场地,进口货物高于出口货物,烈性危险品货物高于一般危险品货物,一般危险品货物又高于普通货物。其中存放在堆场的货物,使用港口提供垫盖物的,按仓库费率计收堆存费;由货主供给垫盖物的,仍按堆场计收堆存费。

9.理货费

理货费是指船方或货方委托理货机构进行理货业务所支付的费用。对航行于国际航线的船舶,国家规定统一由中国理货总公司设在各港口的分公司接受委托人的理货申请,代表船方或货方与港口或接货人办理货物交接手续。

10.港口经营业务的其他费收

港口经营业务的其他费收包括拆、倒包费,平舱费,扫舱费,起货机工力费,转栈费,待时费,翻舱费,计量费,灌绞包费等。

四、代理费

港口代理货运业务和客运业务,要向货物托运人或收货人收取货运业务代理费和客运业务代理费。代理费一般按货运收入的一定比例计收。

五、其他劳务和服务费

其他劳务和服务费是指港口提供其他杂项作业的劳务和出租港务船舶、车辆、机械设备等向委托人和使用人收取的劳务和服务费。

租用港方船舶、机械、设备,船方或货方委托港方工人进行杂项作业,由于船方原因造成港方工人待时等,均按“租用船舶、机械、设备和委托其他杂项作业费率表”的规定计收费用。

租用码头、浮筒进行供油、供水等作业,费用由租赁双方协商。

出口货物或集装箱退关时，要按实际发生的作业项目向货方计收各有关费用。

【案例1】　我国港口与集装箱码头费收中存在问题分析

对比美国奥克兰港、德国汉堡港、亚洲新加坡港、日本横滨港、韩国釜山港和我国上海港的集装箱船舶在港口的各项费用，我国的港口与集装箱码头费收及其定价存在以下几个问题：

1. 我国港口及码头对国际集装箱船舶的费收总体水平较低

通过对相关港口所发生的集装箱船舶港口费用的分项分析，反映了一个国家港口的基本收费水平，见表9-1。

说明：

(1)表9-1资料按相关港口实际发生的船舶在港费用随机性抽取，大致可反映一个概貌；

(2)为了具有可比性，表9-1中将各港本国货币均统一兑换成美元。

(3)韩国釜山港该航次无出口装箱。

由表9-1中可见：

(1)平均标准箱收入差异较大。船舶在港费用，日本口岸平均每标准箱为372.93美元，我国口岸为54.62美元，日本比我国高6.83倍；

(2)口岸内各企业投入产出不成比例。所有费目中，付出最多的应该是集装箱码头，收入也应最多才合理。

所述几个港口中，只有横滨港的价格比最合理，各项费用占船舶在港总费用的比例分别是：集装箱码头装卸费83.28%；船舶港务费3.45%；领航费和安全保卫费分别为2.87%和2.69%。而在上海港中，各项费用占船舶在港费用的比例分别是：集装箱码头装卸费53.75%；领航费5.66%；拖轮费7.61%；船舶代理费5.70%。很明显集装箱码头装卸费比横滨港的将近少30个百分点，这样的价格比确实不利于港口再生产能力的提高。

2. 国内外集装箱码头装卸费率水平相差悬殊

国际集装箱码头对国内外进出口船舶的服务基本上大同小异，如果说有区别，那就是总体管理水平上的差异，管理水平高的港口，工作效益更高，成本支出较少，而管理水平差的港口，设施不少，但成本相对支出较高，则效益就差。

表 9-1

船舶港口费用比较表

费目	港口/美元	横滨港		釜山港		上海港(一)		上海港(二)	
		金额	(%)	金额	(%)	金额	(%)	金额	(%)
港监	船舶港务费	10408.23	3.45	2185.272	14.04	1992.58	2.23	2649.11	2.97
	吨税		0.00		0.00	6524.99	7.30	17349.82	19.43
领航	领航费	8669.694	2.87	523.7462	3.36	2782.17	3.11	4575.64	5.12
	领航附加费		0.00		0.00	483.12	0.54	483.12	0.54
集装箱码头	停泊费	1677.745	0.56	580.6087	3.37	562.30	0.63	369.59	0.41
	系、解缆费	890.394	0.29	122.7604	0.79	74.60	0.08	77.18	0.09
	开关舱费		0.00		0.00	2520.96	2.82	720.15	0.81
	装卸费	253213.3	83.82	7249.014	46.57	45828.98	51.29	47966.60	53.71
	速遣费		0.00		0.00	748.84	0.84	910.68	1.02
	杂项费		0.00	449.886	2.98	347.76	0.39		0.00
	CFS 拆箱费		0.00		0.00	9363.93	10.48		0.00
	港口通信费		0.00	27.42392	0.18				0.00
拖轮	防污费		0.00	193.742	1.24	65.22	0.07		0.00
	拖轮费	4850.711	1.61	1218.201	7.83	6723.83	7.53	6792.68	7.61
	安保费	8127.444	2.69	173.7505	1.12	181.17	0.01		0.00

续上表

费目 \ 港口 美元		横滨港		釜山港		上海港(一)		上海港(二)	
		金额	(%)	金额	(%)	金额	(%)	金额	(%)
理货费			0.00	255.7908	1.64	2475.11	2.77	1287.51	1.44
船舶代理	进口托运费	5858.724	1.94	647.0879	4.16				0.00
	船舶代理费	2861.776	0.95	700	4.50	7995.51	8.95	5092.53	5.70
	箱管费	4072.021	1.35	1240	7.97	212.57	0.24	280.00	0.31
	通信费	829.8197	0.27		0.00	48.31	0.05	24.16	0.03
	EDI 费		0.00		0.00	36.78	0.04	96.62	0.11
	其他	615.4727	0.20		0.00	72.47	0.08		0.00
边防出入境费			0.00		0.00	310.53	0.35	276.35	0.31
检疫费			0.00		0.00			350.14	0.39
总计金额		302075.4	100.00	15567.28	100.00	89351.73	100.00	89301.89	100.00
装卸总量(TEU)		810		170		910.50		1635	
平均 TEU 收入		372.93		91.57		98.13		54.62	

各国间的现代国际化的集装箱码头,集装箱码头软、硬件设施能力和技术都相对超前,因此,可比性较强。表9-2为《中国与日本两国港口集装箱码头装卸单箱费率比较表》。

中国与日本两国港口集装箱码头装卸单箱费率比较表(单位:美元) 表9-2

营运箱 港口类型	20ft 重箱	20ft 空箱	40ft 重箱	40ft 空箱	20ft 中转箱	40ft 中转箱
日本横滨	180.29	180.29	270.44	270.44	180.29	270.44
日本神户	184.11	184.11	276.16	276.16		
中国合资	70.40	42.70	105.60	73.90	84.50	126.70
中国国营	44.70	30.90	67.00	46.30	70.30	106.70

从表9-2可见,我国与日本两国港口有关集装箱码头单箱装卸费率,20ft重箱装卸费,日本为180.29美元,我国为44.70美元,日本比我国高4倍;其余,也存在一定的比差。

3. 口岸内集装箱相关费率比价不尽合理

根据口岸现行收取的费用进行分析,对口岸内各单位向船舶计收的费用情况见表9-3。

口岸相关企业服务费占总费用的比较表 表9-3

港口	横滨港		釜山港		上海港	
美元 费目	金额	占(%)	金额	占(%)	金额	占(%)
港监	10408.23	3.45	2185.27	14.01	19998.93	22.39
领航费	8669.69	2.87	523.75	3.36	5058.76	5.66
集装箱码头费用	255781.48	84.67	8429.69	54.15	50044.20	56.04
防疫费			193.74	1.24		
拖轮费	12978.16	4.30	1391.95	8.94	6792.68	7.61
理货费			255.79	1.64	1287.51	1.44
船舶代理费	14237.81	4.71	2587.09	16.62	5493.31	6.15
边防出入境检疫费					626.49	0.70
总计金额	302075.40	100.00	15567.28	100.00	89301.89	100.00
装卸总量(TEU)	810		170		1635	
平均TEU收入	372.93		91.75		54.62	

由表9-3可见：

(1)我国港监部门收费比率较高。上海港港监发生的费用占总费用的22.39%，其次是韩国釜山占14.01%，日本横滨只占3.45%。

(2)领航费的费率水平我国口岸也位居前列，占总费用的5.66%，比较低的日本3.45%将近高出1倍。

(3)日本横滨港集装箱码头费用占船舶在港总费用的84.67%，均比釜山港和上海港高。

4. 国际中转箱的优惠政策

新加坡、香港等港口对国际中转集装箱的优惠政策比较明显，除了降低港口卸船转装船费、转口堆存费外，还在海关、商检等手续方面给予简化、提供便利的查验程序，因此，吸引了国际过境箱的大量增长，新加坡国际过境箱量达到80%以上。对新加坡港口的费收政策进行分析，它们对国际中转箱的优惠主要有：

(1) 装卸船价格优惠。见表9-4。新加坡港口对国际中转箱装卸费价格均有20%左右的优惠。

新加坡港口对国际中转箱装卸费价格　　表9-4

营运箱＼箱型	20ft	40ft	45ft	说　明
装卸重箱	150	215	250	
装卸空箱	80	118	135	空箱为重箱的54%左右
中转重箱	115	175	190	中转箱优惠约为20%
超限箱	435	650	250	超限箱约为一般箱的3倍
中转超限箱	350	525	580	

(2)堆存期优惠。见表9-5。

新加坡港口集装箱免费堆存期　　表9-5

营运箱＼项目	免费堆存时间(h)	规　定
进口箱	72	卸船结束时起算
出口箱	72	码头收箱时起算
中转箱	168	第一船卸载至第二船装载中扣除7天

5. 规则规定的费收项目缺乏灵活性

除合资码头有自己的定价权外,我国港口及码头的费收规则中规定,堆存费和集装箱中转包干费各港可以自己制定标准,报部备案,其他项目均无定价权。

由于费收规则是港口费收唯一法律依据,全国统一执行,而各港口投资规模、地域经济和交通状况、成本和竞争形势等均不尽相同,随着港口管理体制的改革,港口下放,政企分离,债转股等改制措施的出台和企业改革方案的推行,港口及码头企业走向市场,生产经营实施自负盈亏。因此,港口费收和码头的各项费率按照现行基本原则即执行计划经济下的统一价的这种情景与我国现阶段的体制改革和发展社会主义市场经济、企业独立自主和自负盈亏的要求不相适应。

【案例 2】 香港降低港口收费 谋求重夺老大位置

“为吸引更多内河船运货来港,特区政府推出多次入港许可证,以简化申请程序及减低许可证收费,从而提高香港港口处理内河货运的效率;多次入港许可证有效期 1 个月,在有效期内,内河船最多可来港 10 次,每次最多停留 2 日,多次入港许可证的费用定为单次入港许可证的 5 倍。”香港经济发展及劳工局副秘书长谢小华表示。

从上半年香港码头集装箱吞吐量被新加坡超越后,香港特区政府为提升港口竞争力,香港经济发展及劳工局提出五项建议,包括多次入港许可证、调低港口及灯标费等多项优惠措施,吸引更多内河船及远洋轮船来港处理货运事宜。同时,立法会经济事务委员会对新措施表示支持,香港特区政府最快于 10 月提交收费规例,以期在年底或明年初实施。

“这是迟来的‘亡羊补牢’做法,但我们仍相信对香港经济有利。根据海事部门的资料显示,大约半数内河船每月来港 5 次或以上,如果推行新措施后,相信有超过 1 000 艘船只会受惠。”香港一位从事出口贸易工作的刘女士说。

根据香港经济发展及劳工局提交给香港立法会经济事务委员会的文件指出,去年约有 11.75 万艘内河船来港,货物处理量共 650 万标准货柜,占总吞吐量的 29.6%。建议多次入港许可证有效期为 1 个月,希望持证内河船最多可来港 10 次,每次最多停留 2 日。该局建议调低远洋轮船的港口及灯标费约 5%，即每 100 吨 54 元；以 6 500 t 的远洋船而言，每次来港可节省约 200 港元。

“同时本地船只牌照费也同时调低 5%，若这项建议付诸实行，每艘大型载货驳船每年可节省约 600 港元牌照费。”谢小华指出，“在香港水域将增设新停泊区域，考虑的地点包括大小磨刀洲。这样可提升中流理货能力。”“引进香港注册船舶吨位年费豁免机制的建议，旨在鼓励船舶长期在港注册，以及把香港船舶注册发展成优质船舶名册。”香港商会的林先生说。

据了解，截至今年 5 月，香港注册船舶的总吨位约 2 800 万 t。如果该项建议实施，将可让持续在港注册的船舶，每两年可获豁免 6 个月的费用，但有关船舶必须在这两年期间没有被扣留的记录，而且船东在标准租赁协议中，指明香港为可选择的仲裁地。建议通过后，当局将根据拟于《商船（本地船只）条例》下订立的收费规例，和其他适用于远洋轮船的现行法例，付诸实行。

“根据《香港港口规划总纲 2020》研究指出，每公吨使用本港港口服务的集装转运货物及直接集装货物，可分别带来 135 港元及 193 港元的经济利益。”香港经济发展及劳工局吴先生说，“实行新措施后，特区政府每年少收约 6 100 万港元。”他说，假设 1 艘载有数个货柜的内河船每月多来港 1 次，这艘船带来的经济利益便超过签发多次入港许可证的总成本；实行新措施后，每月来港 3 ~ 4 次的内河船，将倾向申请多次入港许可证，这可使香港的货运量增加。而且我们还建议豁免缴付吨位年费，这样有助推广航运服务业，并维持香港作为国际航运中心的地位。

谢小华指出，特区政府将会调低来香港的远洋轮船的泊位费，把按日收费改为按小时收费，费用分别为每小时每吨两仙（仙是航运收费的一种，一仙兑 2.2 联邦币），从船只到港起计，12 小时免费，以 1 艘 6 500t的远洋轮船而言，如在港内停泊两天，新收费为 4 600 港元，每程可节省约 1 500 港元。这样新的安排有助缩短船只留港时间，缓解海港拥挤情况。

香港出口商会会长孙启烈表示：“虽然国际评级机构一直都对香港的商业环境有正面评级，但在过去 8 年，香港港口业由于各种原因变差，让新加坡港口逐步超越香港，而目前深圳的吞吐量升幅较快。希望这次特区政府的新措施能给香港港口带来生机。”而议员陈鉴林建议，现在应着眼减低陆路货运过境费用,这样才能从整体上提升香港港口的竞争力。

【案例3】 支线-干线船中转装卸费分担

为明确支线、干线船进口或出口中转,对在中转港产生的中转装卸费由谁支付、实际应用中有以下几个条款:

1. 出口支线、干线中转装卸费分担

(1)CY—FI:表明支线船支付自己的中转卸船费,干线船支付自己的中转装船费;

(2)CY—FO:表明支线船不付自己的中转卸船费,由干线船支付支线船的中转卸船费。

2. 进口支线、干线中转装卸船费分担

(1)FI—CY:表明干线支付自己的中转卸船费,不付支线的装船费;

(2)FO—CY:表明干线支付自己的中转卸船费,还应支付支线的装船费;

注:CY:码头堆场;FI:不付装船费;FO:不付卸船费。

【案例4】 CY—CY装卸费用分担

尽管CY—CY是整箱货运输条款,通常由船公司支付装卸费,但在船公司与托运人、收货人订立的协议中,经常会出现CY-CY装卸费用分担条款,其目的是明确由谁支付装船费,具体条款有:

(1)CY—CY/LO,表明由船公司支付卸船费;

(2)CY/LI—CY,表明由船公司支付装船费;

(3)CY—CY/LIO,表明有船公司支付装卸船费;

(4)CY—CY/FO,表明船公司不付卸船费,由收货人支付卸船费;

(5)CY/FI—CY,表明船公司不付装船费,有托运人支付装船费;

(6)CY—CY/FIO,表明船公司不付装卸船费,由托运人支付装船费,收货人支付卸船费;

(7)CY—CY/FI—LO,表明船公司不付装船费,但付卸船费;

(8)CY—CY/LI—FO,表明船公司支付装船费,但不付卸船费。

注:L=Liner船公司;I=IN装船;O=OUT卸船;F=FREE不付。

【案例5】　由船公司支付装卸费条款

(1)LINER TERM 班轮条款;
(2)BERTH TERM 泊位条款;
(3)GROSS TERM 包干条款;
(4)BOX FREIGHT 包箱运费;
(5)FREIGHT ALL KINDS 均一费率;
(6)FREIGHT ALL CLASS 等级费率;
(7)FREIGHT BASIS CLASS 重量/尺码选择费率;
(8)COMMODITY BASIS FREIGHT 商品费率;
(9)ALL IN FREIGHT 运费包干;
(10)ALL IN RATE 费率包干;
(11)LINER IN AND OUT 船公司支付装卸费;
(12)LINER IN 船公司付装;
(13)LINER OUT 船公司付卸;
(14)LINER FREE IN 船公司不付装;
(15)LINER FREE OUT 船公司不付卸。

【案例6】　由买方付装船费条款

(1)~(10)因买方已支付运费给船公司,而运费已包括装船费。
(1)FOB LINER TERM 船公司支付装船费;
(2)FOB BERTH TERM 船公司支付装船费;
(3)FOB GROSS TERM 船公司支付装船费;
(4)FOB BOF 包箱运费,船公司支付装船费;
(5)FOB FAK 均一费率,船公司支付装船费;
(6)FOB FAC 等级包箱费率,船公司支付装船费;
(7)FOB CBF 商品包箱费率,船公司支付装船费;
(8)FOB AIF 运费包干,船公司支付装船费;
(9)FOB AIR 费率包干,船公司支付装船费;
(10)FOB L/I 船公司付装船费;
(11)FOB TRUCK 卡车交货,买方付装船费;
(12)FOB LINER SHIP'S TACKLE 船吊下交货,买方付装船费;

(13)FOB YARD 堆场交货,买方付装船费;
(14)FOB DEPOT 堆场到堆场交货,买方付装船费;
(15)FOB WAREHOUSE 仓库交货,买方付装船费;
(16)FOB BARGE 驳船交货,买方付装船费;
(17)FOB GATE 港区大门交货,买方付装船费。

【案例7】 由卖方付装船费条款

(1)FOB SHIP'S HOLDS 装船港舱内交货;
(2)FOB STOWED 装船港舱内交货,并堆装;
(3)FOB TRIMMED 装船港舱内交货,并平舱;
(4)FOB STOWED AND TRIMMED 装船港舱内交货,堆装并平舱;
(5)FOB LASHED 装船港船上交货,并加固,绑扎。

【案例8】 由卖方付卸船费条款

(1)~(11)因卖方支付的运费内包括卸船费。
(1)CIF LINER TERM 船公司支付卸船费;
(2)CIF LINER OUT 船公司支付卸船费;
(3)CIF BERTH TERM 船公司支付卸船费;
(4)CIF GROSS TERM 船公司支付卸船费;
(5)CIF BOF 船公司支付卸船费;
(6)CIF FAK 船公司支付卸船费;
(7)CIF CBF 船公司支付卸船费;
(8)CIF FAS 船公司支付卸船费;
(9)CIF FAC 船公司支付卸船费;
(10)CIF AIF 船公司支付卸船费;
(11)CIF AIR 船公司支付卸船费;
(12)CIF LANDED 目的港岸上交货;
(13)CIF TRUCK 目的港岸上卡车交货;
(14)CIF DEPOT 目的地堆场交货;
(15)CIF YARD 目的地堆场交货;
(16)CIF CFS 目的地货运站交货;

(17)CIF WAREHOUSE 目的港仓库交货;

(18)CIF BARGE 目的港驳船交货;

(19)CIF GATE 目的港港区大门交货;

(20)CIF LINER SHIP'S TACKLE 目的港船吊下交货。

【案例9】 由买方付卸船费条款

(1)CIF SHIP'S HOLDS 目的港船舱内交货;

(2)CIF PORT 目的港港口交货。

第十章　集装箱码头运营指标与决策

第一节　集装箱码头运营指标评价体系

一、集装箱码头运营决策背景

管理的核心是优化与决策。全球经济一体化的进程及信息技术的发展，消除了许多流通壁垒。企业面临着比以往任何时候都更为复杂的生存环境，更难以形成并维护其竞争壁垒。竞争的压力对企业制定决策的质量、速度都有更高的要求。系统的优化及决策支持系统作为一种新兴的信息技术，能够为企业提供各种决策信息，以及许多商业问题的解决方案，从而减轻了管理者从事低层次信息处理和分析的负担，使得他们专注于最需要决策智慧和经验的工作，因此提高了决策的质量和效率。

系统的优化及决策制定是管理最核心、最实质性的角色。所有的管理活动都围绕着决策，决策的整体质量对企业的成败有重大影响。在过去许多年，管理者制定决策是一门纯粹的艺术，是通过很长一段时间的经验所获得的。管理之所以被看成一门艺术，是因为许多个体风格被用于处理并成功地解决了同一类型的管理问题。这些风格源于创造力、判断力、直觉和经验，而不是建立在科学方法基础上的系统化的定量分析方法。

但是，今天管理所面临的外部环境正在发生迅速变化。商业及其本身的环境也比以往更加复杂，而且这种复杂性日益增加。这些都对现代企业的管理决策带来了新的挑战，具体表现在以下方面：决策质量的要求更高，客户成为最稀缺的资源。这迫使企业必须采取"以客户为中心"的经营策略，努力提高产品和服务的质量；企业都将面对全球的竞争者和全球范围的消费市场,决策时要考虑的因素更复杂;决策速度要求更快,要求管理者能够迅速作出正确的决策。

面对这些趋势和变化,管理者需要新的工具和技术来帮助他们制定有效的决策。而传统的码头信息管理系统却不具备这样强大的分析功能。具体体现在:

(1)分析工作量大。码头通常的运营系统只能提供面向操作的数据,因此许多管理者要花费80%的时间进行数据的分析,真正用于决策的时间只有20%。

(2)分析结果滞后。由于分析时间过长,经理们经常无法及时拿到所需的报表,因此贻误了许多商业机会。

(3)无法按照商业习惯进行分析。传统的报表只能进行简单的汇总,管理者有时为了分析一个关键的码头业务指标,不得不在一大堆打印的报表中前后翻阅,极不方便。

(4)无法进行复杂的分析。管理者经常希望能综合多种因素来分析问题,如装卸机械效率如何,待机时间如何,场地状况如何等。

(5)无法提供关键问题的解决方案。为了实现最高效率,如何在一个区域范围内设立所有关系的参数?如何制定有效的预警值?如何吸引客户?传统的信息技术都无法提供这些关键性问题的解决方案。

(6)缺乏量化的衡量指标。随着企业规模的扩大和机构的日益复杂,管理者不能只依赖经验和直觉来评价企业的整体表现,必须借助一些关键的、量化的指标。但通常的MIS系统无法做到这一点。

为了适应全球码头的激烈竞争及发展趋势,必然要求决策管理人员可以迅速正确地对码头的生产发展及生产状况作出正确的评测、优化及决策。集装箱运输业除了要求码头不断提高装卸效率,采用计算机信息化管理,加快建设和实现集装箱装卸与传送的自动化外,还需要进一步优化作业系统,提高工作效率及预测分析作业系统,存在问题的能力。集装箱生产多级优化管理系统以系统的优化和评价决策为目标,通过对码头各生产指标的评价,不断地根据码头实际的作业能力和作业效率,对码头的生产作业流程与状况提出完善与指导,加强了信息流通和企业管理的有效性,在码头的信息化系统的基础上,提供一个为码头管理人员使用的以决策群体为服务对象的系统,以保证码头管理层可以及时地了解码头的运行现状,及时对码头的运行机制进行调整和优化。

现代码头都拥有先进的装卸设备,现代化的硬件设施大大提高了集装箱装卸效率。但是当硬件发展到一定程度时,如再大幅度的提供生产效率和管理质量,就必须依赖信息化的发展,以信息技术来提升管理水平及生产效率,以新的技术来指导生产。这就需要我们为码头的管理人员提供各方位的决策依据和决策数据。现代码头的操作系统都是基于操作营运的,集装箱箱量的不断提升、数据庞大、实时操作的速度要求等,都对统计工作带来了很大的难度。为此,我们提供了基于 OLTP 及数据挖掘技术的 OLAP 数据仓库技术,以提供一个最优化、最可靠、最完善的码头数据统计体系。

码头的管理人员所关心的指标与提升码头的生产效率有着直接的影响,因此围绕着这些指标,以国际劳工组织的标准为基础,展开了基于数据仓库技术的统计分析。系统赋予集装箱码头管理以新的理念,主要是以表格的形式从生产指标的角度分析码头装卸生产,可以使生产经营者及时掌握装卸动态,采取有利的措施,改善管理模式,从本质上提高企业的经济效益。该系统的基础数据是基于 OLTP 技术从集装箱码头生产系统的数据库中获取。对这些获取的数据加以分析、规划及建模,建立相应的经验库,从而为码头的决策分析提供了最有利的依据。

二、码头运营指标评价体系概念

指标是一个企业根据其自身资源和外部环境条件提出的在一定时期内,企业全体职工共同奋斗(追求)的目标。港口企业作业评价指标是反映港口生产经营活动状态和生产经营目标的数值。港口企业是整个运输系统和国民经济的重要组成部分,它的生产经营总目标应满足国民经济、运输市场发展和人民生活的需要,在满足社会经济效益的同时,港口企业应追求良好的经济效益。港口企业为实现这一总目标,必经充分调动全体职工的积极性和创造性,合理利用港口各项资源,协调港口内部各部门之间,以及港口与环境之间的关系。为了便于分析与比较上述种种现象与特征,除了定性分析以外,还必须采用数量化的表示方法。

任何一个现象,从不同角度观察,具有不同的特征,为了系统地反映事物的全过程,需要采取一系列具有特殊含义的数值来表示。这些相互有着联系、能帮助人们认识港口生产全貌的一系列的指标,即为港口作业评价指标体系。港口企业运用这一指标体系,可以全面客观地反映和衡量港口生产活动效果，并能为研究、分析、评价港口工作提供依据。

三、码头运营指标评价体系组成

指标可分为计划指标和统计分析指标，计划指标是指港口在计划期内要达到的具体目标和水平；统计分析指标则是指一定时期内已经达到的经营活动的水平。

随着经济体制改革的深化，为了增强企业活力、扩大企业自主权，国家对企业的管理已经凡直接控制为主转向以法律、税收来规范和调节企业行为。目前正在推行的现代企业制度强调政企分开，企业独立从事经营活动，并对自己的行为负完全责任。因此，港口企业的主要作业评价指标体系也必须适应这一转变。具体来说，国家将通过统计分析指标来了解港口企业生产经营活动情况，港口企业则通过指标分析来了解企业的经营状况，并为制定企业的战略决策提供依据。

港口装卸作业评价指标按其性质来说，可分为数量指标和质量指标两大类。

1. 数量指标

数量指标又称总量指标。它是反映港口生产经营活动所应达到或已经达到的数量上的要它反映现象的总体规模、水平或工作总量，通常用绝对数来表示。港口作业中主要的数量指标有：吞吐量、装卸自然吨、操作吨、堆存货物吨天、泊位数、库场总面积、利润总额。

2. 质量指标

质量指标是反映港口生产经营活动所应达到或已经达到的质量上的要求，是两个数量指相除所得的结果，通常是用相对数或平均数表示。例如，比例、比值、百分率等。港口作业中要的质量指标有：装卸工人劳动生产率、船舶装卸效率、操作系数、直取比重、船舶平均每装千吨货在港停时、泊位占用率、不平衡系数、单位装卸成本、装卸机械利用率、库场容量运用、固定资产利用率等。

数量指标与质量指标是相互关联的，数量指标是质量指标的基础。任何质量指标都是数量指标与时间、数量指标与数量指标之间的比值。它们是相辅相成、相互促进、相互制约的，没有数量，也就没有质量；没有质量，也就无所谓数量。只有把两者有机地结合起来，才能反映港口工作的全貌和目标，才能正确反映港口工作的全部特征。

第二节　集装箱码头运营统计指标

一、港口吞吐量数据统计

港口吞吐量分货物吞吐量与旅客吞吐量。

旅客吞吐量是指经由水运进、出港区范围的旅客人数。

货物吞吐量是指经由水运进、运出港区范围,并经过装卸的货物数量。

港口客、货吞吐量是衡量港口生产任务大小的主要指标。它反映港口在整个国民经济物资交流中所起的作用和进行港口规划、建设、劳动力配备和计划管理的主要依据。从它的组成、流向、流量的变化,又可反映出各港口之间的经济联系,腹地范围及其生产配置和对外贸易发展等情况。

根据规定,货物吞吐量的计算方法为:

(1)自本港装船运出港口的货物,计算一次出口吞吐量;

(2)由水运运进港口卸下的货物(包括建港物资)计算一次进口吞吐量;

(3)由水运运进港口经装卸又从水运运出港口(包括船—岸—船,船—船)的转口货物,分别按进口和出口各计算一次吞吐量;

(4)凡被拖带或流放的竹、木排,在本港进行装卸(包括拆、扎排)者,分别按进、出口计算吞吐量;

(5)补给国内、外运输船舶的燃物料(不包括船用淡水及生活用品),计算一次出口吞吐量;

(6)对邮件及办理托运手续的行李、包裹,计算进口或出口吞吐量。

下列情况,不计算货物吞吐量:

(1)在本港港区范围内的短途运输(包括轮渡)物资,以及为运输船舶装卸货物服务和港区之间转库的驳运量;

(2)在同一市区内,港与港之间的货物运输;

(3)由同一船舶运载进港,未经装卸又运载出港(包括原驳换拖)的货物;

(4)自同一船上卸下,随即又装上同一船舶的货物,或装船后未运出港,又卸回本港货物;

(5)路过的竹、木排,在本港进行原排加固、小排并大排或大排改小排等加工整理的;

(6)渔船或其他船舶直接自江、海、湖泊中捕捞运进港口的水产品以及挖掘的河泥;

(7)在港区内装船运至港区以外倒入内的废弃物。

吞吐量统计时一般规定:

(1)统计吞吐量的截止时间,一律以年、季、月最后一天18点为截止时间。

(2)货物吞吐量一律按重量吨统计,以t为计量单位。按进出口交接清单上记载的货物实际重量为依据。

(3)以港口货物进出口交接清单为统计依据。

货物吞吐量根据各港口实际情况与需要,一般都划分货类、流向、航线,内外贸和装(卸)货港等分别进行统计。

港口吞吐量指标在一定程度上能够反映港口的规模,港口在内、外货物资交流中所起的作用和所处的地位,但由于吞吐量这一指标存在着不等量问题,同时它的大小又受货类结构,货物流向,船舶类型,工艺装备以及管理水平等多种因素的影响,因此使用吞吐量指标也存在一些缺陷:

(1)不同货物装卸的劳动消耗是不同的。例如装卸棉花和装卸钢材,显然在同样的作业时间内,完成同样的装卸作业量时,棉花装卸的劳动消耗要更大。

(2)不同的流向会导致不同的吞吐量。例如,同样1t货物,从水路进港后,如果再从水路出港,计算2t吞吐量,而从陆路出港,则只计算1t吞吐量。

针对前一个问题,我们可以采用“换算吞吐量”的办法来弥补。即以一种货物为基数(1t算作1t),其他货种则依照其装卸难易程度折算为该货物的换算吞吐量。计算方法为:

$$货物换算吞吐量 = 货物实际吞吐量 \times 换算系数$$

另一种方法是“容积吨”,即看某种货物的容重是否 >1,如果 >1,按实际吨数计,如果 <1,则按货物的容积大小计其吞吐量。这种计算吨数的方法也称为“择大吨”。

需要注意的是上述换算吨数的方法只是作为内部劳动核算的依据,不能用于代表港口的能力。

二、作业量数据统计

港口装卸作业指标包括:装卸自然吨、操作量、操作系数、装卸工日产量、装卸工时效率、装卸作业机械化程度等。在港口装卸作业指标统计工作中,分为全港统计和本港统计。全港统计指在港口区域内所有港口的装卸作业统计,而本港统计仅指对港务局管辖的港口、锚地、浮筒以及库场上进行的装卸作业的统计。随着货主港口能力的增加,这两种统计数据相差正在扩大。

1. 装卸自然吨

装卸自然吨是指进、出港区并经装卸的货物数量。1t 货物从进港至出港(包括水进水出,陆进陆出,或只进不出,只出不进的物资,以及用于本港消耗的建港物资等),不论经过几次操作,均只计算一个装卸自然吨。

在计算装卸自然吨时,除进港后不再出港,在港区消耗的建港等物资是在进港时统计外,其余一律于装船或装车出港时统计。

装卸自然吨与吞吐量之间最大的区别在于水水中转货物,在港口进行换装作业时,每一装卸自然吨计算为 2 个吞吐量。由于装卸自然吨不随货物流向和操作过程而变化,因此,装卸自然吨通常用是计算港口装卸成本及其他一些指标的基础。

2. 操作量

要了解定义操作量,首先应知道什么是操作过程。所谓操作过程是指货物由某一运输工具(或库场)到另一运输工具(或库场)的整个装卸搬运的过程。由于港口生产的多环节特点,货物通过港口往往要经过多次操作。

港口操作过程一般可划分为以下 6 种:

(1)船—船;

(2)船—车、驳;

(3)船—库、场;

(4)车、驳—库、场;

(5)库、场—库、场;

(6)车、驳—车、驳。

操作量是指通过一个完整的操作过程,所装卸、搬运的货物数量,计算单位为操作吨。在一个既定的操作过程中,1t 货物不论经过几组工人或几部机械的操作,也不论搬运距离的远近,是否有辅助作业,均计算一次操作量。

同一库场内的倒垛、转堆属库场整理性质，与翻舱、干散货的拆、倒、灌、绞包、摊晒货物等同属装卸辅助作业，一律不得计为操作量。

操作量是反映卸装工作量大小的数量指标。编制计划时，操作量是根据吞吐量与各种货物的操作方案，通过操作系数确定的。在统计时，则是根据报告期实绩累计求得的。

3. 操作系数

操作系数是指货物操作量与装卸自然吨之比，它是考核和反映港口装卸工作组织是否经济合理的主要指标之一，用以测定每吨货物在本港各作业区内的平均操作次数。

由于每吨货物通过港口至少要经过一次装卸，因此操作系数总是≥1。如果港口全部作业以直取方式进行，则操作系数 =1；如果港口有部分作业的间接方式进行，则操作系数 >1。其计算公式如下：

$$操作系数 = \frac{货物操作量}{货物装卸自然吨}$$

在一般情况下，操作系数低的港口，直取比重就高，需要的库场容量相对减少，同时也反映货物在港口进行换装作业所消耗的劳动量少，换装成本也较低。但有时为了确保船期，和提高车船装卸效率或由于为了减少因车船之间的相互等待所造成的时间损失，采用进库场的间接换装是更合理的，会取得更好的经济效益，故不能盲目追求操作系数的降低。

三、船舶停时统计

1. 统计范围

凡在集装箱港口所属范围内进行装卸作业的运输船舶，均应列入统计。

2. 统计目的

反映各类运输船舶在港停泊时间的构成及其停时原因，为港口计划管理工作提供资料和依据，为确定港口通过能力提供科学依据。

3. 指标定义和计算方法

(1)船舶停泊艘次数。指报告期内在港停泊船舶艘数的累计数。

(2)船舶作业艘次数。指报告期在港装卸作业船舶艘数的累计数。一艘船舶在港单装、单卸按一个船舶作业艘次计算，又装又卸双重作业按两个船舶作业艘次计算。

四、泊位利用率数据统计

1. 统计范围

凡集装箱码头所属范围内用于装卸生产的泊位，均列入统计。

2. 统计目的

反映码头泊位的运用状况，为挖掘码头生产潜力，扩大港口通过能力，提高港口企业的经济效益提供资料和依据。

3. 指标定义和计算方法

(1)在泊时间。指报告期全部装卸生产船舶在泊的时间数总和。

(2)泊位占用率。指泊位时间占泊位时间的比重。反映泊位综合利用程度。泊位占用率是码头泊位时间的利用程度指标。为综合反映泊位的利用情况，考虑码头泊位长度的利用程度。

五、堆场数据统计

1. 统计范围

凡集装箱码头所属范围内用于装卸生产的堆场，均列入统计。

2. 统计目的

反映码头堆场的运用情况，为加强堆场管理，改进堆场堆存效率，以及提供船时效率提供依据。

3. 指标定义和计算方法

(1)进箱量、提箱量。指每天进出堆场的箱量。

(2)平均周转率、平均在港时间。指箱平均周转的周期。平均周转期短，说明箱的流转快。

(3)堆场利用率。指报告期平均每天堆存吨箱数与平均容量的比值。它是反映库场容量利用程度的指标。以百分率(%)表示。

库场利用率 = 平均每天堆存吨(箱)数/平均容量 ×100%

六、机械设备状况统计

1. 统计范围

凡集装箱码头所属范围内的各类装卸机械，均列入统计。

2. 统计目的

反映装卸机械所处状况及使用情况，为装卸机械的维护、报废提供依据。

3. 指标定义及计算方法

(1)出勤率、待时状况。指各类装卸机械每天的出勤及待时状况，为码头的考核人员对操作人员的考核提供依据。

(2)故障率。指装卸机械故障情况占总出勤时间的比重。

(3)机械利用率。指装卸机械的利用程度。

七、道口数据统计

1. 统计范围

集装箱码头道口集装箱基础数据。

2. 统计目的

反映道口的车(箱)流量在时间、空间上的分布及作业效率情况，反映生产任务与道口设施的平衡状况，为均匀道口流量、增加到口设施提供资料和依据。

3. 指标定义和计算方法

(1)外来集卡达标率。指到港外来车辆在港停留时间数。

(2)平均在港停留时间。指车辆从进码头到处码头平均每辆车每次作业在港停留时间。

【案例1】 洋山三期码头出口重箱堆场评价与分析

一、洋山三期码头集装箱堆场管理概述

各个码头对于集装箱的堆存都有自己的一套堆存方案，每个码头对于堆场的设计和分布都有其一定的意义。总体上讲在码头的箱区布局上应该考虑以下几个方面的问题：

1. 码头所处地区的海运贸易情况

码头所在地区的贸易特点直接影响到码头的箱区分布情况，在洋山港三期码头从政府对于洋山港总体规划上来看，不难了解到洋山港是以发展水水中转贸易为主要的海运贸易，因此，其出口中转箱，国际中转箱和进口中转箱的数量会比较大，故在箱区的安排上可以看到国际中转箱以及进口中转箱的箱区在普通重箱区当中占了相当的比重。

2. 码头的装卸工艺

码头的装卸工艺主要有轮胎式龙门起重机系统、轨道式龙门起重机

系统、跨运车系统等。目前，轮胎式龙门起重机系统由于其机动灵活，堆场利用率高，适应性强等特点，在全球众多的码头被广泛采用。在洋山三期码头的普通重箱区也主要采用轮胎式龙门起重机系统来完成码头主要的箱区堆垛作业。

3. 码头集装箱的吞吐量

由于目前集装箱贸易主要以班轮运输为主，因此，对于个班轮航线的装船箱量可以经过几个航次的统计而得到一个比较固定的数字，根据各班轮航线的箱量统计，可以初步估计码头集装箱的吞吐量情况及集装箱周转率，并依据这些数据来规划堆场的普通重箱堆存。因此对于洋山三期一年的吞吐量作了一个初步的假设，见表 10-1。

2007～2008 年吞吐量(TEU)　　表 10-1

2007/12	1	2	3	4	5	6	7	8	9	10	11	12	2008 合计
8	20	20	20	20	20	20	25	25	25	25	25	25	270

4. 码头各泊位的靠泊情况

在集装箱专用码头上，靠泊的船舶一般有两种，一是远洋船舶(即大船)，二是内河、支线船舶(通常称之为驳船)，这两种不同的船在码头上靠泊位置也会直接的影响到码头箱区的分布情况。在三期码头，一般情况下大船靠泊位置在一至三好泊位，驳船基本靠在四泊位。

5. 综合考虑堆场内堆放的箱型比列和状态比例

堆场根据相关的装卸作业需要基本将集装箱分为干货箱、危险品箱、冷藏箱和特殊箱四种箱型，又将集装箱分为出口空箱 OE、进口空箱 IE、出口重箱 OF、进口重箱 IF、国际中转箱 T、出口中转箱 OZ、进口中转箱 IZ、退关箱 CF 八种状态。根据堆场可能堆存的箱型和箱状态比例对箱区进行科学合理的划分，发挥堆场箱区的最大堆存能力。依据上述参数对于三期码头各箱型和箱状态的比例作了一个初步的估计见表 10-2、表 10-3。

箱 型 比 例　　表 10-2

状态	干货箱	冷藏箱	危险品箱	三超箱	合计
吞吐比例	96.8%	1.2%	1%	1%	100%
堆存天数	5	5	5	5	
堆存比例	96.8%	1.2%	1%	0.6%	100%

状 态 比 例　　表 10-3

状态	OE/IE	IF	OF	IZ	OZ	T	CF	合计
吞吐比例	26%	7%	32%	11%	13%	11%	—	100%
堆存天数	6.5	6.7	4.5	9	4	9.5	14	—

综合上述 5 点因素，结合洋山三期码头堆场的特点根据出口重箱、国际中转箱、空箱、特殊箱和危险品箱等划分了一定的堆存区域。

二、集装箱码头的装卸作业工艺

集装箱堆场采取六位的编码规则，其中前两位表示对场内的箱区位置，第三、四表示该箱区内的倍位，其中单数表示 20ft 的集装箱，双数表示 40ft 的集装箱，第五位表示该箱区倍位当中的排位，第六位则表示该排位当中的第几层。如“697023”表示第 69 箱区 70 位 2 排第三层，“A90542”则表示 A9 箱区 05 位第 4 排第 2 层。

1. 洋山三期码头的机械配置

桥吊：13 台

轮胎吊：40 台（其中有两台轮胎吊起重为 60t，其余的起重为 40t）

堆高机：8 台

正面吊：3 台

洋山三期码头集装箱的堆码作业方式：

在重箱区的作业方式主要采取轮胎式龙门吊系统，其主要承担码头堆场箱区内的装卸和堆码作业，其跨度一般可跨 6 列集装箱箱宽，外加 1 列集卡车道。堆高为 5 层集装箱箱高，目前一般集装箱堆垛 3 层高。

轮胎式龙门吊系统的作业流程见图 10-1。

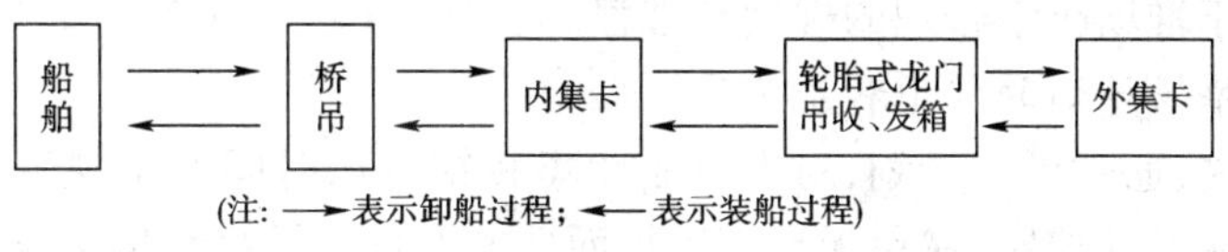

图 10-1　轮胎式龙门吊系统的作业流程

根据轮胎吊的作业流程图可以看到在轮胎吊作业的系统当中，由桥吊在码头前沿完成集装箱装卸船的过程，而在堆场箱区内的集装箱堆码作业就由轮胎吊来完成，而集卡就完成集装箱在桥吊和轮胎吊之间的连接来完成码头的作业流程。

2. 轮胎吊作业的优缺点

(1)轮胎吊作业的有点：

①轮胎吊采用九十度转向和定轴转向，占用通道面积小。

②与轨道式龙门起重机相比，没有轨道限制，可跨箱区作业。

③配备有无线终端，便于实现箱区装卸的自动化作业。

④单位堆存面积堆存量大，由于轮胎吊的堆垛层数高，可达到3～4层，因此可减少码头的堆场面积，提高箱区利用率。

(2)轮胎吊作业的缺点：

①跨箱区作业时间长，收发箱速度较慢。

②需要配备集卡，增加了装卸船的环节，可能降低装卸船的效率。

③能耗高，轮胎吊的耗油量为1L/TEU。

④堆多层数高，增加翻箱率。

在危险品箱区采取正面吊的作业流程，由于危险品在箱区内的堆存量较少，而正面吊的运作比较灵活，因此在危险品箱区采用正面吊来作业，以提高作业的效率。

在空箱区采取空箱堆高机的作业流程，由于在空箱区集装箱采取"毛桩"(即集装箱与集装箱之间无缝隙)的堆码方式，相对于轮胎吊而言，堆高车更加易于完场堆毛桩作业。但是由于堆高车的特殊作业方式，应该尽量避免空箱区的倒箱作业。

三、洋山三期码头出口重箱堆存

出口重箱的堆存管理一般是有堆场计划员来完成，堆场计划对于每个码头而言都有着很重要的作用和意义，提高码头的堆场利用率，提高码头的作业效率，节约码头运营成本等从很大程度上都取决于码头堆场计划员对于堆场科学合理的规划与堆存。

1. 堆场计划的作用和意义

首先，通过堆场计划，对出口船舶集装箱进场时间作了规定，有利于对箱子流量的控制，避免无计划进场而造成大量箱子突然集中进场，造成卡口道路堵塞与堆场爆满等问题。其次，通过堆场计划，安排好出口箱子的分类堆存，有利于箱子的装船，也十分有利于船舶的装卸，并且不会影响装船的进程，不会造成不必要的捣箱，减少机械的磨损。再次，通过良好的堆场计划，减少箱子的在场堆存时间，可以加快堆场的周转，扩大堆场利用率，扩大码头通过能力，降低生产成本，增加企业利润。不可否认，有时由于船舶延期或节假期原因,计划会被打乱。此外,经常有货主要求提前进场,或提出一些计划外要求。若出现以上情况时应依原则而定,不能无原则地让计划有所更改。

堆场计划员应具备的素质:

(1)熟悉和掌握码头的堆场布局。作为一名堆场计划员最基本的素质就是要熟悉码头堆场的箱区分布,才能使各种状态和箱型的集装箱根据堆场布局作出合理的堆放和整理,使码头的堆场的集装箱管理井然有序。

(2)了解各班轮航线的出口箱量。目前集装箱的运输基本是以班轮运输为主,由于班轮其定航线,定港口和定船期的特点,每条航线上的出口箱量基本上是比较固定的,通过几个航次的统计和分析,可以基本了解航线上集装箱的出口箱量,并根据这些数据事先安排利于装船作业的箱区,以优化出口集装箱的堆存。

(3)了解开港船舶的进箱情况。目前,洋山码头的船舶实行靠船前五天开港收箱,堆场计划员要掌握已经开港的船舶和当天开港船舶的进箱情况,并根据其航线箱量预先设置合适的堆场箱区,以提高电子道口的通过率。

(4)安排船舶的进口箱位置。由于船舶越来越大型化,其卸船箱量也是一个很大数字,因此作为一个堆场计划员要根据船舶的卸船箱量以及堆场的实际情况,合理的安排进口箱位,提高船舶的卸船效率。

(5)了解船舶的装卸船情况。堆场计划员还有一项最重要的工作就是实时掌握船舶的装卸情况,根据具体的装卸情况对堆场内箱区位置做实时调整,以提高堆场的作业效率。

(6)退关箱的归并。每船航次作业结束后,堆场计划原需及时将场地上零散的退关箱归类集中,以候下航次装船所用。

2. 出口重箱的堆存管理

1)出口重箱的进场方式

在洋山三期码头出口重箱进入港区的方式分为三种:外集卡送箱进场,从一期、二期内拖箱进场以及驳船卸船进场。通过这三种方式,出口重箱基本会以 OF 和 OZ 两种状态进出堆场并进行合理的堆放(见图 10-2)。

(1)陆路进场。在洋山地区实行的是“先报关,后进场”的原则,因此只要是船舶开港并且报关成功的集装箱都可在船舶开船之前送进港区堆

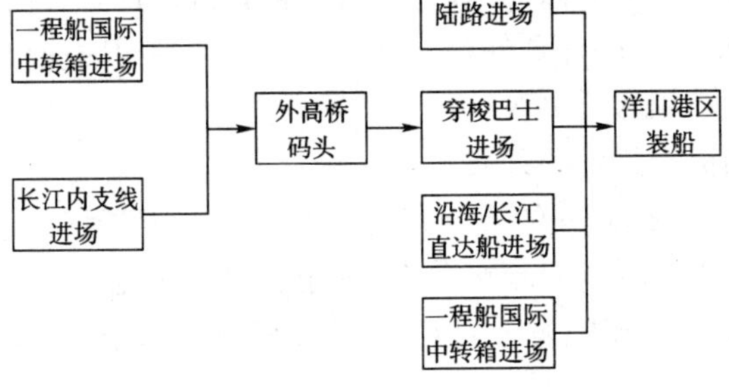

图 10-2　出口重箱的进场方式

场,在通过智能道口检查没有任何问题之后,集卡就可以按照“小票”上显示的场箱位,直接将集装箱送入箱区由轮胎吊收箱堆存。

(2)内拖箱进场。内拖箱业务主要是将从通过驳船(穿梭巴士和沿海/长江直达船)从内陆地区转运过来的集装箱,从驳船卸船码头通过码头内集卡拖到二程船的靠泊码头。

堆场计划员可以在“内拖平台”这样一个业务软件的界面上很直观的了解到盛东码头将有哪些船舶及其各港口的箱量将有可能被内拖到三期码头,并根据堆场内的具体情况预先设置好足够的场箱位,内集卡司机就可以通过无线终端上显示的场箱位将集装箱送到指定的出口重箱区。

(3)驳船卸船进场。由于洋山在最初规划时就侧重于水水中转,因为每天都会有驳船在码头上卸下出口中转箱,此时,堆场计划员就要根据驳船上集装箱的二程船情况和船舶开港情况预先设置好足够的场箱位,以供船舶卸船进箱。此外,由于驳船船期不定,会有一些集装箱在二程船尚未开港或者已经开船的情况下卸船进场,这类集装箱就将它们堆场放在 OZ 和 CF 箱区,如果箱量较大就集中堆放。另外有些集装箱虽然通过驳船运到三期码头,但是它们的二程船未定或者需要通过内拖到盛东码头装大船出场,这类集装箱将会进入到预先设定好的内拖箱区,以便拖箱。

(4)国际中转箱讲场。洋山深水港建设的设计之初的目的就是为了提高上海港的国际中转箱吞吐量,因此在洋山港国际中转箱的箱量占有一定比例,所有对于国际中转箱的堆放也需要制定一定的原则,根据原则在固定的箱区统一堆放:

①二程船箱子堆放到靠近二程船预靠泊的固定箱区。

②小计划:同港口同尺寸箱量大于 17 箱时集中按港区堆放;大计划:同港区同尺寸箱量不大于 17 箱时按固定箱区堆放。

③二程船箱子堆放到固定箱区的规定泊位。

2)出口普通重箱的堆存方案

(1)20ft、40ft 和 45ft 集装箱分开堆放。原则上,不同尺寸的集装箱要分开堆放,同时由于 45ft 的集装箱比较少,且箱型比较特殊,因此将 45ft 的集装箱放在箱区的两头,箱位编码同 40ft 的集装箱相同。

(2)前方堆场集装箱的堆放一般遵循 PSCW 的原则。PSCW 原则解释如下:

P:Port(港口),即到同一目的港的集装箱堆放在堆场的统一区域,不同目的港的集装箱不能混在一起。

S:Size(尺寸),到同一目的港的集装箱按不同的尺寸分别堆放在堆场不同的位置上,不同尺寸的集装箱原则上不能堆放在同一位置上。

C:Category(种类),相同类别的箱要堆放一起,不同类别的箱原则上不能堆放在一起(类别是指普通箱、冷藏箱、危险品箱等)。

W:Weight(重量),相同重量级别的箱放在一起,不同重量级别的箱要分开堆放。三期码头基本采取“+4/-3”的堆放原则,即以该位排上第一层的集装箱为基础,放在上面的箱子以加 4t 和减 3t 为标准堆放。

(3)相对集中原则。以 3 块前方堆场为主不超过 4 块,靠近预靠泊位堆放。

将同一条船的集装箱相对集中的堆放靠近泊位在 3~4 块的前方堆场上,这样使船舶的出口箱位相对集中,便于装船,同时其余不装船的箱区就可以用作安排其他开港船舶的出口箱位,避免在一个箱区内同时有出口箱进箱和装船作业,影响装船效率。

(4)同船 6 位相连,40-20-20-40 分布,同船的箱区编号奇偶相同。见图 10-3。

40ft	20ft	20ft	40ft
02	05	07	10

图 10-3

采用同船 6 位相连的排位形式有三个比较明显的优势,一是两个 20ft 的小箱相连,可以提供一个双箱吊的条件;二是轮胎吊可以在两边 40ft 的大箱同时作业,提高装船发箱效率;三是可提供集卡一个转向的通道,轮胎吊在两边 40ft 的位置同时作业时,中间会空出一个 40ft 的位置,这样在箱区完成装箱的集卡转向离开。

(5)出箱点相对分散原则:同港口以不同出箱点分开堆放。出箱点分散原则和相对集中原则之间是没有冲突的,两者所涉及的内容是不一样的,相对集中原则指的是同船的集装箱要集中在几块箱区内,而出箱点分散原则是指轮胎吊的可同时作业箱位,同港口以不同出箱点分开堆放,这样装船时就可有多个出箱点可供选择,避免出箱点过于集中影响你装船效率。

(6)截港箱按退关箱进入 OZ 箱区,提前进港箱进入开港后预排进箱箱区。洋山码头有个优惠政策;只要船舶还未离港,该船即使已经截港集装箱还是可以送箱进场,但是这样的截港箱理论上是无法通过海关的二次放关而装船出运的,因此截港以后再进入港区的集装箱基本上和未确定二程船的出口中转箱一起放在 OZ 箱区。

(7)箱门一律朝东。船甲板上的普通干货集装箱箱门基本一律朝船尾,且码头上再进行装卸船作业的集卡一般都是从船尾进入相应的各作业桥吊作业,而堆场当中规定集卡从箱区 71 位往 01 位,结合上述三种情况,将箱门一律朝东堆放就避免了装船过程当中调箱门的情况,提高装卸船效率。

3)其他特种箱堆存要求

目前,每条船出口的特种箱量相对比较少,因此对于特种箱的堆存还不需要做一个很细致的堆存方案,因此在三期码头对于特种箱的堆存只是作了一个最基本的堆存规范。

(1)TK(油罐箱)箱堆放原则:

①IK 箱单独堆放到固定箱区。

②IK 箱按有无横梁分开堆放。

③堆放二层高。

(2)OOG(超限箱——超高、超宽、等)堆放原则:

①OOG 单独堆放到固定箱区。

②OG 按作业方式(大件、钢丝绳和过高架)分开堆放。

③堆放一层高。

(3)冷藏箱堆放原则:

①进出口在排内不混堆。

②堆放二层高。

(4)非标箱堆放原则:

非标箱按特性分开单独堆放,房屋箱、侧开门等放 9D。

四、出口重箱堆存中的问题及优化

1. 出口重箱堆存中出现的问题

(1)由于堆放原则是“按排堆放”,一旦出口重箱箱位中没有空排,无法满足相应条件的出口箱就无法选入此箱位。因此,会出现强烈的反差,出口箱因选不到箱位,导致外集卡堵在检查口,而相应船舶的出口箱箱位仍有空位。

(2)由于欧线船舶的出口箱量较大,以及在进箱的过程当中堆场内一些其他情况,有可能会出现两艘同时靠泊装卸的船其集装箱分布在同一个箱区,导致两作业船舶箱区冲突,这样对于船控指挥装船带来了一定的难度,影响装船效率。

(3)倒箱作业是指因受一定因素的影响而发生的对集装箱箱体的重新堆码或放置。倒箱作业往往伴随有箱体的搬移过程,箱体可以复原位,也可以不复原位。这是一种浪费人力、物力、财力的作业方式,但是倒箱作业在各个集装箱码头都是一项不可避免的问题,每个码头都在研究如何少倒箱作业,在倒箱作业不可能在码头作业过程当中完全的消失,因此要从倒箱作业产生的原因分析来综合考虑以减少码头作业当中倒箱,提高码头作业效率。

造成堆场倒箱的原因涉及集装箱运输的诸多方面,综合起来可以分成三部分:船公司及其代理的原因;港口及其堆场的原因;其他方面的原因。

(4)船公司及其代理的原因:

①船公司在航线上过于频繁地更换班轮、增/减挂港口,造成港口在船舶装卸作业、堆场箱位安排上的困难而产生倒箱作业。

②船公司在各港的代理与有关部门之间缺乏必要的信息沟通,在船舶舱位的安排上缺乏计划性,不能很好地平衡订舱与船舶载运能力之间的关系,造成箱子在各港口临时加载或退载而产生堆场倒箱作业。

③代理在接受订舱时因班轮、货物、运输等诸多因素的不定性,不能确定装载货物的船舶或不能有效地控制货物的集疏港时间,造成混票堆放或装船前票面缺箱,在托运人不允许分批运输的情况下,港口只好挑箱、选箱作业而产生倒箱。

④船公司及船舶代理不能及时地按照规定向港口堆场部门提供必要的船舶货运资料,如出口时的订舱清单、进口时的舱单、卸船清单等,造成

堆场部门无资料可依而盲目堆放。

⑤因船舶的一些特殊情况,不得不改变配载计划而产生倒箱作业。

(5)港口装卸部门及港口堆场的原因:

①港口堆场箱位紧张,不得不人为地将箱体混放而产生倒箱作业。

②在出口业务中,港口堆场不能全面、详细、合理地安排堆场,编制的堆场计划表不能适应装船配载、货物特点及提箱作业等要求,造成在装船作业中的倒箱。

③在进口业务中,港口堆场对进口重箱不能在卸船前进行必要的分票处理及整拼箱查找处理工作。造成货物混放,托运人或CFS拆箱/提箱时就会产生倒箱作业。有时不能按照船公司的要求将自备与租用箱分开,也可能产生堆场的倒箱作业。

④船舶代理或港口装卸部门在配载或托运人提取进口重箱时,未能合理地考虑箱子在堆场的放置顺序,在作业协调上出现脱节而造成倒箱。这也是各港口产生倒箱最常见的原因之一。

(6)其他方面造成的原因:主要是指国家执法部门及整个集装箱运输业务中的一些突发、特殊情况造成的倒箱作业。这些倒箱作业有的是不可避免的,但也有一些通过努力是可以避免的。

①海关、商检、动植检等部门依据法定程序进行检验时可能产生倒箱作业,这种倒箱是不可以避免的。

②国家执法部门或因为申报人的原因,使检验部门的检验程序没能很好协调,造成不同部门的多次重复检验同一箱货而产生倒箱作业,这是应该避免的。

托运人、货运代理人等货运业务的参与者进出口手续问题、虚假订舱、费用或运输等问题,也可能引起堆场的倒箱作业。

综合上述几点原因,要减少倒箱就必须要得到多方面的配合,这也给减少倒箱作业提出了更高的要求,且减少倒箱不止不能单从码头操作方面出发,要结合船公司,货代等多部门的合作一起来较少倒箱作业,提高码头作业效率。

2.出口重箱的堆存优化

出口重箱的堆存优化对于每个堆场计划员而言是一个永远的课题,因为每一个码头堆场都各有其特点,不能像做数学题一样将他们统一归类,每一位堆场计划员要根据自己堆场的贸易情况,箱区分布,出口箱进场情况,以成本优先原则对码头堆场做灵活、统一的规划和整理,以最低的成本实现堆场的优化。

对于上述提出的几点出口箱堆存中出现的问题提出了以下几点方案来尽可能的提高堆场的利用率。

(1)调整“按排堆放”原则,根据开港至截港 5 天内的具体进箱情况,以及各港口的箱量安排不同的堆存计划:

①位排原则:航线数据显示同港口同尺寸箱量超过 15 箱时,以位为单位堆放;不超过 15 箱时,以排为单位堆放。

②根据航线进箱特点,逐步推进安排堆存计划(即不分港口)。

③吨位级别根据航线要求和港口箱量决定“出口三同混放”(即同港口、同高度,同箱型不考虑吨位)。

以提高堆场利用率为前提,所提出的上述三点是根据每天的进箱情况而定的,其中出现了一个“出口三同混放”的概念,这一新的堆存方式在一定程度上提高了堆场利用率。“出口三同混放”的意义在于:一是出口箱高峰时,采取上述措施可以有效提高道口通过能力,减少外集卡的等待时间。二是在装船作业中,可以减少轮胎吊场地拉动距离与次数,提高机械利用率,减少机械损耗。三是提高了箱位利用率,每个出口箱位实际可堆满 17 个出口箱,箱位利用率可达到 100%。

虽然“出口三同混放”有一定的优点,但是“出口三同混放”仅适用于缓解堆场紧张,不能作为长期的堆放原则。对于出口重箱进场,在进箱初期优先选择“按排堆放”原则,最大限度减少箱位上的出口箱装船倒箱率。

(2)为了避免一个箱区内堆放两条同时作业的集装箱,以此制定了“二分之一和三分之一原则”,即欧线:用 1 块箱区 1/2,2 条船离港间隔不小于 2 天;非欧线:用 1 块箱区 1/3,3 条船离港间隔不小于 1 天。

根据航线箱量数据统计,了解到船公司的欧洲航线装船箱量比较大,装船箱量可达到 3 000 多个标箱,基本相对集中原则,因此就采取“二分之一和三分之一原则”,以使箱区分布比较集中,但同时又尽可能的避免由于箱区冲突。

(3)倒箱作业虽然主要发生在堆场,但是从以上产生倒箱作业的原因分析来看,要控制倒箱作业,就必须对整个集装箱进出口运输业务的始末进行全面的控制。其中,各部门除了将自己的工作做细、做好之外,还应该注意做好与其他部门的配合与协调工作,加强业务信息传递的速度,加强各个环节在生产、运输、检验等方面的计划性与程序性,努力将各种计划改变等应急处置工作做在集装箱作业之前。使堆场管理向计划控制转变。对此,提出几项堆场倒箱问题的解决方法。

①班轮公司应该加强与各挂靠港口代理及港口部门的信息沟通、增大班轮运营的计划性,尽量按照公布的船期表准班运营:这一点对于吞吐量大、堆场面积不充足港口显得尤为重要。

②各港船舶代理部门应共同协调好订舱量与船舶载运能力关系,处理好舱位在各港的合理分配、载重与舱位合理利用,避免代理盲目接受订舱,使载运能力与舱容利用失去平衡,出现不合理的“爆舱”现象,增大港口堆场甩箱、倒箱的机会。在此基础上,代理在接受订舱时应加强对托运人订舱真实的控制、通过各种合理的手段杜绝虚假订舱及加强订舱后的履约控制,提高数字的真实程度,以便向港口部门提供一份真实、详细的资料;同时,船代及是否可以分批、转运等事宜,防止装船时出现选箱装船的现象。最后,船代在装卸作业之前向港口堆场提供一份详细、全面的船舶货运资料:出口时提供一份班轮的订舱清单、装船清单;进口时提供一份进口舱单、卸船清单。只有在资料齐全的情况下,港口部门才能制定出合理的作业计划,港口堆场才能对箱体进行必要的分类、查找,确定合理的放置场位和顺序。做好以上 3 点工作,就可以大大减少因代理原因而产生的堆场倒箱作业的情况:但是在船代做好工作的同时,堆场部门也应该强化这一方面的管理工作,只有两者共同配合,才能将这一工作真正做好。

事实上,在有条件的情况下可以结合预配船图进行收箱,因为在装船中经常会有轮吊跨场地来回行车作业的情况出现,从而造成集卡等待时间过长,影响装船效率。针对这种情况,需要堆场计划员注意加强与船公司的沟通与相互谅解,做到船公司提前发送预配图(一般情况下船舶在抵达上一港口时,本港的预配图就能够出来了)。这样就可以根据预配图安排船舶计划和场地,按一条作业线或一个舱来收箱,到达一个桥吊、一至两个轮胎吊、一块场地的资源优化配置效果,从而提高作业效率。

控制倒箱是堆场管理的重要内容,但是倒箱现象要想在运输业务中完全杜绝是不现实的。在这种情况下,控制倒箱的问题应该主要落实在对各部门之间的协作与配合的有效的控制上,因为倒箱除了堆场自身的原因外,更主要的是受外界因素的影响。因此,控制倒箱除了抓好堆场的自身素质和管理水平的提高外,更重要的是搞好与其他部门的配合与协调工作,这也是提高堆场管理水平的部分。

由于我国集装箱运输发展前景看好,国际上众多大型航运企业和码头投资公司纷纷涌入或打算进入,以争取占领我国集装箱运输市场的制高点,使我国水运市场的竞争国际化。国外大型航运、码头企业带来的国际竞争使得我国企业能不断补充新鲜血液,引入创新机制。在竞争中生存、在竞争中前进是未来我国集装箱运输发展的主导形式。国外先进管理理念和经营方式为我国集装箱运输快速、健康发展带来了活力,是未来我国集装箱运输发展的激励因素。集装箱运输具有运输效率高、运输质量好、符合环保的要求等特性,是一种快速发展的运输方式,在上述有利因素作用下,未来我国集装箱运输发展可望更进一步优先集装箱码头的堆场管理是提高码头作业效率,降低码头运营成本的第一步,集装箱的合理堆存对于每一位堆场计划员而言都是一个新的课题,由于各个码头的堆场建设,贸易形式以及装卸工艺的不同,致使集装箱码头的堆场管理和优化有其各自的特点,各码头所面临的集装箱的堆存问题也各有各的特点,且优化集装箱的堆存不能只有考虑理论层面,要结合码头的实际情况从实际出发,再对集装箱的堆存提出科学合理且可行性高的优化方案。

【案例2】　港口综合能力评价

一、港口综合竞争能力

港口市场竞争的主体是港口企业,港口企业的竞争是港口企业在竞争的市场环境中,为相关企业和行业提供质优价廉的服务的能力和机会,从而达到港口企业价值的最大化。

对港口竞争力的研究已经有很多,但是纵观不少人的研究成果大部分都是以定性为主,如在20世纪90年代中期,台湾的高雄港曾经做过的有关的东南亚港口竞争力的分析,它通过制定一套影响港口竞争力的评价指标体系,对高雄、基隆、釜山、香港、新加坡、神户、东京、上海8个港口的竞争力水平从硬件、软件的方面进行了定性的研究,得出最终的港口竞争力排序。在其研究中,指标的权重和港口每项指标得分都通过专家打分得出。

然而随着时代的进步传统的港口竞争能力的定义在以下几个方面已经逐渐显现出不足之处:

(1)世界港口的基础设施的差异逐步缩小,沿用港口硬件中码头、航道的水深条件，机械设备，装卸自动化控制系统，装卸船舶效率等指标已经不足以反映港口的竞争力了。

(2)随着现代港口功能的拓展，现代港口城市的兴起，港口不仅成为拉动城市经济发展的动力，而且也得到城市社会经济发展的支撑，这种支撑力也已经成为港口持续发展的主要力量，因此体现现代港口的竞争力已经不完全在于港口自身的条件，还涉及支撑港口发展的城市的社会经济等因素。

(3)现代港口的发展更有赖于与港口相关的服务产业，因为这些服务产业的完整性表征了港口所在地航运市场的发育程度，构成了港口发展依托的港口的经营环境。

(4)港口的技术创新是现代港口发展力的体现，技术创新可以使港口获得差异优势，构成现代港口竞争能力的主要因素。

今天港口竞争已经不再是单纯的是港口层面的竞争，对于有些地方甚至主要的不是港口层面的竞争，应该更多的考虑和港口密切相关的产业、经济条件等，这才是港口之间的主要差别所在。比如英国的伦敦它之所以被称为航运中心，并不是因为它码头的规模足够大或者码头的设施足够的优良，而是因为它所依托的城市背景。

二、港口综合竞争能力评价指标

由于现代港口竞争力内涵的拓展，在评价现代港口竞争力的指标体系的构建时，应将港口竞争力的指标分为“显性竞争力因素”和“潜在竞争力因素”两个部分，目的是淡化一些相对过时的港口竞争力因素，强调一些新兴的影响港口竞争力的因素。

所谓“显性的港口竞争力因素”主要体现了有关港口自身的竞争能力，通过这些指标，人们对港口本身的规模、工作能力都有一个整体认识，这些指标也是体现船东、货主选择港口最主要的原因，体现了港口的现有能力。而“潜在港口竞争力因素”并不直接表现港口的实际能力，却反映了支撑港口发展的各种与港口密切关联的因素，包括反映港口发展的动力源，保持或提升现有港口竞争力的能力，以及港口可持续发展的能力。

而“潜在港口竞争力因素”与“显性的港口竞争力”不同，潜在港口竞争力并不表现港口的实际能力，甚至咋看上去跟港口根本不相关，但实际上却反映了港口内在的发展因素，是港口发展动力的源泉，是港口保持或提升现有港口竞争力的能力，表现为港口可持续发展的能力。

港口显性竞争力指标包括：港口区位条件、港口基础设施及布局、航运成熟度，港口市场表现、港口口岸环境、港口综合管理能力和港口集疏运条件，这些指标都是明显反映港口竞争力指标的因素，是船东和货主选择港口的重要指标；而港口的潜在竞争力指标包括：港口城市与腹地经济、航运相关服务及产业、技术创新及人才集聚和政府因素。这些指标与港口的日常操作、运营完全不相关，但却是港口发展的内在因素。

三、港口综合竞争能力的指标

1.港口区位条件

港口所处的区位条件对于港口的竞争力是至关重要的。港口的区位条件可分为水域区位条件和陆域区位条件。水域区位条件是指港口在世界航线网络中的地位与作用。若港口处于世界航线网络的交汇点，成为多数船舶运营的必经、必停之地，则对港口的发展有极大的促进作用。如新加坡地处马六甲海峡沿岸，马六甲海峡是沟通太平洋与印度洋的咽喉要道，亚、非、澳、欧沿岸国家往来的重要海上通道，许多发达国家进口的石油和战略物资，都要经过这里运出，可以说新加坡所处的地理位置是世界的十字路口之一，因此，得天独厚的水域区位条件成就了新加坡今天航运大国的地位。

陆域区位条件是指港口所在地在大陆板块的重要地位与作用。陆域区位条件对港口的影响具体表现在港口所覆盖的腹地的经济状况和交通集疏运的便利性。若港口正处于某经济圈的核心城市内，则对港口的发展有重要支撑作用。

2.港口基础设施及布局

港口的基础设施是传统的港口竞争力评价指标。港口的基础设施决定了港口的能力与水平，是影响港口发展的重要因素。港口基础设施主要包括港口的泊位数，航道水深，港口装卸机械设备等设施，最终这些因素又体现在港口集装箱通过能力上，极大地影响了港口竞争力。同时，港口的基础设施还体现在港口的深水泊位比例上，现代的国际大型船舶的停泊需要港口有深水泊位。

港区的布局与集中程度也作为港口竞争力的重要指标。港口的布局主要体现了同一港口内各港区的分工是否明确，是否与城市的整体规划向协调。港区的分散程度反映了港口资源是否合理利用，集疏运是否畅通。它是一个衡量港口是否有利于实现规模经济的重要指标。

3.航运成熟度

港口所在城市的航运成熟度从一定程度上反映了港口发展的成熟度背景条件，具体表现为航运公司的数目、船舶和货运代理的数量以及国际航线的密度，体现了港口对船东和货主的吸引力。由于集装箱班轮运输的“马太效应”，港口的航班次数越多，覆盖面越广，越能够吸引货源和资金、信息的集中；同时相关资源的集中又进一步导致更多航班船舶的挂靠。因此航班次数和航班覆盖面代表港口的竞争力。

在港口的航运市场发展方面，今天的航运市场不是指简单的运输的供求交易关系的市场概念，而是广义的航运市场概念，即包括航运的相关市场，如航运公司、货运公司、物流公司、货代、船代、海事法庭、航运交易等等。而当船公司，货主选择出境港口的时候，航运的相关市场往往是关键的，他们常常考虑的是港口有没有便捷的、高质量的代理，因此航运市场发育情况与港口的竞争力关系非常密切。

4.港口生产业绩

港口的现有生产业绩：港口的吞吐量、最近五年的平均增长量和最新世界港口排名，这三个指标可以反映出港口的生产水平和港口规模，是评价港口竞争力的最常用和最基本的指标。

5.港口口岸环境

港口口岸环境是指，口岸服务质量和口岸政策的总和，已经被作为货主选择货物进出港口、船东选择挂靠港口的重要因素。港口的口岸环境通过影响货物和船舶的在港时间、费用、口岸服务水平和港口政策等方面体现，是从港口吸引货主和船舶挂靠方面体现港口竞争力的重要指标。港口的口岸环境具体体现在以下三方面：

(1)港口的自由政策。港口的自由政策是衡量港口口岸环境质量的重要因素，港口的自由度越大就越有利于促进集装箱枢纽港地位的形成和巩固，可以提高港口对货源、航运公司以及相关行业的吸引力，对外向型经济的发展具有显著的放大效应。

(2)货物通关效率。口岸通关效率是一个国家或城市贸易投资环境的重要组成部分，也是体现对周边地区辐射力和影响力的一个重要方面。提高货物的通关效率有利于加速船舶与货物的周转，加速货主的资金周转，促进国际航运。运用电子化手段，改革现行的口岸货物通关流程，建立统一的口岸数据平台，规范、畅通口岸进出口货物的信息流、单证流、货物流和资金流，实现口岸数据信息共享，即大通关被认为是中国港口现代化口岸环境的象征。

(3)港口信息化服务。港口信息化服务是指货主,承运人,其他属于港口的合作伙伴如船代、货代、报关行、海关等部门能信息共享,信息透明、信息处理高效化。港口的信息化服务提高了港口的生产效率,有利于港口资源的最佳组合,缩短船舶的在港时间,提高海关监管效率,吸引货主和船东挂靠港口。提高港口的声誉。

6.港口综合管理能力

港口管理能力体现港口经营管理者对港口的运营和管理的水平,港口经营管理者通过有效的管理,实现港口资源充分而有效的利用,实现对货主和船东的增值服务,使之满意最大化。港口管理能力具体表现在:

(1)港口装卸效率。港口的装卸效率分为单机装卸效率和单船装卸效率,关系到船舶在港的作业时间,体现着港口对船东的吸引力。随着船舶大型化的发展,大型集装箱船舶的单位运输成本越来越受到船东的关注,港口装卸的高效率意味着可以缩短船舶在港作业的时间,从而为船东节省船舶在港停泊的成本,这就是为什么大型船舶总选择在港口装卸效率高的港口挂靠的原因,因此,不断提高港口装卸效率被认为是港口竞争力的一个因素。

(2)港口费率。与港口装卸效率对船东的影响一样,港口费率也是影响港口竞争地位的一个重要因素,特别是对集装箱运输,船东对货主的集装箱运输采用包干费的费收办法,因此,港口费率就成为影响船东选择挂靠港的因素。中国港口管理体制改革后,各港的港口费率都有一定的伸缩性,所以,港口费率也成为港口之间的竞争手段。港口费率是指与港口经营性质,提供服务相关各种服务费,包括海事、航政、海关监管、查验等费用。降低港口费率可提高港口的竞争力。

(3)港口智能化水平。港口的装卸生产智能化、自动化水平是港口现代化的象征,也是装卸工艺合理化,港口生产管理手段现代化的体现。港口的装卸生产智能化可大大提高货物装卸效率,保证货物装卸和保管的质量,也可以降低劳动强度,体现世界大港的风貌,体现港口的品牌效应。

7.港口集疏运条件

完善畅通的港口集疏运网络是港口辐射力的表征,因为优化的集疏运网络可为腹地的货主提供高效低廉的货物集疏运服务;港口集疏运系统的畅通提高港口通过能力的重要条件,也是开发港口获取腹地稳定货源的保证。因此,畅通高效的集疏运网络也反映了港口的竞争力。

第十一章　集装箱码头智能化运营管理系统

一个拥有世界先进水平的码头离不开高质量的运营管理系统。智能化运营管理系统不但能提供精确的信息跟踪和控制,还要能提供决策支持的功能。

目前集装箱港口中常用的智能化运营管理系统主要涉及机械设备全场自动调度系统、堆场智能堆放系统、智能道口系统和远程实时放关系统。

第一节　集装箱机械设备自动调度系统

集卡全场调度是集装箱码头作业的关键,它受到诸多因素的影响和制约,如集卡行驶距离、不同船舶不同舱位的作业重要性、投入设备多少等。如何综合考虑这些因素,并融合调度人员的经验和智能进行合理高效的集卡全场智能型调度,是集装箱码头作业梦寐以求的。因为它将直接影响到许多集装箱码头生产的关键指标,如船时效率、泊位利用率、堆场利用率、设备利用率等。随着计算机技术和信息化技术的发展,尤其是人工智能理论和技术的发展,如何综合利用计算机技术、网络技术,并重点采用模糊逻辑推理融合人工经验和智能进行集卡全场智能化调度,是一项理论水平高、综合面宽、应用性强的具有理论和应用相结合,社会效益和经济效益俱佳的先进理念和技术。

本节主要介绍集卡全场智能调度中的关键理论和技术问题。内容涉及集卡行驶距离的尺度变换与数学描述,作业重要性地描述及其尺度变换以及它们的模糊分割,模糊集合和隶属度函数,集卡全场智能调度规则库,模糊推理,模糊蕴含关系矩阵及其相关的修正系数。

机械设备全场自动调度系统讨论在现有的设备、场地情况下,在不增加基础投入的情况下,如何再次在装卸效率上实现飞跃;如何充分利用港口现有的资源,采用信息与人工智能技术,自动合理地调配整个操作环节中的机械设备的运转,使整个码头的装卸操作更科学合理。

一、传统的装卸工艺存在的问题

所谓的传统作业工艺,即目前各码头普遍采用的"作业路"作业模式,这种模式管理方便,考核简单,但是也存在着诸多不足之处:

1. 缺乏对各"作业路"集卡数量调控

传统工艺只是简单地将一定数量的集卡分配各"作业路",事实上各"作业路"根据箱区状况的不同,对集卡的需求量是不同的。

2. 集卡空驶现象严重

传统作业工艺由于集卡局限于一条"作业路",在某一时段内集卡基本只处于一种作业状态,即或者装船,或者卸船,或者转栈。这种情况下集卡必然存在完成一次作业后,需空驶回场或码头,在进行第二次作业,造成集卡利用率低下。

二、集装箱机械设备全场智能调配系统的目标

为了克服传统工艺存在的弊端,因此必须研究一种全新的装卸工艺——集卡全场智能调配系统。集卡全场智能调配系统可以实现以下的目标。

1. 突破"作业路"的限制

关键在于变按"路"分配集卡为按"需"分配集卡。传统模式由于按"路"分配集卡,而各条"路"的箱区作业状况又各不相同,必然导致有的"路"集卡等桥机,而有的"路"桥机等集卡,造成资源浪费。因此,新工艺必须突破"作业路"限制,按"需"分配集卡,即根据当时实际各条"路"下集卡等待情况,平衡分配集卡。例如,两条路同时进行卸船作业时,当一辆集卡在场地完成卸船任务后,集卡应自动去排队等候集卡少的"路"继续作业。见图11-1、图11-2。

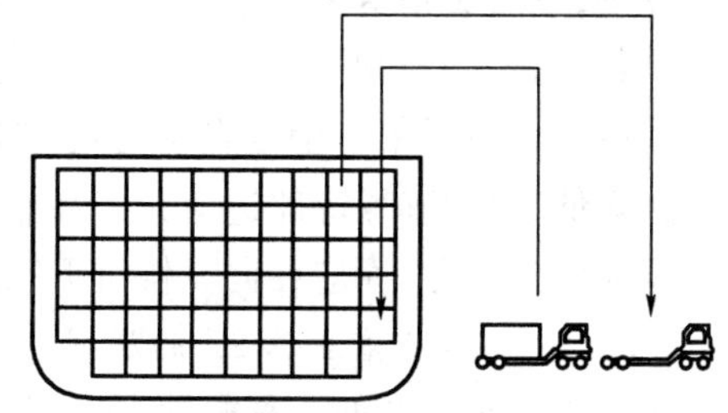

图11-1　传统作业工艺

2. 实现"重来重去"循环作业

当现场作业同时有装船和卸

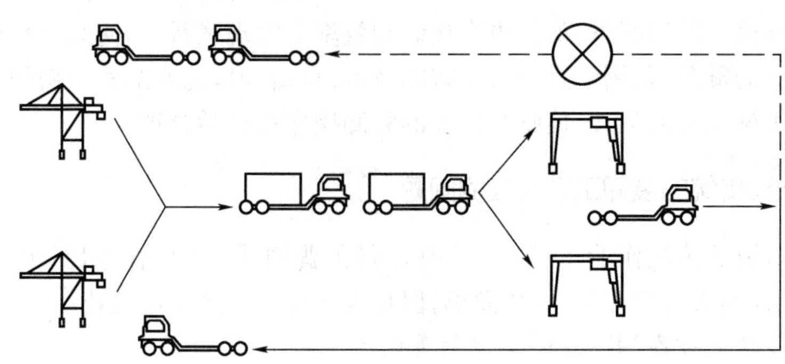

图 11-2　集卡按"需"分配

船作业时,集卡应能根据需要,在完成卸船任务后加入装船作业,或在完成卸船作业后加入装船作业。以提高集卡利用率,减少集卡空驶现象。见图 11-3。

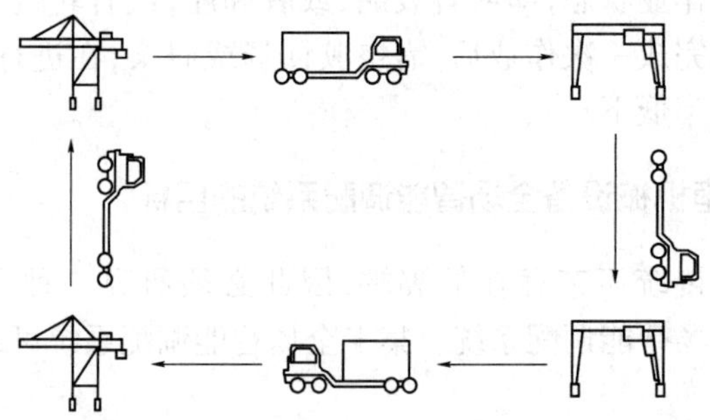

图 11-3　集卡"重来重去"

3. 实现集卡"就近作业"

所谓集卡"就近作业",就是将港区分成若干个作业区域,集卡在分配任务时,应遵循先同一区域,后临近区域,最后较远区域取得作业任务的原则,以避免集卡来回空驶。

4. 防止"同倍同步装卸"过程中装船集卡它用

由于采用了集卡全场自动分配,"同倍同步装卸"过程中,资源开销大大降低,但为确保卸船进度大于装船进度,必须避免装船的集卡被分配至其他任务作业,而应在同一桥机下完成卸船作业。

5. 优先满足"重点作业"的原则

由于码头生产的不平衡性,必然存在重点舱需重点作业。因此,有必要对码头所有作业划分优先等级。

第二节 集装箱堆场智能堆放系统

堆场智能堆放是集装箱码头作业的关键生产技术，受到诸多因素的影响和制约，如集卡行驶距离、不同箱位的作业重要性、投入设备多少等。如何综合考虑这些因素，并融合调度人员的经验和智能进行合理高效集装箱堆放，是集装箱码头作业梦寐以求的。因为它将直接影响许多集装箱码头生产的关键指标，如船时效率、泊位利用率、设备利用率等。随着计算机技术和信息化技术的发展，尤其是人工智能理论和技术的发展，如何综合利用计算机技术、网络技术，并重点采用模糊逻辑推理融合人工经验和智能进行集卡全场智能化调度，是一项理论水平高、综合面宽、应用性强，社会效益和经济效益俱佳的技术。

一、传统的集装箱堆放工艺及其存在的问题

传统的集中堆放的工艺模式有着管理方便的特点，尤其是非电脑化管理时代，该工艺模式有着找箱、核箱方便的优点。然而随着科学技术的进步、集装箱事业的快速发展，这一模式的种种弊端亦逐步显现。

1. 堆场效率低下

由于集装箱严格地按船舶集中堆放，虽然策划方便直观，但在实际作业过程中，无论是装船或卸船作业，还是进箱或提箱作业，往往是同一条船的集装箱会集中作业，从而造成堆场上集卡排队等候作业。正是这种低下的堆场效率，严重影响到船舶的装卸效率和外集卡的及时作业服务承诺。

2. 设备配置不合理

由于同一条船的集装箱集中堆放，必然导致不同船舶的集装箱分布于不同的箱区；码头为确保必要的装卸效率，必然要配置足够的场地龙门吊。因此，龙门吊的出勤数量取决于当天作业船舶（包括装卸船和进提箱船舶）的数量，而非当天装卸集装箱的数量，这样的配置必然造成龙门吊作业量不平衡，部分龙门吊利用率低下。

二、集装箱全场智能堆放系统所要实现的目标

正是由于传统堆放工艺存在着自身无法克服的弊端，因此必须研究一种全新的堆放工艺模式——分散型的智能堆放工艺。该模式的基本思

想是将集装箱按一定的规则分散堆放。同时,该工艺还需考虑以下因素:

1. 堆场龙门吊的作业位置

为尽可能快地完成每一次作业过程,闸口进箱或船舶卸船应考虑堆场上正在作业的龙门吊的作业位置,尽可能避免将集装箱分配至无龙门吊作业的箱区作业。

2. 堆场上集卡等候情况

为避免箱区堵塞而造成装卸效率下降,闸口进箱或船舶卸船过程中应考虑不同堆场集卡排队等候情况,应尽可能地将集装箱分配至无集卡或集卡排队少的箱区作业。

3. 出口箱"重压轻"原则

堆场管理除了放得快,还必须考虑取得快。因此,为确保装船效率,集装箱进闸还应考虑其他堆放原则,如按船名、航次、港口、箱型分开堆放。为减少装船时的倒箱率,在满足上述基本原则的前提下,进箱时还应尽可能将重箱压在轻箱上。在无法满足时,应选择重量系数小的位置放。重量系数公式为:

$$A = (Z_1 - Z_2) / Z_1$$

式中:A——重量系数;

Z_1——在场箱箱重;

Z_2——在场箱空箱重。

现代信息技术的发展为实现上述目标提供了可靠的技术保障。

第三节　集装箱智能道口系统

智能道口系统是集装箱码头对进场道口及集装箱转运实施无人化管理的一个技术平台,其中包括了集装箱号码自动识别系统和车牌号码自动识别子系统。在经济全球化和信息化的推动下,现代物流业已经从为社会提供传统的运输服务,发展成为以现代科技、管理和信息技术为支撑的综合物流服务。以物流企业为主体,由运输和信息两大平台构成,涉及生产、流通和消费过程的现代物流系统,已发展成为适应当今世界经济最新发展趋势的重要基础产业。在21世纪,物流业将为国民经济在高起点上持续发展提供基础动力,对全球经济体系产生革命性影响,越来越受到世界各国的重视和关注。

集装箱运输和堆放管理作为现代物流的一个重要组成部分,在现代交通综合运输体系中发挥着重要的作用。现有的交通运输、口岸报关查验服务等物流基础措施水平与规模越来越受到国际大环境的影响。集装箱码头、堆场和通道如何建设物流多媒体信息高速公路走廊，率先推广信息化技术，建立数字信息平台，提高物流信息的搜集、处理和服务能力，缩短物流信息交换与作业时间，已成为决策者亟须解决的问题。集装箱管理系统的需求集中于以下方面：系统的设计严密；可靠性和快速性；良好的兼容性；方便的扩展性。

一般集装箱闸口的管理方式是由人工校对出入的集装箱是否正确，但是这种操作方式作业过程中错误率较高，并且出错点很难被发现；进港箱进入堆场后，箱的信息错误，会导致整个系统的数据无法处理，从而使用户需要花费很多的时间进行信息的修改。这种现象导致了虽然劳动个体的生产率提高了但宏观上整体生产效率并没有得到很大的提升。经过对码头作业分析发现：进场道口是码头作业的起始点，道口作业的信息化是实现全码头作业运营管理信息的根本保证；道口作业准确性、完整性是码头信息系统高效率运行的关键所在；道口的通行速度成为码头生产率提高的瓶颈。

智能道口系统可以采用先进的图像识别技术和神经网络技术，应用OCR 自动识别技术、人机交互技术、信息处理技术，实现了码头进场作业信息化、标准化、自动化，并大大提高了通行速度。通过标准的工控网络，将车牌号码自动识别软件与集装箱号码自动识别软件集成为一套功能全面、性能完善的集装箱闸道自动识别系统。这样可以在不做任何人为操作的情况下，实现多种机动车辆车牌和全球各地的集装箱号码识别自动化和识别结果电脑化，从而有效节省人力，具有实际的经济效益。

一、系统优点

系统通过安装在车道上的摄像枪，拍摄通过车辆的车牌号码和集装箱号码，然后通过识别处理，使车牌图像和集装箱号码图像转化成为数字化信息，并可与原有的海关管理系统和码头系统数据库相连，达到最佳的管理效果。采用该系统，可以产生巨大的经济和社会效益：

(1)减少了人为操作过程的漏洞，由计算机进行全面管理，有效地杜绝作弊现象。

(2)能有效地防止集装箱单货不符的现象，只有集装箱号、车牌号与系统的数据库相符，才予放行。

(3)能精确地统计交通流量,获得宝贵的车辆信息和集装箱信息,为实现集装箱信息互联、改善交通状况、建立数字化信息平台提供第一手可靠资料。

二、系统功能

该系统具有以下一些功能:

(1)系统通过摄像枪对车牌进行图像抓拍,并对抓拍的图像进行号码自动识别,获得数字化信息来进行有关的管理和控制。

(2)在系统软件中,车辆(集装箱)自动检测、自动抓拍图像、智能化定位车牌号码和集装箱号码、实时处理抓拍的号码,是整个软件的核心技术。

(3)综合运用了电脑视觉和神经网络技术,赋予了计算机系统完全的智能化思维,使计算机完全模拟人类的思维方式搜索和识别车牌号码,免除了人为干预,最大限度地降低了系统的运营成本和减少因人工操作带来的不可避免的损失。系统具有以下特性:

①能自动实时识别和记录车牌号码和集装箱号码;

②高准确率:车牌号码和集装箱号码识别率>98%;

③快速:处理一幅图像时间0.3~0.5s;

④可识别汉字、数字和英文字母;

⑤能自动实时识别和记录集装箱的ISO号码,包括校验码;

⑥自动验证ISO号码的校验码,防止误判断,提高识别的准确率;

⑦在恶劣的环境下,仍可24h不间断工作;

⑧停放或移动的集装箱ISO号码均可以识别;

⑨能识别任何格式的ISO号码,包括单行、双行、三行或竖行排列的号码;

⑩开放的开发平台易于与用户原有的管理系统配合使用。

三、系统方案

1.所采用的主要技术

1)OCR光学识别技术

OCR技术也是当今世界范围内研究和应用的一个重点课题。目前,集装箱号码光学识别应用的另一难点在于箱体表面呈波浪形,字符不完全在一个平面上;箱号横竖排列不定等。正确识别箱号,不但要解决上述问题，还要解决光线对抓拍图像的影响、图像抓拍点的选取、要求对行驶中的车辆进行图像抓拍等复杂问题。

2）人机交互技术

人机交互系统集成了屏幕显示设备、键盘输入设备、IC 卡（或 RFID 卡）信息读取设备、票据打印设备，以及提供帮助功能的可视对讲设备。IC 卡（或 RFID 卡）读卡器和键盘结合使用，构成人与机器对话的桥梁，显示器与小票打印机构成了机器与人对话的桥梁。

3）三层结构开发技术

三层结构在传统的二层结构的基础上增加了应用服务器，将应用逻辑单独进行处理，从而使得用户界面与应用逻辑位于不同的平台上，二者之间的通信协议由系统自行定义。通过这样的结构设计，使得应用逻辑被所有用户共享。同时三层结构中中间件的出现，使得用户可以直接从市场上选择合适的产品来构建系统，大大降低了开发周期和开发费用。

2. 所采用的主要产品

1）集装箱号码自动识别系统

本系统的主要特点是：测试系统识别率稳定可靠，并达到≥96%的识别效果；采用自行研制的数字拍图设备，免人工维护，图像分辨率高，传输速度快；采用长寿命特殊闪光灯补光，光源稳定，全天候运行，补光设备寿命延长，并降低运行成本；先进的触发设备和时序设计保障精确识别车辆和箱型，特殊箱型同样可以识别；带指示灯显示的控制器可以使操作人员容易使用和了解设备工作状况；自有知识产权的识别软件单图识别时间仅需 0.13s，对带有破损的箱面同样具备识别效果；清晰的外部软件、硬件接口，方便卡口的整体集成。

与传统的摄像机加泛光灯技术不同，该箱号识别系统采用了数码相机加专用补光仪的核心设备技术，比传统的模式具有更多的优势。由于是数码相机工作模式，图像抓取不是线扫描工作模式，可以在瞬间获得大点阵图像，保障了图像的高像素数量及清晰度。由于采用的是专用的先进补光设备，使系统保证在日照和夜间可以得到质量几乎完全一致的图像，避免了采用泛光灯方式补光的重大缺陷。优点主要表现在以下几方面：

（1）光源非常稳定可靠，并达到泛光灯无法达到的光强效果。24h 图像均保持统一效果，大大提高了识别率。图像突出显示集装箱箱号部分，避免环境干扰，对识别率的稳定和提高有重要的作用。避免白天采用日光拍图造成的各种阴影效果（日照光源角度是随自然天气现象变化的，白天采用泛光灯由于光强不足无法弥补光照效果，导致白天识别率降低）。避免人工根据外界自然光变化需要的人工灯光操作和摄像设备的机械动作，大大提高了系统的稳定性、可靠性和可维护性。避免由于每天需要特定时间开启外界光源的交叉时间和等待时间。

(2)避免长时间开启泛光灯对驾驶和监管人员造成的视觉干扰。

(3)降低卡口能源消耗。

(4)降低了设备的成本和维护成本。

(5)维护非常方便，设备即插即用。

(6)由于设备体积和重量比泛光灯均大幅减小，对设备支架的承重性能降低了要求。

(7)测试效果表明，这是目前最先进的箱号识别系统光源解决方案。

(8)夜间由于泛光灯光强难以达到有效的通光量和瞬间需要的光强效果，造成夜间识别率不稳定，补光设备可以保证充足的光强，真正达到满足图像识别的光强效果。

(9)保证设备长时间工作稳定可靠，不需要因为某个补光灯损坏而立刻更换。

(10)该补光设备与数码相机工作模式的拍图硬件设备配合，可实现完美拍图效果。

2)人机交互一体机

该系统为集装箱卡车司机提供一个自助式服务平台，司机进入码头作业的业务单据和作业申请都由一体机柜帮助进行，使道口业务实现了智能化和无人化，降低了人工作业强度，提高了码头生产率。系统具有以下功能：作业票据自动打印功能；字符界面信息提示功能；业务申请编号输入功能；集装箱卡车 IC 卡信息读取功能；可视对讲功能。

3)码头道口业务监控系统

该系统为码头道口作业业务详情操作及监控系统，它与码头运营管事系统结合使用，为堆场箱位分配提供了决策依据。该系统以图形化罗列出每个道口的实时情况：打印小票剩余量、红绿黄灰灯（分别表示道口的警报、正常、处理、关闭等情况）、进车量、进箱量、提箱量等。监控人员可以选择自己监控的道口范围。界面下方是分类统计表格和道口流量图、提示信息等，使监控人员随时了解道口的工作进展情况。

3. 系统总体设计

1)系统应用需求

系统设计要求首先确定智能道口的车道数目，道口作业均要求实现智能化。每个车道内集成的主要系统及设备有：箱号识别系统、道口作业监控系统、箱体验残系统、称重系统、人机交互系统、闸道控制系统等。各系统均以道口作业监控系统为核心，与道口作业监控系统高度集成，为码头运营系统提供可靠的进箱、提箱信息。

2）现场环境

系统分为室外部分和室内部分，室外部分为人机交互一体机柜、箱号识别前端触发及图像采集设备、验残系统前端触发及图像采集设备、称重地磅、闸道设备；室内部分为道口识别软件系统、道口计算机网络系统、验残软件系统、道口监控系统。室外部分设备主要安装于每个车道内的固定位置，室内部分设备放置于道口二楼机房内。因此，室外设备需具备防水、防尘、防腐、耐高低温的技术保障措施。

4. 系统结构设计

根据系统的应用需求，系统功能方框图见图 11-4。

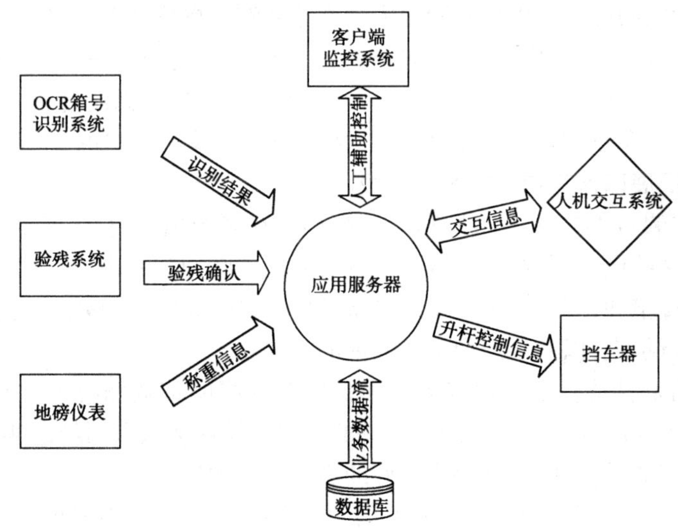

图 11-4　系统功能方框图

5. 设计说明

1）系统设计原则

在系统设计过程中，一定要从应用软件、计算机网络、服务器、工作站的互联性、系统可用性及系统性能等多方面因素来进行考虑，系统必须能够适应今后相当长一段时间内应用的发展。

在系统设计的过程中，还有一个需要考虑的重要因素就是系统的可靠性。系统应该具有一定的容错能力，在设计中尽可能地减少单一故障点，以使系统不至于因为某一设备的损坏或某一信道的故障全部或部分瘫痪。

在系统设计中，需遵循以下基本原则：

(1)设备的先进性与成熟性。为了保证本系统正常稳定地运行，系统的建设应该采取目前已经在工业界经过充分验证的、证明为成熟可靠的主流技术和方案，并能够在需要时依据技术的发展平滑地向新技术过渡。

(2)技术的先进性。本设计方案立足于先进技术，采用最新的文字识别技术和数字信号处理技术。

(3)高可用性和高可靠性。系统的结构和设备、通信链路必须具有高度的可靠性和一定的冗余性，以提供尽可能高的可靠性和可用性。

(4)开放性和标准化。系统必须符合国际上公认的有关标准，同时具有良好的开放性，以便不同厂家的产品能够互操作和互连接。

(5)用户的投资保护。系统方案的设计必须充分考虑用户目前的应用状况，能够保护用户以往的投资，并能够平滑地向新系统过渡。

(6)性能的可扩展性。所有主要设备均可满足用户的目前需求，同时又能扩展以保障用户将来的升级。

(7)良好的层次性结构和可伸缩性。在系统的设计中，应该采用层次化的系统设计原则，这样既可以方便系统的管理和路由的设计，帮助进行网络查错和诊断，也可使系统具备良好的可扩充性，能够随着系统的发展而进行扩充，以满足用户不断发展的需要。

(8)高性能。由于集装箱号码识别对网络的带宽和时延、服务质量提出了很高的要求，因此，网络设备的选型和设计必须采用经过实验测试的高性能的设备，并能够提供良好的服务质量保证。

(9)合理的性能价格比(P/C)。方案应该有良好的性能价格比，在能够满足系统需求的条件下，尽量减少一次性投入和运行维护成本。

2)箱号识别系统设计

集装箱自动拍图识别系统软件主要分为三部分：时序控制软件、箱号识别软件和集装箱图像采集控制软件。

时序控制软件与箱号识别软件分别与集装箱图像采集控制软件进行交互，下面举例说明交互内容与工作原理。

如一辆载有40ft长箱的集卡车进入卡口，红外触发设备被箱体遮挡时，时序控制软件接收到红外触发设备传送过来的信号，进行相应的判断，对拍图设备下达拍图指令，拍图完成后，时序控制软件会收到拍图完成的信号，时序控制软件发送拍图完成的信息给集装箱图像采集控制软件，图像采集控制软件发出取图指令至时序控制软件，图像传送至工控PC机时，图像采集控制软件将图像送与箱号识别软件进行识别，识别出箱号后，传送图像采集控制软件显示出来。至此，集装箱自动拍图识别系统完成图像采集、箱号识别的全过程。

上例描述了一次箱号自动识别的软件工作流程，综合以上内容得出工作原理，见图11-5。

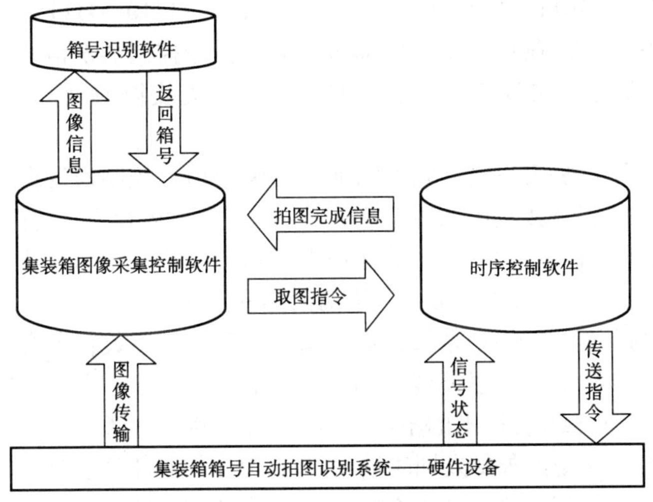

图11-5　箱号自动识别流程图

(1)时序控制软件。时序控制系统是按照预置的逻辑规则，接收红外触发器出的同步信号；根据信号状态通过向自编程信号控制器发指令，控制拍图设备和补光设备的动作和工作时序的控制过程。时序控制是对一个集装箱车辆自进入卡口到离开卡口的过程中，由特定的触发条件完成现场图像数据采集的一个完整的事务处理过程。在每一次拍图过后，控制器会通过图像采卡向工控PC报告，PC会指示时序控制软件发出传图指令，由拍图设备将图片资料传送到工控PC上，由箱号识别软件进行识别。

①与时序控制软件相关的硬件设备涉及红外触发器、拍摄设备、补光

系统三大部分。

现以一个20ft 箱通过卡口为例,描述集装箱箱号图像的采集过程和时序控制过程。

有A、B、C、D 为红外探头;1、2、3、4 为摄像系统的拍图设备;车的前进方向是从A→B→C→D 的方向。

步骤如下:

A. 红外探头A由导通(1)到被阻(0),开始一次监控过程,通知卡口平台开始。之后车继续前进,红外探头B、C逐个由1→0,在红外探头D由1→0时,4个拍图设备同时开始拍照,取得箱体前后左右4个箱号图片。短箱经过整个卡口过程中各触发器状态变化为(ABCD):1111→0111→0011→1011→1001→1101→1100(拍图)→1110→1111。

B. 拍图设备拍照完成后,将通过自编程信号控制器发信号通知工控机,工控机 将一次从拍图设备获取所拍摄的集装箱前、后、左、右4幅图像。

C. 拍图设备完成图像传输后,通过自编程信号控制器发信号通知工控机,工控机将从接收图像的工控机 PCI 卡保留的内存中获得图像数据,对图像数据进行调整处理,提供给 OCR 软件识别出其中的箱号。

②时序控制软件主要分为以下两大部分:

A. 自行分辨集装箱规格,自动发送拍图指令。集装箱主要分为长箱(40ft)、标准箱(20ft)、超长箱(45ft)、超短箱(10ft)。时序控制软件可以通过判断红外触发传回来的不同的信号进行判断,从而分辨集装箱的规格。例如,当4组红外触发同时被遮挡时,时序控制软件会分辨出此箱为长箱,此时会依据长箱的处理方法,向拍图设备拍图指令,从而完成对长箱的拍图。

B. 工控 PC 机进行交互,完成对硬件设备的设置。时序控制软件本身是以烧录的形式,烧录在自编程信号控制器中,控制器是通过 RS-485 接口与工控 PC 相连,工控 PC 通过发送格式为十六进制的指令完成对硬件设备的设置。例如,硬件设备中的补光设备可以根据实际情况设定其单闪或双闪。通过工控 PC 发送 FE 07 0A 0A FF 指令到时序控制软件,从而设定1号补光设定工作状态为单闪。

图像数据通过工控机 PCI 卡到达工控机后,先经过工控机 PCI 扩展槽,以 DMA 的方式保存到工控机的内存中,工控机再根据特定的时序和控制逻辑,直接从内存中调取指定的图像,进行差值运算等转换处理,产生 RGB 格式的图像数据，提供给 OCR 软件作箱号识别。

（2）箱号识别软件。箱号识别系统主要运用 OCR 技术和校验算法，对一个包含集装箱箱号的图像的识别过程大致有如下几步：分出集装箱号码；识别出其中的箱主代码、箱号和校验码；通过校验码确认识别出的集装箱号码是否有效。箱号识别系统完成正常的单图识别平均耗时约 0.13s。

集装箱箱号识别软件采用了先进的图像处理技术和网络字符识别技术，识别原理如下：

①图像分割。根据集装箱号码的特征，将集装箱号码从复杂的背景中分割出来，形成单独的一块只包含要识别的信息的图像，减少了大量的干扰信息。

②字符分割。从集装箱号码图像块中判定分割出单个有效字符，确定字符的排列规则、字体、大小等。

③字符识别。将分割出来单个字符图像识别成相对应的 ASCII 码，对残缺部分运用冗错修补、模糊匹配等技术，对识别结果给出可信度。

④后处理。箱号识别结果将能通过校验码确认其是否有效，最终还将该识别的图像数据经过压缩保存到文件目录中或数据库中。

（3）集装箱图像采集软件：

①图像预处理。通过一系列图像处理过程，产生可供识别的字符图像，这是字符识别的前提，是各种 OCR 应用项目的主要不同之处，是确保准确率的重要环节。处理过程包括图像的去噪、二值化、书写定位，图像的旋转、字符定位、切分和替换等。

②集装箱号码识别。集装箱号码识别是系统的核心功能模块，要求识别准确、速度快。算法如下：

A. 多种方法组合技术。系统中可采用两种方法，一个是模式识别，另一个是结构分析。

a. 所谓模式识别，是先选择训练字符集（1 万 ~10 万个字符），生成训练结果，再用训练结果去识别训练集和结果集（10 万 ~100 万个字符），模式识别的问题是其对训练集的识别率都不会到 100%，特别是对很少的特殊写法无效，其总识别率在 98% 左右。

b. 所谓结构分析，是对图像用结构方法采集特征，用特征识别。结构分析的优点是对某种特殊写法的识别有良好的效果，程序更改方便；问题是不能列举所有可能存在的特征。

每种识别方法的准确率在98%左右,两种方法都识别错误的概率为0.25%,考虑一对一错的情况,采用调整程序结合以上两种方法,使总识别准确率达到99%以上。

B. 图像处理技术。在识别前对图像数据应有以下几种处理:是否细化、是否补点和是否进行去杂点处理。细化、补点、去杂点又各使用了几种不同方法,使得程序量非常大,经过有针对性的选择使用,从而进一步提高识别准确率、扩大识别范围和提高识别速度。

C. 识别可信度概念。对一个字符的识别,根据以上所述的识别过程,给出识别的可信度。可信度是系统识别字符过程中综合各方面因素得出的识别的准确程度。可信度为100%表示系统对该字符完全确认,小于100%表示系统对该字符的识别中某些特征不能肯定。可信度越高,识别的准确率越大。对于可信度在一定数值以上的识别结果,用户可以不进行校对。

D. 多箱校对。多箱校对是根据集装箱的特点,在识别可信度的基础上提出的。由于集装箱的上、后、左和右4个面上都有号码,同时识别它们进行综合比较,进一步提高了识别率。

3)业务系统结构设计

箱号的自动获取不但实现了码头运营管理信息化的第一步,而且通过各种规范使得在箱号识别过程中,一些重要信息的获得也实现了标准化,避免了人为操作带来的统一性差、错误率高、效率低的弊端。所设计的道口系统将利用识别到的箱号结合码头运营管理系统,智能地为进港作业提供场箱位分配、自动引导集卡司机进行相应操作,动态地为道口工作人员提供操作信息并对各种出错信息进行报警和提示等。这样复杂的系统,采用的系统设计结构直接决定了系统的稳定性、可靠性、实用性。根据这一指导思想,系统的设计最好采用三层软件系统架构,平衡各种硬件设备和关联系统对整个系统资源的利用,最大限度优化系统的资源,使系统具有灵活性、使用维护便捷性、运行稳定性,以及良好的开放性、灵活的扩展性和层次的可伸缩性。

基于这种设计思想,考虑到客户端和服务器的信息是双向传输,而且对信息传输效率的要求很高,在通信方法上可采取在TCP/IP协议下的Socket技术,使得服务器不再仅仅是被动地处理数据,而且可以主动地控制客户端的运行。系统架构具体说明如下:

(1)道口应用服务器端。这部分是系统的业务逻辑层,控制着各个道口的流程，分析并处理从各个道口上的设备、箱识别系统、验残系统、监控模块发来的信息，并将处理结果提交到后台数据库和各个监控屏幕上。

应用服务器采用了面向对象的开发方法，将每个道口作为一个对象来处理，并且以道口信息和监控信息作为事件来驱动流程的流转，同时将这些信息保存在相应的对象属性中。

道口对象记录着道口的各个属性和状态（流程节点），根据从道口和监控发来的信息更新和改变着自己的属性值和状态。在每一个状态下，道口对象都要根据当前属性值，通过数据库存储过程完成自己的相关业务逻辑，并同时提供给道口下一步流程可选择的节点。

作为流程中的各个节点（状态），每个节点都有其上游节点和下游节点，否则道口的操作会进入死胡同。整个流程流转下来，是一个闭环。

（2）道口客户端。这部分管理着道口上的设备和箱识别系统，一套道口客户端管理一条道口上的整套设备，主要处理本道口设备与道口应用服务器的信息转换和传递。

箱号自动识别的软件工作流程见图11-6。

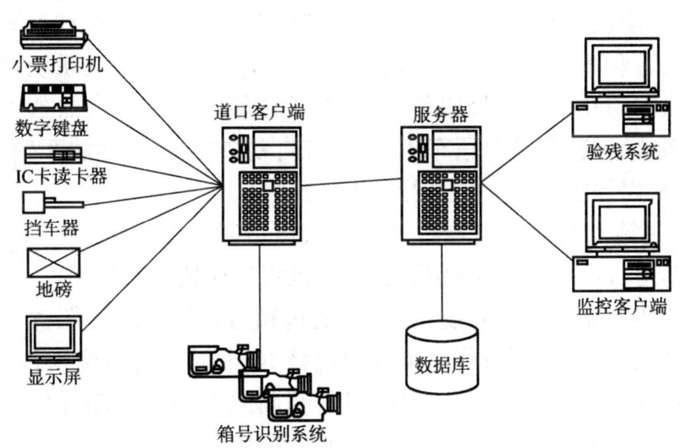

图11-6　箱号自动识别的软件工作流程

道口客户端的设计，专注于具体的与道口上各个设备通信的编程，而与服务器端的接口采取统一的信息格式，道口客户端只需将与服务器交互的信息转换成与设备交互的信息即可。这样服务器端的设计与道口设备的选型无关，一旦道口设备需要升级换代，只需修改道口客户端程序，而不必修改整套软件系统。

（3）道口监控端。采取图形和文字的方式实时反映各道口上目前的运行情况,并提供监控人员干预道口状态的接口。

4)软件模块

软件模块可以分为三个部分。

(1)系统通过硬件触发(如地感线圈、红外线检测器等)抓拍图像,并调用识别程序或是车牌号码和集装箱号码,把图像储存到硬盘。

(2)识别系统与数据库通过 TCP/IP 协议进行通信,把有关的信息包括车牌号码、集装箱号码、通过时间和车道号码以 ACCESS 数据库格式保存。

(3)为了使用户更好地调用系统的数据库,系统提供了718 端口与数据库单元进行通信。用户可以使用 Active 控件进行二次开发。

5)工作流程

(1)集装箱号码识别过程。当集装箱车辆进入通道,触发红外线对射,系统启动摄像枪进行集装箱号码自动抓拍,并对抓拍的图像进行自动识别,形成数字化信息。

(2)车牌号码自动识别过程。当集装箱通过红外线触发闸口时,红外线启动,确认有车辆进入后,启动车牌识别软件进行抓拍和号码识别。

集装箱和车牌号码自动识别过程同时进行,不会造成系统冲突。系统在获取车牌和集装箱号码信息后,与臣道管理系统原有的数据库或海关管理系统连接,若是合法车辆,则系统自动放行;若是非法车辆,则系统给予报警,以提示监管人员进行人工干预。

(3)进箱作业。当集装箱卡车驶入道口时,红外触发器侦测到集装箱进入车道,位于车道相应位置的摄像机将自动拍摄箱号图片,将包含箱号的图片传入箱号识别系统,计算机通过箱号识别系统将图片信息解读为可以利用的箱号信息;此时集卡司机将 IC 卡插入机柜槽内,IC 卡内的信息通过网络传送到生产系统中,计算机将这些信息和箱号信息与码头数据库的 EDI 数据报文进行比对,一旦匹配成功,计算机马上反馈通过结果,同时操作人员通过 CCTV 验残监测系统检查进港集装箱箱体,如无问题就确认箱体完整,此时业务处理平台会产生有场箱位的作业票据,通过一体化人机交互机柜内小票打印机打印出带有场箱位及箱号的小票并开闸放行,司机即可持小票 并按其指示作业位置进场去进行作业。

(4)进场提箱作业。当有空载集卡进入道口时,此时箱号识别系统不启动,当司机停至一体化人机交互机柜旁时,首先把提箱小票上的条形码贴近一体化机柜的读码器上进行识别,并插入 IC 卡,系统根据识别出的小票的预约号在系统中查找所提箱信息，如果该作业存在并且是有效状态，系统则打印出带有提箱场箱位及所提箱号的小票，此时即可进场作业了。进场过程中司机若遇无法解决的问题或需要获得操作帮助的话，可以通过一体化人机交互机柜上的可视对讲系统取得与操作室工作人员的联系，协同解决问题。

第四节　集装箱码头的核心竞争力

港口竞争力一般是指港口目前和未来在各自的环境中以具有吸引力的价格和质量来提供服务的能力和机会。简而言之，就是港口在市场经济的竞争中，相对于其他竞争对手所表现出来的生存能力和持续发展能力。竞争力是港口在长期竞争与发展过程中逐渐积累而产生的，是一个比较的概念，它只是横向相对于竞争对手而言的，可以通过一系列的具有显性的量化指标加以衡量。

今天的港口竞争并不一定是港口层面的竞争，有些地方甚至主要不是港口层面的竞争。例如，新加坡与马来西亚丹戎帕拉帕港是港港竞争，而香港与深圳就是码头层面的竞争。

如今，码头层面的竞争已成为了国际潮流，原因在于其争夺的对象是船公司。世界上像我国上海港那样由港务集团方面采用“指泊权”方式决定哪艘船靠哪个码头的极少。普遍的做法是码头直接与班轮公司的商务关系或产权、控股关系。这是港口按照物流管理链转型的必然结果。随着我国港口产业进一步物流整体化，码头经营企业化和国际化，可以预期，码头之间的竞争会更激烈。

一、码头基本参数

1. 码头岸线

随着集装箱船舶的大型化，世界各主要集装箱枢纽港均采取措施迎接这一挑战，集装箱码头向着深水和大型的方向发展。目前，世界最大型集装箱船舶总长度超过340m，世界主要集装箱港口的码头单泊位岸线长度均已超过300m，并越来越趋向于若干个泊位形成连续泊位组，使深水岸线得以更充分地利用，水深和泊位满足国际干线班轮的靠泊要求。

2. 陆域纵深与泊位面积

陆域纵深尺度是反映适应港口快速发展、功能拓展的前瞻性的最重要尺度。

欧洲主要港口的集装箱码头纵深一般是在 500 ~ 700m 之间，单泊位陆域面积在 15 ~ $26hm^2$ 之间；北美主要港口的集装箱码头纵深更长一些，一般在 750 ~ 1 200m 之间，单泊位陆域面积大多在 30hm。以上。

与欧美国家相比，亚洲主要港口的陆域资源普遍有限，早期建设的集装箱泊位纵深大多不超过 400m，例如，香港港、新加坡港、高雄港，以及深圳港的蛇口与赤湾集装箱码头，单泊位陆域面积在 $10hm^2$ 左右。

为适应集装箱船舶的大型化发展及港口平均上箱量的增加，近年来亚洲主要港口新建的集装箱码头面积也有所扩大，深圳盐田港区新建泊位的陆域纵深超过 500m，单泊位陆域面积达 20hm。以上；韩国釜山神仙台码头陆域纵深近 750m，单泊位陆域面积达 $26hm^2$；上海港外高桥四期及五期码头陆域纵深更达到了 1 250m，单泊位陆域面积达 $45hm^2$，已超过欧洲和北美国家的水平。各主要集装箱码头陆域纵深比较见图 11-7，单泊位陆域面积比较见图 11-8。

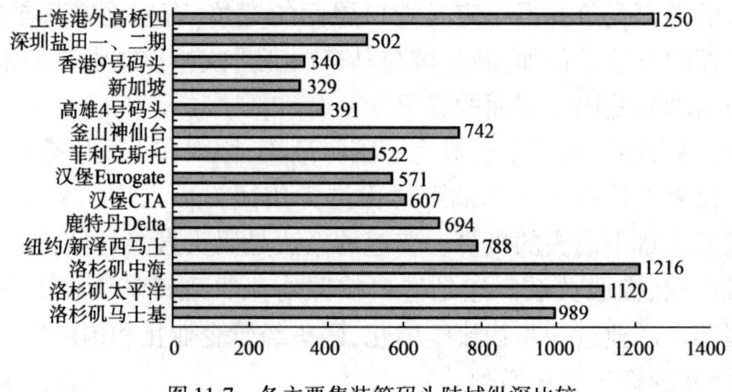

图 11-7 各主要集装箱码头陆域纵深比较

3. 水深条件

香港、新加坡、盐田等港为天然深水良港，自然水深均超过 14m，经过简单疏浚，航道及泊位水深达到或超过 15m，能够满足(8 000TEU)集装箱船舶全天候靠泊的要求，欧美地区港口最大水深基本也都在 14m 以上，能够满足 6 000TEU 船舶的正常进出。

二、码头设施

1. 机械设备

从单泊位配备岸桥台数来看，欧美人力成本相对较高，码头装卸桥配

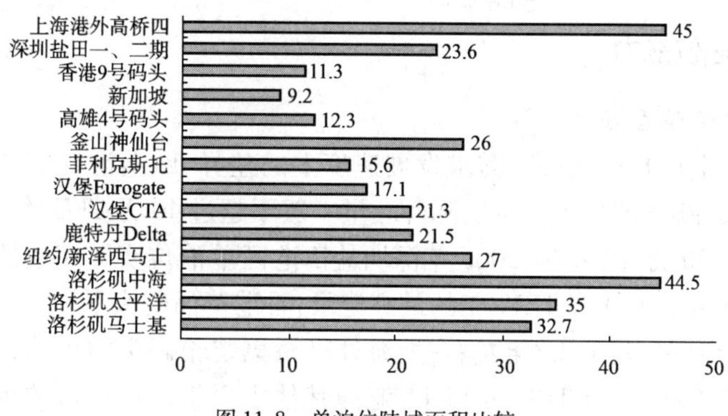

图 11-8　单泊位陆域面积比较

备较少,欧洲港口的单泊位配备岸桥在 2 ~3 台之间,北美港口单泊位配备一般仅有 2 台岸桥;而亚洲主要港口的配备相对较多,单泊位的岸桥配备一般为 3 ~4 台,盐田港三期单泊位配备岸桥已超过 4 台。上海外高桥港区的单泊位岸桥配备已达到 4 台,根据生产发展需要,未来岸桥配备将继续有所增加。

2. 机械性能

目前,世界主要集装箱港口均配备有先进的集装箱装卸桥,很多集装箱码头配备的岸桥外伸距超过 55m,可以满足 22 列排位的集装箱船接卸要求。

三、生产效率

1. 岸桥作业效率

由于欧美等国码头资源相对富裕,因此其机械效率普遍不高,岸桥作业效率一般为 25 ~28moves/h。而亚洲主要集装箱港口吞吐量增长迅速,但岸线资源较为紧张,港口生产十分繁忙,其岸桥作业效率很高。例如,香港葵涌 HIT 码头岸桥作业效率平均为 40moves/h,深圳盐田港区在 35moves/h 左右,赤湾港区 30 ~ 32moves/h,蛇口港区也在 30moves/h 以上。

2. 集卡通过时间

社会集卡在港回转时间(进大门到出大门时间)是世界主要集装箱港口考核运营效率的主要指标之一。尽管世界各主要港口的陆域及道路条件存在差异,但是集卡在港回转时间一般均控制在 25 ~ 30min/次之内。

四、泊位能力

1. 单泊位吞吐量

由于港口自然条件与需求发展速度上的差异，欧美港口的能力普遍较为富余，欧洲港口单泊位实际吞吐量一般不超过40万TEU/年，北美港口不超过30万TEU/年，2006年深圳盐田港区单泊位实际完成的集装箱吞吐量创造了120万TEU/年的最高记录；香港葵涌码头平均单泊位集装箱吞吐量为65万TEU/年左右；上海外高桥集装箱码头的单泊位实际完成吞吐能力在72万TEU/年以上；亚洲其他主要集装箱港口的单泊位吞吐量一般均在50万~65万TEU/年之间。目前，全球主要集装箱码头的单泊位实际吞吐量比较见图11-9。

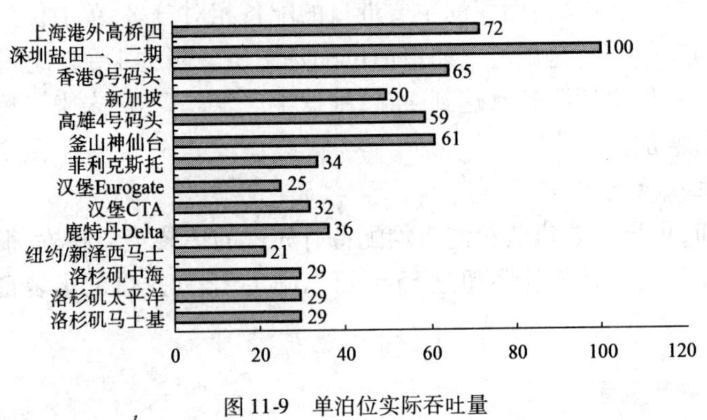

图11-9 单泊位实际吞吐量

2. 每百米岸线吞吐量

世界主要港口每百米岸线的吞吐量比较，其中亚洲港口的每百米岸线吞吐量普遍较高，一般为16万~22万TEU，而欧美港口则为5万~11万TEU。上海外高桥集装箱港区单泊位的岸线长度略小于深圳盐田港区，因而百米岸线的吞吐量最高，达到了22.5万TEU。每百米岸线吞吐量比较见图11-10。

五、信息化水平

港口信息化可以分为两个方面。一方面，利用信息技术强化港口内部管理，提高港口的效率，包括用信息技术改造装卸工艺；提高港口内部信息沟通效率、共享程度及决策水平；提高管理效率等。另一方面，港口作为物流网络的节点，为了减少货物在港口停留时间，即处于非增值过程

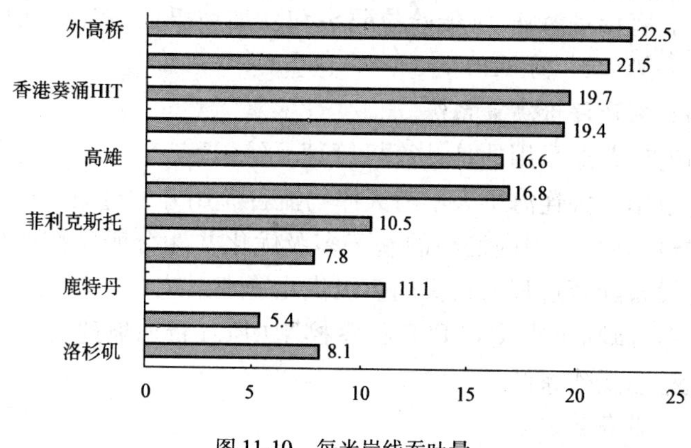

图11-10　每米岸线吞吐量

的时间,也为了满足用户及时服务的需求,以保证物流链的连续性,必须提高信息化的水平。同时,在船舶超巴拿马型化的今天,船舶造价急剧增加,缩短船舶在港停泊时间,加速船舶周转,也是港口对用户所承担的义务。然而在港口加速船货处理过程中涉及的单位很多,有政府的查验部门为船、货提供各项物流服务的企业,有为商品交易提供服务的金融、保险、商务企业。虽然这些都可以用建立平台的方法解决。例如,建立B2A平台,解决港口与政府监督、管理和检验部门的信息共享,缩短船货通关时间;建立B2B平台,解决与有关船、货处理企业的信息的沟通的问题,保证物流链的无缝衔接;建立B2B平台,开展电子商务,并可向货主提供货物动态以扩大商机。

为实现现代集装箱码头的功能与效率,必须配置一流的装备。其标志是信息技术的融入和集成,其水平的高低将对码头建设的全过程引起深刻变革,并在竞争中奠定最终的竞争优势。

1. 虚拟仿真技术

目前,国内以集装箱运行性能为目标的三维动画模型研究,率先把集装箱码头各个环节集成仿真用于方案的评价和决策,对船舶靠泊及港口生产作业过程进行虚拟仿真研究。

2. 码头实时生产指挥系统

同倍位装卸及集卡全场调度可以大大提高码头的生产作业效率,这些技术的采用使上海港外高桥码头通过能力已超80万TEU/(年·泊位)。国外港口中,鹿特丹海陆、汉堡哈拉码头有集装箱堆场,基本实现了无人作业的自动化系统。新加坡巴西班让码头1999年建成自动化装卸作业系统。鹿特丹海陆、汉堡哈拉码头和新加坡巴西班让码头的单泊位通过能力一般为50万TEU/年。

3.码头生产评价决策系统

国内港口普遍采用的是计算机管理系统，近年来智能化管理系统也逐渐投入应用。大连海事大学与天津物流曾应用开发过集装箱决策支持系统(DDS)。此外，国内发明的基于多级优化并融合船舶作业历史数据的以优化设备配置过程为目标的多级优化管理系统具有新颖性。国外港口中，鹿特丹海陆码头设有PCS程序控制中心，新加坡建有CITOS计算机集成化枢纽操作系统。

4.客户服务系统

国内港口大部分已开通EDI无线数据传输系统。国外港口中，新加坡利用PORTNET系统连接海关网、贸易网(TRADENET)，将其形成一体，实行无纸化、个性化服务；鹿特丹港建设了NGI系统，可用因特网联络客户。

第五节　口岸管理与服务

口岸是一个跨部门、跨行业、多环节、多功能的综合体。口岸的工作范围，涉及海港、陆运、空港领域；口岸部门之多，包括交通、外贸、储运、监管、查验、代理、金融、保险、供应、服务、管理等数十个部门，数百个单位。

口岸的综合管理主要是做好口岸各类矛盾的协调处理。及时协调解决港口进口检疫区的报批、港区边防执勤问题，以及港口对外供应秩序混乱等问题。

口岸秩序良好，服务优质，必须要提高口岸的综合服务质量，加大口岸的综合管理力度。这就需要加强路港贸检的协作配合，强化口岸矛盾和困难的主动协调意识；需要正确处理口岸内部之间的竞争和协作关系，保持良好的船货代理秩序，加快车船货的周转速度，从而为口岸营造一个良好宽松的发展环境。

1.海关管理

海关主要是监管进出口货物、监管进出口集装箱、征收进出口货物税收、处理进出口货物报关单、查禁走私违规案件、查获走私毒品案件，完成总署下达的各项监管任务。

H2000通关作业系统是海关实施管理制度和科技创新的最新成果，有利于进一步强化海关垂直领导，提升海关作业水平，加速口岸通关，也是海关面对业务量逐年激增，管理资源日趋紧缺形势下，采用最前沿信息化技术实现科技创新，实施科技强关战略，实现海关协调可持续发展的必然选择。H2000系统的全面推广和应用，标志着海关信息化建设进入全面联网、集中处理的新阶段，是深化通关作业改革的重大措施，是建立“电子海关”、“电子口岸”的重要步骤，在海关信息化建设进程中具有里程碑的意义。

随着近十年来口岸出口业务量持续大幅增长，海关承受着与日俱增的业务压力，管理资源日趋紧缺。为进一步支持和促进对外贸易的健康有序发展，有效缓解业务急剧增长给海关带来的巨大压力，根据海关总署“以实施风险管理为中心环节，全面、协调地推进和整合海关各项改革的第二步战略规划”的要求，海关率先设想对以逐票审单为主要特征的现行通关模式进行改革，建立以差异化管理费为核心的风险式通关的管理模式，从而实现提升海关作业效率、控制通关风险、优化管理资源配置的目的。

风险式通关是指海关以接受风险为前提，以控制重大风险为原则，以风险识别、分析和评估为基础，在通关环节实施对低风险企业和商品加速通关，对高风险企业和商品加大监管力度，并实施对企业事后稽查的一种新型通关作业方式。风险式通关是在我国经济高速发展，外贸依存度日益提升，海关管理资源日渐紧缺的背景下，海关通关作业方式的必然选择，对提升口岸通关效率，促进贸易便利化进程具有重大意义，也是海关谋求自身可持续协调发展的需要。风险式通关是海关风险管理的重要组成部分，已为世界许多发达国家海关所普遍采用。

2. 出入境检验检疫管理

出入境检验检疫局坚持按照国家质检总局的工作部署和各项要求，在严把国门，对进口废物原料、肉料和水果进行专项检查，提出相应措施，规范内部管理体制，完善相关操作规程，加大了审单力度。

此外，出入境检验检疫局不断地规范出入境船舶检疫管理工作，全面推广出口货物电子审单快速核放系统，探索和完善区域内协调联络的新机制，坚持信息化建设，充分利用网络资源完善口岸处置恐怖袭击事件工作预案，举办反核辐射、生化恐怖的业务培训，做好物资储备和人员准备。

从公用码头、专用码头和进境货物查验点入手，规范口岸出入境货物储存地的卫生监督。

3. 出入境边防检查管理

边检的职责是维护国家主权、安全和保障口岸畅通，积极服务地方经济建设。

为确保口岸安全，严格依法行政，深化勤务制度改革，探索新形势下边检勤务动作模式，全面推开海港勤务制度改革，推行国际航行船舶网上报检制度，实施网上报检制度，加强口岸管理，提高综合管控能力，营造良好的通关环境。

4. 海事口岸管理

加强进出口岸船舶查验，杜绝低于国际公约标准的外国籍船舶进港。海事局通过采取禁止进港、离港、强制配备、加大处罚力度等一系列行政措施，来有效遏制此类低标准或违法船舶进入上海口岸，以维护国家主权和经济利益。

另外，海事口岸管理可建立诚信船舶管理机制，对不诚信船舶加重处罚，建立船舶管理机制，积极主动地对被滞留船舶（国际航线）的船级进行面对面交流，并且加大港口国检查的履约力度。利用《国际船舶与港口保安设施规则》（ISPS）对外国籍船舶开展专项检查，从而提高船舶反恐能力，有效防止国际恐怖主义势力利用船舶开展破坏活动，维护中国港水域的安全和稳定。

【案例 1】 德国汉堡哈拉港的集装箱自动化无人堆场系统

在自动化堆场技术方面，德国汉堡哈拉港与 ABB 等公司合作已经建成集装箱自动化码头，能够实现自动化装卸船、自动化运输、自动化堆放的联调与控制。自动化堆场的研究拟在堆场采用数字通信和自动控制技术、三维堆场管理与规划技术，利用高架和低架轨道龙门吊，通过固定转接台，完成对集装箱卡车的自动装卸箱及堆场自动存取箱作业，实现集装箱的无人自动化装卸和堆放。自动化堆场的关键技术涉及集装箱高效同倍位自动化装卸船技术、集装箱港口机械全场智能调度、集装箱出、入场智能规划、集装箱装卸设备远程监控和智能维护、集装箱港口运行状态评价体系、港口集装箱装卸工艺系统优化仿真技术、基于网络技术的集装箱港口数据交换和查询系统、个性化客户服务平台技术等。

【案例2】　外高桥二期集装箱码头自动化堆场

外高桥二期集装箱码头自动化堆场占地尺寸为263. 85m × 245. 24m，堆场分为5垛，每垛堆场配高RMG一台，在堆场两侧设置高低RMG交接的缓冲区和集卡装卸区。自动化堆场工艺方案中集卡不进入箱区，在堆场两侧装卸，堆场集装箱排列方向与集卡行驶方向一致。当任何一台小车、起升或大车发生故障时，仍可保证该垛堆场降效作业。安全性高，集卡与高低RMG间不存在物理空间上的交错。智能无人堆场的控制系统见图11-11。

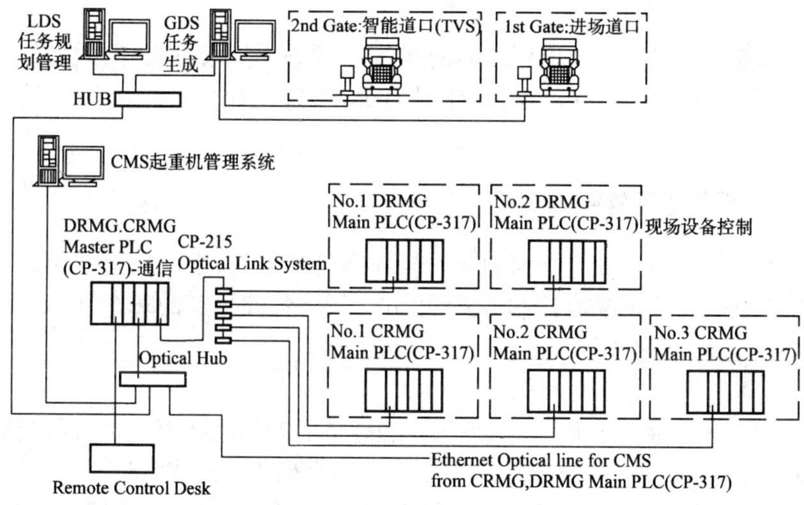

图11-11　智能无人堆场的控制系统

【案例3】　上海外高桥港区智能化码头运营系统

上海外高桥港区集装箱码头的生产管理系统总体方案综合了当前国内最先进码头的IT技术，采用了智能化码头运营管理系统，生产应用软件TOPS的功能逐步增强与提高，尤其增加了时间管理、堆场图形化计划、动态刷新等全新的功能，使整个生产管理系统符合现代化集装箱码头的要求。

一、系统总体方案

作为一流的现代化集装箱码头，其生产管理水平的高低将直接体现在该码头生产管理系统上。因此,生产管理系统的设计方案是建立以中心控制室为核心的生产实时调度控制体系、以优质服务为宗旨的客户服务体系和科学统计分析为依据的经营体系。

应用系统的设计充分考虑了系统的先进性、高效性、可用性,以满足码头 365d × 24h 不间断运转的需要。

应用系统的设计融进了当前国际最领先的管理理念与手段,其中包括时间管理、动态刷新、图形化的计划与操作等,以实现一流的码头、一流的管理。考虑到现代集装箱码头高强度的生产节奏,系统具有良好的数据结构、模块相合及外延的数据接口,从而保证系统具有快速的响应时间。

系统的设计在以往应用经验的基础上,系统的整合性更好,数据的可用性更强,安全控制更合理,操作界面更友好,从而保证整个系统的可用性。

二、系统应用软件

系统应用软件仅考虑面向生产操作和管理人员,生产控制采用目前国际最先进的全面实时控制方式,该方式可将装卸生产的每个环节都纳入受控范围,随之进行。

1. MILE TOPS 3.0 版概述

码头运营系统(MILE TOPS 3. 0 版)是上海海勃物流软件有限公司 MILE 产品系列中的主要成员。其贯穿了整个码头生产作业过程,是技术先进、科学合理、安全可靠、灵活方便、功能齐全、适应性强的码头营运系统。

2. MILE TOPS 3.0 版的目标

系统将准确、及时、实时地提供和处理集装箱码头营运下的集装箱、船舶、货物、机械的所有交易、活动、运作的信息,以期达到以下各项目标:

(1)系统能提供策划、管理、跟踪和控制集装箱码头的所有营运活动。

(2)系统通过先进、合理、优化的方式来提高运作和管理的效率,提高生产力。

(3)改进和提高客户的服务质量和满意度。

(4)提供一个可与其他计算机系统相连接的开放性系统。

(5)通过以国际协议标准的电子数据交换,加速港口与航运公司间的信息交换。

3. MILE TOPS 3.0 版的特点

MILE TOPS 3.0 版是根据国际集装箱码头所具有的特点而开发的管理系统，对码头的营运过程进行了全面优化及规范化。MILE TOPS 3.0 版系统关注的重点，在于码头装卸计划的预测和监控，以及码头装卸作业的准确性和实时性。MILE TOPS 3.0 版系统的应用，可以较快地提高集装箱码头的装卸能力、堆场的堆存能力、检查口的通过能力，提高集装箱码头的作业效率及集装箱码头的经济效益。同时，MILE TOPS 3.0 版系统的应用，也为码头向客户提供更加有用、精确和及时的信息提供了可靠的保证。

MILE TOPS 3.0 版已成功地应用于多个大型集装箱码头，被证明具有以下特点：

(1)高可靠性、可扩展性、高效性、安全性。

(2)基于 GUI 图形化的用户界面。

(3)强大的预警功能和控制功能。

(4)具有 Windows 技术特色的操作简易性。

(5)运用于 Unix 或 Windows NT 的开放型平台。

(6)具有系统发生故障后完全恢复功能。

(7)完整的在线帮助工具辅导用户操作。

(8)严密的用户权限控制，以保证数据的完整性和安全性。

4. MILE TOPS 3.0 版的组成

MILE TOPS 3.0 版由作业处理(OPS)、船舶计划(VPS)、船舶配载(VSS)、船舶监控(VMS)、堆场监控(YMS)、EDI、无线传输(WTS)、客户服务(CSS)、集卡调度(TPS)、费收(TMS)、统计(SAS)等子系统组成。

三、各子系统的功能

1. OPS 作业处理子系统功能

OPS 作业处理系统是 MILE TOPS 3.0 版中最核心、最基础的子系统，包含了码头营运的基本管理功能。其主要功能如下：

1)堆场管理

堆场管理系统具有良好的、数据图示化的操作界面，应具有成熟的、符合集装箱码头进出场、装卸船规则的进出场算法，具有管理各家船公司箱子箱务的管理能力。其功能如下：

(1)堆场规范的制作和维护。可以灵活、方便地定义码头堆场的堆存规范,进行场地箱区、位、排、层的设置,并且可以根据码头进出场作业的实际情况,随时进行调整和修改。

(2)进场箱堆放计划安排。可以根据进出口船舶计划,安排集装箱的堆存计划区间,并能够自主设定进场箱的堆放原则。

(3)空箱用箱计划安排。既可以按照集装箱的持箱人划分来进行计划的安排,也可以根据船名/航次等条件来安排计划。

(4)箱务管理计划。可以进行码头场地集装箱的归并、整理计划的安排及集装箱属性的修改。

(5)负责箱区的定义、进场箱的堆放计划安排、空箱用箱计划安排、箱区整理计划安排、箱务的管理计划安排等。

2)检查口管理

实现无人道口是基于较高的出口电子装箱单普及率、提箱预约率以及箱号识别系统的正确率。目前,出口电子装箱单普及率是通过预入点预入出口装箱单实现的。另外,可以通过对外服务网站和声讯服务系统技术手段帮助提高提箱预约率。目前,箱号识别系统的正确率可以达到95%以上。其功能如下:

(1)办理出口集装箱进港,系统将自动提供进箱位置。

(2)办理空箱进港,系统将自动提供进箱位置。

(3)办理进口重箱出港,系统将自动提供最佳箱子。

(4)办理空箱出港,系统将自动提供最佳箱子。

(5)集卡出场确认。

(6)检查口作业流量统计日报表等。

3)作业受理

作业受理系统应具有受理各类提箱和进场计划的能力。在电子商务日趋成熟的今天,应具有由客户在网上提出提箱申请的能力,并配合无人道口进行网上提箱预约的功能。

作业受理的主要功能是根据用户要求,预约办理各类提箱和进场计划。作业受理软件的功能如下:

(1)进/出口集装箱和空箱提取预约。

(2)中转集装箱提取预约和中转集装箱集港预约。

(3)集装箱验关、加封、空箱检验。

(4)集装箱疏港作业策划。

(5)集装箱直提/直装箱计划。

(6)散货装拆箱作业策划。

(7)场拆、场装箱作业计划。

(8)换箱作业策划口。

(9)场站收据校验确认。

(10)进口船图、进口舱单的输入、修改、查询、删除等。

(11)装箱单校验。

(12)退关箱、退装箱和出口箱换装处理。

(13)进口货资料和历史箱货资料的更改。

(14)进口卸船信息的溢缺校验和舱单生成。

4)CFS 管理

CFS 管理系统具有管理集装箱拼箱货的能力,以及与集装箱管理相结合的装、拆箱的功能。CFS 管理的主要功能是装拆箱作业的确认和归位申请以及 CFS 仓库货物的管理。

5)资料处理

资料处理系统具有处理各类资料及统计汇总各类单证的能力。资料处理的主要功能是各类资料及单证的录入、处理和校验。其中包括危险品、超限箱、特种箱、直装箱、直提箱等的处理。

6)系统维护

系统维护的主要功能是:

(1)登记码头基本设施(码头机械、检查口、CFS、外堆场等)。

(2)登记各类用户代码(客户、航线、持箱人、国家、城市地区、港口、运输公司、外集卡等)。

(3)登记船舶资料(登记船舶信息、登记航班、船公司服务航线)。

(4)登记箱货代码(危险品类别、超限箱类别、残损代码、箱型代码等)。

(5)用户权限管理(登记岗位权限、登记操作人员、密码更改)。

2. YMS 堆场监控子系统的功能

作业监控系统由两部分组成,一部分是堆场监控,另一部分是船舶监控。堆场监控具有图示方式直观反映堆场作业实际情况的堆场监控屏,控制员通过该系统能够根据堆场作业分布,如进场作业、提箱作业、装船作业、卸船作业、转堆作业,实时调动机械,组织生产,确保现场处于有序的控制之中。船舶监控也具有用图示方式直观反映船舶作业实际情况的船舶作业监控屏,控制员使用该系统能够根据船舶作业进度实时发送装卸船作业指令,调配作业集卡,掌握船舶装卸进度,确保船舶作业处于有序的控制之中的 YMS 堆场监控子系统是一个图形化的码头、堆场实时监控工具,通过它可以及时、方便地了解到当前堆场的堆存情况和集装箱的各种信息,显示当前船舶的卸船箱的场地堆存区域的位置鸟瞰图,以及卸船作业在场地的完成进度,显示当前船舶的装船箱的场地区域的位置图,以及作业路对应的装船作业箱的场地区域位置图。其功能如下:

(1)堆场规范的定义和维护。

(2)进口箱、出口箱、中转箱、空箱等堆存策划。

(3)场地作业机械的安排和调整;场地机械作业区间的安排、监控和调整。

(4)箱区的关闭和释放。

(5)箱务管理的策划。

(6)在场箱的扣留和释放等。

(7)实时查看船舶、机械的作业状况。

(8)实时查看桥吊、轮胎吊、集卡的作业指令。

(9)实时查检场地机械的作业效率。

(10)场地堆存计划的预警;轮胎吊空闲状态的报警;集卡在堆场中的分布和等待超时的报警口。

(11)提供过滤器功能(使满足要求的集装箱在场地视图中以不同颜色反映出来)和场地集装箱信息的动态刷新。

(12)冷冻箱插拔电控制和温度实时监控。

应用 YMS 堆场监控子系统,用户可以通过鼠标的点击、拖拉等简单、直观的操作,在图形化的堆场平面上,灵活、方便地定义码头堆场的堆存规范,进行场地箱区、倍位、排、层的设置,并且可以根据码头进出场作业的实际情况,随时进行调整和修改。应用 YMS 堆场监控子系统,用户可以直观地浏览场地作业计划的安排和实施进度,也可以根据场地的进出场作业计划设定预警值。这样一旦进出场作业计划的实施达到或超出预警值,系统就会自动报警。

应用 YMS 堆场监控子系统,还可以预测未来时间段内堆场作业的情况、场地机械的作业量及堆场安排的计划状况。用户可以根据图形显示的预测情况,预先安排、调整堆场机械和作业计划。YMS、VMS 及 CCTV 系统的综合使用,使各类现场作业情况在小小的电脑屏幕及监控设备前一览无遗，借助于这些监控手段，码头中央控制室操作人员可以根据作业现场情况，及时发出作业调度指令，平衡码头作业的安排，保证生产处于最佳的组织状态。

3. VMS 船舶监控子系统的功能

VMS 船舶监控子系统也是一个图形化的船舶实时监控工具，控制人员通过鼠标点击软件界面，就能监视和控制船舶当前作业状况，可以根据码头和堆场的不同情况来安排装卸作业路和集装箱装卸作业次序。在船舶装卸过程中，通过 VMS、TPS 和 WTS 的互通互联，用户可以前瞻性地或者及时对集装箱装卸作业次序进行调整和重新安排。其功能如下：

(1)装卸船作业路的安排和调配。

(2)装卸船作业指令的发送和回收。

(3)装卸船作业顺序表的显示和打印。

(4)作业机械的调配。

(5)船舶作业进度和桥吊作业效率的监控。

(6)实时检测桥吊的工作流。

(7)船舶装卸船作业结束的确认。

(8)装卸船作业的确认和转堆作业的确认(手动)。

应用 VMS 船舶监控子系统，用户可以直观地查看卸船堆存计划的安排、使用状况，清楚地知道卸船堆存区间的计划安排场箱位数、已用数和可用数，以及堆存区间的使用效率。用户可以根据船舶作业路和堆场的进出场作业现状，安排或调整卸船堆存计划和堆存区间，避免场地作业的拥堵，加快作业完成进度，提高码头生产效率。

应用 VMS 船舶监控子系统，用户可以通过图形显示的方式，预测卸船作业和装船作业的计划完成时间，也可以检测安排的作业计划在作业实施时，机械是否会产生碰撞？场地作业时，是否会产生阻塞？用户可以据此预先作出调整，保证作业完成的顺利和高效。

4. VPS 船舶计划子系统的功能

船舶计划子系统是整个集装箱码头管理系统的生产组织系统，船舶靠离泊安排是否合理，直接影响到码头装卸的生产次序。故船舶计划子系统应该是操作简便、直观，对计划员安排有帮助的数据图形化船舶计划系统。它的功能包括船舶月度生产计划、昼夜生产计划、船舶靠离计划的安排、出口箱进箱计划安排等。

VPS 船舶计划子系统是一个图形化的船舶计划系统。系统通过在计算机屏幕上对时间和泊位二维空间以图形化方式实现靠泊计划和配置功能。其功能如下：

(1)泊位的定义及缆桩的制作、修改和删除。

(2)月度计划的安排和复制。

(3)近期计划地制定和取消。

(4)靠离泊计划的安排和确认。船舶移泊计划的安排和确认。

(5)昼夜船舶作业计划的安排和计划大表的产生。

(6)出口船舶的进箱计划制定。

(7)航次挂靠港的确认和分港分吨的安排。

(8)船期表的输出。

(9)昼夜船舶作业汇总和吞吐量统计。

枯燥的数字被转化为业务人员容易理解的、直观的图形方式，是 VPS 船舶计划子系统的特点。VPS 船舶计划子系统通过直观的图形化处理和计算，完成船舶昼夜计划大表的制作，使计划安排得更科学、合理、灵活。

VPS 船舶计划子系统的另一个显著特点是运用图形化的显示方法，将船舶、码头、泊位和桥吊有机结合在一起，可以让用户直观地知晓计划靠泊在码头泊位的船只，以及码头应该安排（配备）多少作业机械才能保证船舶计划停靠的时间内完成装卸作业。用户可以通过 VPS 船舶计划子系统，预先作出计划的安排，并可以在计划实施过程实行监控和调整。

5. VSS 船舶配载子系统的功能

配载计划系统具有装卸作业路的调配功能，数据图示化船舶配载功能，船舶稳性计算功能，对积载数据的校验功能，指导出口箱进场功能，以及进出口资料核对功能。

VSS 船舶配载子系统是专为船舶积载而设计的图形化的配载系统。系统将根据码头或船公司提供的资料，查看包括关于船舶几何图和剖面图的各种不同的特征和参数。根据需要，系统亦提供详细的稳定性计算。系统将提供标准化和最优化必要的参数及输入功能，以便于码头操作服务。

(1)船舶资料、船舶位、船舶舱盖和船舶设备的定义。

(2)船舶静态资料的复制和删除。

(3)预配策划（预配船图的制作和 MOVINS 的接收入）。

(4)桥吊作业计划的安排和装船次序的策划。

(5)配载计划的制作（包括发送电子积载图给船方、代理等）。

(6)配载计划的校验(箱位悬空报警;堆放重量违规报警;高度违规报警;箱型与箱位尺寸不符检验;不适当箱子堆放校验;完整性检查;冷冻箱的错放校验;卸货港的先后次序的检验;漏配报警;海关扣留报警等)。

(7)船舶积载的稳性计算。

(8)进出口船图和位图的输出。

VSS 船舶配载子系统采用的是图形化操作界面,可以帮助计划人员在进行配载制作和“作业路”计划安排前就能对所需处理的信息有清楚、直观的了解。在实际操作时,用户只需稍微懂得一些计算机的操作知识,借助 VSS 船舶配载子系统图形化的配载工具,通过鼠标的点击、拖、拉等操作,就可以方便、快捷地完成配载计划的制作和“作业路”计划的安排。VSS 船舶配载子系统在配载制作时,能够根据用户定义的船舶规范,自动给予用户及时的提醒和警告。这样就可以较大减轻用户的操作强度,提高装卸质量和效率。

应用 VSS 船舶配载子系统,用户可以接收进口舱单和船公司的预配清单(通过 EDI 子系统接口),也可以向船方、代理等提供电子积载图。应用 VSS 船舶配载子系统,用户可以方便、直观地建立、维护船舶的各种规范要求。并可以根据用户的需求,定义船舶稳性的各种参数。在配载计划制作时或制作完成后,进行船舶积载的稳性计算。

应用 VSS 船舶配载子系统,用户可以显示和打印输出符合国际集装箱运输要求的船舶进出口船图及船舶积载图。

6. EDI 电子数据交换子系统的功能

EDI 数据转换系统具有与港航 EDI 中心进行电子数据的交换能力。EDI 是一个连接外部进行信息资料交换的子系统。EDI 电子数据交换子系统采用 UN / EDIFACT 报文标准,也可以由用户自定义格式报文,具有较强的扩充性。其功能如下:

(1)导入/导出船图积载报关。

(2)导入舱单积载报文(IFTMCS)。

(3)导入配载舱单报文(IFTMRC)。

(4)导出集装箱卸船清单(COPRAR)。

(5)集装箱装卸确认(COARRl)。

(6)船图报文(EAPLIE)。

(7)船舶离港报文(VESDEP)。

(8)集装箱溢卸报文(COARIO)。

(9)集装箱短卸报文(COARIS)。

(10)装箱单报文(COSTCO)。

(11)集装箱堆存报文(COEDQR)。

(12)集装箱进/出报文(CODECO)等。

7. WTS 无线传输子系统的功能

无线作业系统是集装箱码头实时处理系统,具有操作简便、直观图形化操作界面,能够接受中控室作业指令,并能按作业指令作业。无线作业系统包括能够处理集装箱码头现场作业的所有功能,即堆放收发箱作业、装卸船作业、转堆作业。

WTS 是一个无线传输指挥及作业系统,应用设备为车载无线终端和手持无线终端,它将当前需要完成的作业指令送抵堆场机械司机和岸边操作人员手上,同时将他们对作业的处理反馈回系统中,实现了作业信息的实时处理,彻底解决了信息处理滞后于现场作业进度的矛盾,是信息处理产生了从跟踪到控制的质的飞跃。其功能如下:

(1)轮胎吊作业制定的操作。

(2)桥吊作业指令的操作。

(3)铲车作业指令的操作。

(4)放箱、取箱、翻箱提示。

(5)短卸、溢卸处理。

(6)支持双向吊工艺。

(7)支持边装边卸工艺。

(8)工时计算。

(9)堆放、提取和转移集装箱。

(10)桥吊工作延误记录。

(11)油耗计算。

(12)故障记录等。

使用 WTS 无线传输子系统,可以提高作业的精度和质量。保证箱位准确率,提高装卸船和收发箱的效率,从而实现了中心控制室动态地调度生产的作业方式。

8. TPS 集卡调度子系统的功能

集卡调度系统具有集卡不固定安排在某一作业路上,可以根据现场作业需要自动调配到需要集卡路上的能力;具有路径优化和同船或同路或同集卡边装边卸的功能,以提高整个码头装卸效率的能力。集卡调度系统具有功能齐全、调度集卡，并能与船舶作业监控、堆场作业监控有机结合在一起。

TPS 是一个通过无线传输作业指定动态调度集卡的系统。动态的调度可提高集卡利用率，减少桥吊的等待时间，加快装卸效率，降低码头营运成本。其功能如下：

(1)动态地调度集卡。

(2)支持双箱吊工艺。

(3)支持边装边卸工艺。

(4)集卡的总量控制。

(5)集卡的调度监控。

(6)内集卡的实时动态监控和调整。

(7)外集卡的实时动态监控和超时报警。

(8)集中动态调动内集卡。

通过使用 TPS 集卡调度子系统，可以实现同桥吊下的边装边卸的先进装卸流程。与 WTS 无限传输子系统结合起来使用，可以享受到由于装卸吊具的改进(双箱吊)带来的高效(桥吊台时量可达 50 箱以上)与科技带来的高质量(装船质量可达到 100%)。

9. TMS 费收管理系统的功能

费收系统能够收取第一过程的船舶装卸费和第二过程的堆存费。TMS 是一个生产作业后的自动计费系统，具有强大的费率和协议管理功能，能自动完成个作业过程结算收费。其功能如下：

(1)客户协议管理。

(2)基本费率管理。

(3)船方计费。

(4)货方计费。

(5)计费数据维护。

(6)特定用户收费表。

(7)空箱堆存计费。

(8)收费确认。

(9)计费分析。

(10)统计汇总。

TMS 费收管理子系统的使用，加快了开账过程，提高了账单的准确性，缩短了资金回笼周期，给码头带来了可喜的效益。

10. CSS 客户服务子系统的功能

CSS 是一个多项功能组合的客户服务系统。顾客可以通过 Internet 提供船、箱动态信息的 Web 发布功能，为客户提供 Web 浏览方式的各类查询功能，以及声讯电话系统，方便客户了解船、箱、货动态信息，为客户提供优质的服务。其功能如下：

(1)集装箱查询。

(2)提单查询。

(3)船只调度查询。

(4)集装箱盘存查询。

(5)集装箱进出闸门查询。

(6)订舱、配载查询。

(7)船只装卸货查询。

11. SAS 统计分析子系统的功能

SAS 是一个在线事务分析系统。通过庞大的数据仓库对生产经营中的数据进行采集、整理、汇总，采用科学的统计、分析方法研究数据之间的内在关系，寻找规律，为企业的发展决策提供依据。应用 SAS 统计分析子系统，可从历史数据中发现市场的规律，预测集装箱业务未来的发展趋势，预测和监控风险，辅助决策者发现新的利润增长点，优化企业的资源和管理规范，帮助公司更加稳健地实现企业的经营目标，提高防范和化解经营风险的能力等。SAS 统计分析子系统主要是以图表的形式表现，并提供灵活的查询和统计分析方式。其功能如下：

(1)历年吞吐量的分析比较。

(2)船舶作业效率统计分析。

(3)计划兑现率统计分析。

(4)道口流量统计分析。

(5)堆场进出情况及利用率统计分析。

(6)泊位利用率统计分析。

(7)机械及员工工作量统计分析。

(8)疏运情况分类及汇总分析等。

(9)边装边卸作业的统计汇总。

(10)桥吊完成箱量报告。

(11)吞吐量统计表。

(12)计划兑现率。

(13)中转箱统计表。
(14)船停时统计表。
(15)进口重箱不同运输方式比重。
(16)查验统计表。
(17)道口通过能力。
(18)桥吊台时量。
(19)堆场运用情况(进口重箱、出口重箱、空箱、中转箱)。
(20)码头泊位运用情况。
(21)危险品港存月报。

四、简要业务流程

码头运营管理系统 TOPS 的业务流程主要包括:进口卸船流程(图 11-12)、出口装船流程(图 11-13)。

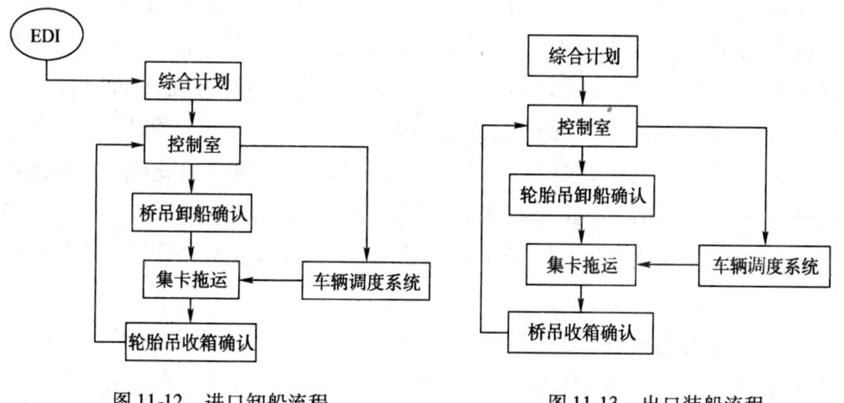

图 11-12 进口卸船流程

图 11-13 出口装船流程

第十二章　集装箱码头仓储业务运作

第一节　仓储业务管理

对调整货物流通过程中所发生的经济关系既有物资方面的内容，又有仓储管理方面的规定，两者有着密切的关联。前者系指国家对生产建设中的那一部分物资，如原材料、辅助材料、燃料、设备等，在从生产至生产消费的整个过程中所发生的经济关系，这种关系直接涉及到国家物资管理部门、生产资料经营，以及生产资料消费单位的各方面。而后者则是指在办理的物资储备定额的基础上，以最小的物资库存达到接近于满足社会生产所需要的一定保证，而这一保证则又以法律的形式确定，即物资仓储管理的法律规定，如仓储保管合同实施细则由国务院 1985 年 9 月 25 日批准，并于 1985 年 10 月有 5 日由商业部、对外经济贸易部、国家物资局颁布。

在现代运输中，有时大批货物则需要从远离港口的内地工厂、仓库、产地等运送至港口或中转站。由于货物种类繁多，而且地点又不同，因而对外出口的货物事先要在仓库、中转站、堆场进行组合。对进口货物来说，在卸船后等待内陆疏运过程中，或由于收货人未能及时前来提货时，这些货物也需要仓库、中转站、堆场。可以想象，如没有作为货物疏运和运输工具转换地的合适仓储，国际货物的贸易运输则难以顺利进行。因此，仓储管理是现代运输组织中不可缺少的一个组成部分。

一、仓储的职能

1. 保管货物的职能

外贸货物的仓储管理并非纯属储存性的场所，而是属周转性的，它的保管职能与一般工厂、仓库的货物储存则有较大不同。当外贸进出口的货物进入仓库、中转站或堆场,仓储管理方与交货方办妥有关货物交接后,则对收到的货开始负有责任、仓储管理方为保证货物储存的完好无损,则应根据货物的不同种类、性质、保管要求,将储存在最合适的场所,并配备必要的设施和采用科学的管理技能,使货物始终处于良好状态。

2. 调节运输的职能

远洋船舶的载运能力与其他运输方式的载运能力相比较,是极其不平衡的,除非内陆运输能力安排恰当,正好与船舶的载运能力、装卸速度相适应,否则这种直接接运的方式有可能造成港口被货物所堵塞,或因接运车辆的延误而使船舶装卸作业中断。因此,在船舶载运能力与内陆运输的接载量不平衡的情况下,仓储可弥补内陆运输工具接载量的不足,则在船舶装卸与内陆运输之间起一调节缓冲作用。

3. 接受、交付集装箱和拼箱货

在货物不足以装满一整箱,而贸易合同、信用证条款又规定要用集装箱装载运输时,这时,货物托运人将货物送至集装箱货运站,由集装箱货运站根据托运人的货物种类、性质、包装、目的港地,将其与其他货物拼装在集装箱内,并将已装货的集装箱运至码头堆场。因为,集装箱运输的主要特点之一船舶在港时间短,则就要求有足够的货物一旦在卸船完毕后,即可装满船开航。集装箱货运站的业务是装、拆箱,同样对货物负有储存保管的责任,因为从货物托运人那里接收货物至装箱,以及掏箱后至交货有一间隔时间,而这一时间对货物的保管责任又属集装箱货运站。

4. 减少货损货差,有利工作的进行

在履行货物进出口过程中,一旦发生因海关、检疫等手续的延误,或因气象原因延误装船、交付、疏运等,货物则可暂存库场,避免货损的发生。此外,在装卸船过程中,若发现货物标志不清、混装等问题,则可改为入库整理,这时库场又可提供暂时堆存,分票包装等方面的业务。

5. 实施货运作业的功能

在件杂货运输中,货物种类繁多,性质各异,运输要求且又不同,库场在接收承运、保管时,需要检查货物及其包装,并根据货物不同的理化性质、包装进行配载、成组、装箱等。也有的中转货物需要在库场进行灌包、捆包等业务。对于进口的杂货,又因属众多收货人,则需要进入库场进行分票、点数、拆箱等业务。由此可见,库场的仓储管理业务是多方面的。

二、仓储管理业务范围

通过仓储管理的职能可看出，库场仓储是指为保证国际货物正常运输、装卸，为防止货物灭失、损坏而提供的用于保管货物的仓库、堆场和其他工作的总称。对于库场和种类可以从所保管的货物类别，以及库场所处的位置和建筑特征方面等方面进行分类，如：

(1)按保管的货物类别可分为普通仓库、危险品仓库、冷藏仓库、贮油罐等。

(2)按库场的位置可分水上仓库、前方仓库、后方仓库、中转站。

(3)按建筑特征可分货棚、货仓、货囤、贮罐、筒仓等。

作为仓储管理要使其在外贸、运输等过程中发挥作用，其管理的基本目标主要有三个方面：

(1)对仓储管理实施计划管理、标准化管理，并建立有效的管理制度，使仓储始终处于良好的管理状态。

(2)采用正确的、可行的技术措施，并完善库场的护货设施，以保证入库货物的质量完好。

(3)充分利用库场的堆存能力，加速库场周转，扩大库场的通过能力，确保外贸进出口货物畅通无阻。

然而，仓储管理面广，货物的品种和批量等，信息处理量也大，加之货物进出口始终处于动态，以及多方面的业务，因而使仓储管理的业务范围十分广泛而又繁杂，综上所述，其管理业务有：

1. 计划管理

库场计划管理是指制订切实的年度工作计划，根据堆存能力和堆存需要的实际或预测情况选编制月度、旬度及日常堆存作业计划等。

2. 库场堆存定额指标管理

库场堆存定额指标管理是评定库场的能力和库场的使用情况，其目的是便于对库场实施计划管理和有效地使用港口库场，如有效面积定额和容量定额、堆存技术定额等，而这一方面的管理又涉及库场技术经济指标。

3. 货物入库作业管理

货物入库作业管理是指通过入库货物的验收制度和办法，规定签发入库票据，以及台账登记的办法等。

4. 堆码管理

堆码管理是指根据堆码的要求,对堆码的形式、堆码的技术以及堆码诉讼法规定标准化堆码管理。

5. 库场货物的管理

库场货物的保管是指根据货物不同的理化性质以及护货设施方面的管理,确定其正确的防湿、防霉、防火灾、锈蚀等技术措施,对特殊货,如冷藏货、危险货还应制定相适应的管理措施,以保证入库货物的完好无损。

6. 货物出库作业管理

货物出库作业管理是指规定提货的手续,制定货物出库放行办法,更新台账内容,做好信息储存工作,其目的是为统计、查询,编制计划提供足够的依据。

7. 库场的安全管理

库场的安全管理主要是指对货物的安全管理,如对危险品的防爆、防火、防毒、防污染等方面的管理。

8. 其他方面的管理

各种统计资料、报表的统计、查询管理、仓储费用管理、仓储损耗管理、仓储设备管理等。

第二节　仓储业务运作

仓储货运管理主要由三个部分组成,即货物的入库场业务管理、货物在库场的保管管理、货物出库业务管理。

一、货物的入库业务

习惯上货物的入库业务也称收货业务,是仓储业务的开始。其主要工作是根据货物进入库、场、站的情况,进行卸货搬运、清点、检查、检验、装箱、整理、堆码等一系列工作的总称。在收货时,库场管理人员应清点货物的数量、检查货物包装有无损坏,有关货物的名称、种类、级别、产地、商标等是否与入库凭证记载相符。同时,应进一步检查货物有无水湿、发霉、锈蚀、残损等异状或变质状况。对运送货物入库场的管理人员来说,其原则是:手续简而清;作业快而稳;计数准确;把关认真。

1. 调配货位

调配货位是货物入库场前的准备工作,因为在根据堆存计划所确定的入库场货物进入库场时，首先应确定堆放位置，如货位调配安排不当，则有可能重新移动货物至其他的货位，这样不仅产生新的费用，且又极易造成货损、短少。因此，要做到最大限度地降低货物在库场的操作次数，保证入库货物的质量完好，事先调配好货位至关重要。在调配货位时应满足同一货单的货物进入同一货位，在某一票数量较大的货物不能堆存在一个货位时，则可安排在最相近的货位。此外，性质不相容，或相互易污染的不同货物，应分别指定相隔一定距离的货位予以堆存。

2.收货作业管理

收货作业管理是指、搬运装卸、分标记、验收清点入库场、堆码、办理交接、登入账单等一系列的过程，这一过程具有连续性，且又要求在一定时间内完成，主要程序有：

1）货物点收

货物点收是货物入库场的第一程序，由仓储管理人员与货物运送人进行具体交接。仓储管理人员在接收货物之前应从堆存计划中详细了解入库场货物的票数、品名、数量和件数、尺码、主要标志、货物性质、货物包装等内容和应注意的事项。对于危险货物入库场，事先还应做好较周密的收货计划，以保证所采取的准备工作和安全措施，以保证或避免事故的发生与损害风险。

货物点收入库场的依据是货物运单和交接清单，仓储管理人员必须根据上述单证所记载的内容，对入库场的货物逐票进行验收，一定要使货物的实际情况与上述两张单证所记载的内容完全相一致，才能接收货物，具体做法有：

（1）审核运单。对于货物托运人填写的运单，仓储管理人员应认真审核，因为运单在一定程度上是划分责任的依据，如有关内容在运单上没有书写齐全和清楚，则很难划分当事双方的权利、义务，对运单审核时应特别注意：

①填写的内容如不齐全、不完整，应要求托运人更正或重新填制，否则不予接受货物储存。

②规定应在“特约事项”栏内注明的内容，如冷冻化所需的湿度，允许出口禁运，或限运货物的证明文件等是否已书写清楚。

③“托运人盖章”盖章内有无托运人所盖的印章，因为运单内如无托运人的印章，则意味着当事人不齐全，没有托运方则无法构成权利与义务的关系。

④有关超重、超长件货物，是否已附有物品清单和这些货物的重量、尺码。

(2)验收货物。由于对货物运输条件的不同，因而仓储管理人员在接收货物时其验收的重点也不尽相同。

①货物重量的检查。凡按重量抵达的，或按件数和重量托运的件杂货，仓储管理人员对托运人所确定的货物重量应进行抽查，并将检查的实际重量记载于货物运单“计费单位”栏内。因为货物重量准确与否不仅可能使仓储管理人员在转交货物时承担货物短少的责任，而且也会影响仓储管理费的收入。

②对货物尺码检查。仓储管理人员对托运保管的货物还应检查其尺码是否与托运人所缮制的单证记载相一致，并将检查的货物实际尺码记载于“计费单位”栏内，这一实际尺码数字不仅可据以准确地计算仓储保管费，而且对货物运送人也有参考作用。

③货物件数的点收。凡是按件托运保管的货物，仓储管理人员在接收货物时必须当场点清楚，并按实际点收数做好记录。

④货物包装的检查。对货物包装的检查是指货物的实际包装是否符合有关单证中所填写的包装形式，如“包”、“箱”、“桶”，条件许可时，应详细检验货物包装的外部及内部状态是否良好，包装是否完整，有无损坏现象和水湿、渗漏痕迹、捆绑物是否牢固，因为货物包装是否完好，直接影响到在运输、中转过程中对货物的安全。对包装不良的货物，应由货物托运人予以整修，或由仓储保管人在有关单证上做好记录。对要求仓储保管的货物如系危险货，则应特别严格检查货物包装是否符合《危险货物运输规则》的包装要求，凡不符合要求的，仓储保管人员则应拒收保管。

⑤货物标志的检查。对货物标志的检查是指对托运保管的货物是否已按有关要求做好运输标志，包装储运指示标志，标志的内容应准确、完整，图形和字迹清晰，标志拴挂牢固。

总之，对货物件数、重量、尺码、包装、标志等内容的检查，是接受货物仓储的主要环节，货物数量、质量的准确、完好与否直接涉及仓储管理人员可能承担的责任。货物验收牵涉的面较广，对货物的包装、标志、数量、品质会涉及货物托运人，也会涉及货物的运送人，因此，仓储管理人员验收货物时必须根据实际情况做好验收工作，以便一旦产生纠纷时有利于责任的划分。对验收过程中出现的一般问题，其处理方法有：

A. 件数不符。仓储管理人员在点收货物中，如发生货物实际件数与有关单证记载不符，经复点验定后，即应在相关的单证上做好记录，先按实收数签收，再将短少的货物名称、规格、数量通知有关方。

B. 包装异样。对点收的货物包装出现异样时，仓储管理人员应会同货物运送人开箱，开包检查，一旦发现残损或货物短少，则做好货物入库场异状记录，对此类货物的接受则应另行堆放，有利事故的处理。

C. 有货无单。货物经运送人运至库场，但仓储管理人员并未收到有关货物的单证，这时仓储管理人员应安排场所予以暂存，并及时通知有关人或单位补送单证，待单证到齐后再验收入库场。

D. 有单无货。在货物实际入库场之前，有时为便于库场做好仓储准备工作，货物托运保管人事先将有关单证送仓储保管人，而事后却迟迟未将货物送库场，形成有单无货。这种情况下仓储保管人应及时与货物托运保管人联系，一旦查明无货来库场，则可将单证送回并注销。

E. 货未到齐。由于多种原因，同一张单证上的货物未能一起运至库场储存，此时仓储管理人员可根据实际到货情况在有关单证上签收。

2）堆码

货物在验收后，仓储管理人员应根据制定的堆码计划并按堆码标准进行堆码，并提请码垛人员将货物堆放稳固、整齐，留出必要的间隔便于理货和查验。一旦发现超载堆码，即予以制止，绝不允许货垛的重量超过仓库地面的堆存技术定额，其码高层数则以不压坏底层货物及包装为原则。堆码完毕后，要在货垛前悬挂货垛牌（或称桩脚牌），并注明运单号码、件数、重量，可能时则还应注明货物承运的船名、航次等，以便查核。堆码要求如下：

（1）保证货物、人身、库场设施的安全；

（2）便于货物出入库场、装卸、搬运；

（3）节约垫物料，充分利用库场能力。

3）票据、单证处理

货物经仓储管理人员验收无误后，则与货物托运保管人，或货物运送人办理交接手续，并核收有关费用。对验收中一时未能解决的问题，应在有关单证上作出批注，必须经由交接双方签字，便于今后查询处理。

4）记录与统计

货物入库场后，仓储管理人员应做好入库场记录和统计报表，使库场的动态随时能得到正确反映。

二、货物仓储保管业务

为保证入库场的货物安全与完整，则应建立货物保管的责任制和安全检查制度，并要求仓储管理人员熟悉货物入库场的具体情况，随时掌握货物性质和状态的变化，一旦发现异常现象，即应采取相应的技术措施，如转堆、疏运、分隔、通风、降温等。此外，还应注意货物的防虫、防鼠、防霉、防湿等。

对于库场设施和有关护货设施也应经常检查，使其处于有效状态，不具备安全和护货设备标准的库场，以及无护货设备及设施，则不能堆存相应的货物，对于特殊货物的仓储，更应从严管理。

1. 与库场能力有关的指标

(1) 总面积。指库场内所拥有的内部面积，单位为平方米。严格来说，仓库的面积（内部面积）不包括墙厚及柱子所占的面积，堆场面积不包括场外的道路。

(2) 有效面积。指从总面积中减去办公室、通道、生活设施，以及根据消防和安全要求不能堆放货物的面积后，可以堆存货物的实际可用面积。

(3) 堆存技术定额。指库场有效面积中每平方米能堆放货物的最大设计承载重量。堆存技术定额仅与库场的建筑和结构有关，在确定库内货物的堆放高度时，则应保证单位面积所堆放的货物重量不应超过堆存技术定额，特别是数层仓库。

(4) 堆存使用定额。指在能够保证安全和货物完整无损的条件下，单位面积所能堆存的最大重量。这一数据不仅取决于堆存技术定额，还取决于货物的理货特性，包装形式及强度，以及堆码形式和安全技术条件等。

(5) 仓容量（堆存能力）。指库场一次所能堆满的最大堆存货物吨数。同一仓库在堆存不同的货物时，其仓容量也有所不同。

2. 与库场使用情况有关的指标

(1) 堆存量。指在一定的时间内库场堆存货物的累计数量。如前某一时期为多少吨，近期又有多少吨，两者相加，则为这一时间内在库场的堆存量。

(2) 货物堆存吨天。也称货物保管吨天，是指货物自进入库场以来的堆存吨天数的累计数，也就是库场堆存货物吨数与其堆存天数乘积的总和,也是评定库场所完成工作量大小的依据。

(3)平均堆存期。每一批货物在库场的实际堆存天数是不一样的,平均堆存期是指自货物库场开始,至货物出库场时止,货物在库场的平均堆存时间。

(4)库场周转次数。是反映库场使用情况的重要指标,其数据的求取方法是用堆存量除以平均仓容量。库场的周转次数多,则说明利用情况好。周转次数与平均堆存有关,平均堆存期愈短,则周转次数越大。

(5)仓容量利用率。是反映仓容量利用程度的指标,即由货物堆存吨天数与仓容量乘以日历数的乘积之比。

(6)货物入库场系数。经由库场的货物,有的需要在库场堆存一段时间,也有的仅停留几天,甚至有直接中转外出,因而入库场系数是指经库场堆存的货物数量与直接经由库场中转外出的货物数量的比值。

(7)入库场不平衡系数。货物每月入库场的数量是不均衡的,最大月的货物入库场量与平均月入库场量之比即为入库场不平衡程度。入库场系数及入库场不平衡系数是根据统计资料所得出,这一系数也是测算堆存工作量的依据,也是库场确定必需的仓容量的依据。

(8)库场通过能力。是指在一定时间内,库场可能堆存货物的最大数量。库场通过能力与货物平均堆存期有关,也就是与周转次数有关。扩大库场通过能力的基本途径是缩短货物的平均堆存期,加快库场的周转。

3. 库场堆存计划的编制

编制库场堆存计划是使进、出口货物与运输,以及库场堆存能力、有关的设备条件很好地结合起来。库场堆存计划编制是否得当不仅影响仓储本身的经济效益,还直接影响到外贸货物的出口运输、进口交货。堆存计划的编制既要满足入库场货物的堆存需要,又要使货物出入库场方便。在可能的情况下还应兼顾到仓容量和库场设备的充分利用,同时,也便于理货和货物的查核。可见,堆存计划的编制只有在得到多方面的信息资料后,结合库场本身条件,仓储管理水平,才能编制出合理的堆存计划。堆存计划主要分月度、旬度计划,便于仓储管理。

对月度、旬度堆存计划的编制首先应掌握一些资料:

(1)准备某一计划期内在库场的堆存能力;

(2)本月、本旬、下月、下旬准备外运的货物;

(3)入库场的货物品种、数量;

(4)可供使用的库场面积和堆存位置;

(5)货物的大致流向;

(6)有无特殊货、危险货;

(7)计划入库场日期等。

从某种意义上说,对出口方来说库场应留有一定的安全库存数量,其目的是为防止外贸运输量突然增加而采取的一种调节措施。确定库场安全储存量是非常重要的,这是因为如库场太小,则不能起安全作用。有时仍会影响外贸出口。但如库场存量太多,虽然起作用,但也会过多占用库场和仓储保管人员,有时则会发生货物的变质、损坏、甚至灭失。从实际业务看,影响库场安全存量的主要因素有:

(1)外贸进出口受国际局势的影响较大,一旦发生突发性的政治事件,单方面撤销合同,或不履行外贸合同的事常会发生,这直接影响了远洋船舶的到港受载和内陆疏运。

(2)受季节性货源和年度计划的执行影响较大,因此对库场的仓储管理人员来说,对不同货种的预测,以及了解外贸合同的履行时间,适时、适当地调整货物安全库存量。

(3)如库场与外贸出口厂家较远,且内陆疏运条件有限,也就是到货集中不便的情况下,则应相对增加安全库存量。

(4)距港口较近,运输条件且又优越的库场,则可增加一定的安全库场存量,这样不仅可方便远离港口的货主,且又可增加仓储收入。

综上所述,当货物经过入库场验收,办理入库场手续,并进入库场后,即进入了仓储保管阶段,在这一阶段中,仓储管理人员要进行一系列的工作,其目的是确保仓储货物的安全,货物质量完好,数量准确无误,中转运输、交货有条不紊地进行。

保管货物是仓储管理人员的基本职能,因此仓储管理人员应采用合理的仓储保管方法,实行计划管理、科学管理。从理论上说,仓储科学管理是以管理组织、管理手段、管理方法为标准的。从实际业务需要看,作为一名仓储管理人员应研究和掌握外贸货物在流通过程中外销、运输等知识,充分利用仓储的技术设备、条件,根据仓储管理规定和具体要求,做好仓储保管工作。

三、货物出库业务

出库货物业务主要有装车、装船出库和货物到达交付出库两种,其业务过程可为核单、出库前检查、发货、票据处理,以及记录与统计 5 个部分。上述过程可分两个方面,一是做好货物出库的计划安排,二是做好货物出库的经常性准备工作,这两方面的工作是相互关联的,不可截然分割的。对仓储管理人员来说,做好仓储,为运输服务是仓储的主要职责。

1. 核单

核单主要系指货物出库凭证上的字迹有无涂改痕迹,是否超过了规定的免费保管期限,有关费用是否已全部支付清楚,提货单上有无加盖印鉴,提货人的证件等。如发现提货凭证不符则一律不予发货。

2. 出库前的检查

出库前有的检查主要系指核对运单与货堆前的货垛牌,以及货物上拴挂的运输标志,保证标货一致。一旦发现标货不符情况,则应查清后再出库,避免发生错运、错转,或提货发生差错等货运事故。

3. 发货

发货是指仓储管理人员应按提货单上所记载的有关货物品种、数量、点交给提货人。如不能一次提完的货则应做好分批提货手续,对每批货物均应做好记录并核对,避免发生差错。由提货方装车时,仓储管理人员应在现场监督,以对一旦发生的意外情况及时处理。

4. 票据处理

票据处理是指在货物发完之后,仓储管理人员应与提货方办理有关货物交接手续,并同时填写好货物出门放行证。

5. 记录与统计

记录与统计是指在货物已提离库场,仓储管理人员便应做好库场存货修正记录,并做好统计报表。

货物出库业务中,必须做好发货的复核工作,这是做好防止发货差错的重要手段。仓储发货复核工作,目前主要仍是依靠人工点验,而且,发货复核的工作量十分大,即使做了复核工作,也并不能保证消除差错。目前,仓储发货业务一般采用个人负责,相互核对,环环复核的方式。对货物品种单一,发货批量且又较大,而又无人可以互相复核的货物,仓储管理人员则往往由自己发货、复核,并由来人承担全部因发货过失引起的责任后果。对于品种比较多,数量又较小的货物,实际上也采用个人发货、复核的办法。

第三节　仓储管理费用

在对货物接受、仓储、交付等过程中，必然会发生一定的费用，特别是仓储管理费用。仓储管理费用的支付，主要是将货物的实际价值妥善地保存下来，仓储管理费用占流通费用的比重较大。因此，加强费用管理，降低仓储管理费用。从而降低货物的流通费用，有着重大的意义。

一、仓储管理费用的构成

仓储管理的货物，通常是出口待运、进口待运的外贸货物。对各专业公司来说，除在自己的附属仓库，或由已租赁自营的仓库对货物进行仓储保管外，还可委托所在地其他经营国际货物运输的公司，或其代理的仓库对货物代为进行仓储管理。这一仓储管理发生的费用是以总的仓储费来核算，其中包括：

(1)货物接受、保管费用；

(2)货物出库、交付费用；

(3)对货物检验、化验、防治费用；

(4)整理、翻仓、倒库费用；

(5)冷冻、保暖、护仓、照明费用；

(6)仓库、场地租赁、委托保管费用；

(7)货物包装、加工费用；

(8)装箱、拆箱、垫仓物料费用等。

从目前情况看，由于大多专业公司自有的仓库场不采用独立核算，因此，除仓储保管费用外，其他与货物储存有关的费用，诸如：固定资产折旧费、修理费、工资、货物保管的定额和超额消耗，均不直接体现为货物的仓储费用。

对于仓储实行独立核算，即接受存货人的委托，并根据仓储货物的数量、品质、级别、种类、仓储时间长短，则应根据相应的规定收取仓储费用上的补偿。

在仓储费用中，有关固定资产的折旧、租赁费，工资等，基本上是固定的，也就是不随业务的多少，仓库、场地利用率大小，货物的储存量而有所增减，因而也叫“不变费用”。而对保管费、杂费（广告费、水电费、会议费、书报资料费、文具纸张费等），则随仓储业务的情况有所变化，因此，这一类费用又称“可变费用”。从实际仓储业务看,可变费用伸缩性较大,是研究加强仓储管理,节省并降低总的费用的途径之一。

二、仓储管理费用计费的原则和方法

仓储管理费用也称仓储管理收入,是仓储单位因对货物进行仓储管理后收取的费用,这项收入包括货物的储存费、进出库场的装卸力资费,以及相关费用。实际业务中所讲的“仓储”或“保管费”,其在狭义上是指货物的储存费而言,而在实际上,货物仓储单位收取的费用中,一般均包括货物进出库场的装卸力资费等。

1. 货物仓储费用计费办法

一般来说,仓储的储存费均以重量或尺码来计费。

对于一些特殊货物,如因货物性能的限制,或因仓储保管的需要,只能平摊存放而不能堆码的货物,或者因商品或包装形状不规则的,或轻活货等,均有一个折吨标准。有时为计费方便,一般可根据这种货物的摊存实占面积每平方米折为若干吨。

对于批量较小的货物,则可规定每批货物的起码折吨计费标准,如实际进入库场的货物未到这一起码折吨时,则可按规定的起码折吨计收。

对于按件计费的货物,则也应按规定的计费标准计收仓储费。

2. 货物仓储费率

对货物仓储费率的规定可根据所仓储的货物种类、性质、包装等情况来制定。大致可分:

(1)货物储存费率;

(2)库、场储存费率;

(3)特殊仓储保管费率;

(4)机械服务费率等。

为计费方便,对货物的储存费率不宜订得过于繁杂。应注意的是,由于各种因素,许多货物在库场储存的时间过于长久,而对这种货物的储存并没有制订出一个计费标准,长期积压在库场,既占用了库场容量,又造成资金的流动。而且,对如何做好这类货物的仓储保管质量造成很大困难。因此,在有可能时应对这类货物订立除正常储存的额外计费标准。

3. 费用结算

货物储存费用的结算自货物进库场之日起至货物出库场之日时止,但习惯上出库场这一日不计费用。其费用结算由仓储的业务部门根据各委托单位当日进库场货物的储存凭证(交接货记录),以及出库场的提货单,分别计算出各委托单位的进入库场的货物数量、出库场的数量,以及留存的数量,填制货物进出库场结单,并交仓储财务部门计算应收取的仓储管理费用。

由于仓储费用占流通费用的较大比重,因此,降低仓储费用有着积极意义,其降低费用的主要途径有:

(1)提高各工作环节的效率。在一个库场中,其一定量的工作费用支出,由于实际工效不一,所耗费的劳力、机械设备消耗、燃物料费有所变化,如仓储管理经营得好,其整个仓储费用降低,经济收益有所增加。

(2)充分发挥库场使用效能。充分发挥库场使用效能是降低仓储费用的前提。仓储保管的货物吨天成本,与库场面积利用率货物储存量关系密切,从某种意义上说,不研究库场利用率,降低仓储费用则无从谈起。一个库场的各项费用支出在相对稳定的情况下,单位面积储存量的增加与每一吨货物的储存费用成反比。前者愈大,后者愈小。反之,则愈大。

(3)加强货物在库场的管理质量。在库场储存的货物质量完好,数量准确,在一定方面反映了仓储管理质量,即使外贸出口货物不受损失,又使库场避免货物的损害赔偿。

(4)减少货物保管耗损。仓储保管的货物不仅品种多,且数量也大,由于各种货物性质不一,因此,所产生的货物损耗原因和具体情况也有所不同。为了避免或降低货物耗损,应了解货物发生耗损的原因,以便采取有效的措施。

第四节　仓 储 合 同

仓储合同,又称仓储保管合同,是指当事人双方约定由仓库经营人为存放人保管储存的货物,存货人为此支付报酬的合同。

一、仓储合同的特征

仓储合同具有以下特征:

1. 仓库经营人须有仓储设备并专营仓储保管业务的人

在仓储合同中,作为保管货物的一方,只能是仓库经营人。仓库经营人可以是法人,也可以是个体工商户、合伙人,但必须具备一定的资格,即具有仓储设备和专门从事仓储保管业务。所谓仓储设备指能够满足储藏和保管物品的设施。所谓专营仓储保管业务，是指经过营业登记专营或兼营仓储保管业务。

2. 仓储合同的保管对象须为动产，且是特定物或特定化的种类物

一般来说，仓储合同的标的物是特定的，既使原属于特种类的标的物，通过仓储合同也被特定化了。

3. 仓储合同为实践合同，但当事人另有约定的除外

所谓实践性合同是指除双方当事人意思表示一致外，还须实际交付标的才能成立的合同。

4. 仓储合同为双务有偿合同

所谓双务合同是指合同双方当事人的权利和义务是相互对应的，双方相互享有权利、负有义务。有偿合同是指双方当事人要按照等价有偿的原则，从对方取得权利时必须偿付一定的代价。

二、仓储合同的主要内容

1. 仓储经营人的主要义务

仓库经营人为仓储合同的一方当事人，当仓储合同发生法律效力后，则应承担以下几个方面的义务：

1)填发仓单的义务

应存货人的请求，仓库经营人应当向存货人开具由其签名的仓单。仓单是一种有价证券，可以转让。它应记载以下事项：

(1)存货人的姓名、名称和住所；

(2)储存货物的品名、种类、品质、数量、包装、件数和标记；

(3)货物的损耗标准；

(4)储存场所；

(5)货物的储存期间；

(6)仓储费；

(7)储存货物交付的保险，应记载其保险金额、期间及保险人的名称；

(8)仓单的填发人、填发地及填发时间。

仓单上记载的权利和仓单是不可分离的，因此，仓单具有以下两个方面的法律效力：

①受领保管物的效力。仓储经营人一经填发仓单，则持单人对于保管物的受领，可凭仓单进行。持单人应出示仓单，并缴回仓单。

②转移保管物的效力。仓单上所记载的货物，可以由货物所有人在仓单上背书并由仓库经营人签名，转让给第三人。如仓单损毁、遗失、或灭失时，仓单持有人可依我国《民事诉讼法》的规定，通过公示催告程序以确认其权利。

2）对入库的货物进行验收

按照合同规定的货物品名、数量、质量及包装状况对入库的货物进行验收，发现不符合合同规定的情况时，应及时通知存货方。

仓库经营人应当按照合同的约定，接受存货方交付储存的货物。如仓库经营人不能按合同约定的时间、品名、数量接受保管货物入库时，应承担违约责任。仓库经营人在接受存货人交付的货物入库时，应当按照合同的约定对货物进行验收。验收包括实物验收和抽样验收两种。保管物有包装的，验收时应以外包装或货物标记为准。无标记的，以存货人提供的验收资料为准。仓库经营人违反合同约定，未按照规定的项目、方法、期限验收或验收不准确的，应承担由此所造成的实际损失。根据实际的具体情况，仓库经营人在发现存货人交付储存的货物与合同规定的不符时，可作出不同的处理。

3）必须承担、妥善保管存货方货物的义务

保管人必须按照合同的约定的储存条件和保管要求保管货物，不得损坏、不得使用、不得私自开包或开箱。仓库经营人保管危险物品和易腐货物时，应当按国家或合同规定的安全要求进行操作和储存。如因保管或操作不当发生货物或包装毁损的，仓库经营人应负赔偿责任。仓库经营人不仅要为自己的重大过失负责，而且要为自己的一般过失负责。凡因仓库经营人保管不善而非因不可抗力，自然因素或者货物本身性质而发生的存储货物灭失、短少、变质、损坏、污染的，仓库经营人均应承担民事责任。未经存货人同意，仓库经营人不得将保管货物转归第三人保管。

4）危险通知的义务

仓库经营人储存的货物出现危险时，有义务及时通知存货人，主要有：

（1）遇有第三人对存货方的货物主张权利而起诉或者扣押时，仓库经营人应及时通知存货人。

（2）储存的货物发生变化，例如货物出现异状，货物发生减少或价值减少的变化等，仓库经营人应及时通知存货人。

（3）对面临近失效期（只限于外包装或货物标记上标明了有效期或

合同中申明了有效的情况)时,一般情况下,除合同另有约定外,应在×天前通知存货人。

5)按照合同规定申报运输计划

由保管方负责发运的货物,仓库经营人应当在保管期满后,按照合同规定的时间和地点申报运输计划,办理托运发货手续。

6)返还保管物品的义务

在仓储合同规定的保管期限届满或者因其他事由终止合同时,仓库经营人应将储存的货物退还存货人或存货人指定的第三人。仓库经营人不得无故扣押储存的货物。未能按合同规定的时间、数量交还原物的,仓库经营人应承担违约责任。在合同中规定了储存期间的,在仓储合同期限届满之前,仓库经营人不得退还或者要求由存货方取回保管物。但是,在存货方要求返还时,仓库经营人不得拒绝返还,但因此所造成的损失可以请求存货人赔偿。合同未约定储存保管期限的,一般来说,自接受保管物入库时起×个月内,仓库经营人不得请求返还保管物,×个月之后,可以随时请求返还,但是,必须提前×个月通知存货人。

2. 其他义务

如应当允许存货方检查和提取样本、应当编制仓库记录和仓单记录等。

1)存货方的主要义务

(1)按照合同的规定交付储存货物入库的义务。存货人应当按照合同规定的品名、规格、数量、质量和时间将货物交付仓库经营人入库,并且在验收期间向仓库经营人提供有关的验收资料。存货人不能全部或部分按照合同规定交付货物入库的,应当承担违约责任。因为存货人未提供验收资料或者提供的验收资料不齐全、不及时而造成验收差错及其他损失的,由存货人负责赔偿。存货人还应按照合同规定的包装标准包装货物,因包装不符合要求而造成货物损失的,由存货方自己承担。

(2)告知义务。储存易燃、易爆、有毒、有放射性等危险物品或易腐等特殊货物时,存货人应当向仓库经营人说明货物的性质和预防危险,防止腐坏的方法,并提供必要的保管、运输等方面的技术资料和采取相应的预防措施。存货人违反该项义务时,仓库经营人有权拒收该货物;仓库经营人因接受该货物而受到损害时,存货人应当承担损害赔偿责任。

(3)负责及时处理临近失效期或有异状的货物的义务违反该义务造成的损失,由存货人自己负责。

(4)支付保管费的义务。保管费,又称仓储费,是指仓库经营人因其保管寄托物所应取得的报酬。保管费的支付方式,支付时间、地点,均由双方当事人约定。存货人应当按照约定的数额、方式、时间、地点向仓库经营人支付保管费。如果仓储合同期限届满或因其他事由合同终止时,存货人仍应支付保管费,在存货人拒付仓储费时,仓库经营人可对储存的存货人的货物行使留置权。

(5)提出责任义务。对于临近失效期或有异状的货物,存货人应当及时提取或予以处理。于合同规定的期限届满,或者在未约定期限而收到仓库经营人合理的货物出库通知时,存货人应及时办理货物的提取。存货人在提取货物时应当出示并缴回仓单。由于存货人的原因不能使货物如期出库造成压库的,存货人应承担违约责任。

2)仓储合同的主要条款

(1)储存货物的品名、品种、规格、数量、质量、包装;

(2)货物验收的内容、标准、方法、时间、资料;

(3)货物的保管条件和保管要求;

(4)货物入库、出库手续、时间、地点、运输方式;

(5)货物的损耗标准和损耗处理;

(6)计费项目、标准和结算方式;

(7)违约责任;

(8)储存期限;

(9)变更和解除合同的期限;

(10)争议的解决方式;

(11)货物商检、验收、包装、保险、运输等其他约定事项;

(12)本合同未尽事宜,按《合同法》和《仓储保管合同实施细则》执行。

三、仓储合同的双方当事人的违约责任

1. 存货方违反仓储合同应当承担的责任

(1)存货方不能全部或部分按合同议定的品名(品类)、时间、数量将货物交付仓库经营人入库(包括超出议定储存量的储存)时,应当承担违约责任。

(2)存货方没有按照合同规定提供有关验收资料,或所提供的验收资料不齐全、不及时,由此所造成的验收差错及贻误索赔期的,由存货方

负责。因为仓库经营人验收货物时,只限于货物的品名、规格、数量、外包装状况,以及无须开箱拆捆直观可见可辨的质量情况而对于包装内的货物品名、规格、质量,仅能以外包装或货物上的标记为准,对于外包装或货物上无标记的,则只能以存货人提供的验收资料为准。故存货方应对其提供的验收资料的正确性以及由于验收资料缺陷所造成的损失负责。

(3)储存的货物在储存保管期间,保管方履行了合同保管要求,由于不可抗力,自然因素或者货物(包含包装)本身的性质所发生的损失,由存货人自己承担。

(4)对于易燃、易爆、易渗漏,有毒性等危险货物以及易腐、易变质、超限等特殊货物的保管,存货方应在签订合同时告知仓库经营人,并在合同中注明,同时还要提供必要的保管、运输资料。如果存货人违反此项义务,使仓库经营人处于不合理的危险状态,而造成货物损坏和仓库经营人的财产、人身损害时,存货人应当承担违约责任,赔偿仓库经营人一切损失。

(5)存货人提交的保管货物的包装不符合国家或合同的规定,造成货物损坏或变质时,由存货人自己负责。

(6)存货人在合同期限届满或仓库经营人已通知货物出库时,不及时提取货物,存货人应承担违约责任。存货人提取货物既是其权利,又是其义务。如果存货人不及时提取货物,将影响仓库经营人的仓储保管计划,给仓库经营人带来损失。存货人应承担由此所产生的赔偿责任。

(7)存货人委托仓库经营人办理托运手续的,应当按照合同的规定及时向仓库经营人提供包装材料。如果想变更货物的运输方式、到站、收货人时,应在规定期限内通知仓库经营人。否则,由于存货人未及时提供包装材料或未及时通知托运事项的变更,造成损失和增加的有关费用,存货人应当自己负责。

2. 仓库经营人违反仓储合同应承担的责任

(1)仓库经营人不能全部或者部分按合同议定的货物品名(品类)、时间、数量接收存货人的货物时应承担违约责任。

(2)仓库经营人没有按国家或合同规定的正常验收项目和方法验收储存的货物或者验收不准,由此造成的实际经济损失,仓库经营人应当承担赔偿责任。根据《仓储保管合同实施细则》第11条的规定:"保管方的正常验收项目为:货物的品名、规格、数量、外包装状况,以及无须开箱拆捆直观可见可辨的质量情况。"如仓库经营人验收不准而出现的货物品种、数量、质量不符合合同规定的情况时，保管人应当赔偿因此而造成存货人的实际损失。

(3)仓库经营人在合同或法律规定的验收期限内不予验收，超过验收期限所造成的实际损失，由仓库经营人承担。我国《仓储保管合同实施细则》第13条规定："验收期限，国内货物不超过10天，国外到货不超过30天，法律或合同另有规定的除外。"仓库经营人不按验收期限验收货物，可能会影响存货人向卖方追究产品瑕疵责任，所以，法律有必要对仓库的验收期限作出规定，当然，合同当事人可以议定验收条件的适用。

(4)仓库经营人擅自将货物出库，转归第三人保管，应承担由此造成存货人的一切实际经济损失，同时承担违约责任。

(5)货物在储存期间，因仓库经营人未按合同规定的储存条件和保管要求保管货物而发生货物的灭失、短少、变质、损坏时，仓库经营人应当赔偿存货人的损失。如合同并未对议定的储存条件和保管要求作出明确规定的，仓库经营人应按照安全要求妥善保管货物，因仓库经营人保管不慎造成以上后果，同样要承担赔偿损失的责任。但是如果是因为包装不符合合同规定或者是因为超过有效储存期而造成货物损坏、变质，仓库经营人不负赔偿责任，当然，仓库经营人必须举证证明确系因存货方的过错造成，也不能因存货人有特殊原因未及时受领货物，将货物储存期内发生的货损归之于存货人。仓库经营人虽然是按照合同真凭实据的储存条件和保管要求进行保管货物，但是，由于保管或照料不当而使货物包装发生毁损的，仓库经营人应当负责修复或照价赔偿，造成货物损坏的，仓库经营人应当赔偿存货人的实际损失。

对于危险物品和易腐货物，存货人已在合同中注明，并将必要的运输、保管资料提供给仓库经营人，但仓库经营人不按照特殊要求操作或照料保管，造成货物损坏、变质、短少等后果时，应赔偿存货人的损失。如果同时造成自己的仓储保管设备损坏或人员伤亡的，应当由仓库经营人自己负责。实践中，仓储合同的纠纷也主要发生在货物保管阶段。作为仓库经营人，应具有仓储保管业务的水平和应有的谨慎注意之义务。

(6)仓储合同生效之后，由于保管人的原因，造成返仓或不能入库时，应当按照合同规定赔偿存货方的运费和支付违约金。所谓退仓，是指仓储合同签订后，当事人一方因某种原因而向另一方协商退掉部分或全部仓位的面积。所谓入库，是指货物进入仓库时所进行的点验和接收工作。

(7)货物的储存期限届满后,仓库保管人没有按照合同规定的时间、数量交货的,仓库保管人应当承担违约责任。这种情况发生不是太多,不过,在某些情况下,保管人由于内部调整和计划管理失误时,可能发生不能及时办理出库手续的情况。但是,除了不可抗力外,仓库经营人均应承担责任。

(8)根据合同的规定,由仓库经营人负责发运的货物,如不能按期发货,仓库经营人应向存货人赔偿逾期交货的损失;如果仓库经营人错发到货地点的,除按照合同规定无偿地运到规定的到货地点外,仓库经营人还应赔偿与货方因此而造成的实际损失。这里所说的逾期交货的损失是指在存货人与第三人签订的购销等经济合同的情况下,由保管人在代理存货人发运货物时,超过了该合同规定的期限,致使存货人不能按时履行购销等经济合同而应向第三方支付的逾期交货违约金的损失。因为存货人对第三人的违约是由于保管人的过错引起的,属于过错责任原则,仓库经营人理应承担这种损失。当仓库经营人非因自己的过错,而是由于存货方的原因(如不及时提供包装材料)时,则不负赔偿责任。仓库经营人由于工作疏忽,导致办理托运时发生错发到货地点,收货人等差错事故,应当赔偿存货人的实际损失,并无偿地将货物运到规定的到货地点。这里所说的实际损失,是指仓库经营人在代存货人发运货物时由于错发到货地点而造成的损失,它可能包括因逾期而向第三方所承担的违约金,也可能包括保管人因不能按时将货物运至合同规定的到货地点而造成存货人不能按期取货所蒙受的经营上的损失,还可能包括将货物运至合同规定的到货地点而支出的运杂费等等。

以上叙述的是仓储合同双方当事人应承担的主要违约责任。对于违约责任的承担当事人双方可以在合同中约定,以对双方当事人形成履行合同压力,同时在合同纠纷出现时,能便于适用。法律对某些违约责任作出了规定,如《仓储保管合同实施细则》的第 25 条规定,"违反本细则第九条和第 22 条第 2 项的规定,当事人必须向对方支付违约金,合同另有规定者除外。违约金的数额,为违约所涉及的那一部分货物的三个月保管租金或三倍的劳务费,合同另有规定者除外。""因违约使对方遭受经济损失时,如违约金不足以抵偿实际损失,还应以赔偿金的形式补偿其差额部分。""其他违约行为,给对方造成经济损失的。一律赔偿实际损失。"法律规定下面几种情况下当事人应承担支付违约金的责任,合同另有规定者除外。

(1)保管方不能全部或部分按合同议定的品名(品类)、时间、数量接货时;

(2)存货人不能或部分按合同议定的品名、时间、数量入库时;

(3)保管方没有按合同规定的时间、数量交货时;

(4)仓库保管人已通知货物出库或合同期已到由于存货方的原因不能如期出库时。

以上4种情况下,如果双方已约定违约金数额,则按约定处理。如果合同中没有约定,则按法律规定的数额。但是如果支付违约金仍不足抵偿实际损失时,应当以赔偿金形式补偿其差额部分。除了上述四种情况以外的违约,给对方当事人造成经济损失的,应赔偿实际损失。

四、签订仓储合同时应注意的几个问题

签订仓储合同时,主要应注意以下几个问题:

1. 双方当事人在签订仓储合同时,首先要注意的问题是对货物的验收内容、验收标准和有关责任承担等方面的问题作明确规定

所谓验收内容,也即验收项目。根据《仓储保管合同实施细则》的规定,它包括货物的品名(品类),数量、规格,外包装状况,以及不必拆开包装即可直观可辨的质量状况。当事人也可以根据具体情况确定验收内容。所谓验收标准,即验收时应遵循的尺度和方法。如果有关国家部门规定的标准的,可执行国家标准,但也必须在合同中注明,没有国家标准的,按当地有关部门规定的标准或双方当事人在合同中约定的标准执行。除此之外,合同中还必须明确规定,存货人须向仓库经营人提供必要的验收资料,否则由此所造成的验收差错以及延误索赔期,则由存货人承担责任。由于保管方验收货物时,验收项目的有限性,例如不能打开包装,避免损坏货物,所以,保管方对验收内容也只能有一定的检查机会。双方还必须在合同中明确规定,包装内的货物的品名、规格、数量以外包装或货物上的标记为准;如果外包装或货物上无标记的,则以存货方提供的验收资料为标准。如果不是包装的货物,而是散装货物,则遵照国家的有关规定或合同的约定验收。

2. 双方当事人在仓储合同中要明确规定货物的验收期限

因验收期限不仅影响保管人是否能如期实现其已安排的储存计划,而且影响货物是否发生毁损、变质,尤其是那些易变质的货物。防止发生货物变质等损失。根据《仓储保管合同实施细则》第13条规定:“验收期

限,国内货物不超过10天,国外到货不超过30天,法律或合同另有规定的除外。”为了防止仓库保管人违反期限的规定,双方可以在合同中明确规定,超过验收期限所造成的实际损失,由保管人负责。所谓验收期限,是指存货人将货物和有关验收资料全部送达保管人之日起,至验收报告送出之日止。其中日期的确定都以运输或邮电部门的戳记或者直接送达的签收日期为准。保管人如果恶意延长,或因业务紧张等原因延长验收时间,造成存货人的损失,则应当承担赔偿损失的责任,除非是发生不可抗力等客观原因,如地震,保管人则可以免除责任。不过,保管人仍应尽量注意保护存货人的货物,尽到保管人的责任义务。否则,由此扩大存货人货物的损失,仍应赔偿其扩大部分的损失。这是根据民法基本原则,特别是诚信原则和有关保管人的一般义务派生出来的。

3. 双方当事人在签订仓储合同时,必须特别注意写明货物的品名、规格、数量、外包装状况、质量

保管人在验收货物时,即应以此规定进行验收,发现入库货物与合同规定不相符时,应及时通知存货方。货物的品名、规格、质量、数量、外包装一旦在合同中标明,以后在履行合同时,都以此为标准,故对双方当事人的利益都有影响。如果存货人多交存货物,而合同中载明的数量比实交的数量少些,则可能丧失对多付的部分的返还请求权,除非双方在验收时已发现,并且对合同及时作了修改。相反,对保管人而言,如果验收时不小心,签收了与合同规定的品名、数量、质量、规格不相符的货物,则必须按合同规定的货物交还存货方,由此造成的经济损失,由保管人负责。如果合同中议定按比例抽验收货物的,保管方对抽验的那一部分货物的验收准确性以及由此造成所代表的那一批货物的实际经济损失负责。合同中另有规定的除外。

4. 双方当事人应当注意在合同中明确规定货物的出入库存手续

合同中规定货物的出入库存手续,一方面,可以使双方履行合同时有章可循,另一方面,避免发生意外损失以及能够解决在损失发生时如何界定双方的责任承担的问题。双方应当在合同中明确规定货物入库时,必须有双方当事人一起办理签收手续,在存货入库情况下,由货物的入库存货人或指定的第三人与保管人一起办理。对于出库手续,存货人也可指定第三人代理办理,但不能直接与货物的买方办理。另外,货物出库后,原合同中已约定或事后双方约定,由保管人代办发运的,合同中或者双方的约定中须明确规定货物的运输方式。是铁路运输还是水路运输,或是

公路运输，或是任何一种运输方式均可以必须订明确的在合同订明，除了在合同中规定运输方式外，双方还必须就发运时间和到达目的地时间作出规定，否则，由此而引起的损失双方均应承担责任，具体如何分担，可以参照双方的过错程度而定。

5. 双方当事人在签订仓储合同时，也要注意对货物的保管条件和保管要求作出明确规定

因保管物品的性质不同，对保管的要求和条件也就会不一样，尤其是对于需要进行特殊保管的货物，更应对其保管要求和保管条件作出详细无误的规定。例如，有些货物需要在冷冻库里储存，而有的货物则需要在高温高压下储存，有的货物则又要求必须在阴凉、通风的条件下储存等等。特别是那些易燃、易爆、易渗漏、易腐烂、有毒等性质的危险物品更需要明确其特别的操作要求，以及储存条件和方法。原则上，有国家规定的运输、保管要求的，则执行国家的有关规定，或按合同约定的要求和方法执行。不过，根据《仓储保管合同实施细则》的第 15 条规定：“易燃、易爆、易渗漏、有毒等危险货物以及易腐、超限等特殊货物，必须在合同中注明，存货人应向保管方提供必要的保管、运输技术资料。”由此可见，存货人对于这些危险物品，在提交保管人储存时，不得隐瞒或伪报，并且有义务向保管人提供相关的技术资料，确保仓库保管人能够安全地保管货物，同时避免危险物品对保管人造成损害。存货人违反此项义务时，应当负责赔偿保管人由此造成的损失。

6. 双方当事人还必须在仓储合同中明确货物在储存期间和运输过程中发生的损耗、误差标准以及计算方法的规定

货物由于自身的物理或化学性质，可能会在储存期间或运输期间发生损耗或误差的现象，这是比较正常的，也是难以避免的，如果过分苛求保管人，则有失公平。但是，如果不确定一定的损耗，误差标准，也可能发生纠纷。有时是存货人无理要求，有时可能是保管人的恶意。所以，双方当事人应重视对于货物保管中发生的损耗、误差的计算标准和方法的规定。有国家或专业标准的，按国家或专业标准的规定执行，没有国家或专业标准的，可以商定在保证运输和存储安全的前提下，由双方作出规定。目前，我国关于仓储货物损耗的标准的规定有以下这些：《商业仓库管理暂行条例》、《国家仓储仓库管理方法》以及《百货文化用品、商品运输保管定额损耗管理试行办法》等等。如《国家粮食仓库管理办法》关于粮油保管自然损耗的规定为：保管时间为 6 个月以内的，不得超过 0.1%；保

管时间为1年以内的，不得超过0.15%；保管时间在1年以上的，不得超过0.2%。

7. 双方当事人在签订仓储合同时，应当就货物的包装问题作出明确的规定

包装货物是存货方的义务，因为保管人并不负有对储存物进行包装的义务，只负有对储存物品和储存物品的包装的保管的义务，除非合同中双方另外作出了约定。仓储合同除了明确货物的包装义务的承担外，还必须明确包装的各种具体要求。如包装物的外层包装用料，内层包装要求；易碎物品还必须有撑垫装置，易腐物品和危险物品也应有相应的具体要求。根据《仓储保管合同实施细则》第18条规定：包装不符合国家标准或合同规定的标准，造成货物损坏，变质的，由存货人负责。但是，在货物储存保管过程中，因保管或操作不当而使包装发生毁损现象的，由保管方负责修复或者照价赔偿，造成货物损坏的，由保管人负责赔偿损失。

8. 双方当事人在签订仓储合同时要明确规定双方的违约责任

在货物保管条款中规定双方当事人各自的义务，并且规定双方当事人违反仓储合同义务时所应当承担的责任。所谓违约责任，是指因合同当事人一方或双方的过错，致使合同不能履行或者不能完全履行时，过错方应承担的责任。违约责任是任何一个经济合同中都必须明确规定的主要条款。它既有利于敦促当事人履行合同义务，又能在违约情况发生后，有助于追究违约方的责任，保护当事人的合法利益。如果合同中注意规定违约责任，或者规定得过于简单，或者含有歧义，则往往使当事人的合法利益不能及时地、安全地得到保护或者补偿。

9. 当事人双方在签订仓储合同时，应当注意在合同中明确规定保管期限，即合同的有效期限，这对于确定双方责任的划分和违约处理都有重要意义

保管人只承担储存货物在保管期间发生的损坏、短少、变质、污染等损失的赔偿责任。保管期满或保管人已通知货物出库时，存货人不按时取货，货物发生意外风险，其责任应由存货人自负。

10. 最后，双方当事人还必须在合同中明确规定争议的解决方式

双方当事人可以在合同中约定，发生合同纠纷时，提请仲裁机构仲裁，也可以在合同中约定，发生纠纷时，不申请仲裁，而直接向法院起诉。不过如果双方已在合同中约定或事后达成仲裁协议的，必须先向仲裁机构申请仲裁。

【案例1】　仓储保管合同是否有效

某五金公司与某贸易货栈有着多年的业务往来,两个公司的经理也是“铁哥儿们”,私交很深。某年5月,五金公司经理王某找到贸易货栈经理张某称:“我公司购回走私彩电500台,有关部门正在追查,因此,想请张经理帮帮忙,将这批货暂时在贸易货栈存放一段时间,待避过风头之后,我公司立即想办法处理。”但货栈经理张某说:“咱们都是经营单位,货栈目前效益也不是很好,并且寄存你这批货还要承担很大风险,因此,适当收点仓储费。另外,一旦有关部门得到信息,将该批货查封、扣押或者没收,我单位不承担任何责任。”五金公司王经理表态:“费用按标准支付,签个仓储合同。”双方随即签订了一份仓储保管合同。合同约定,贸易货栈为五金公司储存彩电500台,期限6个月,每月仓储费1 000元。10月,该批货在贸易货栈存放期间,被有关部门查获,并依法予以没收。后来双方当事人为仓储费问题发生争执,经多次磋商未果,贸易货栈诉至法院,要求五金公司依约支付仓储费并赔偿损失。试问:

(1)五金公司与贸易货栈之间所签订的仓储保管合同是否有效?

(2)五金公司是否应支付仓储费?为什么?

(3)五金公司将承担什么责任?

(4)贸易货栈公司将承担什么责任?

本案中,五金公司储存走私货物,被有关部门查获,依法予以没收,仓储合同无效。贸易货栈作为保管人,非但不能取得仓储费,而且还将因其违法行为受到处罚。

【案例2】　如何支付仓储费

甲公司与乙储存公司签订了一份仓储合同,合同规定,乙公司为甲公司储存货物50件,储存期限为6个月,仓储费用为每件每月100元人民币,储存期间内,甲公司陆续提货,6个月期满,提清全部货物。合同生效后,甲公司开始根据销售陆续提走货物,但合同期满,仍有10件货物未提走。合同期满的第三个月,乙公司催告甲公司领取货物,甲乙公司就仓储费用产生纠纷。问:

(1)甲公司领取的40件货物,都是提前领取的,是否可以要求乙公司返还部分仓储费?

(2)合同期满后,乙公司是否负有催告义务,催告甲公司领取货物?

(3)对合同期满后,又储存了3月的10件货物,甲公司是否应支付仓储费,如何支付?

本案涉及的是仓储费的支付问题。

(1)仓储合同有储存期间的,如果存货人提前领取仓储物的,仓储费用不减少。

(2)仓储合同届满,仓管人可以催告存货人领取仓储物,也可以不催告,是否催告,是仓管人的权利,而不是义务。

(3)存货人逾期领取仓储物的,按实际储存期间加收仓储费。

新《合同法》的规定:“第392条储存期间届满,存货人或者仓单持有人应当凭仓单提取仓储物。存货人或者仓单持有人逾期提取的,应当加收仓储费。提前提取的,不减少收仓储费。第392条又规定:储存期间届满,存货人或者仓单持有人不提取仓储物的。保管人可以催告其在合理期限内提取,逾期不提取的,保管人可以提存仓储物。”

因此,甲公司不可以要求减收仓储费,合同期满乙公司没有催告的义务,甲公司逾期提取的货物,应加付仓储费。按每件每月100元计,10件货物3个月应支付仓储费3 000元。

【案例3】 仓储经营人越权放货

一、案由

台湾一家公司(以下称委托方)与德国一家公司订立1 000t桶装化学原料的买卖合同。该批货于2000年3月上旬运抵上海后,委托方与上海一家物流公司(以下称被委托方)订立1 000t桶装化学原料的委托代理协议,协议规定:

(1)委托方与被委托方订立1 000t桶装化学原料的仓储协议,仓储时间不超过90天;

(2)仓储费用以该批货物进仓储存放之日作为起算时间;

(3)委托方与被委托方可共同在市场上寻找买方,在合适时机将该批货销售;

(4)该批货进仓储存之前,委托方必须将有关货物提单、发票、装箱单等寄送给被委托方;

(5)被委托方在放货前必须征得委托方的书面确认。

2000年5月21日,委托方与厦门一家公司(以下称买方)订立了该批货的销售合同,合同规定"款到放货"。为防止意外,委托方再次电告被委托方必须凭委托方的书面确认放货。2000年6月12日委托方收到被委托方的传真,称该批货已由买方在出具了与委托方订立的书面销售合同和保函的情况下已放货,有关付款事宜由委托方直接与买方商议。收到被委托方的传真,委托方即与买方商议付款,但买方公司已与6月10日关闭,公司主要负责人也去向不明。于是,委托方即向法院对被委托方提出诉讼。

法院审理时认定:

(1)被委托方违背了与委托方订立的委托代理协议,在委托方没有书面确认下擅自将货交由买方,已构成越权放货;

(2)买方出具的保函不能证明买方对该批货拥有所有权,保函对委托方没有任何法律效力;

(3)买方出具的与委托方订立的书面销售合同,并不代表该批货物的物权凭证,不能作为货物所有权转移的依据。

被委托方认为:

(1)既然买方已与被委托方订立了该批货物的销售合同,因此,被委托方作为委托方的代理,在买方出具与委托方订立的销售合同后将货交由买方是正常的,其责任不可归责为被委托方的过失;

(2)根据海关法规定,进口货在90天内无人办理提货,则可按无主货处理。被委托方与委托方订立的该批货物仓储时间 不超过90天,而买方前来提货时已是该批货进仓储存后的第92天,因而,被委托方对该批货的仓储责任期限已告终止。

委托方认为:

(1)委托方与被委托方订立的代理协议中明确规定被委托方放货征得委托方的书面确认,而被委托方在没有得到委托方的任何指示下,将货交由买方已违反代理协议规定;

(2)海关法规定进口货90天内未办理提货则按无主货处理的规定是指提单上的收货人。而作为提单收货人,即委托方早已提货,只有在提货后才能与被委托方订立该批货的仓储协议。因此,被委托方强调海关法对仓储货在90天后的处理是毫无理由的。

该案最终由法院判定被委托方败诉,并承担该批货的全部货款和利息损失。

二、委托方风险防范

显然,该案由法院判定委托方越权放货是根据我国《民法通则》第63条的规定:“代理人应在授权范围内行使代理权”。根据代理法规,被委托方只能在与委托方订立的代理范围之内行事。而且,被委托方应以通常有的责任完成委托方的委托,尤其是在授权范围内。如违反这一准则而造成的一切损失由委托方承担。

该案中,委托方与被委托方订立的协议中明确规定放货应由委托方确认的书面交货通知,而被委托方并没有遵循这一规定,仅根据买方出具的与委托方订立的销售协议书和保函放货,无疑,这在代理法则上已构成越权。事实上,作为被委托方在业务上或法理上有较丰富的知识,或对工作有比较认真的精神,该案的风险完全可防范或规避的,当买方要求提货时,被委托方可:

(1)在买方提货时,被委托方即电询委托方是否可根据买方出具的销售协议书和保函放货;

(2)如被委托方没有电询委托方,则可要求买方出具保函和150% ~ 200%的货价担保。而且保函由出具单位盖章,担保是有效的。

(3)由买方出具经委托方认可的书面交货通知书。

该案中,被委托方始终处在代理人的身份,其职责是对委托方的货物进行储存,并根据委托方的通知放货。只要完成这一职责,即可收取代理费、仓储费。在法院审理过程中,被委托方多次提出:被委托方的储存期限不超过90天,而事实上在90天储存时间终止时并没有将货提取或提出进一步储存的要求,因而可认定被委托方对货物的仓储责任已告终止。显然,被委托方的这一论点是不能成立的。尽管委托方未能在仓储期限终止时提取货物或对仓储时间有进一步的说明,但作为被委托方应在仓储时间终止时通知委托方对该批货的处理意见,既然被委托方事实上没有做到这一点,则可在一定程度上认定被委托方已同意,并继续接受该批货物的储存并承担责任。因为货物的仓储时间与应收取的仓储费用,以及承担的仓储责任是对等的。

该案中,法院对事实认定清楚,判定准确。从事相关行业的人们可从该案中吸取一定教训,做到风险防范和规避。

第十三章　集装箱码头风险管理

第一节　风险管理概述

一、风险的定义

风险是指遭受损失或残损的可能性，是指人们自己的财产遭受损失或残损，或某人对第三者财产的灭火或残损负有责任，或对自己雇员及其物品的损失或残损负有责任的可能性。

风险的产生是一种事实。风险造成的残损可区分为人身伤亡和财产残损，也可区分为直接损失及间接损失。间接损失的形式很多，包括营业中断，市场丧失、名誉毁坏，产品回收、管理时间增加以及停工期间的雇员工资等。间接损失或由直接损失引起，或在没有直接损失的情况下产生。

风险又指实际损失与可能发生的损失之间的相对变化情况，这种变化情况叫做概率，也就是指在长时期内某一事件发生的几率。当风险只导致损失如火灾而引起财产毁灭时，就叫做破坏性风险，当风险既可能造成损失，又可能带来利润，如从某一市场买进商品，再在另一市场出售时，就叫做冒险性风险。

风险还可分为灾难性风险与耗损性风险。灾难性风险包括火灾、爆炸、水淹、风暴、飓风、战争及类似的危险。上述灾难一旦发生，就会危及一个企业的生存。耗损性风险为较小、经常性的损失。如事故、失窃、物质损坏等。这类风险本身不至于威胁企业的生存。但是其频度却足以对企业构成一种负担。但只要依靠控制与预防措施，完全可以大大减少这类风险。

二、风险管理

风险管理是有关企业保险的一门技术，其目标是以较低的代价获取较合适的保险,风险管理是一种保护企业使之免遭或减少意外风险所引起的损失的管理技术,包括风险控制,即预防与减少损失和风险财政,以最适当的方式对威胁企业资产与盈利能力的风险作识别、分析,并作经济控制。

风险管理的另一较复杂的定义是由于下述原因引起的直接与间接损失:

(1)企业财产遭受火灾,爆炸,水淹、意外损坏和类似灾难。

(2)企业劳动力遭受伤病。

(3)由企业活动所引起的企业资本结构遭受风险。

三、风险管理的必要性

企业内部的风险与安全问题是始终存在的,对危及企业成功的风险,管理部门总是密切关注的。然而,这种管理以前并不系统,并不都能付诸实践。但下述内容已引起了管理部门的关注。

(1)因使一切损失限于合理的、可接受的范围之内而所产生的损失和预防性成本。

(2)企业所负的社会与经济责任和减少或控制这种责任的措施对策。

社会要求企业管理部门更多地关注影响环境保护的问题,如污染风险,这就迫使人们去改善条件减少风险。企业对由于不安全作业和不安全产品及其使用说明的不当而引起的人员损伤、财产损害负更大的责任。当前的经济因素,环境压力以及要求改善工作条件的呼声等使风险管理技术更显得重要。

四、装卸机械风险管理

假设集装箱码头只是依赖一台门吊作业,那么一旦门吊损坏,整个码头的生产就只得停顿下来。门吊的损坏不仅会引起意外的修理费用,而且还将造成时间的损失及合同的违反。这可能导致货源的流失。

因此,为使门吊始终保持有效的工作效率,可采取如下措施:

(1)首先应制定一个严格而全面的保养计划,并且合理地储存备件。

(2)如果条件可行的话,可配备2台门吊。在正常情况下,每台工作效率为50%。

(3)如果配备2台门吊成本太高,则可以考虑与其他码头共同安排作业以必要时变换工作。

(4)可以作选择性地临时租用装卸机械。

(5)管理部门可以留出部分利润作为基金。一旦吊车损坏而又无法解决时,可以以此弥补财政损失。

(6)对机械的损坏和企业停产等项内容进行保险以分散风险。

究竟采用哪种措施应视可能性及所需成本而定。在大多数情况下,可有一种以上的选择。但是,无论采用何种措施,事先都必须作仔细调查并列出计划。这就是小范围、只限于一项财产、一种形式风险的风险管理。风险管理的实际应用应依靠公司自己的经验,良好的风险管理是一种更好的竞争手段。

五、风险识别与评估

风险识别即对所有可能导致企业损失的因素的识别。这要求对企业的设施与作业作广泛、科学的调查。可以采用核查清单的方式,将诸如何种风险、何地、何时发生和与直接及间接损失之间的关系等信息列于清单。风险识别是一个复杂而关键的阶段。这项工作应尽可能做得详尽。

通常,核查清单分为 4 个主要部分:基础结构、设备、财政手段及人员。

风险评估就是按重要性对风险分级。可以用年百分比表示风险出现的频率,可以说明损害的形式,可以用最大可能的损失占自己资产之比率表示风险的经济意义。这是一项困难而麻烦的工作。一般说来,并不需要对每一项风险作出评估。因为时间太长,花资金太多而不值得。应该优先对那些容易引起重大损失的风险作出评估。经验证明,评估的结果往往是任意或不可靠的。有时,整个估算都是基于某种可能性的。如果自己的公司从未作过风险识别和风险评估,即风险分析,则可以外请专家承担此项工作。

六、风险处理

对于超出企业承受限度的风险。在大多数情况下,是可以作部分控制的。

1. 风险避免

这是一种极端却很有效的消除未来可能损失的方法。如果风险承受面太大,那么,在周密考虑之后,可不采取计划好的措施或可决定停止使用某种措施。作出上述决定往往由外部压力所致。如果为完全避免某一风险所需的直接或间接成本超出获救的金额,则最好选择其他可能或允许的方法以控制那种风险。

2. 风险损失的减少与预防

减少不是指风险出现次数的减少,而是指风险所产生后果的减少。火灾警报、喷淋系统及人员的充足与正规的消防训练等都无法减少火灾发生的风险。相反,预防技术有助于避免风险的发生。这一领域范围很广,很有潜力,减少或预防损失是每家企业的责任。在这方面保险公司常常能提供专家与有关资料。损失预防的主要收益表现为非保险损失的减少以及保险费的减少,当然这取决于是否投保、投保多少。实施损失预防计划需要大量投资,付诸行动之前必须作出适当的评估。人们发现绝大部分事故是由于操作不当而引起的,引起事故的条件为人员失误所致。因此,对于任何企业来说建立一个安全工作系统具有重要意义。许多国家的法律规定企业必须有安全工作系统。安全工作系统是一种工作方法。它考虑到了雇员和其他人员,可能遭受到的潜在危险。该系统考虑到并采取所有安全工作所必需的措施,并要求人们进行有计划有效的监督控制。仅仅依靠雇员良好的意识或依靠口头指令是远远不够的。要建立一个安全的工作系统需要对有关人员进行充分的培训并给予适当的指令,需要选择并配备适宜作业的设备。这种系统不仅能避免人员伤害,而且还能减少人员失误。

由外聘技术人员对设备作定期的检查和保养可以防止由于保养维修不善而引起设备经常性故障的危险。将所有小故障和缺陷都列成清单,并可将这些故障和缺陷分解成以数量表示的故障树。假设有锅炉爆炸,则应先找出爆炸原因是由于压力过大呢还是由于放泄不够。找出主要原因后,再看是人员的失误还是部件缺陷。如果主要原因是部件缺陷,那么次要原因就是人为因素。

3. 风险保留

在许多情况下,人们往往允许风险存在,原因有多种:

(1)不作反应。这叫做消极保留,常常涉及法律风险,因为企业无法赶上新近制定的法规。有些企业的行为不合法并冒被起诉的风险,消极保留并不属良好的风险管理。

(2)后果轻微。即实际的经济损失微乎其微而不值得担忧,尽管损失发生的可能性极大。

(3)意外。当发生诸如战争等危险时没有可供选择的应付措施。

(4)无法接受的后果。避免风险为人们所接受,但因避免风险而引起的后果比风险本身更难以接受。

(5)自行保险。这是一种经过计算而作出的决定,旨在节省开支,但与不投保是两码事。

承保人的整个风险承保是非常昂贵的,因为只有保险费的一部分被用于偿付索赔。承保人的管理费与利润也来之保险费。如果属责任保险的损失,承保人可以在赔付之前数年将保险费用于投资。

对较小的风险进行投保就显得不便,且从管理角度看也是昂贵的,即使当实际投保较为便宜时也如此。当进行自行保险而节省的保险费成本大于可能的实际损失及开支时,自行保险的优越性就得到了体现。自行保险能使在较长时间里保留资金进而大大促进预防与减少损失。目前可以聘请技术人员进行风险预算管理与索赔处理。有人认为施行自行保险的公司应该拨出一笔基金以支付意外损失。然而这种看法是有争议的、难以推广应用,因为这种损失也可以以其他方式弥补。但是一个公司如果没有至少为期五年的损失数据处理基础的话,则不应选择自行保险。自行保险的形式多种多样,诸如非保险、扣除与总计扣除等。

4. 风险转移

在合同条件下风险可以转移。例如海运承运人将装船、运输和卸船的责任转移给装卸公司。这就牵涉到契约条款。这种契约大量运用了除外与/或免责条款。应该认真研究契约内容以确定什么风险已转移,转移程度如何。

在保险契约条件下风险也可以转移,这是转移风险的最常用方式。企业一旦投保就须付保险费,因而就减少了预期的收入。投保的益处在于增大了可以获得预期收入的可靠性。保险成本很容易计算,即保险费减去预计的平均损失。然而要估计出将来可能发生的损失是很困难的。

将众多独立的风险聚合一起,则可减少风险。独立风险的数目越大,损失的实际水平就越趋近于预期的损失水平。如果风险数目足够大,那么从理论上说就可能使风险水平几乎降到零。保险的目的在于使得统计数目有足够大,从而显现出大数目原理的特性。对于较小规模的投保者来说,保险是一种分摊损失、减少各自受到的损失的方法。而对较大规模的投保者来说,保险是一种缓解损失的方法,即以每年的保险费替代突然的重大损失。

七、风险管理经验

风险管理的目标是以最少的成本保护企业的资产、盈利能力和责任，保护企业雇员。风险管理远不仅仅是防火或签订保险契约，虽然这些也属风险管理的一部分。风险管理所使用的大多数技术来自其他学科，这些技术的组合形成了一种能全面显示风险的系统。

风险管理是一种多学科交叉的管理方法。风险管理经理参与分析与控制风险及其影响的整个过程，他起着顾问作用。如果没有发挥主要作用的管理队伍，主管经理也就无所成就，风险管理经理未必是专家。在大多数灾难中，存在着一些共同的因素：

(1)对有关作业人员的知识、经验，能力甚至承担义务的期望过高。

(2)高级管理人员对实际作业条件不熟悉，规章的制订与公布并不意味着一定能被遵守。

(3)盲目接受专家所认为安全与正确的某一解决办法或措施。

不加考虑地接受专家的意见是危险的，专家有关解决某些技术问题的方法往往趋于复杂化。专家常常不能充分考虑到人的行为，他往往对事情发生的可能性估计不足，而且总认为技术规定是会被遵守的。事实上由于种种原因技术规定并不总是被遵守的。

风险管理经理可以以明了易懂的语言将专家的建议提交管理部门讨论。他参与各不同职能人员间有关重大的不同意见的统一工作，并应经常注意人的行为。风险管理经理应避免使人产生虚假的安全感，应该始终如此思考问题："如果……将会发生什么事情?"而不是说："有可能发生……"。要对某一企业组织的风险管理经理的作用作具体的规定不是件简单的事情，而规定其不该做的事则较容易。

风险管理经理不同与负责具体事故及公司财政管理的总经理。总经理没有足够的时间负责风险管理。风险管理经理也不同于负责防火和安全工作条件的安全员。但他的工作肯定是涉及这些问题的。他也不同于信用经理或总会计员，因为他们的工作只限于财政问题及信用风险。风险管理经理的职责范围大于保险经理。保险经理的工作只限于可保风险及保险契约的签订。保险经理往往无权处理安全问题与信用风险问题。然而，许多公司的保险经理的职责范围已扩大至如同风险管理经理一样。

风险管理经理应赋予什么权力，需要什么协助和采取什么措施是每个企业应解决的根本问题。这些问题必须在风险管理计划实施之前解决。企业的损失与其管理的失误是直接关联的，如有必要，风险管理经理有权监管企业管理人员。企业管理人员对风险管理的实施计划将作出最终决定，因此风险管理经理应该与其密切合作。

第二节　集装箱码头责任保险

一、集装箱码头经营者责任

集装箱码头、货运站与仓库业务包括：

(1)接受与交付货物、集装箱及拖挂车。集装箱包括集装箱、平板车、托盘及其他运输装置。除此之外，它包括集装箱的备件、集装箱附属设备，以及用于集装箱保养，修理的设备、工具及材料。拖挂车包括全挂车，半挂车或底盘车、铁路车皮、拖挂车的备件、拖挂车的附属设备以及用于拖挂车保养、修理的设备、工具或材料。

集装箱与拖挂车不包括任何船舶或装卸搬运设备。

(2)集中与疏散货物、集装箱及拖挂车。

(3)集中与分发集装箱与拖挂车。

(4)装载与卸载运输车辆上的货物。

(5)将集装箱与拖挂车装上或卸离运输车辆。

(6)存放货物、集装箱与拖挂车。

(7)拼装与拆装货物。

(8)检查货物、集装箱与拖挂车。

(9)规划船舶与其他运输工具的装卸。

(10)保养、维修集装箱、拖挂车及装卸搬运设备。

装卸搬运设备包括用于或打算用于货物、集装箱或拖挂车的装载、卸载、搬运，存放或者说处理作业的任何陆上机械设备，也包括这种设备的备件、附件以及用于设备保养与维修的设备与材料。

(11)从事与上述各项有关的诸如开启或关闭船舶舱盖，与海关检查集装箱货物有关的服务、清洗集装箱，以及提供卸货报告等附属的作业与服务。

以上是集装箱码头经营者所提供的服务。从其所提供的服务来看，集装箱码头经营者是整个运输环节中间阶段的货物作业者。“货物作业者”这一术语的内涵也因国家与港口的不同而各异。一般来说，码头经营者是与其客户签订码头服务合同,并为其服务的装卸与仓库经营者。码头经营者由于机械化作业的需要,对设备所进行的投资是巨大的,同时也鉴于他手中保管着大量的货物,其肩负的责任是重大的。所有这些使码头经营者面临着很大的传统码头经营者所无法比拟的经营风险。

二、集装箱码头承担的赔偿责任

2000 年 5 月 29 日的"Lloyd's List"杂志在介绍联运俱乐部组织中列举了码头在处理集装箱时所出现问题的若干例子。

(1)位于拉各斯港的集装箱上原来的关封被假关封取而代之,23 只集装箱的货物神秘地被非法取走,尽管集装箱上使用的关封是一种被称之为"ONE SEAL"的特殊关封。这批集装箱被卸到拉各斯港时原先的关封完好无损,并随后在关封显然是与原状相同的情况下被收货人提走。经调查发现有人在港区或集装箱码头内卸下了原先的关封而非法取走了货物。这表明窃贼事先得到了"ONE SEAL"关封,在卸下原先关封并提走货物之后,又以与原把关封相同的系列号码的假关封代之以原先的关封。

(2)2000 年 11 月,联运俱乐部保安与调查部门的一名成员来到沙特阿拉伯调查丢失的集装箱。他马上查到了丢失集装箱中的 15 只箱子。沙特阿拉伯是丢失箱子最多的会员国。据报道,自 1996 年以来,在该国已丢失了 2 000 只箱子。

(3)就欧洲地区中转集装箱的事故数量而言,意大利占据首位。最耸人听闻的案子是有关连箱带车的偷窃。仅在内陆结关站一处,警察发现在近年有相当数量的拖挂车被窃。

(4)在美国的一个集装箱码头,一台 40t 的集装箱吊车正在进行作业前的检查。正当吊车伸展时,因轴支撑不住,导致吊杆向一边倾斜。实际受损的唯一部件是吊杆轴(价格相当说来不算贵)。将吊杆吊起以更换断裂轴的唯一办法是租用 2 台大型汽车吊。更换断裂轴与必要的修理仅用去了几天时间,而修理费用一项(包括租用 2 台汽车吊杆与雇佣工人费用)就得花费 86 000 美元。

(5)某拖挂车车队从欧洲大陆通过北海港口来到了英国的一个内陆结关站。箱中货物在跟车运输单证中仅被简单地写为"动物毛"。由于这种毛事实上是必须通过严格的公共卫生规则进口检查的未经加工的山羊毛,因此,运输单证上这种简单的说明是不符合要求的。该批货物到达内陆站不久,海关便命令将其隔离,并退回到入境港听候公共卫生当局处理。后来,经卫生当局检查发现,山羊毛带有可能会危害人的生命的炭疽病菌。于是,卫生当局命令将货物全部销毁。然而,与此同时内陆站接受了一批大蒜,并被堆放在山羊毛附近。当发现山羊毛有问题之后,卫生当局命令关闭货物仓库,并对其进行了熏蒸。为了避免被污染的危险,这批大蒜只得转移出内陆站,并予以销售。于是,大蒜的货主向内陆站经营人提起了诉讼,而内陆站经营人又转向山羊毛进口商提起了与事故有关的损失与费用的诉讼。

(6)由于船舶装运的是集装箱,因此,装有货物的集装箱被送到码头仓库进行拆箱。一个码头工人发现集装箱的门没有关紧。当他与铲车司机用力关门时,门销脱落,门压在他俩身上,致使二人严重受伤,随之提起了赔偿诉讼。

(7)2004 年 2 月 28 日"Lloyd's List"杂志上发表了一篇题为"损害是快速作业的成本"的文章。根据迄今为止的统计资料,大部分损害发生在搬运与作业过程中。损害在运输过程各环节中所占的比例分别为:码头作业为 45%,不适当积载为 25%,实际运输途中为 30%(其中铁路为 15%,公路为 10%,海运为 5%)。如果考虑到集装箱搬运的次数、用以搬运的设备以及司机与其他作业者预计的工作速度等因素,70% 的外部损害发生在码头上是不足为怪的,而某些船东或集装箱出租公司没有认真地对待箱子损坏可能性问题是令人奇怪的。于 1977 年 9 月生效的集装箱安全公约中关于船东责任使其集装箱处于良好状态并符合公认的标准,以及每两年对集装箱进行检查的规定估计会使船东与集装箱出租公司的态度有所改善。

伦敦保险协会研究小组对由集装箱化所致的灭失与损坏的性质变化作了如下的评论:

(1)偷窃。集装箱的使用使小规模偷窃大大减少。但将价值很大的货物装入集装箱,且搬运起来相对容易的箱子内却为犯罪活动提供了新的机会。

(2)水损。在水密的集装箱内运输易遭水损的货物减少了码头边与用驳船装运所发生的水损。货物得到了较好的保护。然而,保险公司仍收到了由于水进入集装箱的许多水损索赔。这是因为集装箱本身受到了很多次野蛮作业造成破损的经历。

(3)作业损坏。由于集装箱没有防震能力,所以,要使箱中货物不致受损,它必须具有足够的强度。特殊集装箱吊车有使集装箱保持垂直与水平的设备。这种设备对防止货损有一定的作用。但箱子在吊装过程中的颠簸仍是不可避免的。跨运车在集装箱堆场上被用于搬运集装箱,其外来受到的外来撞击也会波及集装箱。

(4)冷凝受损。在完全密封的集装箱内货物发生冷凝损害是很多的。调查表明,即使是处于最佳状态下的集装箱也会发生这种货损。

(5)污染受损。此类索赔是由于同一集装箱内装有不相容的货物交叉污染,或是装箱前集装箱不洁而造成的。

(6)温度变化。普通集装箱是密封、不通气的,所以它不适宜装运有通风要求、或是应进行温度控制的、种类繁多的货物。为解决温度要求,现已有多种特种集装箱。

(7)集装箱灭失。将货物装入附有辩认标志的集装箱极大地减少了整票货到不了交付地点的风险。但是,除因偷窃所致的灭失,或集装箱掉入海中的灭失外,集装箱也会因有关人员不称职或不尽职而丢失。

(8)短缺。对装于箱内的货物发生短缺是难以理解的,但保险公司确实碰到过卸货报告与运输单证上记载数字不符的货物短缺索赔。

一般说来,集装箱码头经营者面临的风险有:

(1)财产(仓库、设备、车辆等)的部分或全部损失或损害;

(2)营业中断或财产损坏所造成的码头作业效率降低所致的收入损失;

(3)第三方与/或他们的财产的灭失与损坏(对此,码头经营者负有法律或契约责任);

(4)对雇佣人员与/或他们的财产的灭失与损坏(按照有关雇主责任的法律或按照劳务合同或协议,码头经营者对此负有责任)。从狭义上看,雇主的责任同样也是一种法律责任。但在许多国家,雇主的责任分别受制于社会安全法。此外,货主不得不表现得比法律更为宽容,这是因为为了吸引高质量的雇员,他得相应地推出具有竞争力的劳工合同。

三、风险分析与风险控制

风险管理理论包括确认风险、评估风险、控制风险。

确认风险即详细列举威胁企业的所有风险,它包括企业人员、企业供应商及企业的客户(这些风险足以危及企业的正常经营),通常用制作核查清单的方法来确认风险。

评估风险即通过考虑各种不同风险之间的相互关系,用数值来表示风险导致的损失。

码头经营者应对因疏忽而引起的任何事故所致的船舶、货物、集装箱、船员的全部损害负责。装有集装箱的一艘大型集装箱船的价值大致为:

船舶	1 亿美元
货物	7 千万美元
集装箱	3 千万美元
人员伤亡索赔?	未知
	2 亿多美元

因此,我们得引入概率。为了求得某一段时间中遭受风险的可能性,我们可使用过去的数据或由别的方面所提供的数据。风险大小经常用估计最大损失与可能最小损失来加以衡量。

就可靠性而言,定量分析不如概率分析。确认的风险一旦被定量化,便随之得出应采取哪一种控制措施的决策。排除风险是最有效,最彻底的解决办法。减少风险的技术实际上并不减少那种风险的发生,所减少的只是风险产生的后果。如火灾警报、洒水灭火系统、对雇员进行定期救火方法的培训等并不能减少火灾的风险。

相反,防止损失措施有助于避免风险的发生。防止损失并不是一个新鲜的字眼。在机器故障保险中,保险费包括了保险人为避免由于不当的维修保养而造成的经常性的故障风险,而指派专门的技术人员进行检验及定期性的保养检查的费用。减少损失的潜力是很大的,防止损失的手段是多样化的。防止或减少损失的最好办法之一是对人员进行适当与反复的训练,使他们时刻保持风险警惕。

采用减少与防止损失措施时应考虑到成本因素。有时候由于风险仅会造成较小的后果,或由于还没有对付风险的其他办法,或由于避免或减少风险的结果是不能接受的,企业会决定接受风险。贸易不会因战争的风险而终止,人们不会因昨天发生飞机坠毁事故而停止飞行。众所周知,登山是危险的,但它却是某些人喜爱的运动项目。假如人们以这种方式对待风险,至少他们事先知道有风险及风险可能会产生的后果。以这种方式接受风险比不知不觉地接受风险更可取。应当避免不可确定的风险。

为对控制的资金情况进行评估,风险分析应考虑下列成本项目:

(1)决定不予转移风险的可能损失;

(2)将风险转移到其他地方所产生的成本；

(3)控制、减少或消除风险措施的成本。这类成本不仅仅包括用于安装安全设备的成本，也包括由此而产生的生产作业受阻与中断的成本；

(4)管理成本

(5)如为财产损坏及责任索赔留存的损失备用金。在这种情况下，能否避免税收与外汇管理的决策是重要的。

保留风险的方式有许多——从根本不参加保险到附有免赔额的保险(这可能导致免赔的金额很高)，直至成立个人的独立的公司，即为另一家企业所控制，并为它的需要而经营的保险公司。

“Lloyd's List”杂志上曾以“是”与“否”的推理方式阐述了风险管理的方法：

(1)有风险吗？如果没有，请不必担心。

(2)如果有，对风险进行过确定分析没有？

如果还没有，请对风险进行分析。

(3)是的，已经对风险进行了分析。

风险大吗？如果不大，请不必担心。

(4)是的，风险很大。能消除风险吗？

如果能消除风险，请消除它。

(5)不，不能消除风险。

能减少风险吗？如果能，请这样做，并检查一下对减少的风险是否进行过评估。如果没有，则请对其进行分析，并从第3点重新开始。如果已经作了评估，续续下列程序。

(6)减少的风险是灾难性的吗？

(风险从金额上看会超过一定数额吗？)

如果会，请转移风险。

如果不会，或转移风险，或保留风险。

如果你感到经验不足或没有能力承担上述分析工作，在许多国家现均没有专门的风险控制咨询行，可向其咨询。此外，组织良好的国际保险经纪人也能向你提供帮助。

四、一般的交易条件

当码头经营者向客户提供服务时，对他来说决定以怎样的条件与条款来经营码头与货运站是重要的。码头经营者可能会采用不尽相同的条件与条款来经营码头或货运站；他可能会根本不设置任何条件；可能会采用他自己拟定的标准条款，可能会接受客户提出的特殊条件或条款，或者可能会强制执行港口当局的命令与/或某些专门的法律。码头经营者的责任也是不尽相同的。他可能对其过失与疏忽负有无限责任，也可能对任何责任享有豁免权。在没有合同的情况下，建议采用缔约双方的标准条件或条款（根据这种条件或条款，码头经营者负有合理的有限责任）。

为方便之目的，联运俱乐部为码头与货运站经营者拟定了标准合同条款。在使用这种标准条款文本时，可根据缔约双方的谈判情况对合同中原先的条款加以修改。

这些基本条款没有免除码头经营者的合同责任，但对其赔偿金额作了限制。由于下列情况基本条款可能无法适用：

（1）援引这些基本条款不具有商业利益；

（2）法院判决认为码头经营者不能证明这些基本条款已有意地被另一方所接受；

（3）法院驳回违反合同经济性的规定；

（4）法院认定条款对第三方有欺诈。

第三节　集装箱码头与货运站经营者的标准条款

一、定义

（1）“码头经营者”是指……以及他的雇佣人员，代理人及承包人。

（2）“使用者”是指码头经营者向其或为其提供或打算提供以下服务的任何人、公司或股份公司。

（3）“集装箱”是指符合国际标准化组织的标准、长度为20ft或40ft，高度不超过9ft 6in的任何集装箱。

（4）“危险货物”是指国际海事组织危险品规则中所定义的危险品。

（5）“件杂货”是指不装载集装箱的任何货物。

（6）“船舶”是指码头经营者向其提供或准备向其提供下列服务的任何船舶。

二、服务范围

码头经营者根据所公布的费率同意提供下列某些或全部服务；

(1)停靠码头的船舶的集装箱与货物的装、卸作业;

(2)集装箱与货物的绑扎与松绑服务;

(3)船舶舱盖的开启与关闭;

(4)重大件、船舶补给品、旅客与船员的行李、件杂货(在适当情况下)的处理业务;

(5)拼箱货的装、拆箱以及拼箱货的接受、储存与交付业务;

(6)冷藏箱的处理;

(7)集装箱的清扫;

(8)集装箱货物的海关检查服务;

(9)集装箱的储存;

(10)绘制船舶积载图(在适当的情况下)。

三、基本条款与条件

(1)使用者应当注意在港口费率中公布的、并不时在修改之中的港口规定,码头经营者对使用者忽视或误解港口规定概不负责。

(2)签订承包合同——码头经营者有权通过其雇佣人或代理人完成下列作业中的全部或部分作业与/或通过任何形式的承包合同将本合同规定应予承担的所有或部分作业或职责交由承包人完成。

(3)本合同中适用于码头经营者的保护性条款同样也适用于其代理人与独立的承包人。在任何情况下,雇佣人、代理人或独立的承包人所负的灭失,损坏、延迟或其他所有后果(不管它是怎样造成的)的责任都不应大于码头经营者本人对此所负的责任。他们有权享受本标准条款中所列明的码头经营者有权享受的所有豁免、责任限制,条件与自由。为保证本条款规定的实施,所有这些人均应被视为码头经营者代表他们签订本合同的关系方。

(4)码头经营者的抗辩与责任限制。对根据本合同而产生的任何索赔与争议,使用者不得就合同所规定的任何服务对码头经营者以外的任何人提出索赔或提起诉讼。假如使用者违反了该项规定,则他应充分保护码头经营者的利益,使其免遭由此而产生的一切后果。除前述一般情况外,这种保护性规定也适用于码头经营者可能对其雇佣人、代理人或承包人所承担的责任。假如使用者对码头经营者的雇佣人、代理人或承包人提起诉讼,则他们有权享受码头经营者根据本合同所享受的抗辩与责任限制。

(5)使用者的合同应保护码头经营者。由使用者或代表使用者签发的所有提单或其他运输合同应当包括该条款,即规定:提单中载明的所有抗辩与责任限制均应适用于对码头经营者就集装箱的灭失或损坏所提起的诉讼,不管提起这种诉讼是根据合同还是根据侵权行为。

(6)使用者通知码头经营者的义务:

①为有效地规划与提供合同规定的各种服务,使用者应在集装箱船舶到港前一段合理的时同内保证向码头经营者提供如同作业指南那样尽可能详细的船舶、集装箱与货物的动态资料。

②使用者在进行包括放射性物质在内具有危险与损害物质的货物以及诸如要求特殊保管与照料的高价值货物运输时应当给码头经营者以类似于第1款的合理的预先通知。

(7)码头经营者拒绝处理货物的权利。当码头经营者认为存在妨碍他们安全处理或储存的危险,或会使人员或财产处于伤害或损坏的风险之中时,他们在任何时候都有权拒绝接受处理集装箱或货物。在这种情况下,码头经营者有权要求使用者运走或处理集装箱或货物,其费用由使用者自理与/或由码头经营者自己运走或处理集装箱或货物,但风险与费用均应由使用者承担。

(8)使用者的保证与索赔。为使码头经营者有效地进行有关作业,使用者保证;

①使用者提供的有关集装箱与货物的所有细节都是准确无误的;

②所有货物的包装与标志都是符合要求的。若是整箱货,箱内的货物的积载与绑扎也是符合要求的;

③所有集装箱与货物都符合所有适用的法律、命令、规定或政府、海关、市政当局或其他所有有关当局的其他规定。使用者对由于其违反这些保证而产生的后果对码头经营者负赔偿责任。

(9)储存期限制。在储存期超过……天之后,码头经营者保留将货物运离码头(其费用由使用者负担)或将其拍卖的权利。

(10)费用支付。使用者在收到账单之后应立即付清提供有关服务的所有费用。使用者不得以债务抵消或反索赔而拒付账单。如果使用者没有在上述规定的时间内付清账单,则码头经营者可就集装箱与/或货物拖欠的费用对所有集装箱、货物与使用者的所有财产以及与它们有关单证行使留置权。假如应付的费用在行使留置权之日起一个月内仍未付清,码头经营者有权通过私下交易或公开拍卖的方式将所有者的全部财产出售,他有权将出售财产的收入用以偿付使用者的欠款。

(11)法律与管辖权。本合同受……法律的约束,属本合同的所有争议与索赔均应提交……地的法院管辖,由其根据……法作出判决。

四、责任

(1)对于由下列一个或一个以上的原因而对使用者造成或带来的任何灭失、损坏、责任、成本与/或费用码头经营者概不负责。

①码头泊位水深不够或航道水深不够;

②码头泊位或航道不安全;

③浮筒、系泊用具、绳索、系缆桩或所提供或制作的任何其他设备的不充足,不适合或缺陷状况。

(2)使用者在任何时候对船舶航行与包括船舶积载、船舶平衡与稳定以及靠泊、系缆与解缆及离泊作业(在无损于上述条款的情况下)在内的船舶适当管理负责。如果由码头经营者提供上述服务,则他对出进行这种作业时的疏忽而给使用者造成或带来的任何灭失、损坏、责任、成本与/或费用或其他任何方面概不负责。

(3)除下列第(4)条中载明的内容外,码头经营者对任何灭失、损坏、延误、市场损失,间接或直接后果造成的损失、错误交付、成本、费用,意外事故与/或伤害概不负责;而不管其性质与种类,也不管其发生的原因。

(4)尽管有上述第(3)条的规定,但假如能证明下列①至④各款中载明的灭失、损坏,死亡或伤害是码头经营者的过失或疏忽所造成的,则只有在这种情况下,码头经营者才负有赔偿责任,但赔偿额得以各款中各自规定的数额为限。

①对于集装箱与/或附属设备(包括冷藏箱电源部件,冷藏箱电源设备、拖挂车与底盘车等)的有形灭失、损坏,码头经营者只负责赔偿它们的市场价值,或合理的修理费用(两者中以低者为准),但对一次意外事故或一次事件中发生的数起事故的赔偿总额以××万美元为限。

②对于货物的有形灭失或损坏,码头经营者只负责赔偿任何灭失货物的市场价值与/或受损货物所减少的价值,但是:

A. 码头经营者的赔偿金额不应超过使用者根据提单与其他运输合同对这种灭失或损坏所支付的赔偿金额;

B. 码头经营者根据本款对每一次事故或一次事件中连续几起事故所负的赔偿责任以××万美元为限。

③对于船舶的有形灭失或损坏，码头经营者只负责赔偿该船舶的市场价值或合理的修理费用（两者中以数额低者为限），但是：

A. 码头经营者根据本款对一次事故或一次事件中连续几起事故所负的赔偿责任以××万美元为限；

B. 赔偿总额为××万美元的赔偿费应当包括码头经营者根据本条其他款项的规定所应承担的，由同一事故或同一事件中连续几起事故而引起的任何责任。

④码头经营者对为使用者提供服务的人员的死亡与伤害负有赔偿责任，但他对一次事故或一次事件中连续几起事故的赔偿总额以××万美元为限。

(5)假如码头经营者根据第4条所负的赔偿责任超过该条中所规定的数额限制，则超过部分的赔偿金额应由使用者负责。

(6)使用者的提单，提货单或其他单证中的指令应当使码头经营者有权将货物交付给持有这些单证的人，尽管这些单证规定将货物交付给指定人或他指示的受让人。码头经营者有权认为出示这种提单、提货单或其他单证的人是依法有权提取货物的人。码头经营者无须核对提单，提货单或其他单证上的签字。

(7)在码头经营者根据第(4)条规定对灭失或损坏负有责任的情况下，索赔人应于灭失或损坏发生之日起30天内向码头经营者发出书面索赔通知。假如不能确定灭失或损坏的时间，则书面索赔通知应于灭失或损坏发出之日起30天之内提出。假如索赔人不按上述规定发出书面索赔通知，则应当认为索赔人已放弃索赔权利，索赔已完全失去时效。

(8)假如索赔人没有根据本合同第三部分第(11)条的规定在灭失或损坏发生之日起一年之内或若无法确定灭失或损坏的发生时间，则在灭失或损坏发现之日起一年内向码头经营者提起诉讼并将传票送达码头经营者，则在任何情况下，他对第(4)条中载明的码头经营者的责任将失去诉讼权。

(9)尽管有上述各项规定，但对于由下列情况引起的、或由下列情况的结果造成的全部或部分不履行服务或拖延履行服务（即使造成这些情况的原因是码头经营者的疏忽），码头经营者概不负责：

①码头经营者的吊车、工厂、机械、设备或任何其他设施的故障，事故与/或无法工作；

②码头主要电力供给的故障，事故，停电或中断或电力减少。合同双

方商定,码头经营者没有提供现有的辅助电力的义务;

③任何性质与种类的罢工、骚乱、国内动乱、关厂、停工与或劳动限制,不管是全局的还是局部的,以及与码头经营者的雇佣人有无关系;

④战争、内战、敌对行动与/或恐怖者行为;

⑤海上与/或天气的恶劣或反常情况、地震、水灾与/或火灾;

⑥政府、市政当局或其他任何当局或声称能代表这些当局的人或团体的行为、命令,规定与/或要求;

⑦码头经营者经履行适当的谨慎职责之后仍不能防止或避免的任何其他原因。

五、保险

保险是根据保险合同,保险人以收取被保险人的保险费为对等条件,保证对被保险人属保险范围内某种风险造成的金钱损失给予赔偿。

根据保险合同,被保险人负有下列各项义务:

(1)如实申报与保险有关的事实的义务。即被保险人在所投保的风险未发生之前,应向保险人如实申报那些可能会影响保险人接受或拒绝保险,或影响保险费率的所有情况。这些事实包括被保险人事实上知道的情况,以及从通常业务程序来看被保险人应该知道的情况。

(2)支付保险费。保险费源于拉丁语“PREMIO”,意思是“保持第一”。

(3)保险责任开始之后,被保险人应向保险人报告风险加剧或变化的情况,并取得其同意。

(4)采取措施以防止或减少损失的责任。即保险人应采取一切合理的措施,或支出合理的费用以防止损失或使损失降到最小程度。在所有情况下,他们的所作所为应当如同风险没有投保一样。

(5)证明灭失或损坏是保险单中所包括的风险造成的。保险人只有一项义务,即除因被保险人不付保险费、没有如实申报与保险有关的实质性情况或事实、增加的风险没有得到保险人的认可,或者灭失不属于保险范围等情况外,他应对被证明的损失予以赔偿。

保险也是一种分散风险的金融技术。保险人是一个中间人,他将在相似期限内、面临同一风险的足够数量的保险人集中在一起,以便从数量经济法则(或规模经济法则)中取得最大的利益。(数量经济法则告诉我们;投保同一风险的数量越多,实际风险的发生率也就越接近预计风险发生率）。为此，保险人以下列条件组织互相保险的公司：

（1）估计每一风险的金额，即确定保险费。保险费是参加保险的每一个人所支付的钱款，用于弥补参加保险的某些人今后可能遭受的损失。保险费的确定取决于发生不确定情况的概率以及企业的正常利润，费用与税收等因素。保险费通常以被保险标的价值的百分比来表示，故也叫做保险率，它是一笔预付的固定金额，因而也被称之为“固定保险费”。由于储备有大量的保险费，因而在保险人员有赔偿责任的情况下，在任何时候均可支付被保险人的损失（这笔保险费是以投资的形式储备的）。保险人是社会事业性质的投资者。

（2）选择风险，即保险人决定接受某种风险或由于某种原因而拒绝其他风险。他可能不接受某种风险，如战争险或如某种风险冒险性太大（如重量差异损失等）；他可能不接受一定的风险，或只有在接受一定其他风险的情况下才接受一定的风险；他可能会比以前更为苛刻的条件或以较高的保险费，或以两者兼而有之的方式接受某种风险。

（3）分保业务，即保险人将接受保险的风险再保险。分保的风险是一种不同的风险。事实上，保险人分保的是他没有把握的风险（这在保险业务中是必要的）。分保的种类有很多，其形式取决于直接保险人希望将哪些风险转移给分保保险人。被保险人与分保保险人之间没有合同关系，但当他了解到保险人将其投保的风险进行分保时，他会有一种较好的安全感。

（4）预防损失。保险的范围与需求取决于风险分析决策。

事故保险的主要种类有：

——事故与疾病险：纯事故险；事故与特定疾病险；集体事故与疾病险。

——雇主责任险。

——一般产品责任与第三方险以及更加专门的机动车辆险及租用者责任险。

——机械险。

机械险也包括机器设备使用过程中出现的危险，但仅限于保险单中所规定的下列项目：

①由承担事故而引起的财产直接损坏。

②临时修理或快速修理的额外费用。

③财产损害责任。

④人身伤亡责任。

⑤抗辩、和解费用及追加支出。

一份保险单可将上述所有风险都包括在内，当保险单上注明条款而被作为保险公司的书面凭证时，它具有多种作用。当你拥有集装箱，或根据租赁协议对集装箱具有保险利益时，你可以将集装箱视为海运市场上船舶的投保，或根据协会集装箱条款进行投保。投保方式最终取决于投保人决定将风险转移给一位中间风险承担者之后的仔细分析。由于这种风险承担者的目的在于获利，因此，他们被称作商业性风险承担者。

许多年前，集装箱码头与货运站经营者均可申请参加联运俱乐部。该组织向会员提供一种有效的保险，它由从事集装箱行业的公司组成，会员公司之间彼此进行互保，是一种非营利的集体自我保险，即由各会员公司分摊会费，用以支付索赔、俱乐部管理费以及大灾难的赔偿备用金。因此会费是变动、而不是固定的。各会员在保险开始以前预付会费，而为偿付损失，尔后可能需支付追加会费。各会员所交纳的会费费率是各不相同的，它取决于各会员的索赔记录分析、各会员根据使用者合同或其自己的条款与条件所面临的风险以及俱乐部经理的决定。

投保人可能决定保留风险，或保留一定的风险。保留风险经历了从相对免赔额到绝对免赔额，从小额绝对免赔额到较大的绝对免赔额以及大额绝对免赔额到内部互保的保险公司这样一个演变过程。这样的保险体制往往产生于这样的情况，即保险公司只赔偿保险金额的60%，其余40%由商业风险承受者自己负担。

然而，投保人保留大的风险需要常备用金，而这笔费用又不能作为付税以前的业务成本，因而是一种长期专项使用损失，并且限制了将保险费从投保人基金中扣除的优点。这种情况对于中间风险承受者是不利的，因为根据专门的有关留存保险金与损失基金的税则，在许多国家中间风险承受者在纳税方面是享受优惠的。

投保人保留一定风险的情况加速了自我保险公司的诞生——百慕大是建立这类公司的理想国家（在百慕大，税收与外汇管制都有利于经营这类公司）。这类公司被称之为。被其他企业控制并为其他企业需要而存在的保险公司（APTIUE INSURANCE COMPANY）。百慕大明显的优惠条件被称作“百慕大角”。建立这类保险公司的理由有许多：

——减少保险费用。

——获得保险市场上不能提供的保险。

——改善由其他风险承担者所提供的保险。

——集中建立世界范围内的风险基金体系以发展自我保险，为某集团提供长期保护。

——与公司内其他非保险活动相关的金融动机。

具有风险的人也可能不投保任何风险，换言之，自保所有风险。在这种情况下，他必须为应付索赔而留足备用金。

六、联运俱乐部的保险范围

其保险范围是根据综合保险单加以分析的，保险单包括：

——对货物与集装箱的责任。

——对第三方的责任，包括船舶与人员。

——设备的灭失与损坏。

——法律费用。

——其他附属风险或除明文规定除外的个别风险外的其他所有风险。

1. 与货物，集装箱及拖挂车有关的责任

包括：

(1)货物、集装箱以及拖挂车的有形灭失或损坏，错误交付货物以及由此而造成的结果损失；

(2)收货、运输或交付延迟；

(3)违反有权作出交付货物指示的人作出的拒绝交付货物的指示，或在没有收取有关提单或其他物权凭证的情况下交付货物。但是，这得以联合俱乐部以书面的方式认可服务合同的条件与条款为前提。

除外情况：

联运俱乐部对下列各种情况概不负责：

(1)对于可以享受，但经协议放弃抗辩和责任限制权利而产生或加重的责任；

(2)任何种类的银行票据、货币、债券、可转让票据或债券，珍贵或稀有金属或石头、或由珍贵或稀有金属制成的物品、任何种类的奖杯、宝石、珍贵艺术品或其他珍贵或稀有物品；

(3)打算、业已或正出被保险人拥有、租赁或经营的船舶运输的货物。

限定条款：

被保险人未能进行运输或处理货物而引起的责任除外，除非另有规定。

注释：对本保险来说，条款与条件为限制性条款。联运俱乐部愿意为作为服务合同一方的码头经营者提供保险（当这种服务合同是主要船公司强加于码头经营者时）。

2. 对第三方的责任

包括：

(1)除货物外的财产灭失或损坏。

(2)除被保险人的雇佣人员之外的人员伤亡、身体伤害或疾病。

(3)由(1)、(2)两款而引起的结果性损失，但下列责任除外：

——被保险人或以其名义所有的、使用的、租赁的任何集装箱、拖挂车及作业设备。

——被保险人或以其名义所有的、租赁的、租出的或经营的任何船舶与航空器。

——被保险人或以其名义所有的。租赁的或租出的任何土地、建筑物或房屋。

(4)任何主管当局在事故发生后提出的有关清除或以其他方式处理货物、集装箱、拖挂车或作业设备的索赔，以及为遵从或打算遵从任何有关当局的命令所合理产生的额外成本与费用；

(5)任何当局提出的对被保险人在服务中使用的集装箱、拖挂车、作业设备或仓库以及货物进行检疫或消毒的有关索赔，以及为遵从或打算遵从任何当局的命令而合理产生的额外成本与费用。

(6)由下列原因造成的任何当局所强加于被保险人的罚金，关税及其他金融性处罚：

——少交或多交货物，被保险人对其负有责任的人员的走私行为，违反移民规定，违反有关安全工作条件的规定；但由有关被保险人或以其名义所有的，出租的或经营的任何运输工具，集装箱或拖挂车的超载引起的索赔除外；

——违反货物，集装箱，拖挂车，作业设备或运输工具出入境的有关规定，但被保险人得证明违反这种规定不是由于他或他对其行为负责的人的有意行为或毫不在意所造成的。但被保险人为使其他经营者获得报关单或类似凭证而为此支付的费用请求除外。

除外情况：

联运俱乐部对下列各种情况概不负责：

(1)如果不是因为合同条款或经被保险人同意赔偿本不会产生的责任。但本除外情况不适用于被保险人根据在通常业务中所出具的报关单或类似凭证所支付的、或以其名义支付的费用。

(2)被保险人或以其名义所有、占有、经营、保养、修理、驾驶或使用公路车辆所产生的责任。

(3)被保险人对其或以其名义拥有的,租赁的、出租或经营的船舶或车辆拥有利益时所产生的责任,或这种责任产生于对这种船舶或车辆的驾驶,经营或管理。

注释:这主要是码头工人的责任。联运俱乐部的保险范围不包括下列内容：

——对码头本身或建于码头之上建筑物与仓库的损失或损坏。

——雇主的责任。

——公路交通法规责任。

3. 作业设备保险

本保险承保作业设备的物质灭失或损坏的所有风险。

除外情况：

——自然损耗,由空气作用或其他类似原因而引起的腐蚀与生锈及缓慢的变质。

原因不明的损失,秘密失踪以及经盘存所发现的损失。

——潜在缺陷,机器的故障与失灵、电器或电子设备的故障与毁坏或由于当局的命令而造成的损坏。有关被保险人拥有的作业设备的赔偿不应超过损失发生时该设备的保险价值。在设备损坏的情况下,赔偿金额应为合理的修理费用,但该修理费用得以保险价值为限。

在由于承保风险引起作业设备任何部件灭失与损坏的情况下,赔偿额不应超过更换或修理该部件的费用加上运输与重新组装费用。在任何情况下,赔偿金额不应超过该部件的保险价值。对于不是被保险人拥有的作业设备的赔偿,应以上述赔偿额或被保险人对从其处租得或以别的方式得到设备的有关方造成的灭失或损坏赔偿额中的低者为准。本保险对于在导致索赔的事故或事件发生时,为商业利益而出租给被保险人以外其他人的作业设备的任何索赔不负责任。注释:在码头之外行驶的公路车辆不属于作业设备的保险范围,原因是这种情况更适合于投保机动车辆综合险。

当被保险人租用作业设备时，联运俱乐部可为被保险人提供租用合同责任保险，但俱乐部得事先了解并认可租用合同。

4. 成本与费用保险

包括：

(1)造成任何责任，灭失或损害的事故或事件发生之后所产生的调查、抗辩与减轻灭失或损害的成本与费用。被保险人的成本与费用保险包括：

——法律费用与为调查与保护利益所支出的其他费用。

——为避免或减少这种责任，灭失或损坏而支出的成本与费用。

(2)处理受损货物——如果这些额外的成本与费用超过了货物没有受损或没有失去价值时被保险人本应支出的金额，并且没有其他人对这种处理货物负有责任。

本保险仅限于已产生的成本与费用，并应事先征得保险人的同意。所产生的费用是否合理应由保险人酌定。

5. 可自由决定的保险(统保保险条款)

如果保险人决定向被保险人提供这种保险，则应对被保险人的下列责任、灭失或损坏负责赔偿：

(1)附属于被保险人服务而产生的责任、灭失或损坏。

(2)被保险人在为其自已抗辩或在受到未经保险人授权的任何国际团体：政府或当局的干扰时为得到法律上的补救而产生的责任、灭失或损坏。

(3)被保险人由于保险人的特别指示而遭受的责任、灭失或损坏。统保保险条款是互保协会的特有条款，它承保灾祸的后果。尽管这种灾祸后果不在保险范围之内，但在联运俱乐部看来，假如事故的特殊情况是可以预见的话，该事故本来是应该列入保险范围的。

统保保险条款的保险范围包括没有提到的以及没有明文排除在外的所有风险。

6. 一般除外情况

——放射性或核风险。

——战争险。

——罢工、骚乱与内乱。

——没收或国有化或征用或先买权。

——被保险人的破产。

——被保险人由于自己的原因不能立刻支付应付的货款或收取应收的货款。

——运输与处理走私或非法交易货物。

——由于被保险人的故意或毫不在意行为，使责任、灭失或损坏加重。

——惩罚性的或超过实际损失赔偿的损坏。

但是，被保险人可以为集装箱，拖挂车与作业设备投保罢工、骚乱与内乱险。联运俱乐部甚至为集装箱所有人与经营者设置了一种名叫“陆地上战争险”（WAR RISKS ON LAND）的新险种。该险也包括没收、国有化、征用与先买权等风险。

7. 赔偿索赔

被保险人一旦知道可能会导致赔偿的任何事件应立即书面通知保险人或在收到提赔人向其提出索赔请求起3个月内书面通知保险人。被保险人应采取一切合理的措施以避免或减少这种索赔。被保险人在任何时候都应公开与提供任何文件与消息。被保险人或以其名义了结索赔、对承认责任都得事先有保险人的书面认可。除非保险人另有决定，被保险人应先给予提赔人以赔偿，并在一年之内向保险人追偿。

8. 免赔额

货物责任险、作业设备一切险以及在某些情况下的对第三方财产的灭失或损坏的责任险中均包含有免赔额的规定。免赔额是可以协商的，但应该大到足以避免使保险管理成本上升的大量的小额索赔。免赔额规定也能使经营者自己灵活地处理小额索赔——如果必要的话，按商业习惯处理小额索赔。

9. 责任限制

对大多数经营者来说，联营俱乐部的保险金额限于500万美元。在某些情况下，俱乐部的承保金额也可能高达1 000万美元。如果承保金额超过1 000万美元，则俱乐部首先得与其他保险机构签订分保协议，这样，保险会取决于该分保协议的条款与条件。

七、风险出售

保险的特点之一是它经常通过独立的中间人而予出售。这种保险中间人是精通法律与业务的保险代理人或保险经纪人。代理人代表风险承受者或其名义行事。由于保险经纪人是被保险人的代理，因此，他对保险人除履行诚实信用义务外没有任何义务。

保险经纪人有责任取得：

——尽可能优惠的保险条款与条件。

——尽可能低的价格(并不意味着最低价格)。

——尽可能可靠的保证:即保险人有足够的偿付赔偿的能力。在许多国家,保险经纪人:

(1)以被保险人的名义谈判与缔结保险合同,但他本人并非保险合同的关系方。

(2)代表保险人收取保险费(他在扣除保险佣金后将余额汇寄给保险人)。

(3)在保险人的委托下,为被保险人出庭辩护,或为其收取索赔费。

(4)在风险管理方面,保险经纪人给被保险人的帮助日益增加。这虽然是一个保险经纪人业务的新领域,但发展十分迅速,假如保险经纪人玩忽职守,以致使保险人的利益受损,则被保险人可向他提起损害诉讼。

第四节　集装箱保险理赔

集装箱运输与国际多式联运的发展,对于海上保险提出了新的要求,这主要表现在海上保险市场上出现了海运集装箱损失保险条款和集装箱责任保险组织和保险条款。

集装箱保险包括集装箱箱体保险和集装箱责任保险。集装箱箱体保险是指集装箱的所有人或租借人,对于集装箱在运输、使用和管理过程中因各种危险而产生的集装箱的灭失、损坏而进行的海上保险。因国际多式联运中主要为海运区段的运输.故有关集装箱损失的保险具有海上保险的特点。在运输过程中,如果由于集装箱发生事故而导致第三人的财产损失或人身伤害时,集装箱所有人或经营人常常要对于受害者承担法律赔偿责任,因此,集装箱所有人或经营人还需要进行有关集装箱运输的责任保险。这种责任保险包括作为集装箱货物承运人和受托人的赔偿责任,但又不仅限于此。

伦敦保险人协会为了配合集装箱多式联运的发展,1987 年制定了集装箱保险条款,随后又于 1987 年修改了该条款。PICC 通过了专门的集装箱损失定期和战争险条款。有关集装箱责任保险组织,国际保险市场最为著名的是伦敦保险市场的联运保赔协会,即 TTCLUB(Through Transit

Marine Mutual Assurance Association Limited)。该保赔协会成立于1968年5月，以承保与集装箱运输相关的集装箱的灭失、损坏和责任为特色，是集装箱运输的专业保险公司。在我国，中国船东保赔协会章程的第二十五、第二十六条也专门规定，保赔协会对于会员集装箱灭失和因集装箱而引起的责任承担赔偿责任。PICC1993年通过的海运保赔保险条款中设有关于集装箱责任的承保范围。

因集装箱运输而发生的海上保险具有以下的特点。

(1)集装箱保险是综合保险，它可以是对集装箱自身的保险，也可以是集装箱责任保险，包括集装箱所有人和租借人的责任保险，还可以是集装箱运输的承运人、港站经营人和其他的受托人对于集装箱内货物损坏赔偿的责任保险。因集装箱运输引起的风险和责任，可以以独立的、单独的保险单承保，也可以使用同一份保险单或保险凭证综合承保。

(2)集装箱保险是定期保险。海上保险单有航次保单和定期保单之分，航次保险单以航程确定保险人的承保期间，定期保险单保险人根据保险单的约定承保一定的期间。集装箱保险一般是定期保险，这主要是因为作为保险对象的集装箱很多，同时集装箱又和船舶一样频繁流动，定期保险适合集装箱运输的这一特性。

(3)集装箱保险人根据保险单约定赔偿限额，即保险人对于集装箱的损坏、灭失或因集装箱引起对第三方的赔偿责任均限定赔偿限额。同时，为了避免小额频繁的索赔，集装箱保险单通常也有免赔额的约定。

(4)集装箱保险单一般不得转让。由于集装箱的频繁调配和流动，集装箱保险单通常不能转让。事实上，也没有转让集装箱保险单的商业必要。因加入保赔协会而取得的会员资格以及会员对于集装箱保赔保险的利益，除非协会章程明确规定或得到协会经理部的明确同意，也不得转让。

一、集装箱箱体保险

《海商法》第218条规定了海上保险合同的保险标的，该条第7项认为："由于发生保险事故可能受到损失的其他财产和产生的责任、费用"可以作为保险标的。集装箱箱体保险应属于该条规定的"其他财产"。根据MIA 1906第3条的规定，任何遭受海上风险或受到海上风险(Maritime Perils)威胁的可保财产(Insurable Property)及其费用、责任均可成为海上保险合同的保险标的。用于海运和国际多式联运的集装箱显然属于这种可保财产。

1. 承保的风险与损失赔偿

根据1987年1月1日修订的协会集装箱保险条款,一切险承保下列风险和损失:

(1)除外事项以外的原因引起的保险标的的灭失和损坏,但对于集装箱机器的灭失和损坏,只在下列场合才予负责:集装箱全损(包括实际全损和推定全损);在机器的外部发生了火灾或爆炸;船舶或驳船的触礁、搁浅、沉没或倾覆;陆地运输机械或飞机的颠覆、出轨及其他事故;船舶或驳船与其他任何物体的碰撞或接触;共同海损的牺牲。

(2)集装箱对于共同海损、救助和救助费用的分摊。为了获得保险人的赔偿,被保险人应当对于集装箱足额投保,而且引起共同海损事故的原因必须是承保的危险所引起的。

(3)集装箱所有人根据海上货物运输合同中的"船舶互有过失碰撞责任条款"而承担的对于承运船舶的赔偿责任。

(4)被保险人为了避免或减少因保险单承保的原因而引起集装箱灭失或损坏发生的施救费用(Sue and Labour Costs)。

一切险条款对于集装箱的赔偿包括集装箱的全损和部分损失。一切险在PICC的条款中被称为"综合险",但其英译条款也称为"All Risks"。协会"全损险"条款承保的危险与一切险一致,只是"全损险"条件不承保集装箱的部分损失,但对于共同海损、救助费用、施救费用与船舶互有过失碰撞责任条款的责任仍然承保。

有关集装箱的推定全损和船舶保险条款类似,协会条款规定,在计算是否构成推定全损时,集装箱的保险价值应被视为修复后的价值,而且应以一次事故的修理费用为准,并且不可将破损集装箱自身和废金属的价值计算在内。这种规定是为了和MIA 1906的第60条(1)款的规定(Or because it could not be preserved from actual total loss without an expenditure which would exceed its value when the expenditure had been incurred.)保持一致。

有关免赔额,协会条款规定,当因承保的原因引起部分损失的索赔时,保险人有权就每次事故扣除保险单约定的免赔额,但对于全损、共同海损、救助费用和施救费用的索赔,保险人不做这种扣减。

2. 除外责任

下列原因引起的损失系协会集装箱定期条款的除外责任:被保险人

的故意行为;集装箱使用过程中发生的自然损耗、腐蚀、锈损以及质量下降;原因不明的灭失及库场存放期间发生的灭失或下落不明;集装箱的固有缺陷或瑕疵;直接由于延迟所引起的损失或费用;因债务人破产或丧失偿付能力而发生的灭失、损坏或费用;由于被保险人及其雇佣人员知情或参与的船舶或驳船不适航、不适合;协会集装箱战争、罢工险条款承保的范围和除外责任。

3. 暂保条款

协会集装箱保险条款的第 9 条规定,集装箱必须在保险单约定的海域和地域范围内营运。如果集装箱超出保险单规定的营运范围,只要被保险人及时通知保险人并同意修改保险条件,必要时加缴保险费,保险人继续承保。该条款适应了集装箱在国际范围内流动使用的特点。

4. 保险责任自动终止条款

如果被保险的集装箱在保险期间内,未经保险人的书面同意被出售、租借或租赁给被保险人以外的人,则该集装箱的保险自动终止。

5. 解除合同条款

协会集装箱保险条款的第 11 条为解约条款:“本保险可由保险人或被保险人任何一方提前 30 天给予通知发生解除合同的效果。由保险人解约的场合,由保险人向被保险人退还保险费,该保险费按尚未到期的保险期限的比例计算。由被保险人解约时,保险费的退还由双方协商。”可见集装箱保险合同条款的解除,显然比船舶或货物保险条款要方便得多。

二、集装箱运输责任保险

集装箱所有人、经营人、管理人和承租人在营运和使用集装箱的过程中,除了可能因为各种海上危险而遭受集装箱灭失而引起的财产损失外,还极有可能因集装箱的使用而产生法律上的赔偿责任,包括财产损失的赔偿责任和人命伤亡的赔偿责任,还可能遭受因各种公共当局的强制措施而发生责任或费用,如遭受罚款、强令采取检疫措施等等。对于这些责任,通常通过集装箱保赔保险的方式进行分散。这里主要介绍前述的 T. T. CLUB 和中国船东保赔协会的承保范围。至于集装箱的所有人、经营人、管理人和承租人以及集装箱货运代理人加入保赔协会的方式、条件以及对于协会应负的义务和责任,与作为会员的船东、租船人加入其保赔协会的情况并没有什么大的区别。

1. 设备的承保范围

包括任何原因引起的被保险人的设备的灭失或损坏;设备的共同海损的分摊和救助费用;因战争罢工险原因造成的设备的灭失以及设备的共同海损的分摊和救助费用。显然,该项责任范围属于集装箱箱体保险条款承保的主要风险,是保赔协会对于会员船东或租船人的一项特别保险。

但是,和专业承保集装箱损失与责任的联运保赔协会(T. T. CLUB)不同,中国船东保赔协会章程的第二十六条规定:"会员拥有的或租用的集装箱的灭失或损坏。但会员欲取得本款保险必须事先经本协会经理部的书面同意,并接受协会经理部为此项保险而制定的特殊条款和支付经理部所规定的额外保费。"显然,像中国船东保赔协会或国际上其他的船东保赔协会这样的船东保赔组织,对于集装箱的财产或责任保险只是一种特别约定条款,保赔协会通常并不承保这种风险。

2. 陆上战争险的承保范围

联运保赔协会还承保集装箱所有人加保的陆上战争险。陆上战争险的承保的风险与海运战争险的范围基本一致,只是对于海运战争险的承保期限延伸至陆上,这是和集装箱在陆上运输段的调配和使用的业务相一致的。

3. 对于第三者责任的承保范围

对于第三者财产的灭失或损坏以及间接损失;对于第三者的人身伤亡赔偿责任;因集装箱租赁、转包或联运契约而产生的契约责任;但是,对于被保险人或共同保险人自有或出租的非集装箱的财产损失不负责任;对于被保险人的雇员的人身伤亡以及作为机动车业主的第三者责任概不负责;对于因被保险人将所投保的设备出租给他人或同意让其他人使用,而造成的第三者责任不予承保。

4. 罚款

协会对于被保险人或其代理人因违反设备进出口规定或移民规定或安全工作条件规定而被有关当局罚款(如税收罚款、营业增值税罚款等等)承担赔偿责任。

5. 其他费用

包括调查、律师、检验费用,处理设备而发生的费用,正常业务之外的设备检疫、消毒和熏蒸费用等等。

三、对于集装箱码头经营人的承保范围

集装箱码头、仓库、中转站或码头装卸公司或装卸设备经营人等均可以集装箱码头经营人的身份加入联运保赔协会。

1. 对于货物和客户的船舶或其他财产的责任

由于被保险人的过失，在装卸过程中造成货物或者船舶或其他财产的灭失或损坏的赔偿责任；错运或错误交付货物，如未按权利人的指示交付货物或未凭提单或提货单交付货物；在安排运输货物或客户设备或船舶作业的过程中造成延误；对于部分贵重货物的赔偿责任；等等。

对于下列原因引起的赔偿责任不负赔偿责任：被保险人违反合同或港章的规定；被保险人没有过失，但是依照港章或契约的规定，被保险人所负的赔偿责任。

2. 对于其他第三者责任的保险

包括对于任何第三者的人身伤亡赔偿责任和财产赔偿责任；被保险人的契约责任，但不包括被保险人应负的雇主责任。

3. 提供错误的建议、信息险

被保险人通常对于自己管理或经营的服务项目有义务对客户提供建议和信息，协会对于被保险人提供的建议和信息错误而引起的对于第三方的赔偿责任予以承保。

4. 装卸设备的承保范围

这里的设备仅指港口装卸设备，如大型门式起重机（龙门吊）、桥式起重机（桥吊）等等。承保范围包括这些设备的灭失和损坏。对于这些设备的保险通常使用不定值保险，保险赔款应以发生事故时这些港口附属财产的实际价值为基础。

5. 营业中断险和增加工本险

该项承保范围属于营运损失保险。传统的财产保险，只对于保险标的的物质损失给予赔偿，通常对于因保险标的的损失而引起的被保险人的停产、减产、营业中断等间接损失不负赔偿责任。营业中断险对于这种损失提供保障，包括营业中断而引起的利润损失和额外增加的人工费用和其他费用。一种是由于装卸设备某一部分或装卸设备的全部无法提供服务而造成的营业中断，以及为恢复营业而支付的人工费用；另一部分是泊位发生堵塞而无法正常营业。

6. 火灾的赔偿责任

火灾所负的责任,联运协会予以负责。如契约规定被保险人应对于所租用的建筑物投保火灾险或被保险人已在其他的保险中包含了该项火灾保险,联运协会不再负责。

7. 罚款和费用

与集装箱船东和租船人的承保范围相同。

四、集装箱运输货物的各种特殊风险

集装箱运输提高了装卸效率,减少了货物的运输途中的大量风险,但也带来了一些特有的风险。

1. 集装箱货物的湿损

包括雨水、海水侵入造成的集装箱货物的湿损。这主要是因为集装箱的箱体结构不够水密所造成的。因此,在使用集装箱之前,应当严密检查集装箱的水密状况,包括集装箱的门缝、集装箱的顶部、底部和集装箱的开关设备是否完好。

2. 因撞击而造成货物的损坏

运输过程中,集装箱难免受到各种撞击,由于集装箱本身对外部压力没有缓冲能力,所以,集装箱内装货物常常会因撞击而发生损坏。为了防止这种损失的发生,应当对于集装箱内装货物进行合理的包装和适当的积载,使集装箱内装货物保持适当的缓冲能力。

3. 集装箱货物的汗水湿损

这和普通货物的船舱汗湿是一样的。当集装箱气温上升,集装箱内部的水分就会变成蒸汽,循环于集装箱内。相反,如果集装箱内气温下降,蒸汽就会再变成水滴滴下,从而造成内装货物的湿损。另外,集装箱积载中使用的材料所含的水分,也会在集装箱内部形成湿气,引起湿损。

4. 集装箱货物的污损

由于同一集装箱内部混装了不能相容的货物时,或未将集装箱内部残留的污物彻底清扫干净,就装载了货物时,往往货物会在运输途中发生污损。因此,有必要要求发货人、装箱人在装载货物时,对于集装箱货物的状况进行仔细的检查。

5. 因特种集装箱温度的变化而引起的货损

如冷冻集装箱上的冷冻机发生故障,常常是造成这种货物损坏的主要原因。因此,对于集装箱进行定期检查、检修,使用前后对于集装箱进行检查，是防止损害发生的关键。

6. 偷窃、盗窃和提货不着

集装箱运输并未能够有效地减少这种损失的发生，这主要是集装箱作业区未能保持安全的管理体制引起的。

保险的真正目的在于减少损失的发生，因此，海上保险人同样关心如何防止和减少集装箱货物损失的发生。一般认为，防止集装箱货物受损的必要条件有以下几点：集装箱本身的水密性、耐水性；货物装箱的充实、紧密度和内装货物包装的适合性；集装箱运输工具的种类、装卸作业区的安全和管理体制等等。

五、对于集装箱货物的保险责任

1. 一切险（All Risks）的保险条件和集装箱货物的保险

人保海运货物保险条款一切险承保一切外来原因引起的货物损失，协会（A）款承保的风险与一切险基本一致。一切险承保的风险基本覆盖了集装箱运输中经常发生的货损、货差。

根据业务习惯和国际惯例，一切险通常包含平安险、水渍险和普通附加险的承保范围。普通附加险包括：短量险（Risk of Shortage）、玷污险（Risk of Contamination）、渗漏险（Risk of Leakage）、串味险（Risk of Odour）、锈损险（Risk of Rusting）、钩损险（Risk of hook Damage）、偷窃提货不着险（The Pilferage and Non. delivery）、淡水雨淋险（Risk of Fresh Water and Rain Damage）、碰损破碎险（Risk of Clashing and Breaking）、受潮受热险（Damage Caused by Sweating and heating）和包装碰损险（Loss and/or Damage Caused by。Breaking of Packing）。其中玷污险、串味险、偷窃提货不着险、淡水雨淋险、受潮受热险基本包括了集装箱运输中经常发生的风险。

2. PICC 进口集装箱货物运输保险特别条款

为了适应集装箱运输货物保险的需要，1982 年 8 月 1 日，PICC 特别通过了该条款，以便和海运货物保险条款一并使用，总的目的在于明确保险人的保险责任和保险期限，同时就集装箱货物的运输保险对于被保险人提出更严格的要求。该条款的内容如下：

（1）关于保险人的保险责任：

①进口集装箱货物运输保险责任按原运输保险单责任范围负责，但保险责任至保险单载明的目的港收货人仓库终止；

②集装箱货物运抵目的港,原箱未经启封而转运内地的,其保险责任至转运目的地收货人仓库终止;

③如果集装箱货物运抵目的港或目的港集装箱转运站,一经启封开箱,全部或部分货物仍需继续转运至内地时,被保险人或其代理人必须征得目的港保险公司同意,按原保险条件和保险金额办理加批附加费手续后,保险责任可至转运单上标明的目的地收货人仓库终止。

(2)关于保险人的特别除外责任:

①凡因集装箱箱体无明显损坏,铅封完整,经铅封开箱后,发现内装货物数量规格与合同规定不符,或因积载或配载不当所致的损失不属保险责任;

②装运货物的集装箱必须具有合格的检验证书,如因集装箱不适货而造成的货物残损或短少不属保险责任。

(3)关于被保险人的义务:

①集装箱在目的港转运站,收货人仓库或经装转运至目的地收货人仓库,被发现箱体明显损坏或铅封被损坏或灭失,或铅封号码与提单、发票所列的号码不符时,被保险人或其代理人或收货人应保留现场,保留原铅封,并立即通知当地保险公司进行联合检验;

②进口集装箱货物残损或短少涉及承运人或第三者责任的,被保险人有义务先向承运人或第三者取证,进行索偿和保留追索权。

【案例1】 集装箱运输中保险问题

集装箱作为一种新的运输方式,可以说是运输史上的一次革命。装在密闭式金属制的国际大型集装箱内的货物与装在一般杂货船上的包装货物相比,一般来说,做到迅速的包装、运输等是可能的。这给托运人、承运人、码头和货物保险人等各有关方带来了诸多便捷之处。但是,装在集装箱内的货物将会遇到运输过程中海上和陆上的各种危险。人们利用密闭式的集装箱进行门到门运输,把货物运抵最后目的地后进行开封,结果发现货物受损,而这是以前件杂货运输中很少会遇上的“潜在性的损坏”和“不易被人发现的损坏”。

一、保险责任期间的问题

在传统的件杂货物运输中,一般保险责任范围为“仓至仓”,但集装箱运输可分为[CY、CFS、DOOR]—[CY、CFS、DOOR]这几种条款组合而成的多种运输方式。大多进出口贸易通过集装箱运输方式的,通常采用国际贸易中价格条款FOB、CIF、CFR,且交货方式主要采用CY和CFS。这样的运输方式,由于买卖双方把交货地点均选择在集装箱码头,由此造成了海运保险和内陆运输保险的脱节。货主如果要进行全程运输保险,就必须进行二次投保。保险条款常规定,保险责任自货物运离保险单所载明的启运地仓库或储存处所开始运输时起生效,一般至到达保单所载名的目的地收货人或其他最后仓库或储存处所,或在此之前被保险人储存货物、分派货物之处,保险期终止。显然,装货过程不在保险责任范围内,尤其在CY、CFS这种交货方式中。因此,对于进口集装箱二次投保,还存在着港口装货不在保险责任期间内的问题。同时,进口货物为CY条款交货时,要求港口拆箱提货的,必须办理保险;否则港口可拒绝受理,因为CY条款为卸货港整箱交货,即使货主进行了全程运输保险,但其条件是整箱运输,在任何环节上的拆箱,在打开箱门的同时,其保险自动终止。因此,在出口货物未进入保险责任,进口货物保险终止的情况下,货主万不可为节省费用,对国内运输段不予投保,而问题或纠纷就常常发生在此阶段,因为装卸货,或拆箱时最易造成货损。

从保险的连贯性而言,目前所形成的国际多式联运是通过一张单证、一次保险进行全程运输保险的一种好办法,双方把交货地点尽可能放在收发货人的仓库或工厂,采用DOOR—DOOR交货方式。在实务中,当以DOOR或非港区内的CFS为装箱点时,一般托运人均要求将保险责任范围的起讫点扩展到DOOR和CFS。对于以DOOR作为收货点的运输方式下,保险责任范围的终止点也会扩展到DOOR,从而对货物保险人而言,这比传统的"仓至仓"责任要大多了。

二、追偿问题

集装箱舱单或提单中,均有关于货物的品质描述条款,一般包括货物的件数及重量等内容。如果发生货损,一般货主会依保单向保险人索赔。保险人在赔偿后,取得代位权依提单条款向承运人追偿,这时如果提单上这些数据不清或没标明时,按《海商法》关于承运人的责任限制,首先就有一个如何确定"件数"的问题,而按现行一般做法,如果没有标明,整个集装箱将有可能被视作"一件",这对货物保险人而言,的确损失很大。

集装箱联运提单正面条款之一系"确认条款",规定:"整箱货运输下,承运人之责任仅限于集装箱外表状况良好、铅封完整下接货、交货”。该条款表明只要承运人作到在上述情况下接货和交货,即使箱内货物发生损害、短少,承运人概不负责任。因此,承运人在签发提单时,经常在整箱货提单上加上诸如STC(SAID TO CONTAIN)这样的批注。其实质内容无非是承运人声明他对于记载在上述提单内的货物品名、性质、质量或数量等之类的描述没有核实,因托运人告知不实而产生的损失由货主自行负责。对于在CY交货情况下,由于承运人收到的是装箱后的整箱货,承运人无法有机会对货物进行查验,STC条款有其合理之处。那么一旦整箱货在目的地凭铅封或箱体外表完好状况下交货,但实际上箱内货物有损失时,货主或是赔偿了投保人而取得代位权的保险人,均无法有可能向承运人追偿,因为责任由货方自负。当然,对于CFS交货的情况下,因为是承运人自己装的箱(因承运人签发场站收据,从而货运站被视为承运人的代理人等)承运人显然不能在提单中声称,这是托运人告知的内容,所以,STC条款效力不被认可,承运人负货损责任。投保人或保险人均可从承运人处获得赔偿。

关于确认条款,还会对货物的投保人产生一个问题:如果到达目的地后,开箱后发现箱内货并非提单中所载明的货,则保险人可能以“风险从未产生”为由拒绝向货主作出赔偿。而承运人又因在箱体外表完好情况下交货而免除责任。因此货物投保人应小心防范这样的风险发生。

关于追偿权,又有一个问题,那就是在转船或多式联运方式下,如果保险人已承保了最后一段,那么,损害发生后,保险人赔付后的追偿问题也是很麻烦的。一是难于确定货损发生于何时、何种运输阶段,以及该由谁负责。二是即使在多式联运下保险人可向全程承运人索赔,但在不知道损害发生区段的情况下,保险人很有可能丧失适用较高赔付标准的机会。因为现在多式联运一般实行网状责任制,包括中国《海商法》在内的许多法律都规定,“……运输区段不能确定的,多式联运经营人应当依照本章关于承运人赔偿责任和责任限额的规定负赔偿责任”。也就是适用金额较低的海运阶段的赔偿标准。

三、箱体缺陷对货物风险的扩展问题

1.空箱箱体完好问题

集装箱一般而言,是一种密闭性、强度大的容体,但由于集装箱的经常挪动、搬运,也易在箱体上造成小孔洞的产生。在承运人或其代表(如

CFS 中的货运站)装箱的情况下，承运人为尽快装货，可能不顾及空箱的破损问题，从而在颠簸、装卸中很易造成货损发生，此时保险人赔付完货主，向承运人追偿往往会因提单中的责任限制条款或免责条而所获甚少。此时保险人也很难证明承运人有故意或重大过失行为，以排除承运人的限制赔偿责任权。

在托运人装箱的情况下，当他从承运人处取箱后，或是因为他对空箱的一些小问题难以察觉；或是怕误船期和受到日后的刁难，而急于装货，而且对他而言，只要能将重箱交承运人能获得清洁的场站收据或提单以结汇就可。但对集装箱而言，少许的碰撞就会使箱体的小问题变成大问题，从而很易造成雨水、海水渗漏，引起水渍损失。而此时保险人想追究发货人的装箱过失，举证无疑是十分困难的。

2. 货物仅凭铅封箱体完好交接的问题

如前所述，这对保险人和投保人都会产生追偿不到的风险，对保险人还会产生赔付较低的风险。1998 年制订的《海上国际集装箱运输管理规定》中规定，集装箱交接以铅封和箱体完好为限。但实际上，铅封完好而箱内货物却短少、或发生货损的情况却经常发生。这种不易为人察觉的风险的危害性是很大的。因为由于铅封防伪技术不过关，盗窃会在不破坏铅封的情况下产生：尽管提单上有“海关启封检查条款”和“承运人货物检查权条款”，但有可能货损发生于海关检查或承运人检查之时，或检查后货物积载不当。而按提单之规定，重新封印后所产生的货物灭失、损害或其他后果，承运人不负担任何责任。尤为严重的是，这种货损由于发生难以看出其发生时间，有可能导致发货人的道德风险问题：货物根本不装箱或以较少量装箱，而保险人对此却举证困难。

当然，根据《集装箱运输管理规定实施细则》，“参加海上国际集装箱运输的企业，应对各自掌管期间的集装箱和集装箱货物负责，加强各环节的管理，明确交接责任”。因此，集装箱装箱人应对其掌管货物期间所发生的货损负赔偿责任。在箱内货物数量少于目的地开封后所验收之数量，或箱内货物发生锈损等不同于装箱人在装箱单上之清洁注明，那么，保险人在赔付货主后，应有权依代位权向装箱人追偿。但装箱人此时如出具海关盖章或公证理货的证明书，证明货物是按装箱单上所记载之数量及质量装箱，那么，装箱人应被认为已无过失地履行了其义务，对于这种莫名的外表完好情况下的缺损，只有保险人独自承担了。

在实务中，对集装箱装箱人而言，由于管理不当或疏忽大意，在其掌握期间发生货损货差是难免的。另外,现在不少集装箱装箱人又是集装箱多式联运的经营人,其风险更大。因此,建议集装箱装箱人有必要向保险公司投保第三者责任险,以支付少量固定的保险费,避免可能会突如其来的高额索赔,确保业务稳定发展。

3. 货物配载不当问题

集装箱在运输过程中,常常会受到各种各样的撞击,尤其在装卸作业过程中,所受到的撞击是不可忽视的,这给箱内货物带来严重损害,这种风险是很大的,因此箱内货物不仅需要货物自身捆包、包装适当,同时,正确的集装箱配载也是必不可少的。

在承运人或其代表装箱的情况下,因配载不当而货损,当然是在保单的赔偿范围之内,但是在托运人或其代表装箱的情况下,托运人是不会承认货损是由于配载不当所造成的,而在索赔时声称这是由于海上颠簸或在运输过程中所致。而保险人则难以获得充分的证据去抗辩。

当然,不论在件杂货运输,还是在集装箱运输,在海上运输的巨大风险性这一点上都是同样要面对的,只是由于集装箱运输中使用了集装箱这一大型容体,使得此时货物在减少了一定的风险的情况下,又出现了在传统运输方式下未曾出现过的问题,而这些集装箱货损,都与以下几点有关:①集装箱自身的水密性和耐久性;②集装箱货物配载得当和货物自身包装合适;③集装箱的安全措施以及管理体制;④集装箱包装、运输的便捷性所引起的运输方式的扩展。这不仅带来货物配载的新问题,也改变了货物的交接责任问题,这些都是集装箱运输方式下货物保险中应该加以考虑的问题。

【案例 2】 投保集装箱联运保险的有关问题

集装箱联运保险是指保险人在集装箱运输的整个过程中给予作为保险标的的集装箱及其运输和装卸设备,如底盘车、拖车、铁路车架等提供全程的财产和责任保险。它不仅涉及集装箱船经营人,还涉及为集装箱提供服务的码头与仓库经营人、港口当局、货运代理人、无船承运人等。以联运保赔协会为例,就集装箱船经营人投保集装箱联运保险所涉及的问题作一简要介绍。

1968 年在伦敦成立的联运保赔协会(THROUGH TRANSPORT MUTUAL ASSOCIATION LTD. 简称 T. T. CLUB)是目前在国际保险市场上最

著名的提供集装箱联运保险的机构。它同传统的保赔协会一样,具有互保性和非营利性的特征。

一、联运保赔协会对集装箱船经营人承保的风险

1. 对运输设备(CARRYING EQUIPMENT)的保险

联运保赔协会对运输设备的定义是:任何集装箱、底盘车、拖车、铁路车架以及其他在协会承保时提供的设备表(EQUIPMENT SCHEDULE)中列明的设备,协会对运输设备的承保范围为:

(1)任何原因造成被保险人运输设备的灭失或损坏;

(2)设备的共同海损分摊和救助费用;

(3)战争、罢工、暴动以及恐怖分子的行动造成的运输设备的灭失或损坏,以及运输设备的共同海损分摊和救助费用。

2. 第三者责任险

1)非契约责任

①对第三者财产的灭失或损坏以及间接损失;

②对第三者人身伤亡(包括住院、医疗和丧葬费)以及间接损失。

2)契约责任

(1)由于下列合同有关条款的规定而产生的对除被保险人、共同保险人、联合保险人以外的第三者的责任:

①运输设备的租赁合同或买卖合同;

②与转包人签订的合同;

③与合伙人签订的合同;

协会对上述合同中规定的应由被保险人承担的对第三者的责任予以负责。

(2)对被保险人与转包人或合伙人签订的契约规定应由被保险人负责的转包人或合伙人的财产损失以及由此引起的间接损失予以负责。需要注意的是,契约必须事先交协会认可,协会才会对契约责任负责。

3. 罚款

(1)政府或其他权力机构对集装箱船经营人或其代理人的罚款;

(2)有关当局对集装箱经营人或其代理人关税、销售税、营业增值税等罚款;

(3)政府或权力机构扣押、充公财产(包括作为保险标的的设备)而产生的费用;

以上罚款必须是被保险人或其代理人因违反货物(或设备)进出口规定、移民局规定、安全工作条件规定、防污染规定而产生的。

4. 费用

(1)因运输设备导致的责任问题,花费在调查、检验、抗辩或调解的费用,通常这些费用都是支付给律师、专家的开支;

(2)事故发生后,处理设备和货物而产生的费用;

(3)因港口卫生局要求而进行的非正常营运所需要的检疫、灭虫、杀菌、熏蒸的费用。

对于以上风险和费用,集装箱船经营人都可以得到联运保赔协会的保护和赔偿。对于每一种风险,协会都规定了相应的除外责任,除外责任在协会提供的总单(SHIP OPERATOR COVER)中都有明确的说明。集装箱船经营人在投保以及向协会索赔时,要注意协会列出的除外责任。另外,联运保赔协会在集装箱船经营人对货物的责任和其他由传统的保赔协会承保的风险不负责。

集装箱船经营人可以根据本公司的实际情况,如本公司运输设备的数量、种类以及所经营的航线,决定在哪一条航线投保哪一种险别。对运输设备,特别是集装箱的灭失(包括实际全损和推定全损)的保险,对于集装箱船经营人来说,应该是非常重要的。因为如果船舶不幸遇到重大的海难甚至沉没时,如果没有投保集装箱箱体保险的话,则对数以千计的箱子来说是非常巨大的损失。对于是否投保集装箱或其他运输设备损坏的修理费保险,一般认为,集装箱船经营人应根据租赁合同以及通过统计在一定期限内修理费与保险费的比例,再决定是否投保。无论是投保设备全损险还是投保设备损坏修理费险,在一般情况下,第三者责任险和罚款、费用开支均包括在内,其他风险则被保险人可选择投保。但集装箱船经营人可以与协会进行协商,根据本公司的实际情况,灵活选择险种。例如:集装箱船经营人可以在一些特殊航线,只投保第三者责任险。因为第三方责任事故的风险在某些国家,诸如美国、加拿大等地是非常巨大的,一旦发生赔偿,金额往往高达几十万甚至上百万美元。因此,在美、加航线投保第三者责任险比较有针对性,但在其他一些航线上投保则意义不大。所以,应根据航线来考虑具体投保哪一种风险。

集装箱船经营人在投保集装箱保险时,既可以直接向联运保赔协会投保,也可以通过经纪人向协会投保。在我国还可通过中保财产保险有限公司向协会投保。无论以哪种方式投保,都需要向协会提供:运输设备的数量、种类和价值；投保人的名称和通信地址；集装箱船的数量、箱位及船龄、航行区域；提单条款；参加的保赔协会；租箱公司的名称以及其他协会要求提供的资料和信息。协会得到上述信息资料后，将进行调查、审核，并作出决定。如果双方就承保条件和保险费率等有关事项达成一致，协会就签发入会证书（CERTIFICATE OF INSURANCE）即保单。保单上将明确规定承保的期间、承保的区域、保费的支付、免赔额、责任限制、索赔案件的处理和追偿等有关事项。

关于保费集装箱船经营人需要注意的是，协会可以通过两种形式收取保险费：一种是固定保险费形式，该形式主要用在保险费数量不大、风险责任较明确、损失程度和范围易估计的附加费；另一种是互助保险费形式，这是协会收取保费的主要形式，它由追加保险费、退还保险费和免责保险费组成。对于集装箱船经营人来说，保险费是设备的总价值乘以费率。如集装箱船经营人在某一航线投保集装箱联运保险，因运输设备的数量和总价值是变化的，所以协会一般根据集装箱船经营人首次申报的运输设备的总价值和双方达成一致的费率确定最低保费。在支付最低保费之后，集装箱船经营人作为被保险人，并根据保单要求的申报日期和次数，申报当时的各种类型的运输设备的数量和总价值。协会将据此调整保费，但最低不能低于最低保费。

二、设备的灭失或损坏事故的索赔程序

1. 委托检验机构安排检验

一旦集装箱船经营人作为被保险人（即会员）知道对保险设备的修理费用可能超过免赔额，或者可能超过设备的保险价值，会员或其代理人应立即通知协会确认的当地的检验机构的代表安排对设备的检验（不必通知协会）。通知应包括以下内容：会员的名称；会员号；设备的详细情况，包括类型、序列号；设备所处的地点，包括场站的名称、地址和联系人；对于租赁的设备，会员应提供起租日期、起租时的检验报告副本；对导致设备受损的事故的情况介绍；如果可能导致推定全损，对于租赁的设备，应通过租赁公司报出设备折旧后的价值，对于自有设备，应报告该设备的保险价值；会员方的联系人；被检设备的预估修理费等。除集装箱或底盘车以外的高价值的设备一旦受损，会员或其代理人应直接或通过经纪人联系协会，以便协会安排具有相关专业知识的专家参加检验。

2. 通知协会

会员必须填写协会编制的"索赔通知书"(CLAIM NOTIFICATION FORM),并将该份通知和检验报告副本在事故发生后3个月内寄给协会。如果会员不同意检验师的检验结果,应在"索赔通知书"上注明自己的意见。

3. 向协会请求补偿

一旦索赔案件被证实,会员就可以向协会要求补偿。

(1)自有或租赁设备受损时,会员应向协会提供修理费用的发票和该笔修理费已支付的凭证,该修理费必须合理。

(2)自有设备灭失时,对于会员自有设备的实际全损(ACTUAL TOTAL LOSS),会员不必提供任何发票。

赔偿金额为该设备的保险价值。如果没有规定保险价值,应按该设备的市场价值赔偿。对于会员自有设备的推定全损(CONTRUCTIVE TOTAL LOSS),会员必须向协会报告预计产生的修理费,只有修理费高于设备的保险价值时才能视为推定全损,赔偿金额为该设备的保险价值。如果没有规定保险价值,应按该设备的市场价值赔偿。

(3)当租赁设备灭失,除第2项规定的文件外,会员还应向协会提供由租赁公司提供的设备的折旧价值发票,赔偿金额为会员根据租赁合同赔偿给租赁人的金额。如租赁合同没有规定,应按该设备的市场价值赔偿。

4. 对责任事故的索赔程序

责任事故的索赔程序与上述有相同之处,被保险人应将事故时间、地点、检验报告副本通知协会。另外,被保险人在通知协会的同时,还应采取积极有效的措施以减少损失,并认真收集事故原因的各种证据。如果被保险人认为事故是由其他人的过失引起的,应及时提出索赔,以便被保险人自己向责任方追偿,或协会赔偿被保险人,取得代位求偿权后再向责任方追偿。

【案例3】 进口希腊原棉严重霉烂残损案

一、案由

浙江省纺织进出口公司通过香港华润有限公司从向希腊进口原棉

3 930.65公吨,计 17 869 包,货价总值 6 690 152 美元,由萨洛尼卡港装“鲁西加”轮于 1991 年 7 月 26 日运抵上海。

在卸货时,发现原棉严重水湿、霉烂等残损情况。收货人、船东保赔协会先后向上海进出口商品检验局申请进行残损鉴定。在鉴定中,商检局坚持独立鉴定原则,判断致损原因。经鉴定有 10 671 包原棉遭损,净损高达 391.844 公吨,价值 685 727 美元(折合人民币 3 682 354 元)。这是一件比较大的残损案件。

此案发生后,国内外有关当事人都非常重视,纷纷来上海看货、交涉,其中有发货人、船东保赔协会、香港华润纺织原料有限公司、瑞典经纪人、中国棉花进出口公司、浙江人保、上海人保、中国外运钱塘公司等主要负责人等。不少当事人多次向上海进出口商品检验局了解情况,商检局在与他们密切配合的同时,广泛听取各方对货损责任,损失程度的分析意见和建议。他们从不同角度出发,有的认为该批原棉的提单是清洁提单,而原棉残损发生的船舱内,货损责任应是承运人;有的认为只有认定船方责任,向船方索赔,才能得到赔偿,如果向发货人提赔,则肯定达不到赔偿的目的,最后只能由保险公司赔偿。收货单位等则向上海海事法院请求对“鲁西加”轮实施诉前扣押,要求船方提供 280 万美元担保金。船东保赔协会鉴定人查勘了货损情况后,明确表示货损责任是发货人,但为了不耽误船期,提供了 138 万美元担保金,海事法院同意放船。

“鲁西加”轮于 1991 年 7 月 26 日晚抵达上海港东昌路码头。卸货时发现原棉严重水湿、霉烂,乃立即停卸,并向船方建议申请商检事宜。27 日,商检局及时派员登轮查勘,查得各舱货堆面积及内部各个不同部位有相当数量的棉包严重水湿、霉烂、破损、脏污;在各货舱的舱壁、舱底处仅有少量薄膜衬隔、铺垫,致使部分棉包遭受锈迹、油迹或散捆。经过各舱详尽检查,船舱内均没有发现漏水痕迹,同时向船长、大副了解装港装载的航程情况。

根据查勘所得和了解情况,研究分析了造成货损的原因。其中原棉水湿、霉烂、破损、脏污,系在装载前遭受水湿及保管、堆放不当所致,属发货人责任,而遭受锈迹,系货舱舱壁,舱底之衬隔、铺垫不足所致,遭受油迹系船舱油污所致,属承运人责任。

为了确定损失,商检局先后登轮查勘,深入码头仓库,赴金山,杭州、余姚、上虞、萧山等原棉疏运地点,严格按照检验要求抽取近 700 包代表性样品,逐一开包丈量棉花受损范围和程度,计算残损率获得了较准确的货损数据。并对因货损引起的合理的,额外的仓储、运输及人工整理等费用,一并进行估损。最后估损的情况是:916 包原棉水湿、霉烂,估损 25%;5 158 包原棉脏污,估损 3%;62 包原棉表面锈迹,估损 3%;3 包原棉部分油迹,估损 10%,总损失率为 30%,并签发了残损鉴定证等。经向外商索赔,外商赔偿 55 万美元、31 万人民币结案。

二、分析

商检局是国家设立的进出口商品检验部门。商检局实行集中统一的领导体制。为了加强进出口商品检验工作,保证进出口商品的质量,维护对外贸易有关方面的合法权益,促进对外经济贸易关系的顺利发展,国家制定了《中华人民共和国进出口商品检验法》。根据《商检法》规定,商检机构主要有三项任务,即法定检验,监督管理和鉴定业务。进口商品的残损鉴定属于进出口商品鉴定的内容之一,商检部门实施进口商品的残损鉴定要符合商检法的法律规定,要根据独立鉴定原则,既充分听取各方面的意见,又要实事求是地估定货物损失的原因,损失的大小以及确定关系人的责任。本案正是体现了商检部门办事的原则精神和科学态度,因而得出了合乎事实的结论,维护了各方面的合法利益。

附　　录

附录一　中华人民共和国海上国际集装箱运输管理规定(节选)

第三章　货运管理

第十二条　用于海上国际集装箱运输的集装箱,应当符合国际集装箱标准化组织规定的技术标准和有关国际集装箱公约的规定。

集装箱所有人、经营人应当做好集装箱的管理和维修工作,定期进行检验,以保证提供适宜于货物运输的集装箱。

违反本条第二款规定,造成货物损坏或短缺的,由责任人按照有关规定承担赔偿责任。

第十三条　承运人及港口装卸企业应当保证运载集装箱的船舶、车辆、装卸机械工具处于良好的技术状况,确保集装箱的运输及安全。

承运人及港口装卸企业违反本条第一款规定,造成货物损坏或短缺的,应当按照有关规定承担赔偿责任。

第十四条　承运人及港口装卸企业应当使用集装箱运输单证。

第十五条　承运人可以直接组织承揽集装箱货物,托运人可以直接向承运人或委托货运代理人洽办理出口集装箱货物的托运业务。

第十六条　托运人应当如实申报货物的品名、性质、数量、重量、规格。托运的集装箱货物,必须符合集装箱运输的要求,其标志应当明显、清楚。

第十七条　托运人或承运人在货物装箱前应当认真检查箱体,不得使用影响货物运输、装卸安全的集装箱。

第十八条　装运粮油食品、冷冻品等易腐食品的集装箱,须经商检机构检验合格后方可使用。

第十九条 集装箱货物运达目的地后,承运人应当及时向由货人发出提货通知,收货人应当在收到通知后,凭提单提货。

收货人超过规定期限不提货或不按期限归还集装箱的,应当按照有关规定或合同约定支付货物、集装箱堆存费及支付集装箱超期使用费。

第二十条 海上国际集装箱的运费和其他费用,应当根据国家有关运输价格和费率的规定计收;国家没有规定的,按照双方商定的价格计收。任何单位不得乱收费用。

第二十一条 承运人及港口装卸企业,应当定期向交通主管部门报送运输统计报表。

第二十二条 与海上国际集装箱运输相关的各方应当及时相互提供集装箱运输信息。

第四章 交接和责任

第二十三条 承运人与托运人或由货人应当根据提单确定的交接方式,在码头堆场、货运站或双方商定的其他地点办理集装箱、集装箱货物交接。

第二十四条 参加海上国际集装箱运输的承运人、港口装卸企业应当按照下列规定办理集装箱交接:

(一)海上承运人通过理货机构与港口装卸企业在船边交接;

(二)经水路集疏运的集装箱,港口装卸企业与水路承运人在船边交接;

(三)经公路集疏运的集装箱,港口装卸企业与公路承运人在集装箱码头大门交接;

(四)经铁路集疏运的集装箱,港口装卸企业或公路承运人与铁路承运人在装卸场交换。

第二十五条 集装箱交接时,交接双方应当检查箱号、箱体和封志。重箱凭封志和箱体状况交接:空箱凭箱体状况交接。

交接双方检查箱号、箱体和封志后,应当作出记录,并共同签字确认。

第二十六条 承运人、港口装卸企业对集装箱、集装箱货物的损坏或短缺的责任,交接前由交方承担,交接后由接方承担。但如果在交接后一百八十天内,接方能提出证据证明集装箱的损坏或集装箱货物的损坏或短缺是由交方原因造成,交方应当承担赔偿责任。法律另有规定的除外。

第二十七条　除法律另有规定外,承运人与托运人应当根据下列规定,对集装箱货物的损坏或短缺负责:

(一)由承运人负责装箱的货物,从承运人收到货物后至运达目的地交付收货人之前的期间内,箱内货物损坏或短缺,由承运人负责。

(二)由托运人负责装箱的货物,从装箱托运后至交付收货人之前的期间内,如箱体和封志完好,货物损坏或短缺,由托运人负责;如箱体损坏和封志破坏,箱内货物损坏或短缺,由承运人负责。承运人与托运人或收货人之间要求赔偿的时效,从集装箱货物交付之日起算不超过一百八十天,但法律另有规定的除外。

第二十八条　由于托运人对集装箱货物申报不实造成人员伤亡,运输工具、货物自身及其他货物、集装箱损失的,由托运人负责。

第二十九条　由于装箱人的过失,造成人员伤亡,运输工具、其他货物、集装箱损失的,由装箱人负责。

第三十条　集装箱货物发生损坏或短缺,对外索赔时需要商检部门鉴定出证的,应当依照《中华人民共和国进出口商品检验法》办理。集装箱、集装箱货物发生短缺,对外索赔时需要理货机构出证的,应当依照有关规定办理。

附录二　中华人民共和国海上国际集装箱运输管理规定实施细则(节选)

第三章　货运管理

第十四条　海上国际集装箱应当符合国际标准化组织(ISO)规定的技术标准和国际集装箱安全公约(CSC)、国际集装箱关务公约(CCC)等有关国际公约的规定。

集装箱所有人、经营人应当做好集装箱的管理和维修工作,定期对集装箱进行检查,使其保持适于货物运输的良好的技术状况。

第十五条　海上国际集装箱的技术检验(制造检验、定期检验和修理检验)和发证(集装箱样箱证书、集装箱证书和集装箱检验证书)应由中华人民共和国船舶检验局(简称船检局)、中国船级社或国际海事组织(IMO)认可的有关国际船舶检验机构负责。集装箱所有人、经营人必须持船检局、中国船级社或有关国际船舶检验机构的有关证书向海关申请核发“批准证明书”和“海关批准牌照”。对营运中的海上国际集装箱,其所有人、经营人应按有关规定向上述检验机构申请定期检验或申请实行连续检验计划(简称 ACEP)。

违反本条规定,造成货物损坏或短缺的,集装箱所有人、经营人应按有关规定负责赔偿。

第十六条 海上国际集装箱运输企业应当保证船舶、车辆、装卸机械及工属具、集装箱以及堆放集装箱的场站设施处于良好的技术状况,确保集装箱运输安全。

参加营运的船舶应具备有效的适航证书;车辆应具备有效的行车执照;集装箱、装卸机械及工属具应具备有效的合格证书。

堆放集装箱的堆场、货运站(以下简称场站)应具备下列条件:

(一)地面平整能承受所堆重箱的压力;有良好的排水条件;

(二)必要的消防设施;足够的照明设施和通道;

(三)必要的交通和通信设备;

(四)有符合标准并取得环保部门认可的污水、污染物处理能力;

(五)有围墙、门卫和检查设施;

(六)有一定的集装箱专用机械设备;

(七)有集装箱箱卡管理或电子计算机管理设备;

违反本条规定,造成集装箱或集装箱货物损坏、短缺的,责任方应当按照有关规定负责赔偿。

第十七条 国内承运人可直接组织承揽集装箱货物,托运人可直接向承运人或委托货运代理人洽办进出口集装箱货物的托运业务;货运代理人可代表托运人或收货人办理集装箱进出口运输的托运和收货业务。

第十八条 为加快进出口货物运送,托运人或收货人可根据提单注明的集装箱交付条款与集装箱所有人签订集装箱使用合同或租用合同。

第十九条 托运人应如实申报货物的品名、性质、数量、重量、规格。托运的集装箱货物标志应明显、清楚。

第二十条 托运人或承运人在货物装箱前应认真检查箱体,不得使用影响货物运输、装卸安全的集装箱。

第二十一条 使用集装箱运输和装卸危险货物,必须严格遵守《国际海上危险货物运输规则》(以下简称《国际危规》)和《集装箱装运包装危险货物监督管理规定》、《汽车危险货物运输规则》、《铁路危险货物运输规则》的规定。

第二十二条　装运粮油食品、冷冻品等易腐食品的集装箱，必须由集装箱所有人或经营人向商检机构申请检验，经检验合格后方可装运。

第二十三条　在码头堆场或收货人工厂、仓库交接的整箱货物，如需在码头拆、装箱的，托运人、收货人应委托港口国际集装箱装卸企业拆装箱、外轮理货公司理货，并负担有关费用。

第二十四条　在卸船作业中，外轮理货公司发现集装箱封志脱落、损坏，应作出实事记录，经海上承运人签认，重新施加铅封，并应及时向海关报告，拆箱时由外轮理货公司验封理货。

第二十五条　集装箱货物运达提单注明的交货地点后，海上承运人应在即日内向收货人发出提货通知，收货人应在收到通知后，凭提单办理提货手续。

收货人提运整箱货物，须凭提货单和设备交接单，并应在规定期限内将集装箱归还至指定地点。

集装箱卸船后，在港口交付的货物超过十天不提货，港口装卸企业(以下简称港口)可将集装箱或货物转栈堆放，由此发生的费用，由收货人负担；在十天内，由港口责任造成的集装箱或货物转栈的费用，由港口负担。

收货人超过规定期限不提货或不按期限和指定地点归还集装箱的，应当按照有关规定或合同约定支付货物、集装箱堆存费及集装箱超期使用费。

第二十六条　自集装箱进境之日起三个月以上不提货的，海上承运人或港口可报请海关按国家有关规定处理货物，并从处理货物所得的款项中支付有关费用。

第二十七条　为做好港口集装箱及集装箱货物的集疏运工作，应建立由当地政府领导，交通主管部门主持，有关单位参加的“联合办公会议”制度，协调各方的关系，确保港口集疏运计划的落实。

第二十八条　海上国际集装箱运输的运费及其他费用，应按国家有关运输价格和费率规定计收；国家没有规定的，按照双方商定的价格计收。任何单位不得乱收费用。

第二十九条　海上国际集装箱运输企业，应定期逐级向交通主管部门报送统计报表。

第四章　场站管理

第三十条　场站应与海上承运人签订有关业务协议，严格信守协议规定,按照海上承运人的要求按时接、发集装箱,提供进、出场站的集装箱拆、装箱、堆存等情况。

第三十一条 海上承运人向场站运送、调出集装箱,除双方另有约定外,必须提前一个工作日通知场站,并及时提供有关业务资料。

第三十二条 集装箱进入场站后,场站应按双方协议规定,按照不同的海上承运人将空箱和重箱分别堆放。空箱按完好箱和破损箱、污箱、自有箱和租箱分别堆放。

第三十三条 场站应对掌管期限内的集装箱和集装箱内的货物负责,如有损坏或灭失,由场站承担责任。未经海上承运人同意,场站不得以任何理由将其堆存的集装箱占用、改装或出租,否则应负经济责任。

第三十四条 场站应根据中转箱发送的不同目的地,按船、按票集中堆放,并严格按海上承运人的中转计划安排中转。

第三十五条 集装箱修理、清洗前,场站应提出估价单,经海上承运人确认后方可修理和清洗。修理、清洗过的集装箱(包括清除危险品标志)必须经过质量检验,并由海上承运人验收认可。

第三十六条 场站如无条件进行集装箱修理、清洗,应及时向海上承运人提供需要修理、清洗的集装箱数量及箱号,以便海上承运人另作安排。

第五章 装箱管理

第三十七条 装箱人应按规定认真检查箱体,发现集装箱不适合装运货物时,应拒绝装箱,并立即通知集装箱所有人。集装箱所有人有责任继续提供适合货物装运的集装箱,以保证货物装船。

第三十八条 承运人在接收集装箱时,如发现集装箱损坏并明显影响货物安全,可拒绝接收。

第三十九条 集装箱的目测检查:

(一)外部检查。检查集装箱外表有无损伤、变形、破口等异样。

(二)内部检查。对箱内侧六面进行察看,是否有漏水、漏光、水迹、油迹、残留物、锈蚀。

(三)集装箱的箱门检查。检查箱门有无变形,能否270°开启。

第四十条 使用集装箱装载普通货物时应做到:

(一)根据货物的体积、重量、性质、包装强度、运输要求进行配载;

(二)货物在箱内的重量分布应均衡并根据货物包装强度决定堆码

层数；

（三）货物装载应严密整齐，货物与箱体之间如有空隙，应加适当的衬垫器材，防止货物移动；

（四）不同种类货物拼箱时，应注意其物理、化学性质，避免发生异味造成货损；

（五）箱内的货物重量不得超出该箱允许的额定载重量。

第四十一条　使用集装箱装载液体货物应做到：

（一）罐式集装箱本身结构、性能、箱内面涂料适合货物的运输要求；

（二）货物的比重与罐式集装箱的容积和强度相近；

（三）使用排罐时，具有必要的设备和阀门；

（四）安全阀应处于有效状态。

第四十二条　使用冷冻、冷藏集装箱装载冷藏货物应做到：

（一）集装箱具有集装箱所有人出具的集装箱合格证书或文件；

（二）集装箱的起动、运转、停止装置处于正常状态；

（三）集装箱通风孔处于所要求的状态，泄水管保持畅通；

（四）货物达到规定的装箱温度；

（五）货物装箱时，不能堵塞冷气通道，天棚部分应留有空隙；

（六）装载期间，冷藏装置停止运转。

第四十三条　使用集装箱装载危险货物应做到：

（一）集装箱有正确的标记、标志，并有“集装箱装运危险货物证明书”；

（二）集装箱清洁、干燥，适合装货；

（三）货物符合“国际危险货物运输规则”的包装要求，有正确的标记、标志，并经国家规定的有关部门检验认可；

（四）每票货物均应有危险货物申报单；

（五）与危险货物性质不相容的货物禁止同装一箱；

（六）与普通货物混装时，危险货物不得装在普通货物的下面，并应装载于箱门附近；

（七）包件装箱正确，衬垫、加固合理；

（八）装载后，应按“国际危险货物运输规则”要求在集装箱外部每侧张贴危险货物类别标志。

第四十四条　国家规定需检验、检疫监督的货物，在装箱前托运人应分别向法定检验、检疫部门申请检验、检疫出证。

第四十五条 集装箱装箱完毕后应：

(一)使用合适的方法进行固定、绑扎，并关闭箱门；

(二)如对货物加固的材料系木材，且目的地是澳大利亚、新西兰等国家则应在箱体外表明显地方贴上有关部门出具的木材经免疫处理证明；

(三)装箱人编制集装箱装箱单；按有关规定施加铅封，并应在有关单证上做好货物装载的记录。

第四十六条 由海上承运人负责按件接收集装箱货物的，外轮理货公司应派人员到装箱点，编制装、拆箱理货单，记载装入卸出箱内货物件数、标志、包装等内容。装箱完毕后，施加外轮理货公司的铅封。

由托运人负责装箱的，可委托外轮理货公司对装箱货物进行理货，并由委托方支付有关费用。外轮理货公司发现货物包装损坏应做好记录，并与有关方联系后再决定是否装箱。

第七章 交接和责任

第五十九条 海上承运人与托运人或收货人应根据商定的集装箱货物交接方式办理交接、划分责任。商定的集装箱货物交接方式必须明确列入提单、舱单及场站收据。

海上承运人应按集装箱货物交接方式，在商定的码头堆场、集装箱货运站、托运人、收货人工厂、仓库或其他地点交接集装箱和集装箱货物。托运人、收货人在向海上承运人订舱托运时，除合同另有约定外，可选择下列集装箱货物交接方式：

(一)门到门交接。托运人负责装箱并在其工厂或仓库整箱交货；海上承运人在托运人工厂或仓库整箱接货，负责运抵收货人工厂或仓库整箱交货；收货人在其工厂或仓库整箱接货并负责拆箱。

(二)门到场交接。托运人负责装箱并在其工厂或仓库整箱交货；海上承运人在托运人工厂或仓库整箱接货，负责运抵卸货港集装箱堆场整箱交货；收货人负责在卸货港集装箱堆场整箱提货并拆箱，拆箱后应将空箱于规定期限内交至海上承运人指定的堆场。

(三)门到站交接。托运人负责装箱并在其工厂或仓库整箱交货；海上承运人在托运人工厂或仓库整箱接货，负责运抵卸货港集装箱货运站拆箱按件交货；收货人负责在卸货港集装箱货运站按件接货。

(四)场到门交接。托运人负责装箱并运至装货港集装箱堆场整箱交货;海上承运人在装货港集装箱堆场整箱接货,负责运抵收货人工厂或仓库整箱交货;收货人在其工厂或仓库整箱接货并负责拆箱。

(五)场到场交接。托运人负责装箱并运至装货港集装箱堆场整箱交货;海上承运人在装货港集装箱堆场整箱接货,负责运抵卸货港集装箱堆场整箱交货;收货人负责在卸货港集装箱堆场整箱提货并拆箱,拆箱后应将空箱于规定期限内交至海上承运人指定的堆场。

(六)场到站交接。托运人负责装箱并运至装货港集装箱堆场整箱交货;海上承运人在装货港集装箱堆场整箱接货,负责运抵卸货港集装箱货运站拆箱按件交货;收货人负责在卸货港集装箱货运站按件接货。

(七)站到门交接。托运人负责将货物运至海上承运人指定的装货港集装箱货运站按件交货;海上承运人在装货港集装箱货运站按件接货并装箱,负责运抵收货人工厂或仓库整箱交货;收货人在其工厂或仓库整箱接货并负责拆箱。

(八)站到场交接。托运人负责将货物运至海上承运人指定的装货港集装箱货运站按件交货;海上承运人在装货港集装箱货运站按件接货并装箱,负责运抵卸货港集装箱堆场整箱交货;收货人负责在卸货港集装箱堆场整箱提货并拆箱,拆箱后应将空箱于规定期限内交至海上承运人指定的堆场。

(九)站到站交接。托运人负责将货物运至海上承运人指定的装货港集装箱货运站按件交货;海上承运人在装货港集装箱货运站按件接货并装箱,负责运抵卸货港集装箱货运站拆箱按件交货;收货人负责在卸货港集装箱货运站按件接货。

上述九种交接方式中提及的装卸港集装箱货运站,包括内陆中转站、货运站;装、卸港集装箱堆场,也包括内陆中转站、货运站的堆场。

上述九种交接方式中海上承运人按件交接集装箱货物的,均由外轮理货公司代表海上承运人办理交接手续。

集装箱货物交接方式在提单和舱单上未列明或填写不清楚的,一律按站到站交接方式办理。

第六十条 参加海上国际集装箱运输的企业,应对各自掌管期限内的集装箱和集装箱货物负责,加强各环节的管理,明确交接责任。

承运人、港口应按下列规定办理集装箱交接:

(一)海上承运人与港口的交接由外轮理货公司代表海上承运人与港口在船边交接;

(二)经水路集疏运的集装箱,水路承运人与港口在船边交接;在船—船(驳)直取作业时,由外轮理货公司代表海上承运人办理交接;在国内中转的集装箱,由外轮理货公司代表水路承运人与港口在船边交接;

(三)经公路集疏运的集装箱,港口、内陆中转站、货运站与公路承运人要在其大门交接;

(四)经铁路集疏运的集装箱,铁路承运人与托运人、收货人或受委托的港口、内陆中转站、货运站在集装箱装卸现场或双方商定的地点交接。

第六十一条 集装箱交接时,交接双方应当检查箱号、箱体和封志。重箱凭封志和箱体状况交接;空箱凭箱体状况交接。

交接双方检查箱号、箱体和封志后,应做记录,并共同签字确认。

集装箱的发放、交接实行《设备交接单》制度,从事海上国际集装箱运输业务的各有关单位必须凭《设备交接单》办理集装箱发放、交接手续。

第六十二条 船舶装卸时,外轮理货公司代表海上承运人与港口交接。

凡卸船前发生的残损应认定为原残,由外轮理货公司填制《设备交接单》,并经船方大副或值班驾驶员签认。

在装船过程中发生的残损应认定为工残,由外轮理货公司填制《设备交接单》,经港口签认。

第六十三条 收货人提取进口重箱时,应持海关放行的《提货单》到集装箱所有人指定的地点办理集装箱发放手续。

集装箱所有人依据《提货单》、向收货人、内陆承运人签发《设备交接单》。收货人、内陆承运人凭《提货单》、《设备交接单》到指定场站办理整箱提运手续;在发箱地点提取整箱,办理交接,并签署《设备交接单》;集装箱卸空后,收货人应凭《设备交接单》将拆空后的集装箱交到集装箱所有人指定地点并办理进场集装箱交接。

第六十四条 出口重箱进入港口,托运人、内陆承运人凭《场站收据》、《集装箱装箱单》和《设备交接单》到指定港口交付重箱并办理进场集装箱交接。

港口凭《场站收据》、《集装箱装箱单》和《设备交接单》收取重箱并办理进场集装箱交接。

出口重箱凡有残损或船名、航次、提单号、目的港、箱号、封志号与《场站收据》、《集装箱装箱单》或《设备交接单》所列明内容不符者，港口应拒绝收箱。

因拒绝收箱而产生的费用由责任方承担。

第六十五条 出口货载用箱，需空箱提离场站的，由托运人、内陆承运人向集装箱所有人提出书面申请；集装箱所有人根据《订舱单》或《集装箱预配清单》，向托运人、内陆承运人签发《设备交接单》。

因检验、修理、清洗、熏蒸、退租、转租、堆存、回运、转运需要，空箱提离场站，由托运人、收货人、内陆承运人或从事集装箱业务的有关单位，向集装箱所有人提出书面申请。集装箱所有人依据有关协议，向托运人、收货人、内陆承运人或从事集装箱业务的有关单位签发《设备交接单》。

第六十六条 托运人、内陆承运人或从事集装箱业务的有关单位，凭《设备交接单》到指定地点办理空箱提运、交付手续。

第六十七条 托运人、收货人、内陆承运人或从事集装箱业务的有关单位，不得将集装箱用于《设备交接单》规定外的用途，必须按规定的时间、地点交箱、还箱。

第六十八条 集装箱提离场站后，严禁随意套箱、换箱。凡需要套箱、换箱，必须事先征得集装箱所有人同意，否则套箱、换箱者应承担由此引起的责任和损失。

第六十九条 《设备交接单》由集装箱所有人提供、签发。

第七十条 重箱交接标准：箱体完好、箱号清晰，封志完整无误，特种集装箱的机械、电器装置运转正常并符合进出口文件记载要求。

空箱交接标准：核对箱号并依照第三十九条规定检查箱体，特种集装箱的机械、电器装置无异常。

第七十一条 有下列情况之一的，均应在《设备交接单》上注明：

（一）箱号及装载规范不明、不全、封志破损、脱落、丢失、无法辨认或与进出口文件记载不符；

（二）擦伤、破洞、漏光、箱门无法关启；

（三）焊缝爆裂；

（四）凹损超内端三公分、凸损超角件外端面；

（五）箱内污染或有虫害；

（六）装过有毒有害货物未经处理；

（七）箱体外贴有前次危险品标志未经处理；

（八）集装箱附属部件损坏或灭失；

(九)特种集装箱机械、电器装置异常;

(十)集装箱安全铭牌(CSC PLATE)丢失。

第七十二条 集装箱所有人应积极组织箱源,保证出口货物用箱,并负责清除箱体外表的异样标志。出口货物所需的集装箱,应由集装箱所有人于装船六天前准备就绪。

第七十三条 拆箱交付的进口集装箱货物,港口和内陆中转站、货运站应在卸船后或集装箱运抵内陆中转站、货运站后四天内拆箱完毕,并向收货人发出催提通知。

第七十四条 堆场交付的进口集装箱货物,收货人应于整箱卸入堆场后十天内提运。

第七十五条 海上国际集装箱运输的各区段承运人、港口、内陆中转站、货运站,对其所管辖的集装箱和集装箱货物的灭失、损坏负责,并按照交接前由交方承担,交接后由接方承担划分责任。但如果在交接后一百八十天内,接方能提出证据证明交接后的集装箱、集装箱货物的灭失、损坏是由交方原因造成的,交方应按有关规定负赔偿责任。法律另有规定的除外。

第七十六条 除法律另有规定外,承运人与托运人应根据集装箱货物交接方式按下列规定,对集装箱货物的灭失或损坏负责:

(一)由承运人负责装箱、拆箱的货物,从承运人收到货物后至运达目的地交付收货人之前的期间内,箱内货物的灭失或损坏由承运人负责。

(二)由托运人负责装箱的货物,从装箱托运交付后至交付收货人之前的期间内,如箱体完好,封志完整无误,箱内货物的灭失或损坏,由托运人负责;如箱体损坏或封志破损,箱内货物灭失或损坏,由承运人负责。

承运人与托运人或收货人之间要求赔偿的时效,从集装箱货物交付之日起算不超过一百八十天,但法律另有规定的除外。

第七十七条 由于托运人对集装箱货物申报不实或集装箱货物包装不当,造成人员伤亡,运输工具、货物自身或其他货物、集装箱损坏的,由托运人负责。

第七十八条 由于装箱或拆箱人的过失,造成人员伤亡,运输工具、集装箱、集装箱货物损坏的,由装箱人或拆箱人负责。

第七十九条 集装箱货物发生灭失或损坏,对外索赔时需要商检部门鉴定出证的,应按《中华人民共和国进出口商品检验法》和有关规定办理。

集装箱、集装箱货物发生灭失、损坏应按其交接方式或委托关系，由外轮理货公司向海上承运人、水路承运人或委托人提供理货证明，作为对外索赔的依据。

附录三　中华人民共和国海关对进、出口集装箱和所装货物监管办法(节选)

第二条　装运进、出口货物的集装箱，应有加封装置，并符合海关监管要求。

第三条　承载进、出口集装箱货物的运输工具负责人或者其代理人，应向海关申报，并在交验的进、出口载货清单(舱单)或者装载清单、交接单、运单上，列明所载集装箱件数、箱号、尺码，货物的品名、数(重)量、收发货人、提单或者装货单号等有关内容，并附交每个集装箱的装货清单。

第四条　未办海关手续的进口集装箱货物和已办海关手续的出口集装箱货物，应存放在经海关同意的仓库场所。保管集装箱货物的单位，应负责保护集装箱封志的完整，未经海关同意，不得擅自开启封志、装入或者取出货物，不得将集装箱货物移离海关监管的仓库场所。

第二章　对集装箱货物的监管

第五条　进、出口集装箱货物的收、发货人或者其代理人，应在进、出境地向海关办理报关手续，并按规定递交进、出口货物、物品的申报单证和其他有关单证。如果要求在到达地或者起运地海关办理报关手续时，须报经进境地或者起运地海关同意，并按“海关监管货物”办理手续。海关认为必要时，可对有关集装箱施加海关封志。

第六条　海关对集装箱货物进行查验时，收发货人、集装箱经理人或者其代理人应当到场，并且按照海关要求负责开箱、拆包、搬运等事项。进、出口集装箱货物，经海关放行后方准提取、装运或者继续发运。

经海关放行的进、出口集装箱货物，海关认为必要时，可以进行复查，或者调阅有关交接、验收等单证和账册。

第七条　收、发货人或其代理人，因故要求海关派员到非设关地点或者海关监管区域以外办理验放手续时，应报请进境地或者就近地海关核准(对进口集装箱货物，就近地海关核准后，应将核准情况通知进境地海关)。并按规定交纳规费，免费提供往返交通工具和安排住宿。

第八条 经有关单位申请并经海关同意,在集装箱中转站和拆、装箱点设置海关机构或者派驻人员时,有关单位应免费提供必要的办公和住宿处所。

第三章 对集装箱箱体的监管

第九条 从国外购买和售给国外的集装箱进、出口时,不论装货与否,均应由集装箱的收、发货人或者其代理人单独填写报关单向进、出境地海关办理报关纳税手续。

第十条 购买进口的和国内生产的集装箱,投入国际运输时,集装箱所有人应向海关办理注册、登记手续。

第十一条 暂时进口的外国集装箱(包括租借的),不论装货与否,进口和复运出口时,均应由进口经营单位或者其代理人单独填写进、出口货物报关单向海关申报,并具函保证于三个月内复运出口。如因特殊情况不能按期复运出口,可提出申请,经海关核准予以适当延长。在规定的期限内仍不能复运出口的,应向海关补办进口纳税手续。

第十二条 对向海关办理注册登记手续的集装箱,由海关在集装箱适当部位刷贴"中国海关"标志。再次进出口时,可凭以免办有关手续。

附录四 中华人民共和国进出口商品检验法(节选)

第二章 进口商品的检验

第十一条 本法规定必须经商检机构检验的进口商品的收货人或者其代理人,应当向报关地的商检机构报检。海关凭商检机构签发的货物通关证明验放。

第十二条 本法规定必须经商检机构检验的进口商品的收货人或者其代理人,应当在商检机构规定的地点和期限内,接受商检机构对进口商品的检验。商检机构应当在国家商检部门统一规定的期限内检验完毕,并出具检验证单。

第十三条 本法规定必须经商检机构检验的进口商品以外的进口商品的收货人,发现进口商品质量不合格或者残损短缺,需要由商检机构出证索赔的,应当向商检机构申请检验出证。

第十四条 对重要的进口商品和大型的成套设备,收货人应当依据对外贸易合同约定在出口国装运前进行预检验、监造或者监装,主管部门应当加强监督;商检机构根据需要可以派出检验人员参加。

第三章　出口商品的检验

第十五条　本法规定必须经商检机构检验的出口商品的发货人或者其代理人,应当在商检机构规定的地点和期限内,向商检机构报检。商检机构应当在国家商检部门统一规定的期限内检验完毕,并出具检验证单。

对本法规定必须实施检验的出口商品,海关凭商检机构签发的货物通关证明验放。

第十六条　经商检机构检验合格发给检验证单的出口商品,应当在商检机构规定的期限内报关出口;超过期限的,应当重新报检。

第十七条　为出口危险货物生产包装容器的企业,必须申请商检机构进行包装容器的性能鉴定。生产出口危险货物的企业,必须申请商检机构进行包装容器的使用鉴定。使用未经鉴定合格的包装容器的危险货物,不准出口。

第十八条　对装运出口易腐烂变质食品的船舱和集装箱,承运人或者装箱单位必须在装货前申请检验。未经检验合格的,不准装运。

附录五　集装箱检验方法(节选)

第三条　实施法定检验的集装箱,其装运技术条件,除应符合贸易合同和运输契约的规定外,并需符合下例要求:

一、箱号清晰,箱体完整;

二、集装箱的活动部分、胶垫、箱门开关和风雨密状况良好;

三、箱内清洁,干燥,无异味,无活害虫,无残留有毒有害物品;

四、冷藏集装箱的冷藏效能良好;

五、罐式集装箱前次未有过有毒有害物品。

第四条　经中华人民共和国进出口商品检验局及其分支机构(以下称商检机构)检验不符合装运技术条件的集装箱,装箱部门应根据要求整理后由商检机构复验。复验以一次为限。复验仍不合格,装箱部门必须采取有效措施达到技术条件要求,并重新申请检验。

经检验符合装运技术条件的集装箱,如不能立即装货时,应由申请人自行加封,妥善保管。

第五条 除本办法第二条规定外,对外贸易关系人可根据需要向所在地区商检机构申请办理集装箱货物装箱、拆箱检验。检验项目:

一、集装箱货物装箱检验,包括检验集装箱适载条件,审核货物配载计划,监视装箱,鉴定装运货物的包装、标记、数量和积载等,铅封集装箱。

二、集装箱货物拆箱检验,包括检验集装箱的封识和外观状态,启封集装箱,鉴定卸货前货物的积载情况,监视卸货,鉴定所卸货物的包装、标记、数量,判明货损、货差原因等。如需验残,可一并办理,按有关检验内容和规定,进行检验,并签发"拆箱检验/验残"证书。

三、集装箱的承租和退租鉴定。承租鉴定,包括集装箱的类号、号码、规格、数量和内外观状况及适载条件鉴定。退租鉴定,按照承租合同内容,鉴定退租时的集装箱现状、残损情况及残损程度,如需要整修,可证明整修所需费用。

四、集装箱单项鉴定,包括清洁、冷藏效能、风雨密及其他单项鉴定。

第六条 集装箱检验的申请,由申请人在实施检验两天前,向所在地区商检机构办理申请。并根据需要提供货物装箱清单、发票、提单、信用证、合同、承租契约等有关单证,以及检验所需的工具及辅助劳动力。

第七条 商检机构对检验合格的集装箱,发给验箱合格证书。凡属法定验箱范围的集装箱,发货人或其他代理人凭商检机构签发的验箱合格证书,组织货物的装箱作业。

附录六 中华人民共和国国境卫生检疫法(节选)

第二章 检 疫

第七条 入境的交通工具和人员,必须在最先到达的国境口岸的指定地点接受检疫。除引航员外,未经国境卫生检疫机关许可,任何人不准下交通工具,不准装卸行李、货物、邮包等物品。具体办法由本法实施细则规定。

第八条 出境的交通工具和人员,必须在最后离开的国境口岸接受检疫。

第九条 来自国外的船舶、航空器因故停泊、降落在中国境内非口岸地点的时候,船舶,航空器的负责人应当立即向就近的国境卫生检疫机关或者当地卫生行政部门报告。除急救情况外,未经国境卫生检疫机关或者当地卫生行政部门许可,任何人不准上下船舶、航空器,不准装卸行李、货物、邮包等物品。

第十条　在国境口岸发现检疫传染病,疑似检疫传染病,或者有人非因意外伤害而死亡并死因不明的,国境口岸有关单位和交通工具的负责人,应当立即向国境卫生检疫机关报告,并申请临时检疫。

第十一条　国境卫生检疫机关依据检疫医师提供的检疫结果,对未染有检疫传染病或者已实施卫生处理的交通工具,签发入境检疫证出境检疫证。

第十二条　国境卫生检疫机关对检疫传染病染疫人必须立即将其隔离,隔离期限根据医学检查结果确定;对检疫传染病染疫嫌疑人应当将其留验,留验期限根据该传染病的潜伏期确定。因患检疫传染病而死亡的尸体,必须就近活化。

第十三条　接收入境检疫的交通工具有下列情形之一的,应当实施消毒、除鼠、除虫或者其他卫生处理:

(一)来自检疫传染病疫区的;

(二)被检疫传染病污染的;

(三)发现有与人类健康有关的啮齿动物或者病媒昆虫的。如果外国交通工具的负责人拒绝接受卫生处理,除有特殊情况外,准许该交通工具在国境卫生检疫机关的监督下,立即离开中华人民共和国国境。

第十四条　国境卫生检疫机关对来自疫区的、被检疫传染病污染的或者可能成为检疫传染病传播媒介的行李、货物、邮包等物品,应当进行卫生检查,实施消毒、除鼠、除虫或者其他卫生处理。入境、出境的尸体。骸骨的托运人或者代理人,必须向国境卫生检疫机关申报,经卫生检查合格后发给入境、出境许可证,方准运进或者运出。

附录七　中华人民共和国进出境动植物检疫法(节选)

第三章　进境检疫

第十六条　进出境动植物检疫法第十一条所称中国法定的检疫要求,是指中国的法律、行政法规和国务院农业行政主管部门规定的动植物检疫要求。

第十七条 国家对向中国输出动植物产品的国外生产、加工、存放单位,实行注册登记制度。具体办法由国务院农业行政主管部门制定。

第十八条 输入动植物、动植物产品和其他检疫物的,货主或者其代理人应当在进境前或者进境时向进境口岸动植物检疫机关报检。属于调离海关监管区检疫的,运达指定地点时,货主或者其代理人应当通知有关口岸动植物检疫机关。属于转关货物的,货主或者其代理人应当在进境时向进境口岸动植物检疫机关申报;到达指运地时,应当向指运地口岸动植物检疫机关报检。

输入种畜禽及其精液、胚胎的,应当在进境前30日报检;输入其他动物的,应当在进境前15日报检;输入植物种子、种苗及其他繁殖材料的,应当在进境前7日报检。

动植物性包装物、铺垫材料进境时,货主或者其代理人应当及时向口岸动植物检疫机关申报;动植物检疫机关可以根据具体情况对申报物实施检疫。

前款所称动植物性包装物、铺垫材料,是指直接用作包装物、铺垫材料的动物产品和植物、植物产品。

第十九条 向口岸动植物检疫机关报检时,应当填写报检单,并提交输出国家或者地区政府动植物检疫机关出具的检疫证书、产地证书和贸易合同、信用证、发票等单证;依法应当办理检疫审批手续的,还应当提交检疫审批单。无输出国家或者地区政府动植物检疫机关出具的有效检疫证书,或者未依法办理检疫审批手续的,口岸动植物检疫机关可以根据具体情况,作退回或者销毁处理。

第二十条 输入的动植物、动植物产品和其他检疫物运达口岸时,检疫人员可以到运输工具上和货物现场实施检疫,核对货、证是否相符,并可以按照规定采取样品。承运人、货主或者其代理人应当向检疫人员提供装载清单和有关资料。

第二十一条 装载动物的运输工具抵达口岸时,上下运输工具或者接近动物的人员,应当接受口岸动植物检疫机关实施的防疫消毒,并执行其采取的其他现场预防措施。

第二十二条 检疫人员应当按照下列规定实施现场检疫:

(一)动物:检查有无疫病的临床症状。发现疑似感染传染病或者已死亡的动物时,在货主或者押运人的配合下查明情况,立即处理。动物的铺垫材料、剩余饲料和排泄物等,由货主或者其代理人在检疫人员的监督下,作除害处理。

(二)动物产品:检查有无腐败变质现象,容器、包装是否完好。符合要求的,允许卸离运输工具。发现散包、容器破裂的,由货主或者其代理人负责整理完好,方可卸离运输工具。根据情况,对运输工具的有关部位及装载动物产品的容器、外表包装、铺垫材料、被污染场地等进行消毒处理。需要实施实验室检疫的,按照规定采取样品。对易滋生植物害虫或者混藏杂草种子的动物产品,同时实施植物检疫。

(三)植物、植物产品:检查货物和包装物有无病虫害,并按照规定采取样品。发现病虫害并有扩散可能时,及时对该批货物、运输工具和装卸现场采取必要的防疫措施。对来自动物传染病疫区或者易带动物传染病和寄生虫病病原体并用作动物饲料的植物产品,同时实施动物检疫。

(四)动植物性包装物、铺垫材料:检查是否携带病虫害、混藏杂草种子、沾带土壤,并按照规定采取样品。

(五)其他检疫物:检查包装是否完好及是否被病虫害污染。发现破损或者被病虫害污染时,作除害处理。

第二十三条　对船舶、火车装运的大宗动植物产品,应当就地分层检查;限于港口、车站的存放条件,不能就地检查的,经口岸动植物检疫机关同意,也可以边卸载边疏运,将动植物产品运往指定的地点存放。在卸货过程中经检疫发现疫情时,应当立即停止卸货,由货主或者其代理人按照口岸动植物检疫机关的要求,对已卸和未卸货物作除害处理,并采取防止疫情扩散的措施;对被病虫害污染的装卸工具和场地,也应当作除害处理。

第二十四条　输入种用大中家畜的,应当在国家动植物检疫局设立的动物隔离检疫场所隔离检疫 45 日;输入其他动物的,应当在口岸动植物检疫机关指定的动物隔离检疫场所隔离检疫 30 日。动物隔离检疫场所管理办法,由国务院农业行政主管部门制定。

第二十五条　进境的同一批动植物产品分港卸货时,口岸动植物检疫机关只对本港卸下的货物进行检疫,先期卸货港的口岸动植物检疫机关应当将检疫及处理情况及时通知其他分卸港的口岸动植物检疫机关;需要对外出证的,由卸毕港的口岸动植物检疫机关汇总后统一出具检疫证书。

在分卸港实施检疫中发现疫情并必须进行船上熏蒸、消毒时,由该分卸港的口岸动植物检疫机关统一出具检疫证书,并及时通知其他分卸港的口岸动植物检疫机关。

第二十六条 对输入的动植物、动植物产品和其他检疫物,按照中国的国家标准、行业标准以及国家动植物检疫局的有关规定实施检疫。

第二十七条 输入动植物、动植物产品和其他检疫物,经检疫合格的,由口岸动植物检疫机关在报关单上加盖印章或者签发《检疫放行通知单》;需要调离进境口岸海关监管区检疫的,由进境口岸动植物检疫机关签发《检疫调离通知单》。货主或者其代理人凭口岸动植物检疫机关在报关单上加盖的印章或者签发的《检疫放行通知单》、《检疫调离通知单》办理报关、运递手续。海关对输入的动植物、动植物产品和其他检疫物,凭口岸动植物检疫机关在报关单上加盖的印章或者签发的《检疫放行通知单》、《检疫调离通知单》验放。运输、邮电部门凭单运递,运递期间国内其他检疫机关不再检疫。

第二十八条 输入动植物、动植物产品和其他检疫物,经检疫不合格的,由口岸动植物检疫机关签发《检疫处理通知单》,通知货主或者其代理人在口岸动植物检疫机关的监督和技术指导下,作除害处理;需要对外索赔的,由口岸动植物检疫机关出具检疫证书。

第二十九条 国家动植物检疫局根据检疫需要,并经输出动植物、动植物产品国家或者地区政府有关机关同意,可以派检疫人员进行预检、监装或者产地疫情调查。

第三十条 海关、边防等部门截获的非法进境的动植物、动植物产品和其他检疫物,应当就近交由口岸动植物检疫机关检疫。

第四章 出境检疫

第三十一条 货主或者其代理人依法办理动植物、动植物产品和其他检疫物的出境报检手续时,应当提供贸易合同或者协议。

第三十二条 对输入国要求中国对向其输出的动植物、动植物产品和其他检疫物的生产、加工、存放单位注册登记的,口岸动植物检疫机关可以实行注册登记,并报国家动植物检疫局备案。

第三十三条 输出动物,出境前需经隔离检疫的,在口岸动植物检疫机关指定的隔离场所检疫。输出植物、动植物产品和其他检疫物的,在仓库或者货场实施检疫;根据需要,也可以在生产、加工过程中实施检疫。

待检出境植物、动植物产品和其他检疫物,应当数量齐全、包装完好、堆放整齐、唛头标记明显。

第三十四条　输出动植物、动植物产品和其他检疫物的检疫依据:

(一)输入国家或者地区和中国有关动植物检疫规定;

(二)双边检疫协定;

(三)贸易合同中订明的检疫要求。

第三十五条　经启运地口岸动植物检疫机关检疫合格的动植物、动植物产品和其他检疫物,运达出境口岸时,按照下列规定办理:

(一)动物应当经出境口岸动植物检疫机关临床检疫或者复检;

(二)植物、动植物产品和其他检疫物从启运地随原运输工具出境的,由出境口岸动植物检疫机关验证放行;改换运输工具出境的,换证放行;

(三)植物、动植物产品和其他检疫物到达出境口岸后拼装的,因变更输入国家或者地区而有不同检疫要求的,或者超过规定的检疫有效期的,应当重新报检。

第三十六条　输出动植物、动植物产品和其他检疫物,经启运地口岸动植物检疫机关检疫合格的,运达出境口岸时,运输、邮电部门凭启运地口岸动植物检疫机关签发的检疫单证运递,国内其他检疫机关不再检疫。

第五章　过境检疫

第三十七条　运输动植物、动植物产品和其他检疫物过境(含转运,下同)的,承运人或者押运人应当持货运单和输出国家或者地区政府动植物检疫机关出具的证书,向进境口岸动植物检疫机关报检;运输动物过境的,还应当同时提交国家动植物检疫局签发的《动物过境许可证》。

第三十八条　过境动物运达进境口岸时,由进境口岸动植物检疫机关对运输工具、容器的外表进行消毒并对动物进行临床检疫,经检疫合格的,准予过境。进境口岸动植物检疫机关可以派检疫人员监运至出境口岸,出境口岸动植物检疫机关不再检疫。

第三十九条　装载过境植物、动植物产品和其他检疫物的运输工具和包装物、装载容器必须完好。经口岸动植物检疫机关检查,发现运输工具或者包装物、装载容器有可能造成途中散漏的,承运人或者押运人应当按照口岸动植物检疫机关的要求,采取密封措施;无法采取密封措施的,不准过境。

第七章　运输工具检疫

第四十六条　口岸动植物检疫机关对来自动植物疫区的船舶、飞机、火车,可以登船、登机、登车实施现场检疫。有关运输工具负责人应当接受检疫人员的询问并在询问记录上签字,提供运行日志和装载货物的情况,开启舱室接受检疫。

口岸动植物检疫机关应当对前款运输工具可能隐藏病虫害的餐车、配餐间、厨房、储藏室、食品舱等动植物产品存放、使用场所和泔水、动植物性废弃物的存放场所以及集装箱箱体等区域或者部位,实施检疫;必要时,作防疫消毒处理。

第四十七条 来自动植物疫区的船舶、飞机、火车,经检疫发现有进出境动植物检疫法第十八条规定的名录所列病虫害的,必须作熏蒸、消毒或者其他除害处理。发现有禁止进境的动植物、动植物产品和其他检疫物的,必须作封存或者销毁处理;作封存处理的,在中国境内停留或者运行期间,未经口岸动植物检疫机关许可,不得启封动用。对运输工具上的泔水、动植物性废弃物及其存放场所、容器,应当在口岸动植物检疫机关的监督下作除害处理。

第四十八条 来自动植物疫区的进境车辆,由口岸动植物检疫机关作防疫消毒处理。装载进境动植物、动植物产品和其他检疫物的车辆,经检疫发现病虫害的,连同货物一并作除害处理。装运供应香港、澳门地区的动物的回空车辆,实施整车防疫消毒。

第四十九条 进境拆解的废旧船舶,由口岸动植物检疫机关实施检疫。发现病虫害的,在口岸动植物检疫机关监督下作除害处理。发现有禁止进境的动植物、动植物产品和其他检疫物的,在口岸动植物检疫机关的监督下作销毁处理。

第五十条 来自动植物疫区的进境运输工具经检疫或者经消毒处理合格后,运输工具负责人或者其代理人要求出证的,由口岸动植物检疫机关签发《运输工具检疫证书》或者《运输工具消毒证书》。

第五十一条 进境、过境运输工具在中国境内停留期间,交通员工和其他人员不得将所装载的动植物、动植物产品和其他检疫物带离运输工具;需要带离时,应当向口岸动植物检疫机关报检。

第五十二条 装载动物出境的运输工具,装载前应当在口岸动植物检疫机关监督下进行消毒处理。

装载植物、动植物产品和其他检疫物出境的运输工具,应当符合国家有关动植物防疫和检疫的规定。发现危险性病虫害或者超过规定标准的一般性病虫害的,作除害处理后方可装运。

附录八　中华人民保险总公司进口集装箱货物运输保险特别条款(节选)

1. 进口集装箱货物运输保险责任按原运输保险单责任范围负责,但保险责任至原保险单载明的目的港收货人仓库终止。

2. 集装箱货物运抵目的地港,原箱未经起封面转运内地的,其保险责任至转运目的地收货人仓库终止。

3. 如果集装箱货物运抵目的港或目的港集装箱转运站,一经启封开箱,全部或部分箱内货物仍须继续转运内地时,被保险人或其代理人必须征得目的港集装箱转运内地时,被保险人或其代理人必须征得目的港承保人同意,原保险条件和保险金额办理加批加费手续后,保险责任可至转运单上标明的目的地收货人仓库终止。

4. 集装箱在目的港转运站,收货人仓库或经转运至目的地收货人仓库,被发现箱体有明显损坏或铅封被损坏或灭失,或铅封号码与提单、发票所列的号码不符时,被保险人或其代理人进行联合检验。

5. 凡集装箱体无明显损坏,铅封完整,经启封开箱后,发现内装货物数量规格等与合同规定不符,或因积载或配载不当所致的残损不属保险责任。

6. 进口集装箱货物残损或短缺涉及承运人或第三者责任的,被保险人有义务先向承运人或第三者取证,进行索赔和保留追索。

7. 装运货物的集装箱必须具有合格的检验证书,如因集装箱不适货而造成的货物残损或短少不属保险责任。

附录九　核准凭海关封条运货的集装箱(节选)

第三章　核准凭海关封条运货的集装箱

第十二条

1. 集装箱必须遵守附录四所载条例的规定,才准予凭海关封条运输货物。

2. 核准应按附录五所定程序之一办理。

3. 凡经一个缔约国核准凭海关封条运输货物的集装箱,其他缔约国应予以接受,准其使用任何牵涉到海关封条的国际运输制度。

4. 每一缔约国对获得此项核准的集装箱,倘发现其不符合附录四所定的条件,得保留权利不承认其所获核准的效力。但所发现的缺陷如果性质次要,并且不会引起走私的危险时,缔约各国应避免使运输受到耽搁。

5. 任何集装箱所获核准不再受到承认时,在再用以凭海关封条运输货物之前,必须先修复到其当初获得核准时的情况,或者重新申请核准。

6. 遇集装箱在获得核准时似已有缺陷存在的情形,应将此事通知给予核准的主管当局。

附录十　国际贸易运输港站经营人赔偿责任公约(节选)

第1条　定　义

在本公约中,

(a)"运输港站经营人"(下称"经营人")是指在其业务过程中,在其控制下的某一区域内或在其有权出入或使用的某一区域内,负责接管国际运输的货物,以便对这些货物从事或安排从事与运输有关的服务的人。但是,凡属根据适用于货运的法律规则身为承运人的人,不视为经营人;

(b)在货物组装于集装箱、托盘或类似的运输器具中时或经包装时,"货物"包括这类运输器具或包装,只要其不是由经营人所提供;

(c)"国际运输"是指在经营人接管货物时确定其启运地和目的地位于两个不同国家的任何货物运输;

(d)"与运输有关的服务"包括诸如堆存、仓储、装货、卸货、积载、平舱、隔垫和绑扎等服务。

第3条　责任期限

经营人从其接管货物之时起,至其向有权提货的人交付货物或将货物交由该人处理之时止,应对货物负责。

第5条　赔偿责任依据

(1)如果在第3条规定的经营人应对货物负责的期限内发生灭失、损坏或迟延的事情,则经营人应对由于货物灭失或损坏以及交货迟延所造成的损失负赔偿责任,除非他证明他本人。其受雇人或代理人或经营人为了履行与运输有关的服务而利用为其服务的其他人,已采取一切所能合理要求的措施来防止有关事情的发生及其后果。

(2)如果经营人、其受雇人或代理人或经营人为了履行与运输有关的服务而利用为其服务的其他人,未采取第(1)款所指的措施,而又由另一原因造成灭失、损坏或迟延,则经营人仅对因未采取措施而引起的那种灭失、损坏或迟延所造成的损失负赔偿责任。但经营人须证明不能归因于未采取措施而造成的损失的数额。

(3)交货迟延,发生在经营人未能在明确约定的时间内,或在无这种约定的情况下,未能在收到有权提货的人的交货要求后一段合理时间内,将货物交付给该人或交由该人处理的场合。

(4)如果经营人在明确约定的交货日期后连续30天的一段时间内,或在无这种约定的情况下,在收到有权提货的人的交货要求后连续30天的一段时间内,未能向有权提货的人交付货物或将货物交由其处理,则有权就货物灭失提出索赔的人即可将该货物视为灭失。

第6条　赔偿责任限额

(1)(a)经营人按照第5条的规定对由于货物灭失或损坏而引起的损失所负赔偿责任以灭失或损坏货物的毛重每公斤不超过8.33计算单位的数额为限。

(b)但是,若货物系海运或内陆水运后立即交给经营人,或者货物系由经营人交付或待交付给此类运输,则经营人按照第5条的规定对由于货物灭失或损坏而造成的损失所负赔偿责任,以灭失或损坏货物的毛重每公斤不超过2.75计算单位为限。本款中的海运和内陆水运包括港口内的提货和交货。

(c)如部分货物的灭失或损坏影响到另一部分货物的价值,则在确定赔偿责任限额时,应计及遭受灭失或损坏的货物和其价值受到影响的货物加在一起的总重量。

(2)经营人按照第5条的规定对交货迟延应负的赔偿责任,以相当于经营人就所迟交货物提供的服务所收费用两倍半数额为限,但这一数额不得超过对包含该货物在内的整批货物所收费用的总和。

(3)在任何情况下,经营人按照第(1)和第(2)款所承担的赔偿总额不应超过根据第1款规定就引起货物全部灭失所确定的赔偿责任限额。

(4)经营人可同意超过第(1)、第(2)和第(3)款所规定的赔偿责任限额。

第9条 关于危险货物的特别规则

如果向经营人交付危险货物时,没有按照在交付货物所在国适用的任何有关危险货物的法律或规章刷标志、贴标签、包装或提供单证,且如该货物由经营人接管时,经营人并未以其他方式得知其危险性,则经营人有权:

(1)采取一切必要的预防措施,其中包括在货物对任何或财产构成即刻危险时销毁货物,使其成为无害物、或用其他任何合法手段加以处理,而不需因这些预防措施所造成的货物损坏或销毁而支付赔偿,并且

(2)向未根据这种适用的法律或规章履行义务将货物的危险性质告诉经营人的人,收取经营人因采取有关措施所发生的全部费用的补偿。

第11条 灭失、损坏或迟延的通知

(1)除非在不迟于经营人向有权提货人交货之日以后的第三个工作日,即将货物的灭失或损坏通知经营人,具体说明这种灭失或损坏的一般性质,则这一交货就是经营人按其依据有关方出具的单据中所述情况交货的初步证据,如未出具这种单据,则是按完好状况交货的初步证据。

(2)在灭失或损坏并不明显的情况下,如未在货物到达最终接受人之日以后连续15天内向经营人发出通知,但并不迟于向有权提货人交货之日后连续60天发出通知,第1款的规定相应地适用。

(3)如果经营人向有权提货人交货时参与了对货物的检验或检查,则无需就检验或检查期间确定的灭失或损坏向经营人发出通知。

(4)在货物实际发生灭失或损坏或有发生灭失或损坏之虞的情况下,经营人、承运人和有权提货的人必须相互给予对货物进行检查和清点

的一切合理便利。

(5)除非在向有权提货的人交货之日后连续21天内向经营人发出通知,否则对迟延交货造成的损失不予补偿。

附录十一　中华人民共和国港口法(节选)

第三章　港口经营

第二十二条　从事港口经营,应当向港口行政管理部门书面申请取得港口经营许可,并依法办理工商登记。

港口行政管理部门实施港口经营许可,应当遵循公开、公正、公平的原则。

港口经营包括码头和其他港口设施的经营,港口旅客运输服务经营,在港区内从事货物的装卸、驳运、仓储的经营和港口拖轮经营等。

第二十三条　取得港口经营许可,应当有固定的经营场所,有与经营业务相适应的设施、设备、专业技术人员和管理人员,并应当具备法律、法规规定的其他条件。

第二十四条　港口行政管理部门应当自收到本法有关规定的书面申请之日起三十日内依法作出许可或者不予许可的决定。予以许可的,颁发港口经营许可证;不予许可的,应当书面通知申请人并告知理由。

第二十五条　经营港口理货业务,应当按照规定取得许可。实施港口理货业务经营许可,应当遵循公开、公正、公平的原则。具体办法由国务院交通主管部门规定。

港口理货业务经营人应当公正、准确地办理理货业务;不得兼营本法有关规定的货物装卸经营业务和仓储经营业务。

第二十六条　港口经营人从事经营活动,必须遵守有关法律、法规,遵守国务院交通主管部门有关港口作业规则的规定,依法履行合同约定的义务,为客户提供公平、良好的服务。

从事港口旅客运输服务的经营人,应当采取保证旅客安全的有效措施,向旅客提供快捷、便利的服务,保持良好的候船环境。

港口经营人应当依照有关环境保护的法律、法规的规定,采取有效措施,防治对环境的污染和危害。

第二十七条 港口经营人应当优先安排抢险物资、救灾物资和国防建设急需物资的作业。

第二十八条 港口经营人应当在其经营场所公布经营服务的收费项目和收费标准;未公布的,不得实施。

港口经营性收费依法实行政府指导价或者政府定价的,港口经营人应当按照规定执行。

第二十九条 国家鼓励和保护港口经营活动的公平竞争。

港口经营人不得实施垄断行为和不正当竞争行为,不得以任何手段强迫他人接受其提供的港口服务。

第三十条 港口行政管理部门依照《中华人民共和国统计法》和有关行政法规的规定要求港口经营人提供的统计资料,港口经营人应当如实提供。

港口行政管理部门应当按照国家有关规定将港口经营人报送的统计资料及时上报,并为港口经营人保守商业秘密。

第三十一条 港口经营人的合法权益受法律保护。任何单位和个人不得向港口经营人摊派或者违法收取费用,不得违法干预港口经营人的经营自主权。

附录十二 常用集装箱运输词汇

agency	代理
animal and plant quarantine	动植物检疫
apply to the customs	报关
arrival notice	到达通知
average agreement	海损协议书
barge carrier	载驳船,子母船
basic service ports	主要停靠港
berth	泊位
bill of lading(B/L)	提单,海运提单
bill of lading original	提单正本
booking	订舱
booking container summary	集装箱订舱总单
booking list	订舱清单

booking note(B/N)	订舱单,托运单
box rates	包箱费率
broken	破损
bulk container	散货集装箱
buyer	买方,付款人
cargo delivery notice	提货通知
cargo manifest	货物舱单,运货单
cargo tracer	货物查询单
carrier	承运人
carrier haulage	承运人接运
carrier pack	承运人装箱
cell	箱格
CFS to CFS	集装箱货运站到货运站
CFS to CY	集装箱货运站到集装箱堆场
CFS to door	集装箱货运站到门
chassis	底盘车
check digit	核对数字
CIM	国际铁路货物运输公约
class rate	分级运费率
clause paramount	首要条款
clean bill of lading	清洁提单
clean shipping document	清洁货运单证
CMR	国际公路货物运输公约
collapsible container	折叠式集装箱
combination rate	联运费率
combined transport B/L	联运提单
combined-transport operator(CTO)	联运经营人
commodity Inspection	商品检验
common carrier	公共承运人
common law	习惯法,不成文法律

concealed damage	隐藏损坏
confirmed booking	确定订舱
consignee	收货人
container	集装箱,货柜
container freight station(CFS)	集装箱货运站
container cargo	集装箱货
container load plan(CLP)	集装箱装箱计划
container loading list	集装箱装箱清单
container number list	集装箱号码单
container rehandling report	集装箱翻舱报告
container ship	集装箱船
container terminal	集装箱码头
container unit train	集装箱专用列车
container unloading list	集装箱卸箱清单
container yard(CY)	集装箱堆场
containerization	集装箱化
contents unknown	内容不知,内货不详
conventional vessel	常规船
convertible container ship	集装箱杂货两用船
copy of B/L	提单副本
cost and freight(C&F)	成本加运费价格
cost,insurance and freight(CIF)	成本加运费保险费价,到岸价格
CY to CFS	集装箱堆场到货运站
CY t o CY	集装箱堆场到堆场
CY to door	集装箱堆场到门
damage	破损
dangerous cargo list	危险货物清单
declare	申报
defective	(集装箱箱体)异常
delivery order	交货单
delivery record	交货记录
demurrage	滞期费

dented	凹损
devanning	拆箱
devanning report	拆箱报告单
dock apron	码头前沿
Dock receipt	场站收据
door to CFS	门到集装箱货运站
door to CY	门到集装箱堆场
door to door	门到门
dry cargo container	干货集装箱
duplicate	副本
early termination clause	提前终止条款
empty container	空箱
equipment receipt(EIR)	设备交接单
equipment receipt in(out)	设备交接(交出)单
export declaration	出口申报单
export permit	出口许可证
face clause	提单正面条款
feeder port	集散港,支线港
feeder service	支线运输
fiber glass reinforced plastic container	玻璃钢集装箱
final destination	最终目的地
flat bed trailer	平板式拖车
flat car	平板车
flat rack container	板架式集装箱
forklift	叉车,铲车
fragmental transport	分段运输
free alongside ship(FAS)	船边交货
free carrier(FRC)	货物交指定地点承运人价格
free on board(FOB)	船上交货,离岸价格
free time	免费存放期限
freight all kinds(FAK)	均一费率,不分品种运价

freight forwarder	货运代理人,货运公司
freight liner	定期货运列车
freight and insurance paid to. (CIP)	运费和保险费付至目的地价格
freight paid to. (CPT)	运费付至目的地价格
freight ton	计费吨
front-handling mobile crane	集装箱正面吊运起重机
frontier health and quarantine	国境卫生检疫
full container load(FCL)	集装箱整箱货
full container ship	全集装箱船
gantry container crane	集装箱门式起重机
gate	大门
group carnage, transportation in groups	成组运输
Hague Rules	海牙规则
Hague Visby Rules	海牙—维斯比规则
Hamburg Rules	汉堡规则
handling charge	装卸费,搬运费
high cube container	大型集装箱
hook	吊钩
immediate transportation	即运
import permit	进口许可证
import/export tariff	进口/出口税率
incidental liabilities and expenses	附带责任和费用
inland depot	内陆货运站
inland transportation charge	内陆运输费
inspection certificate	检验证书
insulated container	保温集装箱
insurance	保险
interior post type container	内柱式集装箱
Intermodal operator	多式联运经营人
International Convention for safe Container(CSC)	国际集装箱安全公约
International Maritime Organization(IMO)	国际海事组织
International Multimodal Transport Convention	国际多式联运公约

International Standardization Organization(ISO)	国际标准化组织
inward manifest	进口舱单
joint rate	联合运输费率
land bridge	陆桥,大陆桥
lashing operation	加固(捆扎)作业
LCL service charge	拼箱服务费
less than container load cargo(LCL)	拼箱货
letter of credit(L/C)	信用证
letter of guarantee(L/G)	银行担保书,保函
lift on/lift off(LO/LO)	吊上吊下方式
lighter aboard ship(LASH)	拉西型船,载驳船
liner	班轮
loading and unloading line	装卸线
loading list	装货清单
local clause	地区条款
local devanning(LD)	当地拆箱
local repair(LR)	当地修理
local vanning(LV)	当地装箱
maintenance shop	维修车间
mates receipt(M/R)	大副收据
micro-bridge	微型陆桥
mini-land bridge	小陆桥
mixing rate	混装费率
mobile crane	移动式起重机
non- vessel operator	无船承运人
ocean freight	海运运费
on board B/L	装船提单
on deck/liberty clause	装载甲板自由条款
open side container	侧壁全开式集装箱
open-top(bard top) container	开顶(硬顶)集装箱
open-top(soft top)container	开顶(软顶)集装箱
outside post type container	外柱式集装箱
overland transit empty	外地空箱回送

overland transit full	外地装货回运
pallet	托盘,货板
pen container	牲畜集装箱
pick up charge	提箱费
piggyback trailer on flat car	背负式集装箱运输
place of delivery	交货地点
place of receipt	接货地点
Protection and Indemnity Associations or Club(P &I)	保赔协会
quayside container crane	岸边集装箱起重机
rail division	铁路费用
rail wagon	铁路货车
ramp	跳板
received B/L	待装提单
refrigerated container	冷藏集装箱
repair shop	修理车间
road vehicle	公路车辆
roll on/roll off(RO/RO)	滚装方式
round the world service	环球运输
rubber-tired transtainer	轮胎式集装箱龙门起重机
seal	铅封
semi-container ship	半集装箱船
semi-troller tractor	半挂车牵引车
service charge	服务费
shipped B/L	已装船提单
shipper load and count	由托运人装箱并计数
shipper pack	由托运人装箱
shipping charge	装船费
sort fall freight	亏舱运费
side door container	侧开门集装箱
slot	箱位
special cargo list	特种货物清单
spreader	集装箱吊具

storage charge	保管费,仓储费
stowage plan	货物配载图
straddle carrier	跨运车
surcharge(or additional)	附加费
tally sheet	理货单
tank container	罐式集装箱
terminal	码头
terminal handling charge	装卸费用
terminal port	终点港
though B/L	联运提单
tractor	牵引车
transfer crane	搬运起重机
transtainer	集装箱龙门起重机
twenty foot equivalent unit(TEU)	20ft 集装箱换算单位
unitized	成组化
unitized cargo	成组货物
vanning	装箱
ventilated container	通风集装箱

参考文献

[1] 徐大振. 港口企业经营管理. 北京:人民交通出版社,2003.
[2] 刘文昊等. 中国运输法律实务. 北京:人民交通出版社,1996.
[3] 叶红军. 港口法解析. 北京:人民交通出版社,2003.
[4] 汪淮江. 海上保险实务与法规. 北京:人民交通出版社,1997.
[5] 孙肇裕. 外轮理货业务. 北京:人民交通出版社,1996.
[6] 国际航运管理人员培训教材编写委员会. 国际航运业务. 北京:人民交通出版社,2001.
[7] 王艳玲. 现代物流实务与法规. 北京:人民交通出版社,2001.
[8] 邹俊善. 现代港口经济学. 北京:人民交通出版社,1997.
[9] 陈戌源. 集装箱码头业务管理. 辽宁:大连海事大学出版社,1998.
[10] 于汝民. 集装箱码头经营管理. 北京:人民交通出版社,1999.
[11] 洪承礼. 港口规划与布置. 北京:人民交通出版社,1999.
[12] 包起帆等. 现代集装箱码头的建设与运营技术. 上海:上海科学技术出版社,2006.
[13] 宗蓓华,真虹. 港口装卸工艺学. 北京:人民交通出版社,2005.
[14] 王海平. 港口发展研究. 天津:天津科学技术出版社,1998.
[15] 宋德驰等. 中国港口与运输实务. 北京:人民交通出版社,1999.
[16] 杨头平. 集装箱码头价格管理研究. 上海:上海海运学院硕士论文,2003.
[17] 邓福林. 我国港口费收规则改革的回顾与思考. 中国港口,1999.
[18] 杨志刚. 国际货运物流实务、法规与案例. 北京:化学工业出版社,2003.
[19] 杨志刚. 集装箱码头业务管理. 北京:人民交通出版社,1997.
[20] 杨志刚等. 国际集装箱多式联运实务、法规与案例. 北京:人民交通出版社,2006.
[21] 孟于群. 国际货物运输物流案例分析集. 北京:中国商务出版社,2005.
[22] 范永辉. 我国未来集装箱运输发展的因素分析. 集装箱化,2005(6).
[23] 刘筠. 走出货损追赔的误区—货主应如何正确处理集装箱货损事故. 集装箱化,2005(6).
[24] 俞国平. 海上危险货物运输的法律问题. 航海技术,2008(1).
[25] 施铸. 进口集装箱货物残损鉴定质量分析. 集装箱化,2005(6).
[26] 孙志成. 谈集装箱的配载与检查. 航海技术,2008(1).